HISTORIA DE UN PUEBLO: MOCA 1772-2000

ANTONIO NIEVES MÉNDEZ

Editorial Aymaco

2008

HISTORIA DE UN PUEBLO: MOCA 1772-2000
Primera Edición

Antonio Nieves Méndez
Apartado 1591
Moca, P.R. 00676
nievesmen@gmail.com

Editorial Aymaco
Box 57
Aguada, Puerto Rico
ISBN : 978-0-6152-2429-9
©Antonio Nieves Méndez, Ph.D.

Lulu

Impresión y encuadernado de
Lulu Press
860 Aviation Parway
Morrisville, NC 27560

Sello oficial de Moca durante la época española

Para Benedetto Croce,... No basta saber *qué* pasó, sino *por qué, cómo, qué consecuencias tuvo*... El lector verá que en el presente libro se busca comprender al ser humano en su devenir histórico, en este caso muy concreto el de los vecinos de Moca, quienes han tenido una parte activa en el desarrollo histórico puertorriqueño.

Dr. Roberto Fernández Valledor

Dr. Antonio Nieves Méndez

El Dr. Nieves Méndez ha publicado entre otros, los siguientes artículos: "La emigración Dominicana a Puerto Rico", "El comercio Internacional desde el Puerto de Mayagüez entre 1814 y 1890", "El Cabildo como base del gobierno de España en América", "La casa de Piedra", "Personajes claves en *La Casa y la llama Fiera*" y "La Marginación del Negro en la Literatura puertorriqueña". Además los libros: *Historia socio-económica y cultural de Moca: 1772-1900*, Moca, República Dominicana: Editorial Aymaco, 2006; *Moca en el siglo XX: sus cambios y transformaciones*, en la Editorial Morrisville, NC: Empresas Lulu, 2007; y el libro *Historia socio-económica de Mayagüez (Siglo XIX)*, Morrisville, NC: Editorial Aymaco, 2008.

Sumario

Reconocimientos

Quiero reconocer y agradecer a mi esposa, Aurelia Vera por su paciencia; a mis hijos Barnaby, Jonathan, Vilmarie y Danny; a mis padres, Antonio y Eduarda, mocanos todos de pura cepa; a mis nueve hermanos y a mi hermana y sus respectivas familias; a mis amigos y colegas, por su estímulo y colaboración. A mis abuelos y abuelas, porque fueron mis primeros maestros de historia, a través de sus cuentos y narraciones. A los que me animaron cuando flaqueaba mi entusiasmo; en especial, a los maestros de Historia y Estudios Sociales, porque ellos tienen en sus manos la tarea de dar a conocer nuestra historia. De manera muy especial a mis colegas y amigos, el historiador aguadeño Benjamín Nieves Acevedo, al historiador mocano Luis E. Vázquez Soto, además al Dr. Roberto Fernández Valledor y al Profesor Alberto Martínez por la revisión y corrección del manuscrito y por sus valiosas sugerencias. Queda claro que soy el único responsable de cualquier error que aparezca en este libro.

Sin embargo, hay varias personas muy importantes a quienes les quiero dedicar este libro. En primer lugar a todos mis maestros, y en particular a mi maestra de primer grado Delthy Soto Egipciaco, porque fue quien me enseñó a conocer la magia de la lectura y la escritura, ya que sin esas herramientas hoy sería imposible escribir este trabajo. En segundo lugar a mis nietos Yohiriel Nieves Velázquez, Daniel Isaac, Diego Pablo y a todos los nietos y nietas que lleguen en el futuro, porque a ellos les dejo el legado de mi historia y la de mi pueblo, para que lo transmitan a las próximas generaciones, y enseñen a amar y valorar lo que han hecho sus antepasados. Para ellos dejo unas palabras al final del presente libro, para que no pasen el trabajo que yo he pasado, tratando de conocer quiénes fueron mis antepasados.

UNA DOCUMENTADA Y VALIOSA HISTORIA DE MOCA

> La historia es un río rápido y turbulento
> que fluye desde el pasado, a través del
> presente, hacia el futuro [...]
>
> Nuestro sentido histórico es la
> conciencia de que somos parte de esta
> evolución del pasado colectivo hacia un
> futuro colectivo [...]
>
> Alfred Stern

La publicación de la historia de los pueblos se traduce en un acontecimiento significativo porque nos permite indagar sobre los orígenes, el desenvolvimiento y la idiosincrasia de sus habitantes. Y si el texto cumple con las exigencias de la historiografía moderna, posee mayor trascendencia aún, porque está avalado por la documentación consultada. Este es el caso específico de la presente obra del historiador mocano Antonio Nieves Méndez. El lector podrá apreciar que ha consultado principalmente fuentes primarias para describir el desenvolvimiento social, económico y cultural de Moca desde su fundación en el siglo XVIII hasta el año 1900. O sea, abarca dos siglos de historia de este municipio y arroja nuevas luces sobre su gente y su desarrollo. El autor todavía prosigue la investigación para una segunda parte que comprenderá todo el siglo XX, la cual esperamos con entusiasmo e interés.

Cuando uno evalúa las historias que se han publicado sobre nuestros municipios, se percata que la mayoría de ellas oscilan entre colecciones anecdóticas de sucesos que narran sus vecinos sobre tipos populares o celebración de determinadas fiestas, lo cual es más propio de *anecdotarios* que de historiografía; o bien, la reunión de datos históricos inconexos que aparecen diseminados en documentos y publicaciones. Si bien Heródoto se dio a la tarea de investigar los hechos pasados según los relatos y las tradiciones de "testimonios dignos de fe", hoy día la investigación historiográfica resulta más exigente con las fuentes en las cuales se basaba el Padre de la historia. Son muy raros, pues, los textos sobre el acontecer histórico municipal que siguen la rigurosidad científica de esta *Historia socio-económica y cultural de Moca*.

La dificultad estriba en que no es fácil emprender una tarea como la presente que, según advierte su autor, le ha tomado más de diez años localizar y escudriñar las fuentes existentes. Desafortunadamente en Puerto Rico existe muy poca conciencia histórica y para el investigador la mayoría del trabajo le resulta cuesta arriba, ya que prácticamente todo está por hacerse. Además de la apatía de quienes pueden facilitar la investigación –que en muchos casos sólo presentan obstáculos- es imprescindible consultar: innumerables cajones de documentos sin organización alguna, libros e informes carcomidos por la polilla, casi siempre ilegibles, papeles sueltos sin aparente relevancia... Se requiere, pues, una paciencia benedictina para ir obteniendo la información necesaria, a fin de poder realizar el estudio. Se puede apreciar que el autor de esta historia hizo una minuciosa y tenaz búsqueda principalmente en el Archivo General de Puerto Rico, el Archivo Municipal de Mayagüez y todos los ejemplares de *La Gaceta de Puerto Rico* (del 1808 hasta el año 1900), además de las publicaciones aparecidas sobre el tema en cuestión.

Una vez que el historiador evidencia los hechos, debe interrogar el documento para comprender el sentido que tienen, sus causas y sus consecuencias. No se trata de ofrecer meros *datos*, sino interpretarlos para derivar conclusiones. En otras palabras, deberá *aprehender* el hecho histórico para poderlo ubicar en su justa perspectiva, tomando en consideración la mentalidad de la época en que se produce. Aún más, según se aprecia en el presente trabajo, el historiador investiga el acontecer en la sucesión, no de forma aislada como si tuviera una repercusión exclusivamente en aquel momento.

Para Benedetto Croce, la historia no puede ser *crónica,* ya que este género sólo registra el acontecimiento, como suele suceder en muchas historias municipales. Tampoco será una especie de *archivo* de la tradición, sino que debe reanimar el hecho; o sea, *actualizar* el pasado para entender el presente. No basta saber *qué* pasó, sino *por qué, cómo, qué consecuencias tuvo...* El lector verá que en el presente libro se busca comprender al ser humano en su devenir histórico, en este caso muy concreto el de los vecinos de Moca, quienes han tenido una parte activa en el desarrollo histórico puertorriqueño.

Considero que este libro conjuga dos aspiraciones de su autor: hacer una aportación al estudio historiográfico de Moca y publicar un trabajo que sea erudito sin caer en erudición, a fin de que resultara ameno a cualquier tipo de lector. En el fondo persigue un fin didáctico, ya que como maestro desea que las futuras generaciones valoren lo realizado por los vecinos de Moca, con lo cual demuestra que los pueblos pequeños han contribuido también a la forja de la puertorriqueñidad. Decía Cicerón: "[...] *Historia magistra vitae* [...]", cuando aconsejaba acudir a esta ciencia para orientar a los ciudadanos por el camino correcto. Se pudiera decir que este constituye el fundamento filosófico que anima al presente trabajo, pues el autor en su *Carta a los nietos de mis nietos* pretende motivar a los mocanos para que estén orgullosos y amen a su pueblo, pero sobre todo para que trabajen por el engrandecimiento del mismo y el bienestar de los demás. Por eso quiere que: "[...] se sientan en la obligación de luchar por esta hermosa tierra mocana." Más adelante, añade: "Mi objetivo es crear conciencia en las nuevas generaciones sobre las luchas que se han llevado a cabo para mantenernos en pie". Y concretamente a sus descendientes: "[...] escribo estas páginas con la esperanza de que al leerlas sientan más amor por su familia, por su pueblo de Moca y por Puerto Rico."

A menudo, los investigadores se dejan seducir por el criterio de autoridad. Se entronizan una serie de nombres y todo lo que afirman ellos se toma por una verdad absoluta; nadie osa contradecirlos o corregirles. Esto hace que, ante un texto de historia, el interés de mucha gente –lo cual es más frecuente de lo que uno se imagina- reside en el nombre del autor y no en las fuentes que consultó o la verificación de los hechos que se presentan. Hoy sabemos que existen innumerables transcripciones erróneas y datos incorrectos en el *Boletín histórico* de Coll y Toste, o la *Biblioteca histórica* de Tapia, por citar sólo dos ejemplos de historiadores mayores que años atrás nadie se atrevía a rectificar. Como dato curioso véase en los apéndices unas *discrepancias* a los datos que Pedro Tomás de Córdova ofrece en el segundo tomo de sus *Memorias*. El autor del presente trabajo rompió este esquema. Consultó las fuentes primarias y rectificó lo que se debía rectificar, con el respeto y la admiración por quienes le precedieron en esta tarea. Si algo caracteriza a este trabajo es el propósito de Heródoto, de ver la historia como búsqueda de la verdad. La adulación, el panegirismo, la grandilocuencia y la fantasía, por consiguiente, no caben en esta obra.

También podría decirse que Nieves Méndez, como Tucídides, quiere encontrar en la *verdad histórica* una orientación para la conducta política de nuestro pueblo; por tal razón, insiste en los aciertos y los errores del pasado para que se tengan presentes en la actualidad. Valga el caso que se ejemplifica durante la reconstrucción de la Iglesia Parroquial en el año 1842, cuando se urdió un sofisticado esquema de corrupción para beneficiar a figuras gubernamentales de entonces, a quienes castigaron por ello.

No cabe la menor duda de que sería imposible comprender o explicar el presente sin el pasado, o sea, sin la historia. Es tan importante, no sólo en lo colectivo sino en lo individual, que Sartre afirmaba: "No *tenemos* pasado, sino *somos* nuestro pasado". El conocer, pues, nuestros orígenes, las luchas y aspiraciones de nuestros antepasados no es vana curiosidad, sino tarea fundamental para entender quiénes somos y hacia dónde vamos.

Confiesa el autor en la *Introducción* que muchos lo desalentaban en la empresa que se proponía realizar, aduciendo que ya estaba dicho todo sobre la historia de su pueblo. He subrayado las afirmaciones de estos profetas del desánimo:

> Me explicaron que no sólo resultaba *muy difícil*, sino *imposible* escribir una Historia de Moca, porque *no existían* documentos suficientes que avalaran una investigación amplia sobre dicho tema. Lo más que se podía aspirar era *escribir algunas notas* sobre la historia del pueblo, algo que *ya otros habían realizado*.

Menos mal que el profesor Nieves no le hizo caso a estos *satisfechos* con lo ya publicado y ha dado un mentís a esta afirmación desalentadora. Algunas personas consideran que los pueblos pequeños no hacen aportaciones significativas al desarrollo de un país. Incluso, hay historiadores que sólo reseñan los *grandes* acontecimientos y hablan de los *grandes* hombres de la historia como si esto solo constituyera lo más relevante en el devenir de un pueblo. Sin embargo, la Generación española del 98 insistió en la importancia de la *intrahistoria* para que España comprendiera su grandeza, la cual no residía en el poderío militar y político que acababa de perder con la guerra hispano-americana, sino que la misma estaba en su gente.

En Puerto Rico tenemos historiadores como Fernando Picó que a través de unas *microhistorias* nos hace comprender el proceso historiográfico de toda la Isla. Por ejemplo, cuando estudia el *régimen de libretas* en Utuado, lo hace para que tengamos una idea de lo que sucedió en la sociedad puertorriqueña general de aquel tiempo. Al leer la presente historia nos percatamos del vivir pueblerino o aldeano fuera de la capital, aparte de los grandes acontecimientos y las grandes figuras administrativas. Comprendemos, pues, no sólo el vivir cotidiano de Moca, sino cómo se desenvolvía el Puerto Rico de entonces.

La obra se divide en dos grandes partes. La primera consta de once capítulos que abarcan las distintas áreas de estudio que sugiere el título del libro, basado en la documentación hallada. Se inicia con los orígenes del pueblo y concluye con las genealogías de algunas familias mocanas. La otra está integrada por diferentes apéndices –tablas, relaciones, documentos originales, informes- que le permiten corroborar al lector muchos aspectos señalados o le brindan una idea de conjunto sobre lo explicado en particular.

Entre otros muchos ejemplos, percibimos el desarrollo de la esclavitud desde 1779 hasta finales del siglo XIX, también su desaparición paulatina, según los datos que se ofrecen relativos a la economía del pueblo. Las primeras haciendas y estancias tenían numerosos esclavos y muy pocos peones. Poco a poco esto cambiará con el transcurso de los años, hasta que el peón asalariado sustituye al esclavo. Asimismo nos damos cuenta de la movilidad de los jornaleros en busca de trabajo y comprendemos mejor el *régimen de libreta* o *registro de jornaleros* en Moca, según se aplicaba a todo Puerto Rico. Podemos apreciar la transformación o ascenso social de los jornaleros que, de tales, se convierten en arrendatarios y el procedimiento que se realizaba para hacer esto. Por ejemplo, cómo en el año 1852 el 36.6 % de aquéllos salieron de tal clasificación para convertirse en arrendatarios. Éstos dieron un desarrollo considerable a la agricultura del pueblo; por tal razón concluye nuestro autor: "[...] las aportaciones de los arrendatarios se puede considerar como esenciales a la economía de Moca, tanto en el área agrícola como la ganadera." A la vez, apreciamos el sentido de solidaridad entre ellos, particularmente el de los vecinos del barrio Cuchillas, para facilitar esta transformación social. Nos percatamos, además, que el trabajo artesanal estuvo presente en el pueblo casi desde sus orígenes.

Esta historia resulta fundamental para el conocimiento de la economía mocana. Entre otros aspectos, se demuestra la gran cantidad de haciendas y estancias que se tenía en la municipalidad. Para que se tenga una idea, sólo en el año 1847 se mencionan: 2 haciendas de caña y 8 de café, así como 597 estancias. Resulta muy oportuna la documentación relacionada con las fincas, las cuales se clasificaban en *estancias* y *haciendas*, según la extensión de las mismas. *La llamarada* inmortalizó dos de éstas, al punto de que en el pueblo muchos sólo hablaban de ellas y alguna que otra hacienda, sin atender a la gran cantidad que este historiador mocano ha descubierto que existían. Pero no era meramente en el aspecto cuantitativo, porque se distinguían, además, por la calidad de sus productos. Por ejemplo, en el año 1860 la hacienda La Husonera recibió en la Exposición de París *Medalla de Bronce* por la calidad del azúcar que elaboraba y *Medalla de Oro* por la calidad del café que producía. Todo esto denota el tesón de unos vecinos laboriosos que vivían de su trabajo y estaban orgullosos de sus productos. La intrahistoria de estos hechos que recoge Nieves Méndez nos permiten descubrir los valores que animaban a los primitivos vecinos de nuestro pueblo.

En aquel entonces la mayor actividad agrícola era el café, particularmente a partir del 1850 en que este producto tuvo su auge económico en la Isla. Sin embargo, el pueblo se abastecía de arroz, frutos menores, viandas, aves, ganados, etc. producidos en sus propias fincas. Lo cual demuestra que se había logrado un completo desarrollo agrícola. El pago de contribuciones, a la vez, denota que existían grandes propietarios y personas del pueblo influyentes en el gobierno, según lo constata el entonces Gobernador General de Puerto Rico, el Mariscal Miguel de la Torre, cuando visita a Moca en el año 1825.

Apreciamos que tan temprano como en el año 1714 se menciona el territorio de Moca que luego en el 1772 se concretará la fundación del pueblo. Este texto arroja luz sobre múltiples acontecimientos que nos permiten apreciar el desenvolvimiento paulatino del municipio, sobre todo cuando se estudian los censos poblacionales. El historiador ha tenido el acierto de investigar el desarrollo del municipio en su relación con los gobiernos tanto de Puerto Rico como de España. Una vez más, apreciamos que los cambios ocurridos en Madrid repercutían no sólo en la Isla sino también en los pueblos como Moca. A través de los períodos de inestabilidad gubernamental en el municipio, a su vez, colegimos lo que sucedía a nivel nacional. Según indica con acierto el autor: "Como se puede observar, los sucesos del diario vivir nos presentan un cuadro muy interesante sobre la vida pueblerina y su acontecer." Resulta muy oportuna la descripción e información sobre el barrio Maizal, uno de los antiguos barrios mocanos hoy ya desaparecido.

Nieves Méndez nos ilustra, fundamentándose en Moca, el cuadro del sistema educativo en el Puerto Rico del siglo XIX. Entre otros detalles, sabemos sobre el analfabetismo, las cualidades y evaluaciones de los maestros, las asignaturas que se estudiaban, el horario escolar, la separación de los sexos en la escuela... No obstante, lo más notable es la configuración social del pueblo que arrojan los documentos. En las escuelas estudiaban pobres y ricos, negros y blancos. Según observaciones del autor, sólo el 16.4 % eran de familias pudientes, mientras el 15 % eran negros. Asimismo rescata los nombres de los educadores pioneros en el pueblo: el primer maestro, Don Alfonso García y Bravo y la primera maestra, Doña Amalia Izquierdo y Sanz, así como el del primer profesor universitario oriundo de Moca, Norberto García Acevedo, quien en el 1836 tenía su cátedra en el Seminario Conciliar. Nos permite, a su vez, apreciar el discrimen de la mujer trabajadora, en este caso de las maestras, ya que en el año 1846 había una escuela con dos grupos de estudiantes, uno de niños y otro de niñas. Sin embargo, el sueldo del maestro era de 300 pesos anuales, pero el de la maestra tan solo de 150 pesos.

El autor de la presente historia de Moca trata de comprender el pasado para poder vivir el presente con una asertiva identidad de pueblo que dé optimismo para mantener abierto el futuro a la esperanza. La solidez de la documentación ofrecida, la gran mayoría de la cual estuvo inédita hasta ahora, y el concienzudo análisis de los hechos corroborados hacen de esta obra la más completa y la mejor historia de Moca que hasta este momento se haya escrito. Sólo un historiador de su calibre y un mocano de acendrado amor a su terruño como Antonio Nieves Méndez ha logrado regalarle a su patria chica, a sus compueblanos y a los puertorriqueños esta importante obra, la cual espero que cumpla su cometido en los lectores: *valorar a su pueblo para ser cada día mejores ciudadanos.* Ahora sólo hace falta que este libro se divulgue principalmente entre las nuevas generaciones de mocanos. Es imperativo que nuestros niños y jóvenes lo estudien para que conozcan los orígenes y el desarrollo de su pueblo y les sirva de estímulo para ser mejores ciudadanos, ya que –según entendían los clásicos- la historia resulta el mejor vehículo para propiciar la identidad personal y colectiva de los pueblos. Fomentar el sentido de pertenencia a nuestros niños y jóvenes redundará en una mejor convivencia y calidad de vida. Por tal razón. Abrigo la esperanza de que esta *Historia socioeconómica y cultural de Moca* se imponga como texto obligado en el currículo de nuestras escuelas mocanas, ya que el Departamento de Educación se ha percatado sobre la importancia de estudiar con mayor énfasis las historias de nuestros respectivos municipios. Asimismo que la Administración Municipal fortalezca los fundamentos culturales del pueblo haciéndola divulgar no sólo entre los compueblanos, sino entre todos los puertorriqueños, pues sería una forma de resaltar la importancia de nuestro pueblo de Moca.

Roberto Fernández Valledor

Este trabajo se publicó originalmente en dos partes, la primera inicia en el 1772 y llega hasta 1900 y la segunda que abarca del 1900 al 2000. En el presente libro ambas se incluyen más una revisión y ampliación de la primera. A continuación la introducción hecha por el Dr. Roberto Fernández para la segunda parte que se publicó bajo el nombre de *Moca en el siglo XX: sus cambios y transformaciones.* Esta obra abarca la historia de Moca desde su fundación hasta finales del siglo XX.

La Historia, ¿Arte o ciencia?

Falta un largo trecho que recorrer de nuestro devenir total, por lo que invitamos a todos los que sean capaces a que pongan la mano constructivamente en nuestro historiar para beneficio de las generaciones presentes y futuras.

Loida Figueroa

Con la presente obra, Antonio Nieves Méndez culmina un sueño que le ha costado múltiples años de investigación: Escribir la historia de Moca, su pueblo natal. El primer tomo abarcó desde la fundación del mismo en el año 1772 hasta el 1900. Ahora nos presenta "un siglo de transformaciones", o sea, la historia de Moca en todo el transcurso del siglo XX. De esta forma completa la trayectoria histórica de este pueblo desde sus orígenes hasta nuestros días. Durante todo este tiempo hemos podido apreciar la lucha que los pobladores debieron sostener para conservar su pertenencia a esta patria chica y para combatir el discrimen del gobierno central contra un municipio pequeño.

Uno se asombra de la capacidad de trabajo del doctor Nieves Méndez, pues en ese deseo de poder ofrecer una obra lo más abarcadora posible, ha continuado investigando y ya tiene múltiples datos que deberá incluir en la próxima edición del primer tomo publicado, *Historia socio-económica y cultural de Moca, 1772-1900*. Su labor, por consiguiente, es encomiable porque no ceja en su investigación para ofrecerles a los lectores una obra historiográfica avalada por fuentes confiables y verificables.

Si bien podría decirse que los acontecimientos de los últimos años del siglo XX no aparecen tan detallados como los de las primeras décadas, esto responde a una intención muy particular del autor: los sucesos están muy próximos al historiador. Además, son bien conocidos de los lectores actuales. Les tocará, entonces, a los historiadores futuros que no tienen la inmediatez temporal de dichos sucesos, emprender la tarea no sólo de consignarlos por escrito, sino de analizarlos.

Un historiador no es un cronista. Éste consigna los hechos recientes y los analiza subjetivamente; en otras palabras, desde su propia perspectiva. El historiador, por el contrario, debe presentar y estudiar los acontecimientos objetivamente, cual científico que trabaja en su laboratorio.

La historia es una ciencia, no un arte. En ella se presentan datos corroborables porque se analizan las fuentes; a partir de esto se derivan conclusiones. No son meros datos anecdóticos que pertenecen al arte como las leyendas o los cuadros costumbristas tan del gusto del romanticismo decimonónico o las crónicas, tan empleadas por los modernistas.

Algunos "historiadores" presentan sus trabajos sin fuentes historiográficas y llegan a unas conclusiones que ni ellos mismos están seguros. Peor aún son aquellos lectores que consideran cualquier obra como histórica. El Quijote no podía entender que se pudiera permitir el publicar un libro que no dijera verdad; por eso, en su locura, consideraba que todo lo que decían las novelas de caballería era cierto.

El destacado novelista Mario Vargas Llosa afirma con razón que "las novelas siempre mienten", porque cualquier hecho o personaje, por más verdadero que sea, al entrar en un cuento o novela ya pertenecen al arte y no a la ciencia. De aquí que muchas historias realmente son novelas o novelones porque carecen de fuentes confiables y de la rigurosidad historiográficas.

Muchos lectores confunden la historia o la verdad –porque la historia siempre busca la verdad- con el arte o la subjetividad. Por esta razón, infinidad de lectores, como el Quijote, terminan creyendo todo lo que leen. El ilustre escritor mocano, don Enrique A. Laguerre, explica esta realidad de la siguiente manera. Hablando sobre los novelistas y los lectores, indica: "Inventamos verdades que a la postre salen verdad porque la gente acepta lo que lee, lo que un autor ha hecho. Lo acepta como una verdad. Luego creen una verdad inventada, pero tenía tantos visos de verdad que es verdad".

Acertadamente el profesor Nieves ha llamado a este volumen "un siglo de transformaciones", pues cuando se comparan los hechos que se presentan en él con los del primer tomo, uno se percata de cuánto ha cambiado el municipio de Moca y su gente. El lector verá que el autor ha seguido el mismo patrón o estructura del primer libro. De esta forma se puede apreciar mejor la trayectoria que han seguido los hechos y las transformaciones habidas en todos los órdenes.

El lector tiene en sus manos una obra que abarca el vivir de un pueblo y su evolución en el tiempo. Alguien ha dicho que el tiempo no se mide por el número de años pasados, sino por la interioridad y la calidad de la vida. Esto mismo ha querido demostrar Antonio Nieves Méndez, no sólo que los mocanos estén orgullosos de su pueblo, sino que se preocupen y trabajen para que sobresalga, a fin de que se aprecie en su justa valía en el desarrollo histórico de Puerto Rico.

Si hoy tenemos un presente se debe a que tuvimos un ayer inicial, que resulta fundamental para entender nuestra realidad actual. Don Enrique A. Laguerre, se dolía de que el puertorriqueño, en sus palabras: "Carece de visión histórica y geográfica". Lo apreciamos cuando vemos cómo se destruyen monumentos históricos en aras del progreso. Hace unas cuatro décadas, en uno de nuestros municipios un alcalde botó documentos del siglo XVIII, XIX y de principios del XX porque necesitaba espacio para guardar los camiones de la basura. Hasta no hace mucho, los municipios aledaños echaban la basura en el cañón San Cristóbal, una de nuestras bellezas geográficas más sobresalientes. Esto demuestra la insensibilidad histórica y geográfica de muchos de nuestros funcionarios públicos, lo cual es reflejo también de la que tiene nuestra ciudadanía.

Por esta razón, el autor de la presente obra quiere que sus conciudadanos entiendan el valor histórico y geográfico de nuestro vivir como pueblo. Explica Nieves Méndez: "Mi propósito es crear conciencia histórica y acercar ese pasado reciente con el presente para que las nuevas generaciones conozcan la relación que existe entre ellos, sus padres, abuelos y demás antepasados."

Al doctor Nieves le duele que en Moca hayan dejado deteriorarse y hasta destruido, por ejemplo, estructuras que tenían valor histórico. Por esa razón él insiste, cuando estudia la educación, en el hecho de que, aunque actualmente haya más personas con títulos universitarios o escolaridad, eso no significa que hoy seamos más cultos, pues no sabemos apreciar lo valedero de nuestra cultura. Para esto resulta fundamental aquilatar nuestro pasado. Así comprenderemos nuestra actualidad   Con sobrada razón Antonio S. Pedreira le indicaba a la juventud puertorriqueña de su tiempo la trascendencia de esto: "Empecemos por desempolvar el pasado para despejar el horizonte y sobre él aparecerá […] la estrella de Belén."

La lectura de la presente obra nos permitirá apreciar que antaño tenían, más o menos, los mismos problemas que ogaño. Vemos que la política era igual de partidista que hoy, que no existía preocupación ecológica, que había disputas entre vecinos y compueblanos… En fin, que de esta forma comprenderemos mejor dónde están los orígenes de nuestros males, aunque también apreciamos la nobleza y altruismo de muchos ciudadanos y las características que nos distinguen como pueblo.

A veces solemos idealizar el tiempo ido y pensamos que "cualquier tiempo pasado fue mejor", como afirman los necios, según el Eclesiastés 7:10. Se dice que los viejos miran al pasado con nostalgia, mientras los jóvenes el presente sin mucha atención. El doctor Nieves propone otra perspectiva que miremos al futuro, que superemos el presentismo y su inmediatez –que tanto mal acarrea- para poder sedimentar el futuro.

Cuando uno analiza las historias de Moca escritas hasta ahora, ninguna supera la presente no sólo en información, sino también en rigurosidad documental. Con gran humildad el doctor Nieves insta, tanto a historiadores como a sus compueblanos, a que amen y se preocupen por esta patria chica y continúen la labor historiográfica que él ha emprendido, pero en especial que pongan en alto el nombre de Moca. Pedreira concluye su libro *Insularismo* con una idea muy afín. Le pide a la juventud que trabaje por Puerto Rico: "[…] la historia empieza ahora, que sois vosotros los llamados a llenarla, a darle el contenido ideal que todo hombre puro quisiera para su patria".

Estoy completamente seguro de que el presente libro servirá para honrar y enaltecer a Moca y a los mocanos.

Roberto Fernández Valledor

Introducción

Como historiador y mocano, hace varios años que me propuse el compromiso de escribir una historia de Moca que fuera lo más clara y amplia posible. Todo comenzó en el año 1982, al inicio de mis primeros cursos a nivel graduado. No había pasado mucho tiempo cuando me explicaron que no sólo resultaba muy difícil, sino imposible escribir una historia sobre Moca, porque no existían documentos suficientes que avalaran una investigación amplia sobre dicho tema. Lo más que se podía aspirar era escribir algunas notas sobre la historia del pueblo, algo que ya otros habían realizado.

Al revisar la literatura existente me topé con los libros *Historia de Moca*, escrito para conmemorar el bicentenario del pueblo y *Moca: Notas para su historia*, de Elías Colón, entre otros. Esto avalaba la idea de que no era posible escribir un libro amplio sobre la historia de Moca. Por tal razón, descarté la idea y escribí mi disertación de maestría sobre la marginación de los negros en la literatura puertorriqueña.

Al terminar mis estudios de maestría tomé cursos a nivel doctoral, y con ello la difícil tarea de escribir la disertación para el grado. Decidí hacerlo sobre el desarrollo portuario de la ciudad de Mayagüez y después de cinco años completé el trabajo. Mientras realizaba dicha investigación, entré en contacto con una voluminosa documentación relacionada no sólo con Mayagüez, sino con toda la región oeste de Puerto Rico. Para mi sorpresa encontré varios documentos e información relacionados con el pueblo de Moca entre los expedientes relativos al Distrito de Mayagüez. Más tarde, con el propósito de obtener todo lo que existiera relacionado a Moca dediqué bastante tiempo a la investigación del tema en el Archivo General de Puerto Rico y en el Archivo Municipal de Mayagüez. Consulté las publicaciones de la *Gaceta de Puerto Rico*, desde el año 1808 hasta el 1900. Al cabo de diez años contaba con una documentación considerablemente amplia como para sentarme a escribir este trabajo que pongo en sus manos y ante su consideración.

La tarea de escribir un libro sobre Moca no fue fácil, porque deseaba hacer una aportación a la historiografía mocana y, a la vez, presentar un trabajo ameno para el lector. Además, tenía la tarea de aclarar y rectificar datos publicados por quienes me precedieron en la titánica tarea de escribir el tan merecido homenaje a nuestro querido pueblo. Quiero hacer valer mi agradecimiento y mi admiración a todas esas personas que emprendieron el proyecto antes que yo, porque gracias a ellas pude elaborar este trabajo. Además, los consulté muchas veces y tomé algunas ideas de ellos.

En esta publicación presentaré un análisis de los sucesos más importantes y sus efectos en el desarrollo de nuestro pueblo. Cubrirá desde su origen en el año 1772 hasta el 2000.

Capítulo I. Orígenes del pueblo de Moca

A.   Marco Histórico

En su empeño por mejorar la economía en sus dominios, el rey Carlos III impulsó una serie de cambios y reformas tanto en España como en las colonias americanas. Para conocer mejor la situación existente en la isla de Puerto Rico y ordenar algunas reformas para ella, envió al Mariscal de Campo, Alejandro O'Reilly, en el año 1765. Sin mucho esfuerzo, O'Reilly se percató de las paupérrimas condiciones por las que atravesaba la Isla. De inmediato preparó un informe y una serie de sugerencias encaminadas a cambiar la situación.

Una de las recomendaciones planteaba la idea de congregar en poblados a los habitantes dispersos por toda la Isla. Con esa medida se esperaba fomentar la cooperación entre los vecinos para desarrollar la economía del país. Una vez Alejandro O'Reilly partió de Puerto Rico, se nombró al gobernador don Miguel de Muesas para llevar a cabo las reformas sugeridas por O'Reilly. En su empeño por cumplir cabalmente con sus responsabilidades, Muesas logró que en un término de cinco años siete grupos de vecinos de distintos puntos de la Isla presentaran las peticiones para fundar nuevos poblados. [1]

Bajo ese marco histórico es que Don José de Quiñones se presentó con 71 vecinos el 7 de abril de 1772 ante el gobernador Muesas para solicitar la fundación del pueblo de Moca. La misma se concretó el 22 de junio de 1772, bajo el patrocinio de la Virgen de la Monserrate y San Juan Nepomuceno. [2]

En un documento que se encuentra en el Archivo General de Puerto Rico, que data del año 1879, se menciona la existencia del territorio de Moca desde el año de 1714. Este documento obviamente se refiere a la llegada de las primeras familias al área de Moca cuando aún era un barrio del pueblo de Aguada, [3] porque los documentos demuestran claramente que el pueblo se

---

[1]. Las siete poblaciones fueron: Vega, Rincón, Moca, Cabo Rojo, Cangrejos (Santurce), Cayey y Aguadilla.

[2]. *Historia de Moca.* (Edición Bicentenario). Santurce, Puerto Rico: Editorial DIP. Año 1972. pp. 9-12.

[3]. Archivo General de Puerto Rico. (en adelante AGPR) Diputación Provincial.Expediente sobre instancia de los vecinos del barrio de "Aceitunas" jurisdicción de la Moca y otros de Aguadilla e Isabela....que pretenden la segregación del referido barrio y que sea agregado al termino municipal de Aguadilla". Caja 13. Año 1879. 4. *Historia de Moca.* (Edición Bicentenario) Editorial: DIP. Año 1972. p. 12.

fundó en el año 1772 y la parroquia en el 1775.[4] Sin embargo, la gente que se presentó ante el Gobernador Don Miguel de Muesas para pedir la fundación ya vivía en el territorio, lo cual confirma que se refiere a la llegada de los primeros habitantes a la región.

Según se presenta en un artículo del periódico *El Estudiante* del año 1947 dice que, por información recogida de los antepasados, el pueblo de Moca empezó a fundarse donde actualmente está localizada la Plaza de Recreo. Ya que los traficantes de frutos y mercancías que viajaban desde el pueblo de Aguadilla para Pepino decidieron construir unas chozas para guarecerse cuando la noche los sorprendía en su viaje. Las mismas estaban ubicadas a la orilla del camino desde la Quebrada Santiago hacia el Pepino. De ahí surgío lo que eventualmente fue el poblado.[5]

Aunque se ha esbozado la teoría de que el nombre del pueblo surgió del arbusto de cafeto conocido como **moca,** dicho argumento no puede ser correcto porque se sabe que el café no se introdujo en la Isla antes del año 1734, sin embargo la documentación constata la presencia del territorio desde el año 1714, por lo tanto es muy difícil que el nombre llegara antes que el árbol.

Por otra parte, aunque en el libro *Historia de Moca*, (Edición del bicentenario) afirma que la fundación del pueblo fue en un predio de 13 cuerdas y 49 céntimos de terreno donado por doña Cándida de Vives, lo cierto es que en un documento existente en el Archivo General de Puerto Rico y fechado en el año de 1822 se señala que los hermanos Domingo y María Hernández se presentaron ante las autoridades del Municipio para deslindar más de la mitad de los terrenos donde radicaba el pueblo. Al no existir documentos, llevaron como testigos al Capitán Don José de la Cruz y a Bartolomé de Acevedo, ambos testigos presénciales del primer deslinde realizado por el fundador hacia el año de 1772.

En el cuadro de los descendientes de don José de Quiñones podría estar una pista, pues se establece que Francisco de Quiñones, hijo del fundador, se casó con doña María de Vives y Hernández. Es posible que doña Cándida y María de Vives Hernández fuesen hijas de María Hernández y, como tal, herederas de los terrenos; por lo que más tarde Cándida de Vives como heredera tuvo que arreglar los documentos a favor del pueblo. Otra posible explicación podría ser que la mitad de los terrenos eran de Cándida y el resto de sus parientes Domingo y María. Lo cierto es que la documentación

---

[4]. AGPR. Fondo Obras Públicas Municipales. Leg. 47. expd. 7.
[5]. *El Estudiante*. Año 1947. pp. 1 y 4.

establece, fuera de toda duda, que entre los dueños originales del terreno estaban Domingo y María Hernández.

Las colindancias de dichos terrenos eran las siguientes: en la parte Oeste tenía una extensión de cuatro cuerdas, desde un árbol de guayabo a otro de jobo; en la parte este, cuatro cuerdas, desde un estacón de jobo, siguiendo una corriente de agua, hasta un árbol de moca; en la parte sur tenía tres cuerdas, desde el estacón de jobo al otro estacón de jobo; y por el norte, tres cuerdas y medias, desde el árbol de jobo hasta **la moca**. [6] Lo que deja ubicado al árbol de **la moca** en el lado noreste del poblado.

Si tomamos esta referencia sobre las colindancias del lado noreste del poblado, es lógico pensar que el nombre del pueblo de **la Moca,** existente desde el 1714, corresponde al árbol de moca y no al del arbusto del café que llegó a la Isla muchos años más tarde. Por esa razón, es de suponer que se le anteponía el artículo **la** al nombre, de lo contrario no tiene sentido que se llamara el pueblo de **la Moca.** Dicho artículo nos permite asociar el nombre del pueblo con el árbol.

Una vez presentadas estas explicaciones sobre el nombre, detallaré algunas de las descripciones que aún se conservan sobre los orígenes de la población. En las noticias de Fernando Miyares, del año 1775 encontramos:

Los vecinos se han esforzado bastante en levantar iglesia, construir casas y demás que constituye población, de modo que promete ser una de las buenas de la isla.[7]

Otra nota significativa es la descripción que hizo fray Iñigo Abbad y la Sierra en su obra escrita en el año de 1782:

Su iglesia tiene la precisa decencia, hay once casas en su inmediación, las demás 203, con 996 (habitantes) que componen este vecindario, viven en sus respectivas haciendas. [8]

El correr del tiempo ha demostrado que Miyares tenía razón, pues con los años el antiguo poblado de Moca se ha convertido en una ciudad próspera y moderna al igual que muchos otros pueblos de la Isla.

B.   Infraestructura y desarrollo del poblado hasta 1900

Según la descripción de fray Iñigo, cuando se fundó el poblado, el mismo contaba con once casas y una plaza pública. Aunque la descripción de

[6]. Ibíd.
[7]. Fray Iñigo Abbad y La Sierra. *Historia geográfica, civil y natural de la Isla de San Juan Bautista de Puerto Rico.* Editorial Universitaria. Año, 1979. pp. 133-134. Eugenio Fernández Méndez. *Crónicas de Puerto Rico.* Editorial Universitaria. Año, 1981. p. 291.
[8]. AGPR. Fondo de Gobernadores Españoles. Serie Visitas. Caja 190.

Abbad no dice cómo estaba distribuida la estructura urbanista del pueblo, generalmente los poblados estaban organizados alrededor de la plaza, la iglesia y la Casa del Rey, que eran los tres lugares que le daban sentido a la vida social, religiosa, cultural y política de las poblaciones de origen español. La iglesia y la Casa del Rey de Moca se erigieron en el año 1775.

Fuera de las referencias anteriormente citadas, la primera descripción que encontré sobre el pueblo es de principios del siglo XIX. La misma pertenece a la visita que realizara el Gobernador Don Miguel de la Torre a Moca el 23 de marzo del 1824. [9] Del informe presentado por el gobernador al concluir su visita se obtiene una visión aproximada del pueblo al comenzar dicho siglo.

El poblado estaba formado por seis casas, catorce bohíos, tres tiendas y tres ventorrillos. La plaza pública cubría una extensión de una cuerda de tierra y en sus alrededores se encontraban la iglesia en el costado norte, la Casa del Rey en ruinas [10] y una escuela.[11] El cementerio se terminó el día 13 de julio de 1814 [12] a un costo de 1,000 escudos. Ese mismo año se construyó también el matadero municipal, a un costo de 250 escudos.[13] Estos datos nos indican que el poblado estaba formado por un total de 30 estructuras. Si recordamos que la descripción de fray Iñigo dice que el poblado estaba compuesto por once casas, podemos concluir que en 52 años el crecimiento fue considerable.

Entre los años de 1827 al 1829 se efectuaron las siguientes mejoras o cambios al poblado: Se repararon los caminos que estaban en mal estado desde el año de 1824. El costo de las reparaciones ascendió a 872.4 escudos en 1827[14] y a 429.10 escudos en 1828, para un total de 1,301.14 escudos. [15] La plaza y las calles aledañas se repararon con 547.4 escudos.[16] A la Casa del Rey se le hicieron reparaciones por la cantidad de 264.5.1 escudos. En el caso de la escuela ésta se cerró en el año 1827 porque no asistía ningún niño a tomar clases. [17]

---

[9]. La Casa del Rey era donde el Teniente a Guerra o Alcalde tenía su despacho y donde se reunía el Cabildo. También albergaba la cárcel pública y el cuartel de milicias.
[10]. AGPR. Fondo de Gobernadores Españoles. Serie Visitas. Caja 190.
[11]. Ibíd. Caja 508.
[12]. Ibíd. Dicho cementerio estaba ubicado en la parte sureste del pueblo, cerca del actual Centro de Gobierno.
[13]. Pedro Tomás de Córdova. *Memorias geográficas, históricas, económicas estadísticas de la Isla de Puerto Rico.* Tomo V y VI. San Juan: ICP. Año, 1968. T. V, p. 145, 220 y 298; T. VI, p. 258.
[14]. Ibíd. Tomo V. p. 298.
[15]. Ibíd. Tomo VI. 220.
[16]. Ibíd. Tomo V. pp. 220 y 227.
[17]. AGPR. Fondo de Obras Públicas. Serie Obras Municipales. Caja. 176 y 280.

La segunda descripción del pueblo corresponde a la administración del Teniente a Guerra, don Luis Maisonave, quien en el 1846 sometió a las autoridades superiores de la Isla una "Descripción Topográfica del Pueblo de Moca" por medio del Sr. Juan C. Medrano. Según Maisonave, el pueblo tenía dos calles, las cuales, a su vez, estaban ocupadas por veinticuatro casas, once bohíos, tres tiendas mixtas, diecisiete pulperías, siete ventorrillos y una zapatería. Para esa fecha, la Casa del Rey albergaba una estructura de madera de dos plantas. En la parte superior se atendían los asuntos de gobierno y en la planta baja se ubicaba el cuartel de milicias, la cárcel y la guardia de urbanos. [18] La iglesia se encontraba en un estado ruinoso desde el año 1840, [19] por lo que el alcalde, Don Francisco Ruiz, delegó la atención del asunto al secretario del municipio, Don Eusebio de Arce. Los trabajos para realizar las reparaciones de la iglesia se dilataron hasta el año 1850, porque el secretario Don Eusebio de Arce, incurrió en malversación de los fondos.

En el poblado también existían una escuela y una carnicería ambas construidas en el año de 1844. El cementerio se mejoró con la construcción de la cerca y la reparación de la entrada [20] y a la plaza pública y las dos calles del poblado se les pusieron alumbrados de gas.[21] Para el año 1850 se habían operado algunos cambios en el pueblo. En esa fecha se registraron veintidós casas y cuarenta bohíos, lo cual indica un mayor crecimiento en las viviendas de las familias pobres, porque en 1846 se informaba de once bohíos. Sólo existían cinco pulperías, dos tiendas de ropa y una gallera en las afueras del pueblo. La iglesia finalmente fue reparada y se describe como: una "elegante iglesia de mampostería" [22] La Casa del Rey fue reconstruida en el año de 1853 y servía de cuartel a la Compañía de Milicias. Además, contaba el pueblo con una carnicería espaciosa y ventilada. [23] En el 1852 se añadió la Casa Consistorial, la cual era de madera. En la parte alta estaba ubicada la alcaldía y la sala de sesiones; en la baja, la cárcel pública.

Ese mismo año, el gobernador interino, Esteban Bravo de Rivera, autorizó la construcción de un nuevo cementerio, [24] a un costo de 1,754 pesos. [25] Los trabajos del nuevo cementerio se iniciaron en junio por el contratista Don Enrique Hau, en un terreno que donó don Francisco Babilonia.

[18]. Ibíd. Fondo de Gobernadores. Moca. Caja. 510.
[19]. *Gaceta de Puerto Rico*. Núm. 26. Vol. 15., 28 de febrero de 1846. p.3.
[20]. AGPR. Fondo de Gobernadores. Mayagüez, Moca. Caja.508.
[21]. *La Gaceta de Puerto Rico*. Núm. 26. Vol. 15., 28 de febrero de 1846. p.3.
[22]. AGPR. Fondo de Gobernadores. Moca. Caja. 510.
[23]. Ibíd.
[24]. *La Gaceta de Puerto Rico*. Núm. 30. Vol. 21., 9 de marzo de 1852. p.4.
[25]. AGPR. Fondo de Gobernadores. Serie Obras Públicas. Caja. 510.

La obra fue terminada el 9 de septiembre de 1852 y el 11 se hizo la inspección de la misma por el arquitecto Don Vicente García.

También en 1852 el gobernador aprobó la construcción del Puente Santiago, a la salida de Moca para Aguadilla. [26] El puente se construyó de mampostería a un costo de 660 pesos. [27] Además de esto, se hizo el camino nuevo con dirección a Pepino y el de Moca hacia Aguadilla, a cargo del Capitán Ingeniero Tejeda, a un costo total de 3,179.37 pesos. [28] Por otra parte, las vías de comunicación más importantes eran: la Calle del Camino Real, que cruzaba en dirección de Pepino a Aguadilla. De Norte a Sur atravesaban el poblado tres calles que se llamaban: de la Carnicería, del Cementerio y de la Plaza. [29] El camino con rumbo de Moca a Isabela se hizo en el año 1858 a un costo de 141.50 pesos. [30]

En el 1870 se inició la construcción de una línea de telégrafo que salía de Arecibo hasta Aguadilla y que se extendió hasta Moca. [31] El crecimiento del pueblo continuó, y para el 1876 la zona urbana del mismo estaba compuesta por 33 casas, 223 bohíos y 306 familias ubicadas en la zona urbana. Además, había cuatro tiendas mixtas y diez pulperías. Todavía existían tres calles, dos llevaban los mismos nombres pero la calle de la Plaza había cambiado su nombre por el de Calle del Cuartel.[32] Para el año 1897 se abrió el camino que va de Moca hacia Añasco y que en la actualidad conocemos como la carretera 110. [33]

Según Coll y Toste, al finalizar el siglo XIX el pueblo se componía de 29 casas de mampostería y madera, además de 339 viviendas de madera, 6 bohíos de paja y yagua, para un total de 374 viviendas. También existían 5 almacenes, 6 negocios de azúcar, 11 negocios dedicados a la venta de café y 18 bohíos para diferentes usos, una escuela, una carnicería, una farmacia, 8 panaderías, 2 pulperías, 2 tiendas mixtas, 4 tiendas de frutos del país, 20 ventorrillos y una gallera.[34]

---

[26]. Este puente es el que queda al lado de la Farmacia El Perpetuo Socorro. *La Gaceta de Puerto Rico*. Núm. 79. Vol. 21., 1 de julio de 1852. p.4.

[27]. *Gaceta de Puerto Rico*. Núm. 46. Vol. 26., 16 de abril de 1857. p.1.

[28]. AGPR. Fondo de Obras Públicas. Serie Obras Municipales. Caja. 176.

[29]. *Gaceta de Puerto Rico*. Núm. 71., 17 de junio de 1858. p.1.

[30]. Ibíd. Núm. 151. Vol. 26., 10 de noviembre de 1857. p.4.; Núm. 33., 18 de marzo de 1858. p.2.

[31]. Manuel Ubeda y Delgado. *Puerto Rico: Estudio histórico y estadístico*. Puerto Rico: Tipografía del Boletín. 1878. pp. 180-181, 247, 290 y 343. En el barrio Cuchillas se señala la existencia de una cantera de piedras de amolar. Ver la tabla Núm.1 en los apéndices.

[32]. *Gaceta de Puerto Rico*. Núm. 4., 17 de diciembre de 1870. p.3.

[33]. Cayetano Coll y Toste. *Informe sobre la Isla de Puerto Rico*. 1899. pp. 238-241.

[34]. *Informe sobre el Censo de Puerto Rico*. Departamento de la Guerra. Traductor, Frank Joannini. Washington: Imprenta del Gobierno. 1900. p. 343.

Todavía en el año 1899 Moca carecía de acueducto y las facilidades sanitarias eran muy pobres. Para cubrir sus necesidades, 2,052 familias se abastecían de agua de cisternas, 215 de las aguas del río y 30 de manantiales. Para mantener a la población libre de desperdicios sólidos, se prestaba servicio de recogido de basura a 215 familias, las demás tenían la costumbre de quemar los desperdicios. [35]

Como podemos apreciar durante sus primeros 130 años de existencia, el poblado había ido creciendo desde su fundación, con once casas, hasta alcanzar 374 viviendas en el pueblo y todas las comodidades y adelantos existentes para la época. Tenía escuela, iglesia, cementerio, farmacia, negocios, alcaldía, alumbrado de gas, así como, cuerpos de vigilancia y facilidades administrativas.

El siguiente siglo se encargaría de ir dándole la fisonomía actual a Moca, con grandes cambios en las últimas tres décadas del XX.

C. Crecimiento urbano del pueblo de Moca durante el siglo XX.

1. Desarrollo del poblado entre 1900 y el 1911

A principios del siglo XX el pueblo de Moca estaba integrado por un pequeño núcleo de viviendas y estructuras administrativas y comerciales distribuidos en cinco calles: la Oriente y Occidente, la Nemesio González, la Isabela y la Salsipuedes o del Cementerio. Luego se construyeron las calles Añasco, La Ceiba y La Paz. [36] Durante esos primeros once años del siglo XX, el pueblo continuó casi en el mismo estado en que se encontraba en el siglo anterior. Como se corrobora en los documentos de la época, casi todos los proyectos que se realizaban estaban encaminados principalmente a reparaciones o mantenimiento de las estructuras existentes, o bien a la construcción de edificaciones de poco valor.

Sirva de ejemplos el caso de la Casa Alcaldía, construida de madera y zinc en 1883 por José Corsino Benejam a un costo de $450, con reparaciones en los años 1883 y 1919 por un valor de $850. [37] Otros ejemplos son la asignación en octubre de 1908 de un presupuesto de $35 para arreglar el

---

[35]. Ibíd.

[36]. La Calle Barbosa era conocida originalmente como Camino Real, luego comprendía dos calles: desde el edifico de Jorge García bajando hacia el Hospital era la Calle San Sebastián, luego se llamó la Calle Oriente; y de la plaza hacia Aguadilla era la Occidente. La Calle Isabela es actualmente la Blanca Chico, mientras la Calle Salsipuedes es hoy la Calle Marina González.

[37]. Archivo General de Puerto Rico. Fondo Obras Públicas, Serie Obras Municipales. Caja, 176. p.1. Informe Anual, presentado por Nemesio González el 28 de agosto de 1919. En adelante AGPR.

cementerio y construirle una capilla, $77.83 para la reparación y pintura de la Casa Alcaldía, $50 para arreglar la Calle Paz y $25 para terminar varios arreglos a la Plaza Pública. [38] En noviembre del 1910, se destruyó una cocina que tenía la Casa Alcaldía y se vendió la madera por $90, dicha suma de dinero se usó para pintar, reparar y construir unas letrinas en la misma dependencia. Finalizada las reparaciones, sobraron tres piezas de madera: dos de maga y una de moralón, las cuales se vendieron por tres dólares para cubrir algunos gastos administrativos. Además, se ordenó reconstruir la casa donde estaba el cuarto de socorro, porque la cocina estaba en muy mal estado. Se invirtieron $73.96 en maderas. También se designaron $68 para terminar los trabajos del lado este de la Plaza de Recreo y $175 para la reparación y pintura de una casa que tenía el municipio en la calle Oriente.[39] Las autoridades se veían obligadas a realizar reparaciones constantemente, porque todas las estructuras eran de madera.

Para esos años, los proyectos de mayor envergadura fueron la compra de una casa ubicada en la calle Oriente, propiedad de Tomás Babilonia, por la cantidad de $500 para establecer el cuarto de socorro y un pequeño hospital. Las mejoras que se le hicieron a la Plaza Pública en abril de 1909 por la suma de $1,730.25, realizados por el Sr. Benjamín Morales. Otro fue la construcción de un corral para albergar los animales realengos.[40] Los materiales se le compraron a Félix Cordero del barrio Cuchillas y a los Sres. Sanders y Phillip, del comercio de Aguadilla. Además se compraron dos focos de gasolina por $90 a la compañía "Boulebard Lamp", en Estados Unidos. Se dejaron pendientes la construcción de un pozo artesiano, un matadero y la cárcel municipal, con una asignación de $175.36, $500 y $55 respectivamente.[41]

---

[38]. AGPR. Doc. Mun. Moca Caja, 1 exp.1. Año 1908-11. ff. 25, 174 y 191-92.
[39]. Ibíd. f. 43. ; f.177. 1 noviembre 1910; f.167. 20 septiembre 1910. Sobre este particular existe abundante documentación en los archivos.
[40]. Hasta que sus dueños pagaran la multa impuesta, el animal permanecía en el corral municipal.
[41]. Ibíd. F.30, 9 de octubre de 1908; ff. 40, 56-58, 65 y 171, abril de 1909. Sobre el pozo artesiano se comentará más adelante en el tópico sobre acueductos.

Iglesia de Moca para el 1910. Foto cortesía de Juan Sotomayor.

También, por órdenes del alcalde Miguel Babilonia, se determinó hacer un mapa del pueblo, con un nuevo deslinde de los ejidos urbanos y la asignación de escribir en tablillas los nuevos nombres de las calles del poblado. Para realizar el trabajo se comisionó a Manuel González y a Telesforo Méndez. Como resultado, a la calle Correo se le nombró calle Progreso, a la Nueva con dirección al oriente se le designó como Ceiba. La calle Aguadilla se llamó calle Nueva, a la calle frente a la Plaza de Recreo se le nominó Roberto H. Todd hacia el este y hacia el sur se le puso el nombre de Barbosa. [42]

Según el censo de 1910, la población total de Moca era de 15,225 personas, de las cuales 13,640 vivían en la zona rural y 1,585 en la zona urbana. [43]

2. El fuego de 1911

Como consecuencia de un incendio que ocurrió en Moca el 6 de agosto de 1911 a las 6:00 p.m., el pueblo sufrió cambios significativos principalmente en el casco urbano. Según se desprende del informe del Jefe de

---

[42]. Ibíd. f. 47. 18 de diciembre de 1908.
[43]. Recuperado de www.rootsweb.com.

la Policía del Distrito de Aguadilla, ese día a las 7:30 p.m. el empleado del telégrafo de Moca envió un pedido de auxilio al pueblo de Aguadilla. Tan pronto se recibió la noticia se le notificó al fiscal Torres Grau del Tribunal de Aguadilla y éste, acompañado del cabo Alfredo Gregory y los policías, Ovidio Rojas, Eduardo Rodríguez y Miguel Hernández, partieron de inmediato hacia Moca para atender la situación. Cuando llegaron, la mitad del pueblo estaba bajo las llamas de un voraz incendio. También habían acudido el Sr. Recio, Jefe de la Policía de San Sebastián, un juez municipal y un guardia de apellido Babilonia.

El fuego comenzó a ceder como a eso de las doce de la medianoche, no sin antes dejar cuantiosos daños y un policía levemente herido. Se quemaron 27 casas, de las cuales 23 fueron parcialmente, la mayoría de ellas ubicadas en la actual Calle Barbosa. Lo estrecho de la calle permitió que el viento propagara las llamas a ambos lados de la calle principal. A esto hay que añadir que todas las viviendas eran de madera, y quedaban muy cercas unas de otras. El área que consumió el incendio comprende actualmente desde el edificio del Laboratorio Hernández (antes teatro Venus) y el edificio de Merín Pérez hasta llegar a las esquinas de la Plaza de Recreo.

Originalmente se pensó que el siniestro había sido accidental, pero al día siguiente el Jefe de la Policía y el fiscal Torres de Aguadilla regresaron a Moca para practicar una investigación detallada sobre los hechos. En esa ocasión llegaron acompañados del juez Olmedo de la Corte Municipal. Las averiguaciones arrojaron que el fuego había comenzado en una estructura que albergaba a la Iglesia Protestante (Iglesia Presbiteriana), la farmacia "La Luz" y la trastienda de dicha farmacia. De acuerdo con la investigación, el fuego tuvo sus inicios en la trastienda de la farmacia del licenciado Ulises Román, alias Paco Román. El mencionado edificio estaba ubicado en la estructura núm. 7 de la calle (hoy calle Barbosa), en dicho lugar se levantó el edificio que albergó la tienda de Belén Hernández.

Al completar la pesquisa se descubrió que el fuego había sido provocado por el farmacéutico Francisco (Paco) Román, con el fin de reclamar un seguro que le tenía a su propiedad por $1,800. Las autoridades arrestaron al Sr. Román y lo llevaron a la cárcel de Aguadilla.

Según la relación presentada por las autoridades, las 27 estructuras afectadas se pueden clasificar en dos categorías: las que estaban ocupadas por sus dueños y las alquiladas. Solamente había una estructura desocupada, propiedad de Monserrate González. Entre las ocupadas por sus dueños se encontraban las siguientes: la de Guadalupe López, Rufino Quiñones, Francisco Torres, Josefina Quiñones, Ángela Loperena, Rodulfo López, Antonia Hernández, Conrado López, Santos Medina, Dolores Hernández,

Miguel Babilonia, Alfredo Egipciaco, Nemesio González y la de Santiago Benejam.

Las propiedades alquiladas eran: tres casas del comerciante aguadillano Julio Osvaldo Abril, alquiladas a Santiago Charneco, Pedro Hernández y Nemesio González. Cuatro pertenecían al comerciante mocano Alfredo Egipciaco, una habitada por él, en otra tenía su tienda y almacén y las otras dos, en una vivía Cosme Benejam y en la otra Antonio Gerena. El comerciante Nemesio González tenía una casa alquilada a Josefa Arroyo y el Sr. Eduvigis Cordero tenía dos, una alquilada a José Acevedo y la otra a Bruno Acevedo. Además, la casa propiedad del municipio, la cual albergó anteriormente la Alcaldía, estaba ocupada por Joaquín Acosta y, por último una casa propiedad de Santiago Benejam en la que vivía Eduardo Rey. [44]

Aunque los comerciantes hicieron un gran esfuerzo para salvar las mercancías y equipos, fue muy poco lo que lograron rescatar de las llamas. A todos los comerciantes afectados se les condonaron los impuestos de ese año. Sin embargo, se notificó que si alteraban los productos de primera necesidad serían denunciados ante los tribunales de justicia. Entre los comerciantes más afectados estaban los siguientes:

a. Alfredo Egipciaco   g. Nemesio González
b. Santiago Charneco   h. José Acevedo
c. Eduvijis Cordero   i. Santiago Benejam
d. Eulalio Laguer   j. Antonio Hernández
e. Isidra González   k. Rufino Quiñones
f. Rufino Vale   l. Antonio Gerena [45]

Para socorrer a las víctimas se organizó una Comisión bajo la presidencia del alcalde Nemesio González, como vice-presidente Cosme Benejam, secretario Alfredo Egipciaco, tesorero Juan Miranda y los vocales Rosendo Manuel García, Manuel Carrasco, Pedro Pagán Ruiz, Higinio López y Eduardo Méndez. La Comisión debía elevar una petición de ayuda ante el Gobierno Insular y los vecinos del pueblo. A dicha petición respondieron los pueblos de Peñuelas con un donativo de $25 y el de Sabana Grande con $50.

3. Cambios que sufrió el pueblo de Moca luego del fuego.

Con el objetivo de evitar que en un futuro otro incendio causara efectos parecidos, las autoridades municipales establecieron las siguientes medidas:

---

[44]. UPR. Colección Puertorriqueña. *La Democracia*. 10 de agosto de 1911. Año XXII. Núm. 6,000.
[45]. AGPR. Doc. Mun. Moca, Caja, 1 Expd. 2, Año 1911-14. ff. 61-66.

1. Que las calles fueran más anchas
2. Que se prefería la construcción de casas de mampostería o de madera, techadas de zinc.
3. Se prohibía construir casas de tablas de astillas.
4. Se prohibía techar las casas con paja o yaguas.
5. Entre casa y casa se dejaría un espacio de 2 metros.
6. Las casas no podían tener más 8 pies de altura, o de 16, si eran de dos pisos.

Para cumplir con las especificaciones de separar las construcciones y ampliar las calles del poblado fue necesario hacer una redistribución de los solares. Esa realidad llevó a muchos de los propietarios a inflar el precio de sus predios para obtener una mayor ganancia por su propiedad; otros, por su parte, reclamaron que sus solares eran más amplios. Finalmente se determinó utilizar parte del terreno que ocupaba la Plaza y mover hacia el fondo de cada calle las nuevas estructuras. A partir de ese momento, el aspecto físico del poblado cambio significativamente.

Una vez reconstruido el pueblo, se aprobó una Ordenanza que disponía el pago a Cristóbal Benejam para que prepararan los rótulos con los nombres de las calles y 154 números para identificar las casas del poblado. Las calles debían llevar el nombre de personajes como un tributo de admiración, a los paisanos ilustres y queridos que hubiesen hecho algún bien al pueblo puertorriqueño. La distribución quedó de la siguiente manera:

1. Desde la Farmacia de Benito Rosa Quiñones hasta la casa de Tomás Babilonia se conocería como calle Barbosa.
2. Desde la casita de Isidra González hasta la casa de Antonio Lassalle, a ambos lados, la calle Roberto H. Todd.
3. Desde la casa de Alfredo Egipciaco hasta la de José Pablo Feliciano llevaría el nombre de Francisco Mariano Quiñones.
4. Desde la casa de Monserrate González hasta Margaro Vargas era la Nemesio González.
5. Desde la casa de Antonio Bosques hasta la de Ángela Loperena se noimbró calle Juan B. Hayke.
6. Desde Isidro Benejam hasta Lorenzo Cabán quedaba la Luis Muñoz Rivera.
7. Desde la Farmacia Benito Rosa hasta la casa de Antonio Benejam Iturrino corría la Juan A. Ramos.
8. Desde el Colegio Francisco Mariano Quiñones hasta Benito Rosa quedaba la Pedro Acevedo Rivera.
9. Desde Justo Lassalle hasta Higinio López la Román Baldorioty de Castro.

Para abril de 1913, el pueblo también contaba con una Casa Alcaldía ubicada en el mismo lugar donde está establecida la Alcaldía actual. La misma era una estructura de dos pisos, que albergaba en la planta alta: un salón de actos, las oficinas del tesorero, las del registro civil, la del director médico y la del Juez de Paz. En la primera planta se encontraba el depósito municipal, la Sala de Socorros, la oficina del Alcaide de la cárcel, un almacén y las oficinas del Alcalde.

Durante ese mismo año se autorizó la construcción de un matadero y una nueva carnicería. Los materiales se le compraron a las compañías de José Tomás Silva y la de Sanders Phillip, del comercio de Aguadilla. [46] Además, se ordenó hacer una capilla y un muro de concreto para cercar el cementerio, a un costo de $400, para evitar que los animales realengos cruzaran la cerca de alambre de púas y se metieran a dañar las tumbas. Más tarde, en enero de 1920, se le dio paso a una recomendación de Cosme Benejam, aprobando una permuta de un terreno propiedad del Municipio, por una cuerda de terreno propiedad de Félix Lassalle, para ampliar el cementerio (en la actualidad allí están varias oficinas y talleres del municipio). La finca de Lassalle colindaba por el sur con el Cementerio Municipal. [47]

También se empezó a planificar la forma de dotar al área urbana con los servicios de agua y luz eléctrica.[48] A esos fines, se hicieron gestiones para conseguir un préstamo por la suma de $42,000, para hacer un acueducto por $20,000, una planta eléctrica por $8,000 y para pavimentar las carreteras $15,000. Para amortizar el pago del mencionado préstamo, la Asamblea Municipal autorizó en febrero de 1920 imponer una contribución adicional de 30 céntimos del 1% sobre la propiedad para el año contributivo de 1920-21. [49]

Con la idea de ampliar la zona urbana, que para el año 1920 tenía una población de 1,717, [50] se consideró la compra de 2 ó 3 cuerdas de terreno para ensancharla ante la necesidad que tenían muchos propietarios de construir mejores viviendas, pero la falta de solares y los altos costos del terreno hacían difícil adquirir dichas propiedades. De lograrse la compra del terreno los compradores hicieron el compromiso de levantar estructuras valoradas en $300 o más. Los terrenos seleccionados para la expansión del área urbana fueron los de Tomás Babilonia. Según expresara el propio Babilonia, en reunión celebrada el 21 de agosto de 1925, él no tenía inconveniente en ceder una faja de terreno del ancho de una calle de sus terrenos que estaban

[46]. Ibíd. ff. 91-97, 122, 168, 172, 238.
[47]. Ibíd. ff. 59. Caja 1, Expd. 2. Año, 1919-22.; Caja 1, Expd. 4. Año, 1919-23. f. 270.
[48]. Ibíd. ff. 153, 238,
[49]. Ibíd. f. 67.
[50]. Ibíd. Caja 1, Expd. 4. Año, 1919-23. f. 38.

situados al norte de la población, con la condición de vender los solares a ambos lados de la nueva calle. La propuesta no se aceptó porque las autoridades creían que si Babilonia retenía los solares tal vez los podría vender a precios muy elevados. [51]

Vista parcial del pueblo de Moca para el año 1914.

Con el objetivo mejorar las condiciones de vida de los vecinos de la zona urbana, el Comisionado de Instrucción y Obras Públicas, José Calazán Lassalle, propuso la compra de dos casas, una de Lorenzo Cabán y la otra de Benito Colón, para alinear y extender las calles Muñoz Rivera y Juan B. Huyke. También se adquirieron 11 céntimos de terreno para enderezar otra calle, que no se identifica por su nombre.[52]

Otro asunto que se debió atender fue la estética del poblado, ya que los comerciantes tenían la costumbre de tender café en la plaza pública. Dichos comerciantes pagaban $25 por utilizar la plaza como glácil durante la temporada de la cosecha del café. Dos incidentes impulsaron la discusión del asunto ante la Asamblea Municipal, uno fue las críticas despectivas que hicieron ciertas personas al respecto y el otro que los padres de los estudiantes

---

[51]. Ibíd. Caja 2, Expd.5. Año 1923-26. f. 397 y 402. La mencionada calle pasaría de este a oeste paralela a la calle Barbosa, saliendo por el lado de la escuela Adolfo Babilonia Quiñones, donde está ubicada actualmente la Mueblería Saulo.
[52]. Ibíd. Caja 2, Expd. 6, Año 1926-27.

de las escuelas urbanas se quejaban constantemente porque los comerciantes sacaban a los niños de la plaza cuando éstos no tenían clases.

El asunto generó fuertes discusiones entre los asambleístas, algunos de ellos estaban de acuerdo en continuar con la práctica para no perjudicar los ingresos del municipio. Entre los que se oponían se encontraba Restituto Pagán Ruiz, quien señalaba que la plaza era sitio de recreo, no para servicio de los comerciantes. Gil Sánchez respaldó a Pagán, argumentando que los niños no tenían otro sitio de recreación donde quedarse cuando no tenían clases. Arístides Maisonave y José Calazán Lassalle dijeron que no se debían sacrificar los ingresos del municipio por meras críticas de personas extrañas a la comunidad.

En la votación para decidir el asunto, cinco votaron a favor de mantener el uso de la plaza para tender café, pero la mayoría votó en contra. A los comerciantes se les concedió el término de un año en lo que construían sus propias facilidades o compraran máquinas para secar café.[53]

José Calazán Lassalle propuso otro proyecto para la construcción de 10 casas con el fin de mejorar el aspecto físico del pueblo y las condiciones de vida de un grupo de trabajadores a un costo de $180 cada unidad, para un total de $1,800. El propósito era vendérselas a diez obreros para que las pagaran a plazos.[54]

4. El proyecto de energía eléctrica

El proyecto para dotar a Moca de energía eléctrica comenzó con una propuesta de José López Alvarado a principios del 1927 cuando le solicitó a la Comisión de Servicios Públicos la franquicia para establecer una planta de energía eléctrica en la zona urbana del municipio de Moca.[55] En ese año, el alcalde Francisco Acevedo y el secretario Higinio López recibieron la visita de los funcionarios de la Comisión de Servicios Públicos que llegó hasta Moca para evaluar la solicitud del Municipio de adquirir la franquicia para construir, mantener y explotar el servicio de alumbrado eléctrico. Los trabajos comenzaron a finales del mes de abril, bajo la dirección del ingeniero Rafael A. González. Para el 4 de mayo de 1928, ya estaba instalado el cuadro de la plaza y la mayor parte de la calle Barbosa, hasta ese momento se habían invertido $815.20. Le siguieron las calles de la Carnicería con $22, la Calle Iglesia con $66 y dos calles más sin nombre por $88. En el caso de la calle Roberto H. Todd y el resto de la calle Barbosa, se tardó más de un año en

---

[53]. Ibíd. Expd. 5. Año 1923-26. ff. 97, 111 y 113.
[54]. Ibíd. f. 71.
[55]. Ibíd. Expd. 6. Año 1926-1927.

completar el servicio porque se presentó cierta resistencia, por parte de los asambleístas, para que se pasaran las líneas de alto voltaje en medio de la población, pues ellos temían que en el futuro ocurriera algún accidente. Finalmente se les extendió el servicio el 28 de junio de 1930 a un costo de $264.

El costo total del servicio fue de $2,736.75, más $5,999.94 que costó el tendido de cables y postes desde Aguadilla hasta Moca, para un gran total de $8,737.69. Los siguientes lugares en recibir los servicios de energía eléctrica fueron: los barrios de La Cruz, Cuchillas y Voladoras en el año 1946.[56]

En el año 1936 la administración Municipal se propuso obtener un préstamo por $65,000 para realizar varios proyectos, entre ellos la Casa Alcaldía a un costo de $3,000. Sin embargo, hubo que esperar hasta febrero de 1946, cuando se autorizó al Alcalde Arcadio Colón, hacer los planos de la Casa Alcaldía y la construcción de una nueva plaza. Los fondos a utilizarse provenían de la Federal Works Agency, Bureau of Cumunity Facilities.[57]

Vista desde la Plaza Pública hacia el lado norte del pueblo. Año 1936.

---

[56]. Ibíd. Caja 2, Expd. 5, Año 1925-26.; Caja 3., 5 de abril de 1930.; *Ideales* Núm. 24, Año 3. agosto de 1946. p.2.
[57]. Ibíd. Caja 3, Expd. 10, Año 1945-46.

Foto del pueblo desde la Plaza hacia el lado sur. Año 1937. Obsérvese la altura de la misma con relación a la calle y sus antiguos y famosos almendros que la adornaban.

En el año 1945 se arrendó una propiedad del Gobierno de P. R. como las oficinas para el Director de Departamento de Salud, con una renta de $120 anuales. Se autorizó asimismo una subasta con el propósito de vender un solar para la edificación de un teatro moderno de 45 x 100 metros.[58] También se propuso la creación de una Plaza del Mercado a un costo de de $10,000 para facilitar a los agricultores la venta de frutos del país. Como el Municipio no tenía nada más que $5,611.68, tomó un préstamo pagadero desde julio de 1951 hasta el 1960, a razón de mil dólares anuales.[59]

5. La construcción de la nueva Plaza de Recreo

Aunque existía un interés de remozar y revitalizar la zona urbana, esto no era aceptado por algunos de los vecinos más pudientes, quienes manifestaron muy pocos deseos de cooperar con las autoridades. Según los dirigentes y políticos, Moca era un pueblo estancado con cuatro o cinco calles y una serie de viejos caserones de apariencia repugnante. Para el grupo que quería cambios era necesario que los ricos invirtieran y, a su vez, permitieran

---

[58]. Ibíd. ff. 95-96. 22 de enero de 1950.; AGPR, AA. Núm. 10. f.50.
[59]. Ibíd. ff. 89-90.

que otros habitantes deseosos de construir y modernizar el pueblo tuvieran esa oportunidad. Aquí se puede apreciar la lucha entre la gente con una visión progresista y la otra más conservadora. Lo lógico era que se ampliara la zona urbana y, a la vez, se mantuvieran las estructuras antiguas que representaban lo más auténtico del pueblo. Con el correr de los años, los grupos modernistas ganaron terreno y en la actualidad lo único que queda en pie de la Moca antigua son la escuela y la casa de los Benejam, que datan de los años 1926 y finales de 1939, respectivamente. Ante esta situación las nuevas generaciones tienen la responsabilidad de velar para que ambas estructuras se mantengan erguidas por mucho tiempo.

Como mencioné anteriormente, los planos para la nueva Casa Alcaldía se aprobaron en 1946, pero los trabajos empezaron en el 1947 bajo la incumbencia de Arcadio Colón. Así los viejos y carcomidos almendros de la plaza cayeron bajo los rudos golpes de las afiladas hachas del modernismo. La Junta de Planificación señaló que la construcción de la plaza costaba alrededor de $15,668.90, pero el Municipio solamente contaba con $12,000.[60] Entonces se pensó en edificar la plaza mediante administración, en lugar de presentarse por subasta, con el objetivo de economizar gastos. Además, se podrían usar en ello las máquinas y camiones que tenía el Municipio. Varias instituciones civiles, educativas, sociales y religiosas se unieron en apoyo para la construcción de la Plaza de Recreo.[61] Los recursos económicos para construir la misma fueron fondos combinados, de los cuales el Programa de Emergencia de Guerra, del Gobierno Insular aportó $25,200 y la misma suma por el Gobierno Municipal.[62] El pago del Municipio se incluyó en el presupuesto del año fiscal 1952-53 bajo la Ordenanza Núm. 17 de la Asamblea Municipal.

---

[60]. AGPR. Actas del Ayuntamiento, núm. 11 y del 23 de marzo de 1947. En adelante Se citará como AGPR, AA.
[61]. AGPR, AA. Núm. 14 del 6 de abril de 1947.; Doc. Mun. Moca, Caja 3, Expd. 10. Año 1945-46.
[62]. Doc. Mun. Moca Caja 3, Expd. 10. ff. 31-36. 17 de abril de 1947.; *Ideales*, Año 4. Núm. 27. p.1, marzo de 1947.

Casa Alcaldía de Moca del 1946 construida por el alcalde Miguel Babilonia.

El plano que sometió la Administración Municipal a la Junta de Planificación para la nueva plaza contenía un diseño compuesto por cuatro amplios jardines con paseos interiores y exteriores. Como parte de los arreglos, se asfaltó la calle Nemesio González, desde la plaza hasta la casa de Cosme Pérez. También se amplió la calle Isabela y se dotó de varios jardines. Para lograr la ampliación fue necesario eliminar varias casas que estaban ubicados al lado de la Iglesia, desde el famoso bar "El Picolino", situado en la misma esquina de los terrenos de la iglesia, frente a las calles Barbosa e Isabela. [63]

---

[63]. *Ideales.* Año 3, Noviembre de 1946. p.3. *El Estudiante,* año 1947. p.3. Los asambleístas responsables de aprobar el Proyecto fueron Aniceto Lassalle, Manuel Pérez, Celestino Soto, Manuel Acevedo, Esperanzo Camacho, Carlos Pagán Juan   Babilonia Cruz y Pascual Colón bajo la Presidencia de Eduardo Méndez.

Bar El Picolino en la esquina de la Plaza Pública.

Los almendros que se cortaron para construir la nueva plaza en 1948. Foto tomada del Informe Anual de 1948, presentado por Arcadio Colón.

Una vez terminada la Plaza de Recreo, se aprobó un reglamento para velar por el ornato y cuidado de la misma, y evitar la costumbre que tenían los muchachos de dejar la basura y tirar los bagazos de las cañas que se chupaban en la plaza, desperdicios que nadie se ocupaba de limpiar. Dicho reglamento establecía las siguientes normas o medidas que prohibían:

1. Correr bicicleta
2. Acostarse en los bancos
3. Que los limpiabotas realizaran su trabajo en los alrededores
4. Sentarse en los tubos de la glorieta
5. Tirar basura, desperdicios de caña, chinas, etc.
6. Pisar la grama, destruir árboles
7. Tomar u obtener agua de la pluma pública
8. Correr patines y carros de ruedas
9. Que los animales realengos se pasearan por la plaza

Las multas por violar las disposiciones eran desde \$1.00 hasta \$50. Si la persona no podía pagar la misma, tendría 15 días de cárcel o, incluso, el juez podía imponer ambas penas. Se establecía que los padres serían responsables por la delincuencia de sus hijos.[64]

Luego, el 19 de mayo de 1949 se aprobó la Ordenanza Núm. 7 para denominar la Plaza de Recreo con el nombre de Luis A. Colón y el parque con el de Bernardo Méndez, "ambos hijos ilustres del pueblo de Moca que hicieron posible mediante su cooperación y esfuerzos la construcción de obras que beneficiaron a la comunidad".[65]

---

[64]. Ibíd. Caja 3, Expd. 10, Año 1945-53. f. 31-36.
[65]. Ibíd. f. 60. 19 de mayo de 1949. f.285.

Construcción de la nueva Plaza

Vista de la parte noreste de la nueva Plaza de Recreo. Fotos cortesía del Sr. Gaspar Matías. Año 1950.

Por otra parte, en 1946 se pasó en la Legislatura Insular la Ley Núm. 213, con el objetivo de establecer varios cementerios rurales en los barrios de Plata, Cerro Gordo, Naranjo y Las Marías. El 5 de mayo de 1947 el alcalde Arcadio Colón recibió una carta de Carlos Rivera dándole autorización para ir a ver el terreno del cementerio del barrio Cerro Gordo. Para el 25 de abril de 1947, Manuel Martorell envió, para la firma y aprobación del Comisionado del Interior, el original del plano topográfico y localización de la parcela a ser adquirida para el cementerio rural de Cerro Gordo. De ser aprobado el Proyecto debía de pasar al Programa de Emergencia de Guerra para su construcción. La Junta de Planificación lo aprobó el 28 de mayo de 1947. Luego, el 19 de septiembre del mismo año, se envió con la aprobación del Comisionado del Interior los documentos relacionados con el solar y la tasación de la parcela propiedad de Cristino Díaz Medina. Dicha parcela sería adquirida mediante compra o expropiación por la cantidad de $208.50.

El pago se hizo con el cheque núm. 9752 a nombre de Cristino Díaz por valor de $208.50 el día 10 de diciembre de 1947. Sin embargo, por objeción del Auditor no se procedió a efectuar dicho pago porque, según la ley, primero había que completar el proceso de expropiación de la parcela y luego efectuar el pago del cheque a Díaz. Finalmente el costo se elevó a $278.00 y el Sr. Cristino Díaz debió esperar hasta el 1 de septiembre del 1950 para cobrar su dinero.[66]

Además del cementerio de Cerro Gordo, se otorgó con fecha del 2 de julio del mismo año una solicitud hecha por Roberto Sánchez Vilella a Luis Muñoz Marín de una transferencia por la suma de $20,000 del Programa de Emergencia de Guerra al municipio de Moca para construir el cementerio de la zona urbana. Ese mismo año de 1951 se firmó una ordenanza el 25 de junio para transferir la cantidad de $1,000 para la construcción de un garaje municipal.[67]

6. Desarrollo del pueblo desde 1950 hasta el presente.

Para el 1950 Moca tenía una población aproximada de 21,614 habitantes, muchos de los cuales se encontraban en condiciones deplorables, antihigiénicas e inseguras.[68] Con el objetivo de remediar la situación de ese alto número de familias se presentó, en mayo de 1949, un proyecto para

---

[66]. AGPR. Obras Públicas Serie, Obras Municipales, Moca. Caja 281, Leg. 47-A, Exped. 13. Año 1952.
[67]. Doc. Mun. Moca, Caja 3, Expd. 10. Año 1945-53. f. 184.
[68]. Ibíd. Doc. Mun. Moca. Caja 3, Expd. 10, Año 1945-48. ff. 86-87; Expd. 10, Año 1945-53, ff. 168-169.

edificar un "Public Housing" o residencial de 100 unidades a un costo de $40,000. Pero no fue hasta el año 1955 que se comenzó a construir y se concluyó para el 1956. En la actualidad dicho complejo de viviendas se conoce como Residencial Gándara. Ese mismo año, se hizo el terminal de carros públicos que estaba frente a la Iglesia Católica.

El crecimiento del pueblo se fue moviendo hacia la parte sur del poblado. En el 1956 se construyó la fábrica de pantalones, en 1958 la escuela Manuel Carrasco. Luego, en 1963, se inauguró el templo de la Iglesia Adventista, en el 1964 se inició la construcción de la escuela Superior Antonio S. Pedreira y en el 1965 la Biblioteca Pública Américo Miranda. [69]

Un nuevo impulso se dio en el área de la construcción de infraestructura del pueblo, entre 1972 hasta el presente, especialmente bajo la incumbencia del alcalde Dr. Juan Sánchez Acevedo. En el 1972 se construyó la nueva Plaza de Recreo a costo de $80,000, siendo alcalde Nicasio Loperena y en 1978 la nueva Casa Alcaldía durante la administración del Dr. Sánchez. La antigua Plaza de Recreo se le conoció como plaza de Arcadio Colón, pero la nueva plaza fue dedicada a la memoria del fundador de Moca Don José de Quiñones.

Plaza de Recreo construida por Arcadio Colón antes de ser destruida para construir una nueva en 1972.

En 1980 se establecieron los edificios para las fábricas de electrónica al lado oeste del barrio Pueblo. Se inauguró el Hospital San Carlos en 1981 y en mayo del 1986 el Coliseo Municipal. Más tarde se hizo el Parque La Moca, en 1991 se terminó la escuela elemental urbana y en el 2000 la escuela superior Catalina Flores. Mi interés no está centrado en los últimos años del desarrollo

---

[69]. Programas de las Fiestas Patronales. Años, 1956-65.

de la infraestructura porque son hechos recientes que la mayoría de mis lectores conocen. Lo que me interesa destacar son las cosas de las primeras seis décadas del siglo 20, a fin de que las generaciones posteriores puedan visualizar el crecimiento y desarrollo de Moca. En realidad, mi objetivo es que las nuevas generaciones puedan enlazar el presente con el pasado inmediato. De esa forma injertamos las ramas del árbol actual de Moca con el tronco y las raíces originales.

Recientemente se terminó de construir una nueva Plaza de Recreo, la cual continuó con el mismo nombre de la anterior. En las siguientes fotos se puede apreciar los trabajos realizados en ella.

Construcción de la Plaza al inicio del siglo XXI.

D. Los caminos

Antes del 1868 el gobierno español había construido en Puerto Rico cinco carreteras o caminos principales. Poco antes del Grito de Lares, entre el 21 de enero de 1868 y junio de 1869 se aprobó el primer plan para dotar a la Isla de nuevas carreteras de segundo orden. En realidad no eran carreteras con asfalto sino caminos afirmados en piedras. Según dicho plan, se añadían a las carreteras de primer orden las siguientes: el camino Núm. 6 que salía de Arecibo a Ponce pasando por Utuado y Adjuntas. El Núm. 7 de Río Piedras hasta Fajardo. El Núm. 8 desde Aguadilla a Lares y eventualmente hasta Adjuntas. El Núm. 9, pasaría por el pueblo de Guaynabo uniendo la vía Núm. 1 con la Núm. 2. En el caso de Moca, no existía ningún otro camino afirmado en piedra que el Núm. 8 que pasaba de Aguadilla a Lares. Dicho camino se conocía originalmente como el Camino Real, luego al tramo que pasaba por el pueblo de Moca se le dio el nombre de calle Oriente y calle Occidente. La calle Occidente era de la Plaza de Recreo hacia Aguadilla y de la Plaza hacia Pepino se llamaba calle Oriente.[70]

A partir del 1898, bajo el gobierno estadounidense, cambió el sistema para la construcción de estos caminos, por virtud de una ley que se aprobó el 8 de mayo de 1906, mediante la cual se dividía la Isla en los siguientes distritos: San Juan, Ponce, Mayagüez, Humacao, Arecibo y Aguadilla. A los mismos se les llamó "Distritos de Camino de P.R." y en cada uno de ellos se creó una Junta de Inspectores de Caminos. Las Juntas tenían a su cargo los estudios, proyectos, construcción y conservación de los caminos vecinales y rurales. Para atender las obras, se destinó el producto obtenido del 8% de las contribuciones sobre la propiedad cobrada por el Tesoro de Puerto Rico.

Ese sistema no dio resultado, por tanto hubo que aprobar otra ley llamada Ley Municipal de Julio de 1906. En la misma se pasaron los caminos a los municipios y se creo una "Junta de Inspectores de Caminos". Luego, en marzo de 1913 se enmendó la sección 64 de dicha ley, para que el 8% de las contribuciones sobre la propiedad cobrada por el Tesoro de P.R. se pasara a la disposición de las Juntas Municipales, bajo una partida denominada como "Fondos de Caminos". Excepto en los municipios de primera clase, no se podían verificar trabajos de construcción o reparación sin la dirección técnica y la inmediata inspección del Departamento de Interior. La sección 66 de la citada Ley dice; "que todos los caminos de la Isla se conocerían bajo el nombre de "Caminos Municipales", excepción de aquellos que se conserven por el Gobierno Insular".[71]

Para el año 1900, en la Isla solamente había 108 millas de carreteras, [72] lo demás eran caminos y veredas que quedaban intransitables, especialmente durante el periodo de lluvias. Las primeras dos carreteras que se construyeron en la zona oeste de la Isla fue entre 1900 y 1908. Una salía de Camuy con rumbo a Quebradillas, pasando por Isabela, Aguadilla, Moca, San Sebastián y terminando en Lares. La otra conectaba los pueblos de Añasco, Mayagüez, Hormigueros, San Germán, Sabana Grande, Yauco. Además, se extendía hasta Cabo Rojo por el sur y a Las Marías por el noreste más un tramo de la carretera que salía de Mayagüez hacia Maricao.

Bajo la nueva ley, Moca tenía 16 caminos inscritos, con un total de 132 kilómetros, de los cuales sólo tres kilómetros en la zona urbana estaban afirmados en piedras y 129 kilómetros rurales sin afirmar. La parte que formaba la calle principal del pueblo correspondía a los tres kilómetros

---

[70]. *Informe del Comisionado del Interior al Honorable Gobernador de P.R.* Negociado de materiales, imprenta y Transporte. Año 1919. pp.11 y 13.
[71]. Ibíd. p. 124.
[72]. Guillermo Esteves Volkers. Informe Anual de 1919. 30 de junio de 1919.

afirmados. Dicha calle se denominaba en tiempos de España Camino Real y luego se le nombró Camino Núm. 8; cuando fue asfaltada se le llamó: la calle Occidente desde la Plaza de Recreo hacia Aguadilla y calle Oriente de la Plaza hacia Pepino. El tramo de Pepino a Moca se construyó a un costó $31,320.

Los 16 caminos sin afirmar eran los siguientes: el Núm. 1 conocido como Camino Viejo, éste salía del pueblo hacia el barrio Voladoras hasta un paso por el Río Culebrinas cruzando por la finca de Pedro Soto, luego continuaba al barrio Plata, de ahí a la escuela de Cerro Gordo y se extendía al barrio Cerro Gordo de Añasco. El Núm. 2 correspondía al Loreto, que salía de Voladoras, cruzando por Cuchillas y finalizaba en Rocha. El Núm. 3 se iniciaba con la calle Isabela en la zona urbana, seguía por el barrio Centro y llegaba hasta el barrio Aceitunas. El camino Núm. 4 salía de la calle Añasco en la parte sur del pueblo, pasaba por la finca de los Deynes hacia el barrio de Las Marías y se conocía como La Bruja. El Núm. 5 iniciaba en la Carretera Núm. 8 hacia el sur y seguía hacia Las Marías y se llamaba la Monserrate, porque pasaba por la hacienda del mismo nombre. El Núm. 6 que era conocido como el Camino Pedro Márquez, pertenecía al barrio Capá, el Núm. 7 era Los Cocos que comenzaba en el Camino La Monserrate, cruzaba la finca de Antonio Cabán, pasaba por la quebrada Frías del barrio Las Marías hasta los límites del barrio Naranjo. El Núm. 8 era la carretera de Aguadilla a Lares y el Núm. 9 estaba ubicado en el paso El Coco hacia el barrio Las Marías. El Núm. 10 pertenecía a La Cruz y pasaba por Quebrada Grande. La Maya era el Núm. 11, conectaba los barrios de Rocha y Cuchillas con Aceitunas y luego pasaba por el mismo medio del barrio Aceitunas. El Núm. 12 era el de Cerro Gordo y el 13 pasaba por Cuchillas, éste salía de la Carretera 8, desde el Sector Cuba hasta Rocha. El Núm. 14, se conocía como Las Cruces, en el barrio La Cruz; el Núm. 15 era El Risco el cual salía de Rocha hasta Aceitunas y el camino Núm. 16 era conocido como el de Jaime Vargas del barrio Capá.

Para el 1920 se inscribió el Camino Núm. 17 conocido como el de Eugenio Alers en Aceitunas. De Aceitunas también se inscribió el Camino del Ojo de Valencia, que salía de la parte sur del barrio Aceitunas y pasaba por el Sector Limón en la parte norte de Cuchillas. De Cuchillas había otro camino que iniciaba en la carretera No.8 frente a la casa de Pascacio Hidalgo y continuaba hacia Cuchillas por las fincas de Pedro González Méndez, Ramón Lorenzo, José Badillo, Juan Alejandro Méndez, Santiago Lorenzo y Casimiro Muñiz. Actualmente ésa es la carretera que une a Cuchillas con Voladoras conocida como sector los Hidalgos, antes callejón de don Nery Hernández. También, ese mismo año de 1920, se reconoció El Camino Núm.

18, que llevaba por nombre Los Marreros. Dicho camino salía de la parte oeste del pueblo, pasaba por la hacienda Las Palmas de Tomás Babilonia, seguía por las siguientes fincas: la de Juan Flores, Salvador Cardona, Nicolasa Charneco, Agapito Cordero, Antonia Hernández, Ramón Rosario y Donato Muñiz. El uso de ese paso se remontaba al año 1894. También se inscribieron los caminos Font que unía a los barrios Rocha y Capá. La Maga era un ramal del camino de Isabela en jurisdicción de Aceitunas hacia Ceiba Baja que era utilizado por la gente de Aceitunas para ir hacia Aguadilla.

Luego en 1921 se inscribió el camino Plaza, éste salía en el kilómetro 15 de la Carretera Núm.8. hacia la parte sur. Desde el frente de la casa de Felipe Vargas pasaba por la fincas de Juan y Pedro González, las de Manuel Pérez, Ángel Alvino, Amador Román, Ricardo Bosques, Enrique Cruz, Concepción Soto y Tomás Vera, de ahí cruzaba el Río Culebrinas y se conectaba con el Camino Viejo que seguía para Cerro Gordo.[73]

Para inscribir un camino se debía seguir el siguiente proceso. En primer lugar, presentar una petición escrita de los vecinos, luego se daba una vista pública. Una vez se finalizaba el trámite se nombraba una Comisión del Municipio, la cual debía informar la situación y así inscribir el camino en cuestión.[74]

1. Costo y mantenimiento de los caminos

Como señalé anteriormente, los caminos eran de tierra y raras veces empedrados, lo que requería una atención constante por parte de las administraciones municipales. Además, consumía grandes cantidades de recursos económicos como se puede apreciar a través del análisis de toda la documentación consultada. Por ejemplo en el año 1908 se destinaron $476 para atender los caminos Números, 3, 6, 7, 9 y 10.[75] Del camino a Isabela se decía que estaba perdido de yerba, en mal estado, a tal punto que obstaculizaba el tráfico de frutos de los vecinos de Centro y Aceitunas hacia Aguadilla o Isabela. Lo mismo se indicaba del camino de La Cruz, el cual no permitía el paso de los frutos hacia el pueblo de Moca. De igual manera

---

[73]. AGPR. Doc. Mun. Moca, Caja 1, exp.1. Año 1908-11. ff.166; 192 y 194. Año 1913. ff. 75-79 y 189. Caja 1, Expd. 2 Año 1911-14. ff. 73-75; Caja 1, Expd. 4. Año 1919-23. ff. 15, 152 y 155.; Caja 1, Expd. 2. Año 1919-22. ff. 132-133.; Caja 1, Expd. 2. Año 1911-14. ff. 17; 33; 38; 95-96, 132-133 y 163. f.166. 20 septiembre de 1910.
[74]. Ibíd. ff. 180-181. 1 de noviembre de 1910.
[75]. El Camino Núm. 3 era el que salía para Isabela, el 6 era el de Pedro Márquez, el 7 y 9 eran los del Coco y el 10 era el de Cruces, del barrio La Cruz.

reclamaban los vecinos de Cerro Gordo, Rocha y Cuchillas que sus caminos estaban intransitables, especialmente en la época de lluvias. [76]

Por otro lado, muchos vecinos estaban reclamando la apertura de nuevos caminos para comunicarse con el pueblo, como se puede apreciar en la solicitud hecha por los vecinos del Mamey, el 18 de diciembre de 1908, ante el Alcalde del barrio Pueblo don Eustaquio González. [77] Otro asunto que reclamaba mucha atención por parte de las autoridades era la obstrucción o cierre de caminos que hacían los dueños de las fincas. Por ejemplo, el 10 y el 20 de julio de 1910, se recibieron dos querellas: Una de Gervasio Nieves del barrio Rocha en la que informa que Hipólita Soto había interrumpido los trabajos del camino. La otra de los vecinos del barrio La Cruz informando que Teodoro Nieves había obstruido el camino vecinal nombrado "La Sabana" hasta el paso llamado los Deynes con una charca y un rancho construido en el mismo medio del camino. Se indicaba que, aunque dicho camino no estaba inscrito ni registrado en el Ayuntamiento, tenía más de treinta años de estarse usando y que por lo tanto el asunto debía pasar a la Corte de Distrito. Un caso similar informaron los vecinos del barrio Rocha, el 1 de julio de 1912, que la sucesión de Bonifacio Hernández había clausurado un camino vecinal que hacía 70 años (desde el 1832) se usaba en tránsito público. Los mismos pedían que una comisión se trasladase hasta allá para celebrar una vista pública sobre el asunto. El resultado del pleito fue a favor de la sucesión, porque el mismo

---

[76]. AGPR. Doc. Mun. Moca. Caja 1, Expd. 1 año 1908-11. 18 de diciembre de 1908. ff. 31; 36-37; 44 y 48.; Caja 1, Expd. 2 Año 1911-14. f. 181.; *Informe del Comisionado del Interior al Honorable Gobernador de P.R.* Negociado de materiales, imprenta y Transporte. Año 1919. p. 468. Es posible que las autoridades no prestaran mucha atención a los vecinos del Centro y Aceitunas, porque éstos querían tener los caminos en condiciones para movilizar sus productos hacia los pueblos de Aguadilla e Isabela. Según se presentó en el libro *Historia Socio-económica y cultural de Moca, 1772-1901*, pp.122-123, los vecinos de Moca iniciaron un pleito en 1879 para desligar el barrio de Aceitunas y agregarlo al pueblo de Aguadilla. La razón principal era la falta de buenas vías de comunicación. Para poder comunicar a los barrios Aceitunas y Centro con el pueblo de Moca había que eliminar el obstáculo de pasar por la Cordillera lo que es hoy en día la Carretera del sector La Sierra pasando por el Merendero. Por ser éste un sector montañoso, las fuertes lluvias y escorrentías mantenían el camino en muy malas condiciones. El camino al que se hace referencia no pasaba exactamente por donde pasa en la actualidad, el mismo se internaba un poco hacia el lado este del actual, pasando frente a la hacienda de café La Virtud de los Babilonia y Quiñones. No será hasta los años de 1980 al presente que el barrio de Aceitunas se integre un poco más a la vida municipal del pueblo. Aún hoy en día la mayor parte de los estudiantes del barrio Aceitunas estudian en Aguadilla y los habitantes realizan la mayoría de sus gestiones en los pueblos vecinos mencionados. Ante esa situación, los vecinos de Aceitunas se negaban a aportar al pago de un préstamo de $80,000 que había tomado el Municipio para arreglar los caminos de su jurisdicción. Según ellos, era justo que también se atendieran los caminos del barrio Aceitunas, los cuales se encontraban intransitable. De lo contrario no pagarían la parte que les correspondía.
[77]. Ibíd. f 48.

no estaba inscrito. [78] Se puede utilizar como ejemplo el caso de la solicitud de inscripción solicitada por los vecinos del barrio Cuchillas de un camino municipal desde el Km. 10 de la carretera Núm.8 atravesando la propiedad de Juan Hernández y la Sucesión de Ramón Hernández de Voladoras, hasta unirse con otro camino que llegaba a la propiedad de Pedro González Méndez de Cuchillas. En dicho caso se acordó nombrar una Comisión integrada por Santiago Charneco y Francisco Acevedo para determinar si el mencionado camino debía ser público o no. [79]

Sostener el mantenimiento de caminos era una carga económica muy difícil de sobrellevar. La mayor parte de los trabajos lo constituían la construcción de cunetas y terrazas, los desagües, el desmonte y el relleno de caliche y piedras. [80] Según el presupuesto de los años 1908 y 1909, se destinaron $379.96 y $311.07 respectivamente para el mantenimiento de caminos municipales. Además, hay que añadir $200 pesos que se asignaron para arreglar la plaza y las calles del pueblo.

Los gastos continuaron en ascenso, según se puede apreciar en la información suministrada por las autoridades. El mantenimiento durante el año económico de 1915-16 era de $4.28 por cada kilómetro de camino. Durante los años 1916 al 1919 los costos fluctuaron entre $3.40 y $4.40 el kilómetro, para un promedio de $3.94 por kilómetro. Lo cual quiere decir que el monto total de la partida de mantenimiento pasaba de los $500 anuales para la primera década de 1910-20 puesto que Moca tenía más de 132 kilómetros de caminos. Un capataz cobraba 75 centavos al día por sus servicios de reparación y mantenimiento y el ayudante 70 centavos. En Moca generalmente realizaban dicho trabajo José Valle e Higinio López del Pueblo y Ulpiano Cruz del Naranjo.

Mantenimiento de caminos/ por Km.	Costo
1915-16	$4.28
1916-17	$3.71
1917-18	$3.40
1918-19	$4.40

Fuente: *Informe del Comisionado del Interior al Honorable Gobernador de P.R. Año 1919.*

Como consecuencia del terremoto que tuvo lugar en octubre de 1918 y por la epidemia de la influenza, los trabajos de construcción que se llevaban a cabo en diferentes puntos de la Isla fueron grandemente retrasados a tal punto

---

[78]. Ibíd. Caja 1, Expd. 2. Año 1911-14. ff.113 y.153.
[79]. Ibíd. Caja 1, Expd.2. Año 1919-22. ff. 132-133.
[80]. Si la reparación excedía de $200 tenía que ser inspeccionada por una autoridad competente.

que muchas de las construcciones de carreteras y puentes se paralizaron, impidiendo de este modo terminar las obras en las fechas estipuladas.

Para el año 1919 en todo Puerto Rico había solamente 4,249 autos, 500 camiones y 204 motoras.[81] En el caso de Moca, sólo encontré que había un automóvil para esa fecha, el mismo era propiedad de José Arroyo. Además, había un coche tirado por caballos para uso público, el cual pertenecía a Guadalupe López viuda de Otero, quien pagaba $8.40 por concepto de derechos anuales. Las personas con algunos recursos económicos utilizaban el caballo como medio de transporte, pero la mayor parte de los habitantes realizaban sus viajes caminando por carecer de otros medios de transportación. Para transportar las mercancías y suministros en Moca se contaba con 27 carros tirados por animales, los cuales estaban distribuidos de la siguiente forma: el Pueblo con siete carros, Voladoras y Cuchillas con seis cada uno, Capá con cinco, Rocha con dos y La Cruz con uno. Cada dueño debía debía pagar $1.40 por los derechos anuales por cada carro.

Dueños de carros tirados por animales.

LUAGAR	NOMBRE
Pueblo	Nicomedes Hernández
	Eduvigis Cordero
	José Hernández
	Benito Nieves
	Serafín Méndez
	Rosendo Rivera
	Máximo Vargas
Voladoras	Francisco González (2 carros)
	Placido Badillo
	Francisco Hernández
	Silverio Avilés
	Toribio Pérez
	Alfredo Lassalle
Cuchillas	José Badillo
	Casimiro Vera
	José Lorenzo (Pepe)
	Pedro González Méndez
	Juan Hernández
	Eduvigis González Vera
Capá	Ramón Lassalle
	Lisandro Escobar

---

[81]. *Informe del Comisionado del Interior al Honorable Gobernador de P.R.* Negociado de materiales, imprenta y Transporte. Año 1919. p.109.

	Manuel Lassalle
	Amador Román
	Bonifacio Hernández
Rocha	Gervasio Nieves
	Bonifacio Illas
La Cruz	Leonardo Quintana

La llegada de las décadas de los años 20 y 30, no representó un alivio a la situación, por el contrario, se incrementaron los gastos como consecuencia de la apertura de nuevos caminos. Los vecinos de los barrios Marías, Cerro Gordo, Rocha, Voladoras y Capá, pedían fondos para arreglar los caminos, ya que les acarreaba mucho gasto el conducir los frutos al mercado. También se hicieron arreglos en las partes que presentaban mayor dificultad de los siguientes caminos: Font, Cuchillas, Viejo Núm. 1, Isabela, Los Cocos, Monserrate, Quebrada Grande, Loreto, Pedro Márquez, Jiménez, Vargas y las Brujas.[82].

Para hacerle frente a los constantes aumentos en los gastos de la reparación de caminos, el Municipio solicitó un préstamo de $65,000 El mismo se realizó con el National Bank of Commerce de New York. Los caminos que se incluyeron en ese proyecto fueron los siguientes: Aceitunas, Isabela, Camino Font de Rocha, Camino Viejo de Voladoras, Quebrada Grande de la Cruz, Cuchillas, La Bruja, Cerro Gordo, Plata, Loreto de Rocha y Riscos de Aceitunas

Con el objetivo de analizar las necesidades de cada lugar se establecieron las siguientes comisiones:

1. Francisco Acevedo, Lorenzo Vera y Gil Sánchez, para Cuchillas
2. Francisco Acevedo, Gil Sánchez y Antonio Vargas para Voladoras
3. Francisco Acevedo, Antonio Vargas y Gil para Capá
4. Francisco Acevedo, Vicente Rodríguez, José Calazán Lassalle para Centro y Aceitunas
5. Francisco Acevedo, Benito Núñez, Antonio y Gil para Rocha
6. Francisco Acevedo y Restituto Pagán para Las Marías
7. Francisco Acevedo y Alejandro Charneco para Las Marías
8. Francisco Acevedo, Calazán y Marcos Villanueva para Naranjo
9. Francisco Acevedo, Tomás Vera y Lorenzo Vera para Plata y Cerro Gordo.[83]

---

[82]. AGPR. Doc. Mun. Moca. Caja 1, Expd. 4. Año 1919-23. ff.17 y 33. 10 de enero de 1920.
[83]. Ibíd. Caja 2, Expd. 5. Año 1923-26. f.115.; Caja 2, Expd. 6. 1923-26. f. 28-30.; Caja 2, Expd. 6. 1926-27. f.1

Una vez presentadas las recomendaciones se asignaron $15,650 para reparar y mejorar los caminos del Municipio como se presenta en la siguiente tabla.

CAMINO	EN DÓLARES
Viejo Núm. 1	$ 200
Quebrada Grande Núm.10	$ 2000
Cuchillas Núm.13	$ 2400
Isabela Núm. 3	$ 1200
Loreto Núm. 2	$ 1000
Los Hernández	$ 700
Variolosas Núm. 8	$ 600
Font Núm. 7	$ 1300
Pedro Márquez Núm. 6	$ 1500
Vargas Núm. 19	$ 1200
Las Brujas Núm. 4	$ 850
Jaime Vargas Núm.16	$ 400
Los Cocos Núm.9	$ 300
Monserrate Núm. 5	$ 200
La Maya Núm.11	$ 150
Cerro Gordo Núm.12	$ 500
Eugenio Alers Núm. 17	$ 150
Marrero Núm.18	$ 300
Venancio Núm. 20	$ 300
Las Cruces Núm. 14	$ 200
Los Riscos Núm. 15	$ 200

Fuente: AGPR. Doc. Mun. Moca, Caja 2, Expd. 6. año 1926-27.

2. La Comisión de Rehabilitación

El 13 de septiembre de 1928 la Isla fue azotada por el huracán San Felipe. Como resultado, 22 de los caminos del Municipio que comunicaban la zona rural agrícola con la zona urbana fueron afectados. Además, el 75% de los terrenos sembrados de café recibieron daños y todas las tierras bajas cultivadas de caña. Para lidiar con la situación, se creó en Puerto Rico la Comisión de Rehabilitación.

De inmediato se incluyeron los caminos y la zona cañera del Municipio de Moca, pero no así la zona cafetalera del área. Como es de conocimiento general, el cultivo principal de la Isla era la caña de azúcar, sin embargo, en Moca el cultivo principal era el café. De acuerdo con la decisión la mayor parte de los caminos, especialmente los del área montañosa, quedaban fuera del plan de rehabilitación insular y el Municipio carecía de fondos para atender la situación. Además, los residentes de la parte cafetalera, que era la más grande del territorio de Moca, perdía la posibilidad de tomar préstamos a bajos intereses.

El mejor caso se ilustra con los residentes de los barrios de Cuchillas y Rocha, pues el huracán había afectado 14 de los 20 kms. del camino que unía ambos barrios. Sin embargo, según el asambleísta Gil Sánchez dicho camino no sería incluido ya que por el mismo no había muchas fincas de caña y sólo beneficiaba a tres propietarios. Además, la carretera Núm. 8 pasaba paralela al camino y había varios caminos para comunicarse con ella, como eran el Loreto, los Hernández y el Font.

El asunto generó una polémica entre Gil Sánchez y los asambleístas Justo Lassalle y Lorenzo Vera González. Pero gracias a las gestiones de Lassalle y Vera, se logró aprobar una resolución para incluir dicho camino entre los que se debían arreglar. Para evitar mayores enfrentamientos, el asambleísta Domingo Román pidió que una Comisión del Municipio, integrada por el Alcalde, el asambleísta Tomás Vera y el propio Domingo, se trasladara a San Juan por cuenta propia, a fin de hacer las gestiones pertinentes ante el organismo oficial de la Comisión Rehabilitadora. La moción fue apoyada por Justo Lassalle, señalando que la zona cafetalera era más importante en Moca que la cañera. Además, muchos padres de familia que estaban sin trabajo dependían de la ayuda que pudiese brindar la Comisión. [84]

Tan pronto se recibió respuesta de la Comisión Rehabilitadora, el Presidente de la Asamblea Municipal permitió que se leyera ante el cuerpo legislativo local el informe que indicaba la inclusión de Moca como zona cafetalera, así como la orden y asignación de fondos para la reparación de algunas vías municipales. En cuanto a los préstamos, se indicó que los mismos serían hechos tan pronto se llenaran ciertos formularios.

Además de la reparación de caminos, se presentaron proyectos para la construcción de varios puentes sobre el Río Culebrinas como fueron: el que unía a Plata y Voladoras, el de Las Marías y Naranjo y Cerro Gordo.

Entre los caminos más afectados se incluyeron: el de José M. Vargas, el de Cuchillas a Rocha, el camino Viejo Núm.1 y el Núm. 19 los cuales se inician en la carretera insular Núm. 8 con destino a Pepino cruzaban por las zonas cafetaleras y cañeras de los barrios Voladoras y Capá. [85]

---

[84]. Ibíd. Actas Asamblea Municipal. Caja 3., 5 de abril de 1929. f.2.; 19 de abril de 1929.
[85]. Ibíd. Caja 3, Expd. 7 Acta núm. 1.

3. Nuevas alternativas para arreglar los caminos

Para hacer frente a la falta de fondos se impuso un arbitrio a la gasolina en junio de 1932 con el fin de obtener fondos para arreglar los caminos.[86] Bajo esas nuevas condiciones se presentaron proyectos para construir o reparar los puentes y carreteras del área, además para brindarles trabajo a los padres de familia. El 29 de mayo de 1933 se aprobó el presupuesto para edificar un puente sobre el río Culebrinas entre los barrios de Voladoras y Plata para acercar más a estos vecinos al pueblo de Moca y de esta manera evitar que llevaran a vender sus productos a otros mercados. Lo mismo se proyectó para los barrios de Plata, Naranjo y Las Marías.[87]

Con el mismo propósito de atraer a los vecinos hacia la órbita de Moca se atendió la construcción y ampliación de 9 kms. del camino de Isabela que salía desde el Culebrinas pasando por el Pueblo, continuaba por el barrio Centro y finalizaba en el de Aceitunas, en un tramo de 12 kms. hasta llegar a la Carretera Núm. 2. Como se mencionó anteriormente, los vecinos de Aceitunas hacían sus transacciones comerciales en los pueblos de Aguadilla e Isabela. Por las mismas razones se incluyó el camino Viejo que conectaba con la Carretera Núm. 8 y que salía de Moca a Pepino cruzando por Voladoras, Plata y Cerro Gordo hasta empalmar con la carretera que se estaba construyendo desde Añasco a Pepino. De igual forma, con el camino de Quebrada Grande que unía a Voladoras con la Cruz hasta el Río Culebrinas, se sumarían 4 kms. porque éstos cubrían una extensión de 2,200 cuerdas de tierra sembradas de café y caña, más 400 cuerdas de frutos menores.[88]

La apertura de nuevos caminos o la ampliación de éstos continuó con el Núm.16 conocido como Jiménez Vargas que inicia en el km. 15 de la carretera Núm. 8 que salía de Aguadilla a Pepino, atravesando el barrio de Capá. Al camino de José M. Vargas que se había iniciado en 1902 se le añadieron 3 kms., éste salía de la misma Carretera Núm. 8 a partir del km. 18.[89]

Como se demuestra en la siguiente tabla, para la década de 1940 los gastos bajo el renglón de caminos no disminuyeron, por el contrario, iban en continuo aumento. Para atender los altos costos que representaban la reparación, ampliación y construcción de los mismos, el alcalde Arcadio Colón y su Administración decidieron adquirir una máquina de las llamadas "tipo Buldózer", a un costo de $1,975, a través de la Compañía General Farm Equipment Company ubicada en San Juan. Las gestiones para conseguirla

---

[86]. Ibíd. Acta núm. 2. 11 de junio de 1932.
[87]. Ibíd. Acta núm. 9 del 29 de mayo de 1933.; Caja 3., Expd. 8, Año 1933.
[88]. Ibíd. Acta núm. 12. 25 de junio de 1932.
[89]. Ibíd. Acta núm. 1 del 5 de julio de 1932.; Acta núm. 7 del 20 de marzo 1933.

fueron muy difíciles, porque la mayor parte de ese tipo de máquina era destinada para la Segunda Guerra Mundial. Además, hubo de esperar a que el Senado de Puerto Rico autorizara el pago de la misma con el presupuesto del año fiscal de 1949-50 mediante el Proyecto de Ley Núm. 186 aprobado el 7 de mayo de 1949 y que luego se convirtiera en la Ley Núm. 202. [90]

Distribución de los fondos para los caminos municipales.

Barrio	Cantidad en dólares	
Centro	150	
Pueblo	200	
Plata	300	
Aceitunas	450	
Naranjo	750	
Cuchillas	900	
Cerro Gordo	400	
Voladoras	500	
Marías	250	
Rocha	500	
Capá	200	
Cruz	100	

Fuente: Actas Municipales. Núm. 10.; Doc. Mun. Moca Caja 3. Año 1945-46.

En el año 1948 se le dio un nuevo aspecto físico a la población, al iniciarse los trabajos para la construcción de la Plaza Nueva de Recreo y la reparación de las calles del pueblo. Gracias a la nueva máquina y a los camiones que tenía el Municipio se hizo realidad el proyecto. El costo de la reparación de las calles fue como sigue: para las calles Higinio López, Nemesio González, Vicente González, Añasco, Isabela y Baldorioty se asignaron $550, para la Muñoz Rivera $500 y para la Barbosa $422.52. [91]

Otro punto relacionado con los caminos que resulta interesante es el número de dueños de automóviles que había en Moca. Para el año 1948 solamente hay 45 entre carros y camiones, así como dos motoras. Los barrios con mayor cantidad de autos eran el Pueblo con 15, más tres del barrio Cuba, 14 de Voladoras, cinco de Capá y cuatro de Cuchillas. Los de Aceitunas, Cerro Gordo, Plata y Palmar tenían un solo auto, respectivamente. De las dos motoras, una era de Armando Lassalle y la otra de Victoriano Morales. Las marcas de autos preferidas por los mocanos eran: Ford, Internacional, Chevrolet y GMC.

---

[90]. AGPR. Doc. Mun. Moca Caja 3, Expd. 10, Año 1945-48. f. 57.
[91]. Ibíd. 29 de abril de 1949. f.51.

Si tomamos como símbolo de status económico la posesión de un auto, podemos decir que pertenecían a ese exclusivo grupo de dueños de autos, Benito Colón, Américo Hernández, Aniceto Lassalle y Pancho Cabán. [92] Algunos de ellos aprovecharon el auge del automóvil para establecer sus propios negocios como fueron, Aniceto Lassalle de Cuchillas quien tuvo una estación de gasolina y una línea de "guaguas" públicas,[93] Francisco "Pancho" Cabán, con una gasolinera y Eloy Cordero como mecánico.

Relacionado con los automóviles, se debe destacar que el primer Reglamento para Regular el Tránsito que se hizo en Moca fue en el 1953, por el Director de la Defensa Civil, el maestro Cresencio Hernández. Dicho Reglamento llamaba la atención a los siguientes puntos:

1. Atienda las luces de tránsito.
2. Respete la zona de seguridad
3. Modere el claxon.
4. Cuidado con la bebida.
5. Disminuya la marcha en el cruce de calles.
6. Al doblar, haga las señales a tiempo.
7. Los peatones deben caminar por la izquierda.

Aparentemente todavía no se había establecido un Reglamento de Tránsito general. Lo interesante es que en éste se recogían los puntos que más preocupaban a los residentes ante el creciente uso del automóvil como medio de transportación.

Dueños de autos en Moca para el 1948.

LUGAR	NOMBRE	MARCA
Pueblo	Felipe Acevedo	Internacional
	José A. Benejam	Chevy
	Francisco (Pancho) Cabán	Chevrolet y Ford
	Balbino Colón (natural de Voladoras)	Chevrolet
	Eloy Cordero	Oldsmovil
	Juan Cordero	Ford
	Severiano González	International
	Américo Hernández	Ford, Diamond
	Ismael Hernández	Ford
	Bernabé Hernández	Ford

---

[92]. La primera persona que aparece en los documentos como dueño de un automóvil en Moca data del 1912. Era **José R. Arroyo**, quien pagaba para aquellos años $10 de derechos anuales.

[93]. La transportación pública desde Moca hacia Aguadilla y Pepino se realizaba en una línea de guaguas públicas propiedad de Manuel Vargas del pueblo de Aguadilla. La tarifa del pasaje era de 30 centavos ida y vuelta. Doc. Mun. Moca Caja 2, Expd. 5. Año 1923-26. ff. 185-86.

	Guillermo Jiménez	*
Voladoras	Telesforo Hidalgo	International
	Monserrate Colón	GMC
	Benito Colón	Buick, Internacional, Ford y Chevrolet
	Emilio Colón	International
	Francisco Colón	Chevrolet
	Luis A. Colón	GMC
	Nemesio Bosques Barreto	Dodge
	Gerónimo Badillo	Hudson
Cuchillas	Antonio (Toño) Hernández	Ford
	León González	Ford
	Demetrio Hernández González	Ford
	Aniceto Lassalle	Ford
Capá	Bonifacio Avilés	Packard
	Ernesto Crespo Lassalle	Ford
	Marcelino Cruz	Ford
	Ramón Avilés	Mark
	Mariano González Barreto	"Studbecker"
Cuba	Secundino (Cundo) Arreizaga	Chevrolet
	Eduardo Hernández Loperena	Marck
	Cresencio Hernández Loperena	Ford
	Restituto Hernández	Marck
Aceitunas	Domingo Badillo	Ford
Palmar	*Lidia Bonilla * (la única mujer con auto)*	GMC
Plata	Manuel Acevedo	Ford
Cerro Gordo	Plácido Hernández	Ford

4. Carreteras, caminos y calles desde el 1950 hasta el presente.

Los costos de las reparaciones de caminos continuaron en ascenso. Según el presupuesto de año fiscal 1950-51, se destinaron $10,023.26 para mantener en buen estado las calles, la plaza y los caminos municipales de Moca. Un dato que llama la atención es que a partir de ese momento fue necesario añadir a dicho renglón $75 para los gastos de mantenimiento del equipo pesado, más $1,800 para el sueldo del maquinista y $600 para su ayudante. Al siguiente año se gastaron $1,200 en la conservación de calles y aceras y $2,379.66 en caminos municipales. Para cubrir los costos, se aumentaron las contribuciones sobre la propiedad el año 1952-53. [94] En el

---

[94]. Ibíd. f 279.

1954 se fue extendiendo la zona urbana hacia la parte este del pueblo con la reparación y construcción de aceras desde la plaza hasta el sector Cuba en dirección del barrio Cuchillas. Ese mismo año se hicieron dos puentes sobre el río Culebrinas, el de Las Marías, y el que conecta a los barrios Cruz y Naranjo. También se construyeron dos puentes más pequeños, uno sobre la Quebrada Las Marías y otro sobre la quebrada Calzá. Al año siguiente, se construyeron tres puentes más en el mismo barrio Las Marías, sobre las quebradas Frías, Comunidad San Lorenzo y la Juan López. En el 1957 se asfaltaron las calles de las parcelas de Voladoras y se amplió la Calle Baldorioty del pueblo.

La década del 1960 fue muy importante en la edificación de puentes para continuar mejorando las vías de comunicación y acortando la distancia entre los barrios y la zona urbana. Ese año se construyeron los siguientes: Facio Ramos, Margaro, Canuto González, Ramírez, Los Lugo, Carmelo González, Quebrada Yagruma y los Gatos, todos entre los barrios de Plata y Cerro Gordo y el puente Isleta en la Cruz. Se afirmó el camino del barrio Plata y se repararon las carreteras de Cuchillas, Capá y La Cruz.

Más tarde en el 1964 se hizo el puente, las carreteras del barrio Plata y la de Naranjo, la reconstrucción de las calles del pueblo y el desvío de la carretera 110. Al año siguiente, se hicieron las carreteras de los barrios Cerro Gordo y se completó la de Naranjo Seguí. Se asfaltaron las calles de las parcelas de Aceitunas y las carreteras del sector Sabana en Cuchillas, la de Capá Bosques, Hato Arriba y la repavimentación de la calle Nemesio González en el pueblo.

Como se puede apreciar, durante la década del 60 se asfaltaron las carreteras principales de los barrios, las parcelas y les construyeron puentes, lo que permite concluir que fue el momento de acercar la zona rural a la urbana. Obviamente las décadas del 40 y el 50 pertenecieron a un Puerto Rico rural y campesino, fue un periodo en el que las autoridades locales e insulares trataron de unir la zona rural a la urbana para promover el que los agricultores suplieran a la zona urbana de los frutos cultivados en las fincas. En cambio, el crecimiento y desarrollo de la década de 1960 va respondiendo a la transformación que estaba experimentando la Isla y que no le eran ajenas a Moca. El pueblo estaba experimentando no sólo la modernización sino un aumento poblacional al pasar de 17,089 habitantes en 1930 a 21,900 en el 1960.

La necesidad de nuevas viviendas y vías de comunicación fue transformando el panorama geofísico del pueblo según se puede apreciar en el siguiente mapa de Moca en el año 1964. Nuevos caminos, carreteras, estacionamientos y parques ocuparon muchas de las tierras agrícolas para fines de construcción. De esa forma, a medida que pasaban las décadas de los años 1950 a 1970, se fueron abriendo caminos por todos los barrios y sectores del territorio de Moca. Sin embargo, los mismos eran caminos hechos en tierra con el propio equipo del Municipio. Las áreas asfaltadas correspondían a las calles de la zona urbana y eventualmente a las carreteras estatales que comunicaban a Moca con los pueblos vecinos.

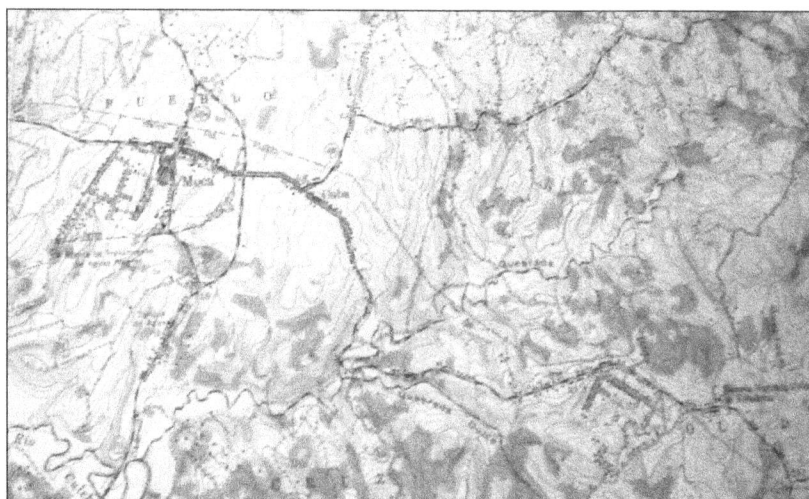

Caminos y carreteras de Moca para el año 1967.

A finales de los años 1960 y las décadas de 1970 y 1980 se inició un plan para asfaltar los caminos a fin de evitar sus continuas reparaciones. Para el 1970 se reconstruyeron 10 kms. de la carretera 111 y 1.6 en la carretera de Margaro Ayala en el barrio La Cruz hasta Voladoras. En 1971 los barrios de Voladoras Lomas, Cuchillas Limón y el sector Ricardo Ramírez de Cerro Gordo se construyeró 1 Km. de carreteras en cada uno. También se añadió 1.3 kms. de carretera en el barrio Naranjo hasta llegar al núcleo y la reconstrucción de 3.4 kms. en la carretera 444, desde el sector Cuba hasta Cuchillas. Al año siguiente se hizo la carretera del sector El Mangó, la de La Pachanga, el camino de Cosme Hernández y El Limón en el barrio Cuchillas. En Voladoras se pavimentó el camino de los Pérez, se reconstruyó la carretera 111 y los caminos de La Cruz a Voladoras y el de Rocha a Voladoras. En Cerro Gordo se completaron los siguientes proyectos, Cayo Ramírez, Rogelio Fuentes y Toño Tubens. También se hicieron los caminos: en Naranjo el de Nilo Beltrán, en Aceitunas las calles de las Parcelas y en Plata el que une a

Plata Baja con Plata Alta y el de Goyo Muñiz. En el pueblo se construyó la calle Pedro Santos.

Luego en 1978 se edificó el puente sobre el Culebrinas en la carretera 420 que une a Cerro Gordo con Plata y Voladoras. Se asfaltaron los caminos de El Hoyo, Font, Mariano Pérez, Los Barretos, Sarito Pérez, Pedro Salas, Domingo Vargas, Mercedes Barreto, León Soto, Juan Hernández, Héctor Barreto y Chón Soto del barrio Voladoras . En el pueblo se construyó la calle frente al residencial Gándara que sale al Centro Gubernamental y se terminó la Calle Calazán Lassalle, asimismo los caminos de Moncho Valentín, los Galarzas, Diego Cordero, Tomás Muñiz, Juan Márquez, la Comunidad Acevedo y Diego Deynes. En Cuchillas se terminaron los caminos de Cheno Cortés, Isla Santa, Mariano González, Tito Lorenzo, los Cordero, Geño Cordero, Chilo Soto, Pacho Hernández, los Vera, el Mangó, Fausto Méndez y Félix Hernández. En Plata los de Chalo Rivera, Rosa Méndez y Pedro Vargas. En Capá el de los Barretos y el de Avelino Bosques. De Las Marías los de Ángel Cabán, Eleuterio Seguí y el puente del Coco y en la Cruz el de Isleta. En el barrio Rocha se hicieron los siguientes: Tito Velázquez, Tito Román, Casimiro Márquez, José Román, Nemesio Velázquez, Bacho Velázquez, Eleuterio Cordero, Victoriano Velázquez, Tin Jiménez, Juan Velázquez, Benjamín Pérez y Bienvenida Santiago.

Mientras en el barrio Centro se asfaltaron los de Modesto González, Juan Ferrer y María Vélez. Para Aceitunas los de Antonio Rosa, los Cuberos, Alfredo Rodríguez, Carlos Pagán, Juan Muñiz, la carretera 464 hasta el camino de Carlos Pagán, las Parcelas, los Jiménez, el Ojo de Valencia, la Ranchera y la calle de la Cuesta. De Naranjo, el camino Julio Vargas y de las Marías, los de Isidoro Jiménez y los Romeros. [95]

Como puede apreciarse, la fisonomía de la Moca actual se conformó entre las décadas de 1960-1980. Durante esos veinte años se construyeron muchísimas vías de comunicación, lo que permitió una mayor integración del territorio, a la vez que le dio paso a los servicios de agua y energía eléctrica, los cuales facilitaron la proliferación de viviendas y negocios. La última frontera conquistada en el territorio se completó bajo la administración del alcalde Eustaquio Vélez cuando unió definitivamente los barrios de Centro y Aceitunas hacia la órbita de la zona urbana, con la construcción de caminos, facilidades y transporte para los vecinos de dichos barrios.

---

[95]. Programas de las Fiestas Patronales. Años, 1970-1980.

Cuando se fundó el pueblo esta calle se llamaba Camino Real. Luego se le nombró camino hacia Aguadilla, más tarde Occidente y luego calle Higinio López, en la actualidad lleva el nombre de calle Barbosa. Las fotos la muestran en los años 1940; 1970 y 2005.

E. El sistema de acueductos

A comienzos del siglo veinte, los habitantes de Moca se suplían de agua de lluvia que recogían en las cisternas, también de las quebradas vecinas y de manantiales. El número de familias de la zona urbana que utilizaban cisternas para suplirse de agua eran 740, de manantiales 30 y directamente de quebradas 215.[96] En la zona rural había 1,313 viviendas que se suplían de igual manera. El problema mayor se confrontaba durante los meses de seca porque escaseaba el agua o se contaminaba. Con el objetivo de aliviar la situación, se propuso la construcción de un pozo artesiano, que estaría ubicado en la plaza de Recreo del pueblo. Los trabajos para hincar el mismo pozo dieron inicio en 1910, siendo alcalde Miguel Babilonia Talavera. Sin embargo, el proyecto no se pudo concluir, según una carta escrita por Hess Berckley el 11 de enero de 1911 al Alcalde, debido a las condiciones del terreno y el barro que se encontró a la profundidad de 128 pies. Como no se pudo completar el pozo, solamente se le facturó al Municipio un cargo de $25.87 por los trabajos realizados. [97]

Ante el fracaso del pozo artesiano, se determinó el 26 de abril de 1914 construir un acueducto. En esa misma fecha se firmó una Ordenanza para solicitar un anticipo de $1,000 de los $17,000 asignados para la construcción del nuevo acueducto para el pueblo, dicho anticipo tenía el fin de montar una

---

[96]. *Informe sobre el censo de Puerto Rico del 1899.* Academia Puertorriqueña de la Historia 2003. Departamento de Guerra. Dirección del censo de Puerto Rico. p. 343.
[97]. Doc. Mun. Moca Caja 1. Expd.1. Año 1908-11. f.95.

tubería que supliera de agua a la población. [98] Se recomendó tomar el preciado líquido de la represa del Palmar, de donde se suplía la gente del pueblo de Aguadilla, con el fin de bajar los costos. Los planos del mencionado acueducto se hicieron en marzo de 1920. En seis años los costos de construcción del proyecto habían subido a $20,000, por lo tanto se hacía necesario adquirir un préstamo que se esperaba pagar con los recaudos de la venta de los servicios de agua en un término de 20 años. Pero la Asamblea resolvió no tomar préstamos para la construcción o instalación del acueducto por considerar que la situación económica provocada por la Primera Guerra Mundial era grave en extremo y se podía recargar la propiedad con nuevas contribuciones adicionales.

Ante la falta de fondos se propuso la construcción de un acueducto más módico, mientras tanto, se haría una cisterna con capacidad suficiente para recoger las aguas de los edificios y casas aledañas durante la sequía a un costo de $600. [99] Para buscar un sitio donde localizar la cisterna se creó una comisión Municipal con la encomienda de entrevistarse con el sacerdote de Moca para pedirle un solar que la Iglesia tenía aledaño a la plaza pública para construir dicha cisterna. Luego se hizo una enmienda para que en lugar de una cisterna se construyeran varias cisternas en distintos puntos del poblado. Se destinó un presupuesto de $3,181.98. [100]

Sin embargo, como el agua de las cisternas se contaminaba, las autoridades municipales decidieron buscar otra alternativa para suplir agua potable. Se presentaron dos posibilidades, hacer un acueducto o construir pozos artesianos en otro lugar fuera de la plaza. Se determinó hacer varios estudios para ver cuál era el costo de ambas soluciones, aunque se prefería el acueducto si resultaba más barato que la perforación de pozos. En caso de decidirse por el acueducto, se debía tomar el agua de la represa del Palmar.

Mientras se hacia el estudio de los pozos, también se iniciaron gestiones con el Departamento del Interior para estudiar el costo de la toma de agua desde la represa del Palmar. [101] En cuanto a los pozos, se presentaron dos posibilidades, una era hincar un pozo en la finca de Manuel Morales a 1300 metros del poblado o en la de Juan Cabán Vale a 1400 metros. Se autorizó al Alcalde para tomar las sumas necesarias para los estudios de una partida que tenía el Municipio por la cantidad de $34,000 desde abril de 1925, asimismo, se aprobó la Ordenanza Núm. 25 para la perforación de pozos en los terrenos de Juan Cabán Vale porque a pesar de estar a 1400 metros de la población,

[98]. Ibíd. Caja 1, Expd.2. Año 1919-22. ff. 25-26.; 152-53; 220.
[99]. Ibíd. Caja 2, Expd. 5. Año 1925-26.
[100]. Ibíd. ff. 34; 37 y 115.
[101]. Ibíd. Caja 2, Expd. 5. Año 1925-26. f.220.; Expd. 6. 1923-26. f. 30.

estaban ubicados a 9 metros de altura sobre el nivel de la plaza. Si el resultado esperado de obtener 100 galones de agua por minuto era positivo, entonces se le compraría una cuerda de terreno a Juan Cabán Vale por la suma de $400.

Después de leer un informe preparado en abril de 1926 por el Ingeniero Jefe de la División de Obras Municipales del Departamento del Interior, Sr. Ramón Rodríguez López, sobre las gestiones practicadas para buscar el mejor sitio para pozos, se prepararon los planos y los contratos para la construcción de un acueducto mediante pozos profundos. Luego el secretario del Municipio dio lectura a la última proposición hecha por Delgado Hnos. para la perforación de un pozo profundo, la instalación de maquinarias, tubería y otros equipos a un costo de $15,000. Se firmó el 22 de junio de 1926 una resolución autorizando a los Sres. Delgado de Yauco para la perforación de pozos artesianos por la suma de $14,400.[102] Como encargado del proyecto se designó al ingeniero Rodríguez López y al ingeniero auxiliar Rafael Santiago; el inspector de pozos era el Sr. Dávila y para ayudar en los trabjos se nombraron varios peones para trabajar correspondientes.[103]

Entre noviembre de 1929 y abril del mismo año, se logró profundizar 300 pies, pero hubo de suspenderse los trabajos porque no se encontró una vena de agua lo suficientemente fuerte para instalar el acueducto.[104] Por esa razón se decidió descontinuar los trabajos con los pozos y obtener el agua de una quebrada con suficiente caudal. Se determinó hacer una toma de la quebrada la Mina, pero el 29 de abril de 1929 el ingeniero Rodríguez rindió un informe en el cual señalaba que había que cambiar de planes porque el caudal de la mencionada quebrada estaba agotado y no valía la pena gastar dinero en esa opción. Entonces se propuso la quebrada Fría del barrio Naranjo para extraer agua de allí, a pesar de que existían dos inconvenientes, la distancia de 9 kms. y el cruce del Río Culebrinas.[105] Finalmente el primer acueducto de Moca se construyó en el año 1930-31.

El recién inaugurado acueducto fue afectado por el huracán San Ciprian en el año 1932. Sin embargo, los daños no fueron tan severos, con excepción de una indemnización por la cantidad de $12 al Sr. Anastasio Méndez dueño de la finca por el desbordamiento de la represa; fuera de eso no se registraron otras pérdidas.[106]

---

[102]. Ibíd. ff. 46 y 62. Caja 3. Año 1929. ; Caja 2. Expd. 6 Año 1926-27. f. 83.

[103]. Ibíd. ff. 46-47 y 62. ; Caja 3. 19 de abril de 1929.; Caja 1, f. 8.

[104]. Ibíd. Caja 3, Año 1929. f. 154 y 188.

[105]. Ibíd. Caja 2, Expd. 6. f.61.

[106]. Actas del Municipio. Núm. 5 del 23 de noviembre de 1932; Núms. 8 y 9 del 19 de mayo de 1933.

Para el 1944 se proyectó dotar al pueblo con un servicio de alcantarillado, pero el proyecto tardó varios meses en comenzar porque el material ordenado a los Estados Unidos no había llegado debido a una huelga en los muelles. El primer tubo para el alcantarillado se puso el día 7 de marzo del 1945, se encontraban presentes, entre otros, el alcalde Arcadio Colón, el Auditor Saúl López, el Administrador de Correos Antonio B. Rivera, Venancio Jiménez empleado de la casa comercial de Antonio Benejam, el superintendente de Obras Agustín Quero, el ingeniero Israel Rivera Marini, el listero José Rivera y el carpintero Nemesio Acevedo. En el 1946 se iniciaron las gestiones para dotar al Sector Cuba de los servicios de acueducto. Se consiguió incluir también un tramo de la carretera hacia Isabela, el costo de los proyectos fue de $18,000 y $22,000 respectivamente. Ese mismo año se informó que el servicio de Acueductos y Alcantarillados de Puerto Rico estaba proyectando expandir los servicios de acueducto hasta el pueblo de Moca. [107]

En el año 1956 se construyó un acueducto nuevo para la zona urbana y se abrió un pozo en cada uno de los siguientes lugares: Cuchillas, Cuba, comunidad Acevedo y la comunidad Isleta. Luego, en el 1964, se hizo el acueducto desde el Sector Cuba, pasando por la parte baja de Cuchillas hasta llegar a Rocha. También el de Voladoras, el de las Comunidad Sabana-Mamey y el de comunidad Parcelas de Aceitunas. Entre el 1964 al 1966 se añadieron ramales de acueductos para los barrios Las Marías, Naranjo Seguí, La Cruz, Capá Bosques, Capá Barreto y los sectores Lomas, Muñiz, Quebrada Grande y Parcelas de Voladoras.

Más tarde, en el 1970 se dio paso a una serie de ramales de acueductos rurales que se extendieron por otros sectores del barrio Las Marías, un ramal para el sector Telesforo Hidalgo para 23 familias, el del sector Velázquez del barrio Rocha con servicios para 17 familias. De Rocha también se hicieron los del sector Magueyes y Naranjo para 18 familias más. En Cuchillas se dotó de dicho servicio los sectores Cordero y Muñiz. De Capá se le dio servicio al sector Cardona para 53 familias. Además, se construyeron los de la Comunidad Acevedo para 17 familias y el de Aceitunas para 35 familias.

La expansión continuó en 1972 con los sectores, Limón, Nieves, Sierra, Pachanga, Moncho Valentín, Fausto Méndez, Tito Lorenzo, El Mangó y otra parte en los Muñiz del barrio Cuchillas. De Rocha se le añadió al sector Punta Brava y Tito Velázquez. De Las Marías se le dio al sector Nicolás Pagán y Miguel Hernández. En el año 1978 se continuó en Cuchillas hasta la casa de

---

[107]. *Ideales*. Año, 2. Núm. 14. marzo 1945, p.1; Año, 2. abril de 1946. p.1.; Núm. 24, Año 3, agosto de 1946. p. 2. ; Año, 4. Núm. 29. p.1.

Chilo Hernández y en Isla Santa. En Rocha al sector Tamarindo y Cortaderas. Para Voladoras se le brindó servicio al sector de Goyito Soto y Rosa Méndez. En Plata a los de Ruperto Rivera y los Beltrán y en Cerro Gordo al sector Aquino, Parcelas y Juan Lorza. Finalmente en la Cruz el sector de Fidel Soto y en la zona urbana a Jardines la Sierra y Parcelas, también se cubrió parte de la comunidad Sabana.[108]

Queda demostrado que las décadas correspondientes a los años entre 1960 y el 1980 fueron tiempos muy significativos para el desarrollo del pueblo de Moca, tanto en el área de caminos como en la de acueductos. Ese periodo de veinte años demostró más crecimiento que ningún otro. Por lo tanto se puede concluir que esas décadas fueron las que marcaron el enlace entre el Moca campesino y rural con el Moca moderno y contemporáneo que hoy disfrutamos.

---

[108]. Programas de las Fiestas Patronales. Años, 1970-1980.

Capítulo II. Crecimiento demográfico del pueblo de Moca

A. En el siglo XIX.

Desde su fundación hasta el año 1847 el territorio de Moca estaba dividido en 30 barrios o sitios, los mismos eran conocidos como: Pueblo, Coco, Ojo de Agua, Aceituna, Quebrada Grande, Mamey, Grayumo (Yagrumo), Naranjo, Guarda-raya, Voladoras, Soledad, Moquilla, Las Marías, Morones, Calabazas, (Cerro Gordo) Piedra Gorda, Maizal, Poza, Palmar, Parra, Aguacate, Cuchilla, Cuchilla Postrera, Cuchilla Brama, Rocha, Río Arriba, Capá, La Mesa, La Cuesta y el Higüero. Los barrios de Higüero, Morones y Aceituna aparecen a partir del siglo XIX.

Entre 1800 y 1847 se produjo una reordenación a medida que se poblaba la región. Aún hoy día se conocen algunos de dichos lugares como sectores de los barrios existentes, como son por ejemplo: La Quebrada de los Morones que está ubicada entre los barrios de Cerro Gordo, Naranjo y Las Marías. El Ojo de Agua todavía es parte del barrio Aceituna y está ubicado en la parte sur de dicho barrio.

Lo mismo ocurrió con los sectores el Coco, el Mamey, Palmar que se integraron a la zona urbana del pueblo. También al barrio Pueblo se integraron los barrios del Maizal que era la parte de Moca que da al Valle de Coloso y la Moquilla que era la parte que ubicaba entre el pueblo y la hacienda de Don José de Quiñones. Esa hacienda pertenecía a Vicente Acevedo, de ahí el origen de la comunidad Acevedo y otra parte dio paso a las urbanizaciones de Los Robles, Las Palmas y a Moca Housing.[109] Por otro lado Quebrada Grande pasó a ser parte de los barrios Voladoras y La Cruz. Las tres Cuchillas, conocidas como Cuchilla, Cuchilla Postrera[110] y Cuchilla Brama conformaron el barrio actual de Cuchillas. Poza era lo que se conocía como la hacienda la Ciénega, que se integró a Capá. Río Arriba pasó a formar el barrio de Plata y el de Piedra Gorda pasó a llamarse Cerro Gordo junto al sector los Morones que formaba parte de la estancia de Antonio Morales.

El término sitio o barrio es utilizado en varios documentos de principios del siglo XIX para designar una misma área, lo que significa que lo que se llamaba barrio en realidad era una hacienda o estancia. Varias de esas haciendas finalmente le dieron paso a la formación de dichos barrios. Un estudio minucioso del documento sobre las estancias y haciendas del pueblo

---

[109]. Ángel M. San Antonio. Hojas Históricas de Moca. Imprearte EB: Moca, Rep. Dominicana. 2004. p.20.
[110]. Cuchilla Postrera en la actualidad corresponde al sector conocido como El Tanque, ubicado entre los sectores Ferrer, Moncho Alonso y Cortadera.

de Moca del año 1847, puede dar una idea del lugar de ubicación de los lugares que aún no se le ha podido identificar. Como son por ejemplo El Yagrumo, que era la hacienda de Manuel Vale en el barrio de La Cruz. El Higüero que era el nombre de dos haciendas, la de Eduardo Soto ubicada en parte de las Cortaderas en barrio Rocha y la de Juan Manuel Morales de Cerro Gordo. El Aguacate era la hacienda de Carmen Morales en el barrio Rocha y, la de Raimundo Cordero en el barrio de La Cruz. Soledad era la hacienda de los Quiñones en al Barrio Centro, también la estancia de Rosa González en Voladoras y la de Domingo González en Aceitunas. De los únicos barrios que no hay la más leve idea de su espacio geográfico son los barrios de Parra, La Mesa, La Cuesta, Calabazas y Guarda-Raya.

Para el Año 1847 se identifican todos los barrios actuales de Moca, lo cual significa que ya se habían integrado en esa fecha los barrios actuales conocidos: Pueblo, La Cruz, Cuchillas, Capá, Aceitunas, Centro, Rocha, Voladoras, Plata, Cerro Gordo, Naranjo y Las Marías.[111]

Por otra parte con el estudio y análisis de los libros de *Bautismos y Matrimonios de la Parroquia Nuestra Señora de la Monserrate de Moca* pude localizar a 66 de las 71 familias que fundaron a Moca, así como su ubicación según el barrio al que pertenecían.[112] En el grupo identificado se encuentran distribuidos 26 apellidos paternos diferentes. Las familias con los apellidos más numerosos eran los Hernández, los Lorenzo de Acevedo y los Pérez con siete cada uno. En segundo lugar se encontraban los González, los Jiménez y los Morales con cuatro. En tercera instancia estaban los Nieves, López y Rodríguez con tres. El cuarto grupo estaba compuesto por los Salas, Medina, Méndez, Bosques y Ramos, con dos. Por último se encontraban con una sola representación los Quiñones, Gutiérrez, Soto, de la Rosa, Barreto, Avilés, Sanrio, Román y Vázquez. Estos son los primeros apellidos paternos constatados por documentación que se asentaron en la región de Moca y que junto a sus esposas e hijos respaldaron a Don José de Quiñones para pedir la fundación del pueblo en el año 1772.[113]

Eventualmente entre el año 1775 al 1824 se fueron agregando otras personas de otros pueblos de la Isla especialmente de los pueblos colindantes entre los que estaban Aguadilla, Aguada, Pepino, Añasco e Isabela.[114] Los

---

[111]. Archivo Parroquial de Moca. Libro 1; 2; 3 y 6 de Matrimonios y el 1 y 5 de Bautismos de la Parroquia de Moca. En adelante A.P.M.
[112]. Tabla II. Familias distribuidas por los barrios de Moca entre 1775-1824. Ver Tabla III. Matrimonios de Moca entre 1775 al 1782. Sin identificar por barrios o lugar de residencia.
[113]. Ver la Tabla I. Fundadores del pueblo de Moca. No se puede olvidar que faltan por identificar los apellidos de 15 familias más.
[114]. Tabla IV. Personas que llegaron a Moca desde otros pueblos de la Isla.

primeros 71 vecinos fundadores pertenecían al Partido de San Germán, pero cuando Aguada se separó, pasaron a formar parte de Aguada y en 1772 fueron los fundadores de Moca. Eventualmente se le suman 319 personas de otros pueblos de la Isla, distribuidos de la siguiente forma: de Aguadilla-56, Aguada-90, Pepino-76, La Tuna-25, Añasco-42, Mayagüez-9, Rincón-9, Arecibo-2, Cabo Rojo-3, San Germán-4, Utuado-4, Bayamón 1, Quebradillas-1, Camuy-2, Toa Baja-1, Yauco-1, Manatí-1, San Juan-1 y Caguas-1.

Figura I. Distribución de familias o personas que llegaron a Moca desde otros pueblos de la Isla.

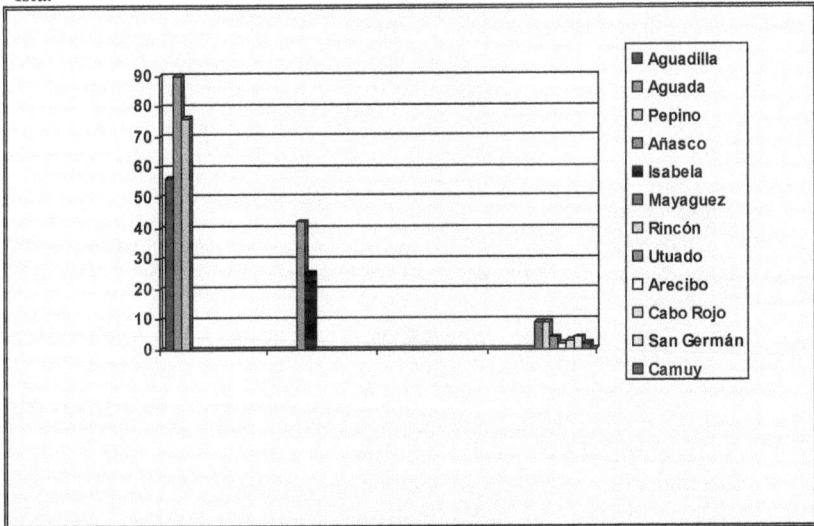

Otro componente considerable en el poblamiento del territorio de Moca fue la llegada de extranjeros especialmente españoles, luego los dominicanos y franceses. El principal componente extranjero por razones forzadas fue el de los africanos con 35 individuos, 27 directos del África, 6 de Santo Domingo y uno de Haití y otro de Tórtola. El segundo grupo fueron los españoles con 25 personas dominando entre ellos los gallegos, mallorquines, catalanes y canarios. El tercer grupo lo formaron refugiados políticos procedentes de la Española, con diez dominicanos y siete franceses y los venezolanos con cinco. Sin duda alguna nadie podría negar la presencia y aportación al desarrollo de Moca que han hecho muchos de los descendientes de familias tales como:

Rivera, García, Nieves, Soto, Flores, Charneco, Estrella, Salinas, Ruiz, Babilonia, Bourdón, Lassalle, Cordero, Pellot, Maisonave y Benejam. [115]

Para visualizar el crecimiento demográfico de un lugar a través del tiempo existe el recurso de los censos que son vitales para tales fines. Aunque en el caso de Moca no hay un censo oficial desde su fundación hasta el año 1781, sabemos, por medio de fray Iñigo en su *Historia de Puerto Rico*, que el pueblo en sus orígenes estaba habitado por 996 almas. El siguiente dato sobre crecimiento demográfico de Moca corresponde al año 1775, a dos años y medio de la fundación, cuando según los libros parroquiales se registraron 75 nacimientos, de los cuales 37 fueron varones y 38 mujeres. [116]

La siguiente información se obtiene gracias a la colección del historiador Francisco Scarano, en la cual se pueden consultar una serie de censos sobre Moca que van desde el año 1781 hasta el 1799 los mismos nos ofrecen valiosos y abundantes datos sobre la población. También se consultaron los libros de bautismos en la Parroquia de Moca de los años 1781 y 1782.

Por ejemplo, a nueve años de la fundación del pueblo (1781) el mismo tenía 485 personas adultas de la raza blanca y 880 hijos para un total de 1,365 individuos. Según los libros de la Parroquia de Moca ese año, nacieron 64 infantes, de los cuales 33 eran varones y 31 eran niñas.[117] Los grupos poblacionales más pequeños estaban constituidos por 45 personas clasificadas como pardas,[118] 16 como morenos libres y el grupo de esclavos formado por 129 mulatos y 34 negros. La población total de Moca era de 1,589 habitantes. Por otro lado, el 62.7% de la población era menor de 18 años de edad y las mujeres constituían el 53% de sus habitantes.

Del año 1781 al 1790 la actividad demográfica registra un aumento de un 28%, para un total de 2,215 residentes en todo el territorio. El mayor crecimiento se opera en el nacimiento de niños y niñas que para el 1781 era de 997 individuos y en el 1790 ascendió a 1,518 personas menores de 18 años.[119] Este dato se corrobora al verificar los nacimientos de 79 niños/as para el año 1782 en todo el territorio de Moca. [120]

---

[115]. Tabla V. Personas procedentes de España u otros países.
[116]. A.P.M. Libro Núm. 1, Bautismos de la Parroquia Nuestra Señora de la Monserrate de Moca. Año 1775-1882. Hay que tomar en consideración que éste no es un número categórico, pues es conocido que en muchas ocasiones los padres no registraban a sus hijos hasta varios años más tarde. En este caso solamente se contabilizaron los recién nacidos.
[117]. Ibíd.
[118]. Colección privada de Francisco Scarano. Archivo General de Puerto Rico. Para algunos estudiosos los pardos eran personas descendientes de indígenas.
[119]. Ibíd.
[120]. Supra. 37.

Al final del siglo XVIII la población de Moca alcanzaba la cifra de 2,592 personas, lo cual refleja un aumento de 377 nuevos pobladores. Uno de los sectores de mayor crecimiento fue la población negra o mulata que en 1781 era de 179 y para el 1799 estaba compuesta por 317 individuos. [121]

En el 1800 la población negra alcanzaba la cifra de 286, de los cuales 81 eran esclavos, 97 estaban clasificados como mulatos esclavos y 108 como morenos libres.[122] Las familias negras libres eran 15 y tenían 70 descendientes. Los pobladores clasificados como pardos eran 20 familias, con 58 hijos y 60 hijas. La población blanca era de 940 personas adultas y 1,185 hijos e hijas para un total de 2,215 blancos. [123] En cuanto al número de nacimientos en la primera década del siglo XIX se mantiene un promedio entre 70 a 80 nacimientos anuales, sin embargo a partir de 1809 se aumentó a 181 y en 1810 se sostiene dicho crecimiento con 178 recién nacidos al año.[124] Dicho crecimiento se mantiene como se refleja en los años subsiguientes del 1816-18-20 con 700 nacimientos para un promedio anual de 233 individuos.

Figura II. Nacimientos de varones y hembras en Moca.

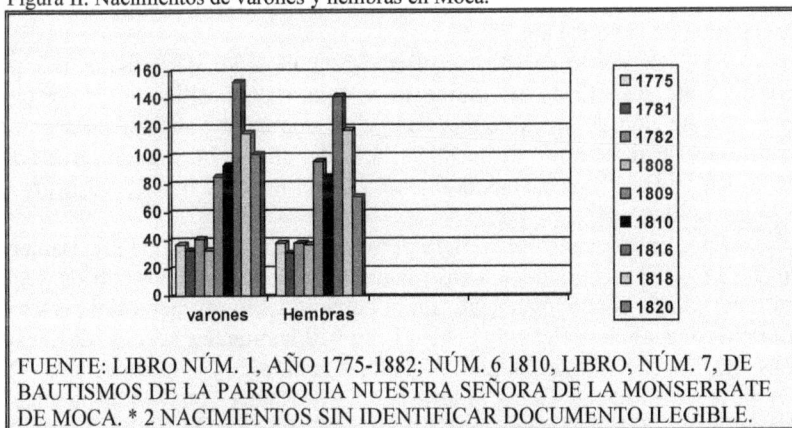

FUENTE: LIBRO NÚM. 1, AÑO 1775-1882; NÚM. 6 1810, LIBRO, NÚM. 7, DE BAUTISMOS DE LA PARROQUIA NUESTRA SEÑORA DE LA MONSERRATE DE MOCA. * 2 NACIMIENTOS SIN IDENTIFICAR DOCUMENTO ILEGIBLE.

Según el censo del año 1812, Moca tenía 2,890 habitantes, de los cuales 1,438 eran varones y 1,452 mujeres. La mayor parte eran jóvenes menores de

---

[121]. AGPR. Fondo de Gobernadores. Serie Censo y Riqueza. Caja 12.
[122]. Ibíd.
[123]. BHPR. "Censo electoral de 1818". Tomo II. p.17.
[124]. Libro Núm. 1, año 1775-1882; Núm. 6 1810, de Bautismos de la Parroquia Nuestra Señora de la Monserrate de Moca.

18 años, con una población de 1,977.[125] La información disponible para el año 1818 registra un aumento de 811 residentes comparado en el informe del 1814 para totalizar 3,701 individuos. [126] Para noviembre de 1820 alcanzaba la cantidad de 3,795 personas. [127] En el 1823 la población de Moca contaba con 2,890 personas blancas, 34 mulatos, 14 negros libres, 251 esclavos y 167 individuos clasificados como agregados, para un gran total de 3,356 habitantes.[128] En este censo se refleja una disminución de 345 personas.

De los años 1824, 1828 y 1830 nos indica Pedro Tomás de Córdova lo siguiente:

La población en 1824 ascendió a 3,539 almas y en 1828 a 5,906, de las clases siguientes: 3,607 blancos, 287 pardos, 75 morenos, 1,312 agregados y 625 esclavos. Eran varones 2,878 y hembras 3,028. En 1830 nacieron 314, murieron 142 y hubo 48 matrimonios. [129]

Cuarenta años más tarde (1870), los datos evidencian la existencia de 9,689 personas, de las cuales 9,144 eran clasificadas como blancos y 545 como negros y mulatos, de estos, 95 eran personas libres. La mayor cantidad de los habitantes del pueblo pertenecían al sexo masculino, con un promedio de 53.3 % del total de la población.[130]

El 22 de marzo de 1873 se oficializa la abolición de la esclavitud, por consiguiente, a partir de ese momento se dejaría de clasificar a las personas por su condición de servidumbre, aunque se continuaba haciéndolo según el color de su piel, como lo demuestran datos del año 1874, cuando refiere que en Moca vivían 785 personas designadas como mulatos libres, 163 negros y 329 como libertos. [131]

En cuanto a censo se refiere el más amplio corresponde precisamente al año 1874. El mismo tiene la distribución de la población por barrios, según su raza, edad y condición social. En el barrio Pueblo residían 899 personas. El barrio Cuchillas era el más poblado con 910 habitantes, seguido de Capá y Las Marías con 874 cada uno, Voladoras con 845 y Aceitunas con 778. Después continuaban Cerro Gordo con 777, Rocha con 744 habitantes y Naranjo con 709. Los menos poblados eran Centro con 644, Plata con 642 y La Cruz con 538 individuos, para un gran total de 9,234 habitantes.

[125]. Ibíd.
[126]. AGPR. Fondo de Gobernadores. Serie Censo y Riqueza. Caja 12.
[127]. Ibíd. Caja 13.
[128]. La Gaceta. Núm. 75. 23 de junio de 1870. p. 2-3.
[129]. Pedro Tomás de Córdova. T.II. p. 179.
[130]. AGPR. Fondo de Gobernadores. Caja 510.
[131]. Ibíd. Serie Moca. "Resumen del padrón general de habitantes de ese territorio, en la parte relativa a la clasificación por cabezas de familia y demás condiciones social que a continuación se expresa". Año de 1874. Caja 510.

La condición económica favorecía a 692 personas en todo el territorio, los barrios con mayor número de personas adineradas eran Las Marías, el Pueblo, Cuchillas, Voladoras y Cerro Gordo, con 68 o más familias acomodadas cada uno. En los barrios de La Cruz, Centro y Aceitunas residían 38 o menos familias clasificadas como pudientes. Por otra parte, la mayor cantidad de habitantes pobres residían en la zona urbana.

Para ese año se informó que en el municipio residían 676 libertos, lo cual contrasta enormemente con la información del año 1873 que reportaba la cantidad de 329 personas bajo esa condición. La población de raza negra estaba compuesta por 799 negros y 947 mulatos. Las áreas con menor población negra y mulata eran el Pueblo y el barrio Centro. Los más poblados por la raza negra eran los barrios de Cuchillas, Las Marías y Rocha.

Entre los datos más curiosos encontré que en los barrios de Cerro Gordo y Las Marías vivían el mayor número de personas viudas, el primero con 207 y el segundo con 122. Los que tenían la mayor cantidad de gente soltera eran el Pueblo, Voladoras y Las Marías, cada uno con más de 500 solteros y solteras. [132]

El censo del 1876 refleja un descenso de 44 personas con respecto al año 1874. En cambio, para el año 1879 se calcula una población general de 11,195 habitantes, lo cual representaba un crecimiento de un 8.2 % respecto al 1876. [133]

Sin embargo, el censo del 1880 señala una disminución dramática de 1,202 personas con relación al de 1879. [134] Esto parece indicar, que aparentemente en dicho año, el censo no se realizó con mucha precisión, lo cual se confirma al estudiar los números suministrados por el censo del 1883, cuando se presenta una población total de 11,497 habitantes, lo que concuerda con el crecimiento sostenido presentado en la mayoría de los censos hasta el del año 1879. [135]

Como información interesante sobre la longevidad aparece que la población masculina de 71 a 80 años de edad estaba conformada por 75 varones y 16 mujeres; en cambio, entre las edades de 81 a 85 años, el número de los varones era 3 y el de las mujeres 29 y en el grupo de noventa años o más había dos varones y una mujer. [136]

Entre 1888 y 1898 los datos relacionados a los nacimientos ocurridos en Moca, reflejan un aumento aproximado de 252 personas por año como

[132]. *La Gaceta*. Núm. 139. 18 de noviembre de 1876. p. 3.
[133]. Ibíd. Núm. 43. 9 de abril de 1881. p. 3.
[134]. Ibíd. Núm. 148. Año 1880. p.2.
[135]. Ibíd. Núm. 116. 25 de septiembre de 1884. p. 3.
[136]. Ibíd. Ver la tabla Núm. 2 de los apéndices.

resultado de los nacimientos, según se demuestra en la siguiente tabla. Obviamente dicho crecimiento no incluye la movilidad poblacional que se daba en la Isla, pero sin duda los nacimientos constituían la principal fuente de desarrollo demográfico.[137]

Figura III. Nacimientos en Moca entre 1888-1898.

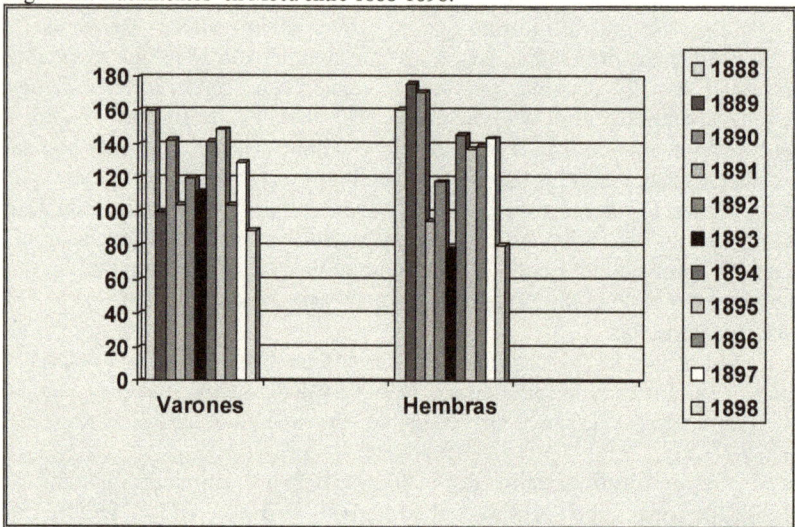

De acuerdo con el censo del año 1899 el pueblo contaba con una población de 12,410 habitantes. De todo el territorio de Moca la mayor cantidad de población radicaba en el barrio Cuchillas con 1,552 personas, le seguía el pueblo con 1,470 habitantes. Los restantes barrios se distribuían de la siguiente manera: Voladoras con 1,267, Aceituna con 1,067, Las Marías con 1,062, Cerro Gordo con 1,008, Naranjo con 966, la Cruz con 954 y Rocha con 902 residentes. Los barrios que tenían la menor población eran Capá con 898, Plata con 663 y el barrio Centro con 601 habitantes.

La mayor parte de los habitantes de Moca eran jóvenes, pues del total de 12,410 personas, 7,982 equivalente al 64% eran menores de 21 años de edad. Entre las edades de 21 y 44 años había 3,661 o el 29.5% y sólo el 3.5% de los habitantes tenía más de 45 años de edad. Ese mismo año de 1899 nacieron 170 infantes de los cuales 89 eran varones y 81 niñas. De la población general, 1,425 estaban casados, 353 viudos y 250 vivían en

---

[137]. *Informe sobre el Censo de Puerto Rico.* Departamento de la Guerra. p. 159.

concubinato.[138] El 82.3 % de los habitantes de Moca eran blancos, el 11.7% eran negros. En sus inmediaciones vivían 16 españoles y 4 extranjeros. [139]

B. En el siglo XX

El crecimiento poblacional y la economía siempre están tomados de la mano, pues sin la gente, la economía no puede crecer y desarrollarse. Además, la producción agrícola es una actividad que depende de la mano de obra disponible. Por lo tanto, la situación demográfica es de vital importancia para lograr un desarrollo económico significativo. [140] Bajo ese planteamiento se consideran los siguientes datos estadísticos como pertinentes al análisis del desarrollo económico del pueblo de Moca en el siglo XX.

La población se triplicó entre los años 1899 al 2000. Si se observan los números al finalizar el siglo XIX los habitantes de nuestro pueblo eran 12,410, mientras que, según el censo del año 2000 había 39,697 personas. Los barrios más poblados a principios del siglo 20 eran: Cuchillas, Pueblo, Voladoras, Aceitunas, Marías y Cerro Gordo, con más de mil habitantes cada uno. Los más desabitados: Centro y Plata; en la actualidad, el menos poblado es Plata. Por otro lado, es interesante resaltar que todavía los barrios de Voladoras y Cuchillas continúan siendo los barrios rurales más poblados, mientras que la zona urbana ha duplicado su población con respecto a ambos barrios. Esto nos muestra un desplazamiento de la población del área rural a la zona urbana. Dicho movimiento poblacional está estrechamente ligado a las trasformaciones económicas que se dieron en la Isla a partir del 1950.

Población de Moca por barrios para el año 1899 y el 2000.

BARRIO	AÑO 1899	AÑO 2000
Aceitunas	1,067	3,199
Capá	898	3,354
Centro	601	1,139
Cerro Gordo	1,008	3,875
Cruz	954	1,147
Cuchillas	1,552	4,507
Marías	1,062	1,932
Naranjo	966	2,690
Plata	663	996
Pueblo	1,470	8,590

[138]. Ibíd.
[139]. Ibíd. p. 343.
[140]. Antonio González Chapel. *El desarrollo económico de Puerto Rico: Estrategia para el desarrollo agrícola. Nov. 1975. p. 7.*

Rocha	902	3,707
Voladoras	1,267	4,571
Total	**12,410**	**39,697**

Fuente: Informe del Censo de 1899 y Negociado Federal del Censo del 2000.

En el año 1899 la población de Moca tenía 50.3% personas del sexo masculino y 49.7% del femenino. El 98.2% de los habitantes se consideraba blanco y el .8% de la raza negra. Para esa fecha, las mujeres que tenían trabajo remunerado eran: 15 que estaban empleadas en el área de agricultura, 7 se dedicaban a la manufactura, 172 al servicio doméstico y una era profesional. En conclusión, se puede establecer que la inmensa mayoría de las mujeres (5,971) permanecían en sus casas dedicadas a las tareas del hogar. Esto no quiere decir que ellas no trabajaran, al contrario, lo que significa es que, además de hacer lo oficios de la casa, tenían que trabajar en otras tareas como la agricultura y la crianza de animales sin paga alguna para así contribuir a la economía del hogar.

Como lo que nos interesa principalmente es conocer la época de las transformaciones ocurridas a partir de la década del 1950, dedicaremos los siguientes párrafos al análisis de los últimos cincuenta años. Si tomamos como punto de partida el 1940 con una población de 19,716 personas y la comparamos con la siguiente década, se aprecia un aumento considerable, al registrarse la cantidad de 21,614 habitantes. En las décadas 60-80 se dio un crecimiento poblacional que fluctuó entre el 1.21% y el 2.70%. De los años 1980 al 1989 se registró un descenso, pues bajó 1.21%, para volver a subir 1.89% desde 1990 hasta finalizar el siglo 20.

Según la siguiente tabla, para los años 1950-60 el barrio Cuchillas era la parte más poblada de Moca. Luego, a partir de la década del 90 la zona urbana mostró un aumento considerable, que la llevó a convertirse en la región más poblada del municipio. Dicha zona era seguida por los barrios Voladoras y Cuchillas.

Población total del Municipio y sus barrios, Censos de 1950 al 2000.

AÑO	1950	1960	1970	1980	1990	2000
Moca/ Municipio	**21,614**	**21,990**	**22,361**	**29,185**	**32,926**	**39,697**
Aceitunas	1,549	1,794	2,015	2,656	2,932	3,199
Capá	1,638	1,595	1,603	2,127	2,297	3,354
Centro	715	731	703	785	999	1,139
Cerro Gordo	1,424	1,501	2,036	2,711	3,163	3,875
La Cruz	1,272	1,065	636	853	936	1,147
Cuchillas	3,095	3,420	2,920	3,589	3,967	4,507
Las Marías	1,175	1,115	954	1,250	1,461	1,932
Moca zona urbana	2,034	1,894	2,159	3,829	5,169	6,600

Moca barrio-Pueblo	1,961	1,938	2,136	2,320	2,059	1,980
Naranjo	1,221	1,298	1,380	1,865	2,405	2,690
Plata	1,078	1,067	557	693	602	996
Rocha	2,216	2,193	2,273	3,130	3,067	3,707
Voladoras	2,236	2,379	2,989	3,377	3,869	4,571

Fuente: Negociado del Censo Federal. Censo de Población de Puerto Rico.

Un dato muy revelador que está ligado al desarrollo económico y social de Moca es el aumento de personas mayores de 65 años, quienes subieron de 791 que había para el 1950 a 1,042 en el año 1960. Luego dicho sector aumentó a 1,293 personas para el 1970 y en 1980 a 1,927, lo cual significa un aumento de sobre mil individuos en el término de treinta años. Dicha alza se ha mantenido al elevarse de 2,538 personas a 3,486 entre el 1990 y el año 2000. Esa longevidad de la población mocana responde a una mejor alimentación y a los adelantos en el campo de la salud, así como a las facilidades y los servicios médicos disponibles en los últimos años. Otro dato interesante es que la población del área rural superó a la zona urbana con 386 habitantes a su favor.

En relación a la población masculina y femenina se resalta que para el 1950 el grupo de varones era de 10,996 y el de las mujeres 10,614; esto es, 278 personas más del sexo masculino. Sin embargo, para el 1960 el número de mujeres subió a 11,002, lo que representa un mínimo aumento de 14 mujeres más que en la década anterior. En los diez años siguientes el crecimiento de la población femenina continuó en aumento, logrando sobrepasar por 345. En 1980 casi se niveló la proporción entre el grupo de varones y el de las mujeres con tan sólo un aumento de 71 mujeres. Si se compara la década de 1970 con las del 1980 y 1990 se aprecia un crecimiento desmedido, el cual responde a que el censo del 1970 se hizo a base de estimado, por lo tanto para tener un cuadro más claro hay que verificar los datos con los que arroja el censo para la década de 1980, en la que se muestra una diferencia de 71 individuos. Los años del decenio de los noventa significaron un aumento sustancial en el grupo femenino, al reflejar la cantidad de 1,064 mujeres más que hombres. Dicho crecimiento se ha mantenido, según el censo del 2000, con la suma de 10,220 mujeres, lo cual indica un incremento de 166 mujeres más que en el periodo anterior.

Ese crecimiento del sector femenino y el cambio en la conformación de lo que se considera una familia tradicional también ha dado como resultado un aumento en el número de hogares en los cuales una mujer ocupa la jefatura de la familia. Por ejemplo, para el 1970 en Moca había 520 mujeres clasificadas como jefes de familias, número que subió a 798 en el 1980, luego a 1,291 en

1990 y a 2,033 para el año 2000. De igual manera la participación de la mujer en el mundo del trabajo remunerado ha registrado un ascenso en todo Puerto Rico, cuando de un 50.8 % que había en 1990 pasó a 60% en el año 2000.

El aumento poblacional coincide lógicamente con el desarrollo de las unidades de vivienda, las cuales eran de 4,271 en el 1950, de 7,994 en 1980 y de 14,253 para el año 2000. Obviamente la parte más poblada es la zona urbana que para 1980 era la única que pasaba de 1,073 unidades y para el año 2000 continuaba siendo la que más estructuras poseía con 2,392 unidades, compuesta en su mayor parte por las urbanizaciones y residenciales. A esa cantidad hay que añadirle 830 viviendas ubicadas en la periferia o barrio Pueblo. Le siguen los barrios de Voladoras con 1,662, el de Cuchillas con 1,660, el de Rocha con 1,417, Cerro Gordo con 1,262, Capá con 1,174 y Aceitunas con 1,121. Mientras que los barrios con menos residencias para el año 2000 eran Centro con 378, La Cruz con 415 y el barrio Plata con 328.

Total de unidades de viviendas por barrios para los años, 1980; 1990 y 2000 del municipio de Moca.

Año	1980	1990	2000
Aceitunas	736	900	1,121
Capá	523	708	1,174
Centro	208	300	378
Cerro Gordo	643	879	1,262
La Cruz	252	294	415
Cuchillas	993	1,279	1,660
Las Marías	345	472	669
Barrio Pueblo	713	754	830
Moca Zona Urbana	1,073	1,581	2,392
Naranjo	509	735	945
Plata	168	171	328
Rocha	925	1,127	1,417
Voladoras	906	1,254	1,662
	7,994	**10,454**	**14,253**

Fuente: Negociado del Censo Federal. Censo de Población de Puerto Rico.

De igual manera, el ingreso *per cápita* refleja la riqueza y economía imperante en el área de Moca. Los datos nos revelan que no es uno de los pueblos más ricos de la Isla, sin embargo, evidencia un crecimiento continuo en los ingresos económicos. Por ejemplo, para el 1970 el ingreso per cápita para Puerto Rico era de $981, mientras que para Moca era de $465, casi la mitad del registrado para toda la Isla. En 1980 el ingreso *per cápita* total del país era de $2,126 y el de Moca de $1,280, lo cual refleja que había aumentado más que en la década anterior. Para fines del siglo 20, dicho ingreso general había subido a $4,177, mientras el municipal a $3,171, éste último representaba 2/3 partes del total. Para la década pasada aumentó a $5,664 de los $8,185 que era el ingreso *per capita* para todo el país.

Por otra parte, los datos relacionados al nivel de pobreza de las familias son muy reveladores, porque nos muestran los logros económicos de sus habitantes, a la vez que señalan lo que falta por mejorar. Para los años 1970 el número de familias viviendo bajo el nivel de pobreza en Puerto Rico era de 336,622 o sea, el 59.6% de la población, mientras que para Moca era de 83.6%. En los años 80 el número de personas bajo el nivel de pobreza en Puerto Rico bajó a 58%, en Moca también bajó, aunque aún alcanzaba la elevada cantidad de 76.5%. En la década del 90 continuó bajando hasta llegar a 55.3% en la Isla, mientras en Moca todavía estaba en 64.7%. La última década del 2000, el por ciento a nivel insular descendió a 44.6%, mientras que en Moca se mantuvo en 55.8%. Como se aprecia a través de los datos, muchas familias mocanas han mejorado sus entradas, pero aún más de la mitad de su gente se mantiene en condiciones de pobreza.[141]

---

[141]. Recuperado de, www.censo.gobierno.pr. Negociado del Censo Federal. Censo de Población de Puerto Rico.

Capítulo III: Aspectos económicos del pueblo de Moca

En este capítulo se analiza el desarrollo económico que tuvo el pueblo de Moca durante el siglo XIX. Se ha dividido por tópicos, con el objetivo de darle algún orden a la información recogida. Cada tópico está estructurado, a su vez, en épocas y períodos históricos, a fin de establecer un cuadro abarcador.

A. Año de 1820

En el informe del año 1820 se establece que el poblado de Moca contaba con 131 caballerías de tierras, [142] de las cuales 49.5 estaban dedicadas a la agricultura, 78.5 eran pastos y 3 de montes. Los cultivos que ocupaban el área agrícola eran los siguientes: 190,575 árboles de café, 6,240 arbustos de algodón, 1,652 árboles de cítricos dulces y agrios, 3,786 árboles de aguacate, 1,500 palos de yuca y 121 palmas de coco. Además, había 655.5 cuerdas de plátanos, 351 cuerdas de arroz, 411.5 cuerdas de maíz, 202 cuerdas de batatas, 19 cuerdas de habichuelas y 9 cuerdas de ñame. En relación al cultivo de la caña de azúcar no figura la cantidad de cuerdas sembradas.

La producción de frutos fue la siguiente: 112 bocoyes de azúcar [143] valorados en 1,400 pesos, 88 bocoyes de melado por un valor de 1,400 pesos y dos bocoyes de ron cotizados en 125 pesos. Se recogieron 1,509 quintales de café, por valor de 21,000 pesos. La producción de algodón fue de 31 quintales, valorados en 186 pesos. Las chinas reportaron 206 pesos y los aguacates 236. Los ñames dejaron 110 pesos, el casabe 94, las batatas 2,020 y los cocos 60 pesos. Las cosechas de mayor valor fueron: los plátanos con 16,437 pesos, el arroz con 1,755 quintales valorados en 5,265 pesos, el maíz produjo 1,646 quintales con un valor de 4,119 pesos y las habichuelas 30 quintales, vendidos en 180 pesos. En el pueblo y sus barrios se contaba con 14 trapiches de madera para moler caña, 55 alambiques y un molino de café.

La riqueza agrícola se complementaba con la ganadería. El ganado vacuno sumaba: 504 vacas, 148 bueyes, 28 novillos, 89 terneros y 108 terneras, para un total de 877 animales. El ganado caballar y mular era de 205 caballos, 257 yeguas, 34 mulas, 8 burros, 99 potros, 46 potrancas, 4 pollinos y 6 muletos. El ganado caprino y de lana, tenía 98 ovejas, 120 corderos, 152 cabritos y 119 cabras y cabros. La crianza de cerdos reportaba 152 cerdas de crianza, 41 padrotes, 219 cerdos de carne y 1,216 lechones. Además había

---

[142]. Una caballería de tierra era una medida que equivalía a 200 cuerdas de tierra.
[143]. Un bocoy era una medida equivalente a un barril.

2,958 gallinas, 960 gallos, 124 pavos, 7,260 pollos, 372 pavitos y una producción de 147, 900 huevos. [144]

Al analizar la descripción anterior podemos notar cuáles eran las principales fuentes de ingreso de los ciudadanos de aquella época y cómo se aprovechaban todos los renglones posibles para generar sus ingresos. Además, es bueno recalcar la importancia que ocupaban algunos cultivos como el arroz, maíz, ñames, la crianza de ovejas y la producción de huevos y carnes. Los renglones menos importantes tenían la función de completar, tanto la dieta de los pobladores como diversificar los ingresos de los habitantes. Otra de las principales fuentes de ingreso del pueblo la constituía la abundancia de árboles maderables, como los de capá, ausubo, guaraguao, moralón, palo blanco, cedro, roble, laurel, aceitillo, etc. También se menciona la existencia de una cantera de piedras de amolar. [145]

Las familias más destacadas e importantes del poblado eran las de Don Antonio Rivera y Quiñones, Don Manuel Gonzáles Rivera, Don José Hernández y Don Manuel Cordero. [146] Entre las personas más ricas figuraban, Don José María Miranda, Don Martín Lorenzo de Acevedo, Don Lázaro de la Cruz, Don Pedro de la Cruz, Manuel Cordero, Manuel López Mayor, Juan Méndez, Luis Santiago, Don Pedro Salas y Doña María de Vives. En el aspecto comercial el pueblo de Moca contaba con tres tiendas mixtas y tres ventorrillos. [147] Los dueños de las principales tiendas eran, Don José María Miranda, Doña Prudencia [apellido ilegible] y Don Francisco Jacobo de Méndez, cuyos capitales eran de 600 pesos, 300 pesos y 100 pesos respectivamente. [148] Para esa fecha el pueblo tenía una hacienda de cañas y 9 haciendas de café, así como 406 estancias dedicadas al cultivo de café y frutos menores.

Si comparamos el desarrollo de la agricultura del 1820 con el del año 1823 se aprecia un aumento considerable. Por ejemplo, el cultivo de café tuvo un incremento de 469,015 árboles y el algodón de 275,314 arbustos. Estos

---

[144]. AGPR. Fondo de Gobernadores Españoles. Moca. Caja 508. Año 1820.
[145]. Ibíd.
[146]. Ibíd. Caja. 190. En el caso de las personas más influyentes, algunas ostentaban el título de Don y otros no, Según la obra *Lexicón* de Luis De La Rosa, Pág. 51, es un tratamiento que se antepone al nombre propio, no al apellido. Se aplicaba a estudiantes, personas que ocupaban cargos públicos y a los militares. En el siglo XIX se podía adquirir el título por compra, una vez demostrado con una serie de documentos su limpieza de sangre; esto es, que no tenía herencia racial negra o morisca.
[147]. Ibíd.
[148]. Ibíd. Caja 508.

aumentos provocaron una reducción de las tierras dedicadas a pastos de 14,700 cuerdas a 2,100. [149]

B. Año de 1828-1830

Del año 1828 encontramos que la jurisdicción de Moca se componía de los siguientes barrios: Pueblo, Aceitunas, Quebrada Grande, Marías, Cerro Gordo, Poza (Capá) y Arroyo. Todo el territorio comprendía 98.5 caballerías de tierra dedicadas a la agricultura y pastos y 20 en montes. Las mismas estaban repartidas entre 438 propietarios. Se destaca la fertilidad de los terrenos y la abundancia de agua.

El café consistía en el principal cultivo con 580,173 árboles y una producción de 3,452 quintales anuales. A pesar de ocupar un cultivo tan extenso sólo existía un molino en todo el pueblo. Le seguían las siguientes siembras: 726 cuerdas de plátanos, 603 de arroz, 474 de maíz y 105 de batatas, con una cosecha de, 15,000 cargas de plátanos, 3,038 quintales de arroz, 535 de maíz y 1,057 de batatas. El cultivo de la caña de azúcar cubría una pequeña extensión de 53 cuerdas y un producto de 400 quintales de azúcar al año. Para elaborar la misma se contaba con 8 trapiches de madera y uno de hierro, además de un alambique que procesaba 5 bocoyes de ron.

El Ganado vacuno consistía de 465 vacas, 384 bueyes, 21 novillos y 244 terneros. La caballar y mular con 401 caballos, 232 yeguas, 101 potros, 10 mulas, 5 burros y 4 pollinos. El ganado menor abarcaba 83 corderos, 116 cabros y 563 cerdos. Se completaba la producción anual con 317 aves y 21,400 huevos. También funcionaban 2 hornos de hacer ladrillos con un producto de 10 mil ladrillos por año cada uno. La riqueza total de Moca ascendía a 693,968 pesos y reportaba un producto neto de 54,688 pesos anuales.[150]

C. Año 1846-1847

Para el 1846 la zona urbana albergaba 24 casas de madera, 11 bohíos, una escuela, 17 pulperías, 3 tiendas de ropa y una zapatería. Al comparar la década de los años 40 con los años 1828-30 se contempla un aumento constante en los cultivos de café, azúcar y arroz. El café registró un alza de 1,991 quintales, el azúcar de 2,150 y el arroz de 923 entre ambos períodos.

---

[149]. AGPR, Fondo de Gobernadores. Serie, Censo y Riqueza. Caja 13.
[150]. Pedro Tomás de Córdova. T.II. pp.180-182.

Como se confirma al observar que el valor total de todos los frutos aumentó en 82,825 pesos respectivamente.[151]

Para ese año el territorio contaba con 5 haciendas de cañas, 28 de café y 597 estancias cultivadas de frutos menores y crianza de ganado. Para atender las actividades agrícolas había 231 esclavos.[152]

D. Año de 1850

La siguiente información corresponde al año 1850, en ella se consignan los nombres de los principales comerciantes del pueblo. La única sociedad mercantil que se registra en esos años perteneció a los hermanos Baldomero y Juan San Antonio y se conoció con el nombre de San Antonio Hermanos. Dicha sociedad estaba ubicada en una estructura de dos pisos en la Calle Sol frente a la Plaza de Recreo. La misma se dedicaba a la venta de frutos del país y a la elaboración de pan. La sociedad llegó hasta el 1890 cuando Baldomero le vendió la parte de sus acciones a su hermano Juan por la cantidad de 1,500 pesos. En marzo de ese mismo año estableció una nueva sociedad con Don Benito García, pero se disolvió cinco meses más tarde.

Además de esta sociedad mercantil, se encontraba otro grupo de comerciantes independientes entre los que podemos mencionar a Gabriel Seguí, Restituto Pagán, Pedro A. Miranda, Agustín Hernández, José Feliú, Juan Francisco Ramírez, Ramón Rodríguez, Juan Francisco Lorenzo y Don Antonio Pérez. Como dueños de ventorrillos o pequeños establecimientos figuraban Don Regalado Miranda, Juan José Martínez, Pedro Bosques, Manuel Torres, Juan Nepomuceno Miranda, Saturnino Acevedo, Calixto Román, José Antonio González, Ildefonso Nieves, Manuel Méndez, Miguel Deynes, Sandalio Escobar e Isaías (negro liberto). [153]

En el ramo de haciendas y estancias, un documento del año 1853 indica que en Moca había 2 haciendas dedicadas al cultivo de cañas, 8 al café y 680 estancias. Para procesar los frutos se contaba con la cantidad de seis trapiches tirados por bueyes. La distribución de los productos principales en las haciendas y estancias eran: café, plátanos, arroz, maíz y otros frutos menores.

El comercio se dividía de la siguiente forma: cinco pulperías, dos tiendas de ropa en el pueblo y otra ubicada en el campo y una gallera en las

---

[151]. AGPR. F G. Serie Censo y Riqueza. Caja 15. Fondo Obras Públicas, Obras Municipales, Caja 280. Leg. 46-Ñ.
[152]. Ibid. Censo y Riqueza. Caja 15.
[153]. Ibíd.; AGPR, Fondo de Gobernadores Españoles. Diputación Provincial. Caja 317.

afueras del pueblo. También se menciona nuevamente la existencia de una cantera y se señala la carencia de artesanos.[154]

E.   Año de 1854 a 1859

Para ampliar la descripción del pueblo de Moca nos sirve la información aparecida en el periódico *La Gaceta* y el censo que se realizó en el año de 1854. De acuerdo con dicho censo, el pueblo tenía 692 labradores propietarios, 8 personas en calidad de arrendatarios, 100 peones, 653 jornaleros, 600 criados y 800 agricultores. Dedicados al ramo del comercio había 88 personas, 4 dependientes, 3 mercaderes de telas, uno de droguería (medicinas), 26 negociantes de ganado y 3 tratantes de maderas.

Aunque en el documento del año anterior se indica que no había artesanos, en el censo del 1854 menciona: 12 bordadoras, 39 artesanos de cestería, 9 modistas, un sastre, 16 sogueros, 6 tabaqueros, 3 zapateros y un alfarero. Dedicados a otros menesteres aparecen: 3 castradores de ganado, 9 carpinteros, 10 carreteros, 5 carboneros, 11 cocineros, 4 lecheros, un albañil, un barbero, 4 matarifes, 25 cortadores de leña, 3 dueños de alambiques, 9 porqueros y 10 ganaderos.

Los profesionales eran: un médico, un practicante, un notario, 6 maestros, 2 maestros del clero y 12 maestros de ciencias y artes.[155]

En cuanto al estado de las riquezas del año 1854, la ganadería ocupaba un lugar muy importante en la economía como lo demuestran los siguientes números: 591 bueyes, 784 vacas, 324 caballos y 184 yeguas.[156]

La renta de Moca estaba distribuida de la siguiente manera: en la agricultura 134,812 escudos, en el ramo comercial 20,230 escudos, [157] la riqueza de ganado era de 6,952 escudos y la urbana de 2,295 escudos. El valor total de la rentabilidad del pueblo de Moca era de 164,289 escudos.

Estas descripciones muestran no sólo el valor de la riqueza sino la distribución en orden de importancia de los diferentes renglones económicos del pueblo. Sin embargo, la economía del poblado continuaba en aumento, como puede apreciarse en el número 128 de *La Gaceta de Puerto Rico* del año 1873, donde señala que Moca tenía 12 pequeños cultivos de caña de azúcar.[158] Aunque esos cultivos no eran muy significativos, la ubicación del

[154]. Ibíd. Fondo de Obras Públicas. Serie Obras Municipales. Leg. 47. Exp. 6. Caja. 280. Año. 1853.
[155]. AGPR. Fondo de Gobernadores. Caja 510.
[156]. *Gaceta de Puerto Rico.* Núm. 97. Vol. 23., 15 de agosto de 1854. p.1. Núm. 24. Vol. 4., 24 de febrero de 1855. p.1.
[157]. Ibíd. Núm. 96., 11 de agosto de 1870. p.2.
[158]. Ibíd. Núm. 21., 18 de febrero de 1873. p.2.

poblado cerca del Valle del Culebrinas sí lo era, porque para el año 1873 se recomendó crear una central para la elaboración de azúcar en el barrio el Palmar, de manera que pudiese atender los 12 cultivos de caña que había en Moca, además de 57 cultivos de caña que existían en el valle. [159] Estos datos resultan interesantes porque nos dicen que para finales del siglo XIX en todo el valle se habían establecido cerca de 69 haciendas y estancias dedicadas al cultivo de la caña de azúcar.

Para el 1859 en el barrio Pueblo había 6 haciendas dedicadas al cultivo de la caña de azúcar y 4 al cultivo del café, más 11 estancias dedicadas a las labores de café y frutos menores. Entre todas las haciendas y estancias se cultivaban 114 cuerdas de caña, 123 de café y 79 de plátanos y frutos menores. En dichas faenas se empleaban 86 esclavos y 106 peones. Resulta revelador que, aún 13 años antes de la abolición de la esclavitud, la fuerza laborar empleada en ese barrio estaba compuesta principalmente por peones asalariados y no por esclavos. Lo cual indica que en ese momento mantener las dotaciones de esclavos resultaban relativamente más costosas que pagar el trabajo de los peones.[160]

F. Año de 1876

Para el año 1876 había en Moca cuatro haciendas de cañas con trapiche de bueyes y seis estancias de café. El comercio estaba integrado por cuatro tiendas mixtas, diez pulperías, catorce ventorrillos y una botica. La riqueza urbana era de 1,970 pesos, la agrícola de 68,191.45 pesos y la pecuaria de 2,770 pesos, para un total de 72,931.45 pesos. [161]

G. Año de 1880.

Al comenzar la década de los 80, se percibe un crecimiento bastante acelerado de la riqueza agrícola del pueblo, aunque las demás ramas de la economía bajaron considerablemente. Por ejemplo, para el año fiscal de 1883-84 el renglón agrícola subió, de 52,785.38 pesetas registradas en el año 1881-82, a 72,780. En cambio, la riqueza urbana y ganadera bajó o se estancó. El caso de la renta urbana permaneció igual desde 1881 hasta el año 1882; y en

[159]. Ibíd. Núm. 128., Año 1880. p.3.
[160]. AGPR. Censo y Riqueza. Caja 15.
[161]. Manuel Ubeda y Delgado. *Puerto Rico: Estudio Histórico y Estadístico*. Puerto Rico: Tipografía del Boletín. 1878. pp. 180-181, 288 y 349.

el área de la ganadería, se fue en picada de 12,200 pesetas en el año 1881 a 1,200 pesetas en el 1892. [162]

Sin duda, el aumento en el cultivo del azúcar hizo que las áreas de la ganadería descendieran drásticamente, lo cual evitó que se dedicaran a otros fines fuera de la caña de azúcar.

H. Año de 1890

Afortunadamente para analizar la última década del siglo XIX se cuenta con informes bien detallados. En el año 1895 encontré que la riqueza agrícola del sector cañero se valoró en 4,850.25 pesos; el café ascendió a una producción de 57,440.05 pesos, mientras el tabaco y los frutos menores a la cantidad de 3,985 pesos. A los terrenos en pastos y montes se les asignó un valor de 29,295.50 pesos. La ganadería reportó 1,813 pesos y el comercio y la riqueza urbana 4,552 pesos, para un gran total de 101,935.80 pesos. [163]

Figura IV. Riqueza de Moca para 1890.

Año	Cultivo	Valor en pesos
1890	Caña	4,850.25
	Café	57,440.05
	tabaco y frutos menores	3,985.50
	Ganadería	1,813.00
	Comercio y riqueza urbana	4,552.00
Total		101,935.80

Fuente: Manuel Ubeda y Delgado. *Puerto Rico: Estudio histórico y estadístico.* 1878. pp. 180-181, 288 y 349.

Este informe nos indica que el producto principal para la economía mocana era la producción del café y que la segunda fuente de ingresos la constituía el comercio. El año de 1896 la producción cafetalera reflejó un aumento de 16,659.95 pesos sobre la cosecha del año anterior. En la producción de azúcar también se registró una leve alza de 969.75 pesos. Los demás sectores de la economía permanecieron iguales. [164] La fase ganadera la conocemos mediante

---

[162]. *La Gaceta.* Núm. 128, Año. 1880. p.3; Núm. 52, 1 de mayo de 1875, p.3; Núm. 53, 4 de mayo de 1882. p.2; Núm. 50., 26 de abril de 1883. p. 3; Núm. 55, de mayo de 1883. p.4; Núm. 46, 17 de abril de 1888. p. 2; Núm. 63, 27 de mayo de 1890. p. 3; Núm. 62, 23 de mayo de 1891. p.3; Núm. 60. Año. 1887. p.3.

[163]. Ibíd. Núm. 77, 27 de junio de 1895. p2.

[164]. Ibíd. Núm. 76, 25 de junio de 1896. p.4.

un informe del año 1896, titulado "Resumen general del número de cabezas de ganado para el año 1896". Según dicho documento, la ganadería del pueblo era la siguiente: 755 caballos, 12 mulas, 2,808 cabezas de ganado vacuno, 50 de ganado caprino y 171 cerdos. [165] Es importante tomar en cuenta que estos informes eran bastantes reales porque a partir de los mismos las autoridades gubernamentales establecían el pago de impuestos que las personas debían realizar al erario público.

I.   Año de 1899

El censo del 1899 revela que la economía del pueblo de Moca contaba con 2,833 personas trabajando en la agricultura. En el campo de los servicios había 451 individuos dedicados al área doméstica y 6 a prestar servicios profesionales. A la fase comercial se dedicaban cincuenta personas y a la manufactura o industria artesanal setenta y una.[166]

Figura V. Distribución de oficios de Moca para 1899

Año	Oficio/labor	Cantidad
1899	amas de casas	5,247
	Agricultura	2,833
	Servicios domésticos	451 (138 mujeres)
	Artesanos	71
	Comerciantes	50
	Servicios profesionales	6
	Desempleados	369= (24%)

Fuente: Informe sobre el Censo de Puerto Rico (1899). Departamento de la Guerra. Traductor Frank Joannini. Washington. Imprenta del Gobierno. 1900. p. 288.

Sin embargo, el principal problema que padecía el pueblo era el desempleo. De los varones negros había 369 desempleados y de los blancos 2,658, lo que equivalía a un 24.3% de la población total del pueblo. En el caso de la fuerza trabajadora femenina sólo 138 mujeres trabajaban fuera del hogar y 5,247 eran amas de casas. [167] Resulta revelador que aún en la actualidad el problema del desempleo ostente un lugar tan destacado. En cambio los nuevos tiempos han permitido que las mujeres ocupen un papel más importante en la economía de Moca.

---

[165]. Ibíd. Núm. 131., 31 de octubre de 1896. p.4.
[166]. Informe sobre el Censo de Puerto Rico (1899). Departamento de la Guerra. Traductor Frank Joannini. Washington. Imprenta del Gobierno. 1900. p. 288.
[167]. Ibíd. pp. 289-290.

J. Fuentes de la economía

Durante el siglo XIX la fuente principal de ingresos para los habitantes de Puerto Rico era la agricultura. Para desarrollar la misma, la Isla cuenta con un total de 2.2 millones de cuerdas de terreno, pero solamente pueden dedicarse a la fase agrícola 1, 200,000 cuerdas, el resto son zonas inundables, bosques, construcciones y carreteras, entre otros. De esa cantidad realmente son aptas para la agricultura intensiva 200,000 cuerdas en la zona costera y 600,000 en la parte montañosa, para un total de 800,000 cuerdas.

En dichos terrenos se desarrollaron durante los siglos XIX y XX las dos industrias más importantes de la Isla, la caña de azúcar y el café. En la zona costera se ubicó la mayor parte del cultivo de la caña con 140,000 cuerdas de terreno y en la montañosa el café con 150,000, principalmente en la parte central-oeste. El municipio de Moca tenía para el año 1899 la cantidad de 1,860 cuerdas de terreno sembradas de café y 307 de caña, para un total de 2,167 cuerdas de tierras cultivadas; la mayor parte de las fincas de café radicaban en la sierra del Jaicoa. En las montañas del lado norte del pueblo, se ubican los barrios de Centro, Cuchillas, Rocha y Aceitunas y al sur, hay otras pequeñas sierras que comprenden los barrios de La Cruz, Las Marías, Naranjo y Cerro Gordo según puede verse en las áreas sombreadas del siguiente mapa. En ambas regiones se desarrollaron las principales haciendas y fincas productoras de café. Mientras que en la parte llana se establecieron las fincas o haciendas de caña. Por lo tanto, podemos concluir que el café era la principal fuente de ingresos de los mocanos seguida por la caña de azúcar en segundo lugar.

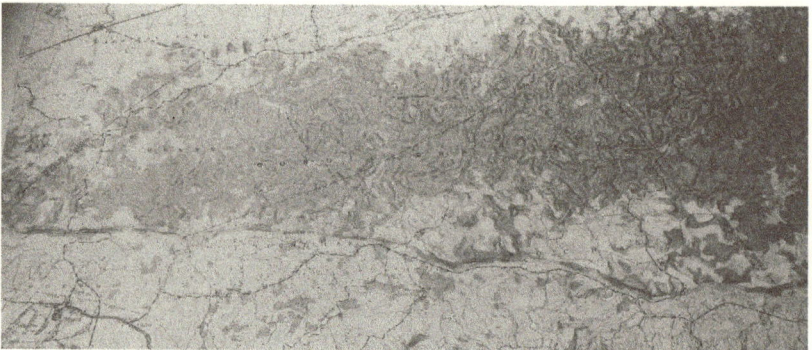

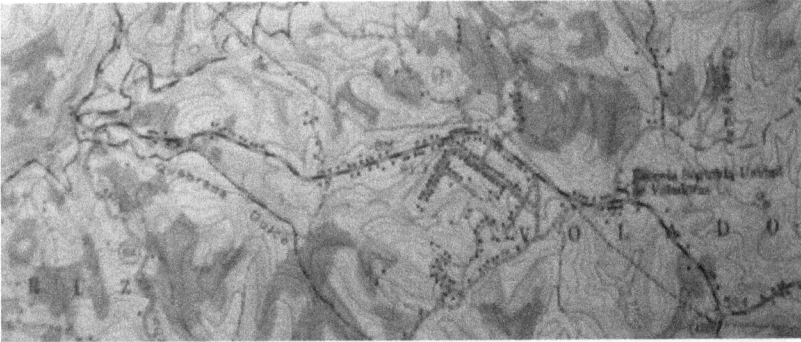

Las áreas sombreadas muestran las principales áreas del cultivo de café.

1. El cultivo del café

Como mencioné, la principal industria agrícola de Puerto Rico durante la segunda mitad del siglo XIX fue el cultivo del café. La importancia de dicha industria se puede apreciar si consideramos que de 44 mil quintales de café que se exportaron en 1814, años más tarde se logran vender 500 mil toneladas en 1893-97. Dichas exportaciones representaban un 10 % de todas las exportaciones de la Isla en 1814 y 66% del total de las del 1897.

Referente al consumo del café a nivel mundial para el 1825 era de 2.2 millones de quintales, los cuales subieron a 26 millones al finalizar ese siglo. Situación que favoreció la economía cafetalera de Puerto Rico. Dicho aumento respondió a varios factores externos como fueron: la caída de la industria del café en Java y Ceilán, la eliminación de los aranceles proteccionistas en 1876 por parte de los Estados Unidos y la protección aduanera que tenía nuestro café en los mercados de Cuba y España.[168]

Sin embargo, a finales del siglo XIX y comienzo del XX las empresas cafetaleras de la Isla tuvieron una estrepitosa caída debido a los siguientes factores. En primer lugar, se puede mencionar los estragos causados por el huracán San Ciriaco en 1899, que dejó una estela de 3,000 personas muertas, 250,000 sin hogar y 20 millones de dólares en daños. Se perdieron el 60% de las 190 mil cuerdas existentes aptas para el cultivo del café. En segundo lugar, el dominio de los mercados internacionales de dicho producto por parte de Brasil. En tercer lugar con la llegada de los estadounidenses la industria cafetalera perdió la protección de las tarifas que gozaba bajo la época de España.

---

[168]. Antonio González Chapel. p.48,

Ante esta última causa mencionada, los puertorriqueños se organizaron en una Comisión a nivel de todo Puerto Rico cuya sede principal estaba en Ponce. Ante dicha Comisión, el pueblo de Moca fue representado por José Calazán Lassalle y Telesforo Méndez Cortés. El objetivo de la misma era gestionar ante el Comité de Arbitrios de Washington para que no se le aumentaran más contribuciones y aranceles a la industria cafetalera de la Isla.[169]

Para colmo, las autoridades locales no se conformaron con los arbitrios federales, sino que la Legislatura local aprobó el 13 de marzo de 1913 la Ley Núm. 106 aumentando los arbitrios al café. Por supuesto, la Asamblea de Moca se opuso a los mismos con la aprobación de una Resolución en la cual le solicitaba al Gobernador de Puerto Rico la derogación de la mencionada Ley, porque le imponía un tributo excesivo al comercio de la Isla en momentos en que el país se enfrentaba a una crisis de carácter económico, debido a la revisión de la tarifa arancelaria por parte del Congreso de los Estados Unidos. Los mocanos estaban convencidos de que estos nuevos arbitrios y aranceles no permitirían que la recuperación que se estaba operando en el área del café pudiese sostenerse.[170]

Se referían nuestros conciudadanos a la lenta recuperación en el cultivo del café que se dio entre 1900-1915, la cual había logrado una producción de 511 mil quintales. Pero se ve nuevamente reducida como consecuencia de la primera Guerra Mundial cuando los mercados europeos fueron prácticamente cerrados al comercio internacional, con una reducción de 168 mil quintales. Una vez finalizada la guerra se operó una reactivación en los cultivos de este producto para el 1923 que duró hasta el 1928 cuando la Isla fue azotada por el huracán San Felipe. El efecto fue tal que de 323 mil quintales que se estaban cosechando ese año, bajó a 60 mil quintales para el 1929. Otro elemento que afectó al sector cafetalero fue la caída de la bolsa de valores ese mismo año, como consecuencia de la gran depresión mundial, la cual limitó las transacciones comerciales mundiales y, por consiguiente, las exportaciones.

Los estragos ocasionados por el ciclón San Felipe, el 13 de septiembre de 1928, a la industria del café fue de tal magnitud que el Honorable Tesorero de Puerto Rico tuvo que pasar la ordenanza Núm. 172 para limitar los gastos administrativos de toda la agencia. De mismo modo, la Junta de Igualamiento debió reducir el pago de contribuciones por cuerdas de café a un dólar la cuerda. El resultado fue una disminución neta de $3,283.97 en las

---

[169] . Doc. Mun. Moca Caja 1, Expd. 1, Año 1908-11. p. 27.
[170] . Ibid. Caja 1, Expd. 2., Año 1919-22. f.139.

contribuciones sobre ingresos, $218.93 en el School Tax y $1,094.66 en las contribuciones especiales.[171]

En los años comprendidos entre 1930 y 1935 hubo que importar café para cubrir la demanda del consumo local. Con el objetivo de evitar la total desaparición de la industria local, se firmó la Resolución Conjunta Núm. 39 del 5 de mayo de 1930 mediante la cual se impuso un arancel de $10 al café importado. En 1935 se cosechaba café en 52,790 fincas con 1, 913,047 de cuerdas sembradas de cafetos. Como efecto se dio una recuperación en el cultivo y, por ende, en la producción de este grano, ya que para el 1939 se estaba cosechando la cantidad de 326,520 quintales.

En la década del 1940-50 aumentó la cantidad de fincas cultivadas a 55,519. Durante ese periodo la cosecha alcanzó la cifra de 2, 314,742 quintales con un promedio de 231 mil quintales anuales. Dicho aumento se debió a una serie de incentivos que otorgó el gobierno a los caficultores para establecer un seguro para las cosechas y plantaciones que pudiesen ser afectadas por los huracanes. El mismo entraba en vigor en virtud de la Ley Núm. 278 del 1946. También se estableció el Programa de Renovación Cafetalera, bajo la Ley Núm. 198 del 26 de marzo de 1946. El programa ofrecía principalmente fertilizantes y carbonato calizo.

En 1950 el Departamento de Agricultura de los EE. UU., a través de su Oficina de Estabilización y Conservación Agrícola, aportó fondos para ayudar a aumentar la conservación agrícola, con el nombre de Programa Unificado de Café. Con estos resultados se elevó el promedio anual durante los años cincuenta a 258,892 quintales.[172]

En 1957 se comenzó el nuevo Programa de Renovación Cafetalera. El mismo estaba dirigido a modernizar las plantaciones viejas y de baja productividad. En el 1963 se hizo una revisión al programa encaminado al uso de los terrenos de la zona cafetalera, bajo el nuevo Programa de Desarrollo Integrado de la Región Cafetalera. Éste buscaba introducir nuevas técnicas de producción en la industria del café para tratar de estabilizar los cultivos en 100 mil cuerdas y la producción en 380 mil quintales al año.[173]

---

[171]. Ibíd. Caja 3. 14 de octubre de 1929.
[172]. Restituto Deynes Soto. *El café situación y perspectiva.* Servicio de Extensión Agrícola. Mayagüez, P. R. Año 1981. pp.5-6.
[173]. Ibíd. p.7.

Siembras bajo los incentivos del 1965 al 1980.

AÑO	CUERDAS SEMBRADAS
1965-66	1,000
1966-67	437
1967-68	1,439
1968-69	1,360
1969-70	2,111
1970-71	1,963
1971-72	3,854
1972-73	1,985
1973-74	1,698
1974-75	1,518
1975-76	1,309
1976-77	1,585
1977-78	1,860
1978-79	1,655
1980-81	2,218
Total	25,692

Bajo ese Programa, en Moca se logró elevar las siembras de café a 1912 cuerdas distribuidas en 527 fincas, las cuales aportaban 2,691 quintales al año. Lamentablemente dicho cultivo no se sostuvo, pues para el 1969 descendió a 1756 cuerdas con una producción de 2,520 quintales. Además, el número de fincas de café se redujo a 325. Todavía para el 1960 la producción local lograba cubrir el consumo interno de café en Puerto Rico. El descenso de la industria cafetalera de Moca continuó y para el 1987 sólo quedaban 125 fincas con una cabida de 1,257 cuerdas y una producción de 1,301 quintales.

En la década del 90 aunque la cantidad de cuerdas había disminuido a 955, se cultivaba café en 215 fincas que era un número mayor al del 1988, con una producción de 2,034 quintales. Esta mejoría se debió a la introducción de nuevas técnicas y a la sustitución de la variedad de cafetos de sombra por la de sol. Ese impulso llegó hasta el año 1998 con 267 fincas dedicadas al cultivo del café con una cantidad de 1,860 cuerdas sembradas.

Actualmente la industria del café está en vías de desaparecer, a pesar de que contribuye con $194,466 a la economía mocana. La situación de tan antigua e importante industria se ha reducido a 109 fincas dedicadas a su cultivo con tan sólo 319 cuerdas. Las razones son muchas y variadas, entre otras, se pueden citar: la falta de mano de obra, los costos operacionales, el desplazamiento por otras industrias más productivas y la eliminación de tierras por estar dedicadas a la construcción.

Como se demuestra en lo antes presentado la desaparición de las muchas haciendas de café que tenía el territorio de Moca respondió a los cambios y vaivenes de esa industria durante el siglo XX. De las pocas haciendas de café que más tiempo lograron sobrevivir en Moca fueron: la Hacienda Laura Marca de Adolfo Babilonia Iturrino con 42 cuerdas de terreno en el barrio Las Marías y 35 en La Cruz y la Hacienda Baleares de Ramón Quintana ubicada en el barrio La Cruz. El caso de las Haciendas Buena Fe y la Caridad compuestas de 178 cuerdas propiedad de José María Vargas y su esposa Evangelista González desaparecieron con la muerte de su propietario en la década del 1920 como consecuencia de la división de bienes entre sus herederos, Antonio, Augusto, Pelegrín, Leonardo, Francisco, Manuela, Camira y Ramón.

Hacienda Baleares de Ramón Quintana y Asunción (Chón) Sotomayor
(Foto tomada del Programa de las Fiestas Patronales del año 1980.)

Como caficultores particulares del primer cuarto del siglo XX con 15 o más cuerdas[174] sembradas de café, se pueden mencionar a: Cosme Benejam Font, los hermanos Saturnino e Isidro Acevedo Méndez del barrio La Cruz, Manuela González Méndez y Ramón Lassalle Gutiérrez, Bonifacio Avilés de Capá, José Cintrón Pérez de Cerro Gordo, la de Regina Acevedo Hernández, Zenón Pérez Colón, los hermanos Lorenzo y Casimiro Vera, Juan Méndez, María del Carmen Cordero viuda de Gregorio Soto de Cuchillas, Arístides

---

[174]. El criterio de 15 cuerdas es el promedio para proveer ingresos razonables a una familia de cinco personas.

Maisonave de Aceitunas, Antonio Marrero de la Rosa del Palmar, Francisco Colón Serrano y Pedro Cordero Soto de Voladoras con 58 cuerdas sembradas de café en el barrio Voladoras, Catalino Arocho Valentín de Naranjo, Ramón Arocho del Centro y Adrián Acevedo del barrio Plata. Además, había cientos de pequeños propietarios distribuidos por todo el territorio de Moca.

Caballeriza de la Hacienda Laura Marca de Adolfo Babilonia Iturrino.
(Foto cortesía de Gaspar Matías.)

Es necesario recalcar que el cultivo del café generalmente estaba acompañado de otros, especialmente de cítricos, aguacates, panas, etc., los cuales se utilizaban para el uso diario y para vender sus excedentes en los mercados locales. No así la caña, que era un cultivo que no admitía el desarrollo de otras plantas.

2. Industria de la Caña

El caso de la industria de la caña la situación fue otra, por lo menos hasta la década del 1960. En Moca dicho cultivo para 1899 ocupaba el segundo puesto o importancia con sólo 307 cuerdas, frente al café que tenía 1,860 cuerdas. Para el 1900 se producían en Puerto Rico 61,000 toneladas de azúcar en 140,000 cuerdas, las cuales subieron a 285,000 toneladas para el

1910. [175] Como se puede apreciar en los siguientes datos, para el 1898 se usaba el 15% de los terrenos para el cultivo de la caña, mientras que en el 1930 ya había ocupado el 44% de las tierras cultivables.

A diferencia de las haciendas cafetaleras, las de caña de azúcar se beneficiaron gracias a su salida en los mercados estadounidenses. La nueva realidad de la economía puertorriqueña se reflejó de inmediato en el uso y tenencia de la tierra puertorriqueña. Cuatro grandes empresas absentistas estadounidenses conocidas como: Aguirre Sugar, South P.R. Sugar, Fajardo Sugar y la United, adquirieron grandes extensiones de terrenos mediante compra o arrendamiento para poder establecerse en Puerto Rico. Las cuatro corporaciones obviamente dominaron la mayor parte de la producción del azúcar en la Isla. Sin embargo, las personas que no alquilaron o vendieron sus tierras también fueron partícipes de las ganancias que produjo el azúcar especialmente para las primeras dos décadas del siglo XX.

Por otra parte, la mayor parte de los pequeños propietarios se convirtieron en asalariados de las grandes corporaciones y colonos de la caña. El sueldo de los obreros de la caña fluctuaba entre 40 centavos y $2.00 al día, con un ingreso *per cápita* para el 1930 de $230 anuales y un desempleo de 30.2% de la fuerza laboral. [176]

En el caso de Moca, continuaron o se desarrollaron las siguientes haciendas: la Enriqueta ubicada en el Palmar, la Aurora con 246 cuerdas ubicada hacia el lado norte del pueblo, la Irurena de Aceitunas, la hacienda de Natalia Echevarría de Rocha, [177] y la María Celestina Lassalle del barrio Capá. Cada una tenía sus propias siembras y su propio molino; aunque también existía un grupo considerable de colonos independientes, entre los que se pueden mencionar a: Cosme Benejam con 50 cuerdas sembradas de caña, Pedro González Méndez de Cuchillas con 42 cuerdas, José Calazán Lassalle con 27, [178] Eduardo Méndez Quiñones con 1,400, la West Porto Rico Sugar Company y José Hernández Soto de Voladoras con 28, Juana

---

[175]. U. S. Department of Agriculture. U S. Bureau of the Census. ; www. NASS.USDA. gov.

[176]. José Trías Monge. *Las penas de la colonia más vieja del mundo.* pp. 103-104.

[177]. La antigua hacienda conocida como San Rafael o Palmar Llano era propiedad de María Celestina Lassalle y estaba ubicada en lo que hoy es la Comunidad Parcelas Lassalle mejor conocida como Punta Brava, una parte quedaba en Capá y la otra en Rocha. La misma duró hasta finales de los años 60 cuando se quemó la casa grande y las dueñas se mudaron al pueblo de Aguadilla. La Enriqueta era propiedad de Don Alberto Esteves de Aguadilla. La Irurena era propiedad de Cornelia Pellot. La hacienda Aurora de Tomás Babilonia Talavera estaba ubicada hacia el norte del pueblo hasta llegar a Quebrada Grande en Voladoras. La hacienda fue arrendada al banquero aguadillano José Tomás Silva en el año 1910. La hacienda de los Echevarría fue fundada por Don Félix Echevarría de Aguadilla.

[178]. La finca de José Calazán las adquirió por herencia de su padre Juan Antonio Lassalle.

Echevarría Maisonave con 123.3, Francisco Colón Serrano con 123, Zenón Pérez con 36, Pedro Santos con 128.9, Osvaldo Babilonia Iturrino con 32 cuerdas,[179] Pablo y Sixto Bosques Román de Cerro Gordo con 138.1, Bonifacio Avilés, Juan Farga, Antonio Quirós Santiago, Julio Osvaldo Abril de Aguadilla, José Badillo, Justo Lorenzo, Eduardo (Con) Méndez, Frank Juliá y Lorenzo Vera, entre otros. Más tarde se añadieron a la lista Antonio Hernández, León González y muchos otros que por no figurar en los documentos consultados no los he incluido.[180]

Hay que destacar que todos lo agricultores terminaron moliendo sus cosechas en la Central Coloso de Aguada. Por ejemplo, en 1908 dieron de baja sus molinos de azúcar moscabada María Celestina y Natalia Echevarría y en 1909 Doña Cornelia Pellot. Otra circunstancia que se debe destacar es que fueron muy pocos los colonos que lograron levantar un capital con independencia propia sin caer en manos de los comerciantes refaccionistas. Los principales comerciantes que suministraban el dinero para sostener las haciendas eran: Paul Servajean el administrador de la Central Coloso, José Tomás Silva de J. T. Banking, Julio Osvaldo Abril del Comercio de Aguadilla y Luarnaga Sagardía de Pepino.

a. Decadencia de la industria de la caña en Moca

Aunque la industria del azúcar comienza a presentar signos de decadencia para la década de 1960. Todavía en el año 1964, en Moca se mantenía un cultivo de 7,583 cuerdas distribuidas en 543 fincas, con una producción de 216,097 toneladas. Para el 1969 el número de fincas de caña había bajado a 387, aunque el número de cuerdas había aumentado a 8,405 con una cosecha de 255,885 toneladas. El descenso rápido de la caña en Moca comenzó a finales de la década del 1990, con 1,739 cuerdas en 95 fincas y una producción de 5,375 toneladas de azúcar. En el 2002 quedaban 5 fincas con 53 cuerdas que producían la ínfima cantidad de 178 toneladas.

K. El comercio y otras fuentes de ingreso

Aunque el comercio del pueblo de Moca no era muy amplio, constituía un medio importante para un grupo de personas del área. El mismo estaba integrado por una serie de comerciantes, los cuales podemos clasificar en tres

---

[179]. Esa propiedad pasó luego a Eleuterio (Teyito) Loperena Díaz.
[180]. Fuente de la información es; AGPR. Fondo Departamento de Hacienda. Serie Negociado de Tasación sobre la propiedad. Moca, Tomo I., Caja 2611, Años 1947- 51.; Protocolos Notariales de Aguadilla, Cajas, 2720, 2721, 2723, 2724 y 2730,

renglones de acuerdo con sus pagos de patentes municipales. Esto se distribuía de la siguiente manera: Las tiendas de mercancías anualmente pagaban $30, las pulperías si eran de primera categoría $18 y de segunda $15. En el caso de los ventorrillos se clasificaban en tres categorías, los de primera pagaban $7.00, los de segunda $6.00 y los de tercera $5.00 al año.

Entre los comerciantes más ricos e importantes de Moca para principios del siglo XX estaba Alfredo Egipciaco con cuatro negocios, una panadería, dos pulperías y una tienda mixta, por los cuales pagaba $17.50, $21 y $35 en patentes respectivamente. Le seguía Nemesio González con dos pulperías y un pago de $30 anuales y Pedro Pagán Ruiz con una Tienda mixta y un pago de $30 en patentes. José Acevedo tenía una panadería y una pulpería por las cuales pagaba $27.50 y el farmacéutico Ulises Román con un pago de $25 por su establecimiento de la botica.

Principales comerciantes para el 1908-09.

Nombre	lugar	Tipo de negocio	Patente
Alfredo Egipciaco	pueblo	Pulpería, Tienda mixta, panadería	$73.50
José Acevedo		Pulpería y una panadería	$30.00
Nemesio González		2 pulperías	$30.00
Santiago Charneco		Pulpería	$12.50
Ulises Román		Farmacia	$25.00
Serafín Méndez		Pulpería	$15.00

Fuente: Relación de contribuyentes de Moca del 7 de mayo de 1909.

En segundo lugar se encontraban Santiago Charneco, Serafín Méndez Cortés, Nicomedes Hernández, Eduvigis Carrero y Rufino Quiñones, con una pulpería y un pago de $15 anuales cada uno. También estaba Juan A. Miranda con un salón billar, por el cual pagaba $10.

En el pueblo también se ubicaban una serie de pequeños negocios conocidos como ventorrillos. De este tipo de negocios había ocho establecimientos, cuatro de primera clase y cuatro de tercera. Entre ese grupo de comerciantes estaban localizados en el pueblo los siguientes: Antonio Lassalle, Manuel González, Francisco Torres, Carlos Morales, Antonio Hernández, Eleuterio Guzmán, Antonio Gerena y Basilio Rivera.

Dueños de ventorrillos para 1909.

Nombre	Categoría de la patente	Pago en dólares
Antonio Lassalle	Primera clase	7
Manuel González Cordero	Primera clase	7
Antonio Hernández	Primera clase	7
Francisco Torres	Primera clase	7
Carlos Morales	Tercera clase	5

Eleuterio Guzmán	Tercera clase	5
Antonio Gerena	Tercera clase	5
Basilio Rivera	Tercera clase	5

Fuente: Relación de contribuyentes de Moca del 7 de mayo de 1909.

En el campo, todos los comerciantes establecidos tenían ventorrillos. En el barrio Rocha estaban Froilán Soto con un ventorrillo de primera y Salustiano Hernández, Juan Román y Donato Arocho con negocios de tercera categoría. El barrio Cuchillas tenía una tienda de Roque González de primera categoría, Manuel de Jesús Pérez una de segunda y Rafael y Pedro Cordero una cada uno de tercera categoría. En Cruz estaba Eugenio Vélez con un negocio de primera clase y Simeón Acevedo, Juan Castro, Evaristo Cordero, Vicente Méndez y Antonio Soto con ventorrillos de tercera. En el barrio Las Marías se encontraban Julián Rivera con una tienda de segunda clase, Juan Cortés López y Efigenio Charneco con negocios de segunda categoría. El barrio Voladoras tenía siete negocios, dos de segunda clase y cinco de tercera.

Negocios del barrio Voladoras

Nombre	Categoría de los Ventorrillos
Antonio García	De segunda clase
Luis Vale	De segunda clase
Florentín Miranda	De tercera clase
Leocadio González	De tercera clase
Placido Badillo	De tercera clase
Gil Sánchez	De tercera clase
Donato González	De tercera clase

En el área de Capá se encontraban Gregorio Bosques, Alfonso Arocho, Fernando Bosques, Victoriano Escobar, José López Márquez, Cantalicio Soto y Manuel Lassalle. En Plata estaba Ángel Acevedo y Juan Torres. En Cerro Gordo había tres tiendas: la de Juan Cruz Velázquez, Juan Nieves y Simplicio Aquino. En Aceitunas sólo había una tienda que era la de Zenón Laguer, en Centro había tres: la de Fernando Arreizaga, Margaro Cruz y Ramón Arce. Por último, en Naranjo estaban las tiendas de Blas Cortes y la de Venancio López.

1. El negocio del transporte y los carros

Otra empresa muy importante entonces era el alquiler de coches y carros. Como todavía no hacía su aparición el automóvil, la gente se transportaba en coches o en carros. En Moca había un solo coche propiedad de

Doña Guadalupe López viuda del Dr. Alejandro Otero San Antonio. Por mantener ese negocio ella tenía que pagar $8.40 en derechos anuales al municipio. Los demás eran dueños de carros tirados por bueyes y éstos tenían un pago de $1.40 al año. En la siguiente tabla se presenta el cuadro de los propietarios de carros de alquiler. Los lugares con mayor número de propietarios eran el Pueblo, Cuchillas y Voladoras.

Los carros se usaban para llevar productos al mercado, hacer entregas de mercancías y mudanzas, entre otras cosas. Aunque no conseguí las tarifas, hay dos casos que nos pueden dar una idea de las mismas. Por ejemplo, para el 20 de diciembre de 1918, Juan Egipciaco y Eusebio González cobraron $2.50 y $5.00 respectivamente, el primero por llevar una carga de libros y el otro por la entrega de varios pupitres a la escuela de Cuchillas.

Dueños de carros de alquiler tirados por animales en Moca / Año 1909.

Nombre	Lugar	Tipo	Pago
Guadalupe López viuda de Otero	Pueblo	Un Coche	$8.40
Serafín Méndez Cortés	Pueblo	Dos Carros	$2.80
Eduvigis Cordero	Pueblo	Un carro	$1.40
Nicomedes Hernández	Pueblo	Un carro	$1.40
Nemesio Acevedo	Pueblo	Un carro	$1.40
Benito Nieves	Pueblo	Un carro	$1.40
Rosendo Rivera	Pueblo	Un carro	$1.40
Máximo Vargas	Pueblo	Un carro	$1.40
Lisandro Escobar	Capá	Un carro	$1.40
Amador Román	Capá	Un carro	$1.40
Bonifacio Hernández	Capá	Un carro	$1.40
José Barreto	Voladoras	Un carro	$1.40
Silverio Avilés	Voladoras	Un carro	$1.40
Ceferino Lassalle	Voladoras	Un carro	$1.40
Toribio Pérez	Voladoras	Un carro	$1.40
José Badillo	Cuchillas	Un carro	$1.40
Casimiro Vera	Cuchillas	Un carro	$1.40
José Lorenzo	Cuchillas	Un carro	$1.40
Pedro González	Cuchillas	Un carro	$1.40
Juan Hernández	Cuchillas	Un carro	$1.40
Claudio Cordero	Cuchillas	Un carro	$1.40
Eduvujis González Vera	Cuchillas	Un carro	$1.40
Gervasio Nieves	Rocha	Un carro	$1.40
Bonifacio Illas	Rocha	Un carro	$1.40
Leonardo Quintana	Cruz	Un carro	$1.40

Por otra parte allá por los años 1911-14, el Municipio de Moca tuvo que tomar acción para corregir una situación que perjudicaba sus abastos de aves y huevos del país. Consistía ésta en la práctica desleal que tenían varios comerciantes del pueblo de Aguadilla de acaparar la producción de esos productos para trasladarla a su pueblo. Dichos comerciantes se apostaban cerca del área urbana, a la entrada de los caminos que conducían al pueblo de Moca y le compraban la mercancía para llevarla al vecino pueblo de Aguadilla. Como resultado, se provocaba una escasez artificial en la zona urbana de Moca.

Como no se podía castigar o impedir la libre competencia, las autoridades municipales de Moca, para desalentar la costumbre de los comerciantes de Aguadilla, establecieron una ordenanza para imponer un impuesto a las personas que se dedicaban a la compra de aves y huevos. La contribución fue de cinco dólares al año, si no se pagaba, a la misma se le añadían 50 centavos por cada día que pasaba. [181]

2. Nuevas tasas de contribuciones sobre ingreso.

La crisis producida por el huracán San Felipe en 1928 y la gran depresión mundial del 1929, produjo como consecuencia una baja en la recaudación de impuestos por concepto del azúcar y el café. Por consiguiente fue necesario buscar ingresos en otros reglones de la economía, por ejemplo, la industria y el comercio. Con esos fines se estableció la siguiente tarifa comercial para el pago de patentes por operar los diferentes negocios. Con ese fin se clasificaron las empresas en tres categorías conocidas como, Tarifa C, B y A. La Tarifa C cubría a los ventorrillos y las pequeñas empresas, con un pago de $1.00 anual por los primeros $500 y 25 centavos anuales por cada mil adicional. La Tarifa B era para las medianas empresas, con un pago anual de $1.00 por los primeros $500 y 50 centavos por cada mil adicional. La tarifa del grupo A se aplicaba a las grandes empresas, que pagaban $2.50 por los primeros $500 hasta $20,000, de esta cantidad hasta llegar a $50,000 se le sumaba $1.00 y si pasaba de entre $50,000-$100,000 tenía que pagar 50 centavos y de ahí en adelante pagaba 25 centavos por cada mil adicional. Los vendedores de gasolina pagaban $7.50 de contribuciones según la ley Núm. 26 aprobada en marzo de 1914. Si el comerciante no cumplía, se exponía a una multa de $50 o varios días de cárcel a discreción del juez.

Por trabajar una casilla frente a la plaza pública se pagaba $1.00 al año, los puestos ambulantes y las quincallas $2.00, los puestos de tabaco $2.50 y los puntos fijos y venta de miel $1.50. Por matar animales en el matadero para

---

[181]. Doc. Mun. Moca. Caja 1, Expd. 2. Año 1911-14. ff. 58-59.

la venta se pagaba 50 centavos por cabeza de ganado vacuno, 25 centavos por el porcino y 15 centavos por el caprino. La venta de carne tenía su propio impuesto que era: $1.40 por el quintal de carne de res y 50 centavos por la de cerdo. La venta de animales tenía otra tarifa aparte, por la venta de ganado vacuno tenía un impuesto de 75 centavos, el Cerdo 50 centavos y el de lanar o caprino 25 centavos.

Para importar y vender quincallas y ferretería al detal se pagaba $5.00 al año; por la venta frutos del país, aves, carbón y huevos el pago era de $15. El uso de carros tirados por bueyes o caballos pagaba un dólar al año.[182]

También se establecieron otros impuestos para recaudar fondos, entre los cuales se pueden mencionar: $5.00 anuales a los automóviles de transporte público, $6.00 para los Camiones y $10 para las guaguas. Las estaciones de gasolina subieron de $7.50 a $16 anuales. En el área de los espectáculos se fijaron $1.00 por cada función de operas, operetas y zarzuelas que se ofreciera en horario diurno y $2.00 para el nocturno. El teatro pagaba 50 centavos por cada función, mientras los circos $2.00.[183]

3. Servicios del comercio de Moca entre 1910 al 1930.

Aunque Moca no estaba conformado por una extensa zona urbana y comercial, poseía casi todos los servicios y oficios esenciales existentes para la época. Entre 1910 y 1930 el pueblo tenía ocho fondas,[184] las mismas eran propiedad de Isidra González, Alcides San Antonio, Pastor Hernández, Cecilio Morales, Juan Arroyo, Eduvigis Cordero, Atilio Cabán Charneco y la de Santiago Benejam.[185] Había cuatro panaderías, la de Alfredo Egipciaco, Pedro Hernández Romero, Francisco Benejam González y José Acevedo. Estaba una tabaquería de Antonio Gaya, más siete personas dedicadas a la producción de cigarros y tabaco hilado que eran: Benito Egipciaco, Sebastián Hernández, Agapito Díaz, Salustiano Hernández, Francisco Méndez, Gregorio Hernández Hilerio y Francisco Bosques. Había tres casas de huéspedes, una de Juan Miranda frente a la plaza, la de Isidro Benejam Font y otra de Natalia Soto Hernández.

También había tres farmacias, "La Luz" de Ulises Román,[186] "La Monserrate" de Benito Rosa y la de Rivera Vera & Compañía, más tarde se

---

[182]. Doc. Mun. Moca. Caja 3. Expd. 1. Año 1929. ff. 160-162.
[183]. Ibíd. Caja 2, Expd. 5. Año 1923-26. f. 306.; Caja 3, Exped. 8. Año 1933. Acta 9 del 19 de mayo de 1933.
[184]. Fonda era un pequeño restaurant o cafetería.
[185]. Doc. Mun. Moca. Caja 1, Expd. 1. Año 1908-11. ff.70-73
[186]. Permaneció hasta 1911, cuando Román fue arrestado por incendiar el pueblo.

establecieron las de Chemary y la de Alberty. Se encontraba una lancería de Parcha & Compañía y una sastrería de Juan de la Mata González, una funeraria propiedad de Telesforo Vargas. Los encargados de la ropa y las telas eran Carlos Colón, Pedro Hernández Lebrón, Juan López y Manuel Hernández, además de las tiendas mixtas que vendían zapatos y carteras, estaba Gabino Morales exclusivo en ventas de zapatos y carteras.[187]

Los quincalleros y vendedores de puestos fijos también abundaban en Moca. Dedicados a la quincalla estaban: Alejandro Espinosa, Justo Vidal, Juan Mesonero del pueblo de Aguadilla y Jorge Llorens. Como vendedores de puestos se desempeñaban: Carlos Colón, Antonio Egipciaco, Juan López y Francisco Rosa. Sin dejar de recordar a los esperados pregoneros encargados de distribuir el pan caliente, la leche, los ricos dulces y todo tipo de producto comestible. Por último, mencionaré un taller propiedad de Telesforo Vargas y la zapatería de Juan Arocho.[188]

4. Comerciantes mocanos entre el 1930-40

El grupo que enfrentó las nuevas tarifas fue de más de 150 comerciantes. La mayor parte estaba establecidas en la zona urbana con 44 comerciantes de todos los niveles o categorías, Voladoras con 19, Capá y Las Marías con 15, Aceitunas con 14, Cuchillas con 13, Naranjo y Plata con 10, Rocha con 9, La Cruz con 6, Centro con 5 y Cerro Gordo con 4 comerciante. Los principales comerciantes del pueblo eran: Antonio Benejam con $125, el más importante de Moca, [189] luego Agustín Saavedra con $30, Tomás González Capella con $25 y Alfredo Egipciaco con una tienda mixta y una panadería con $25, Mariano Medina y Pedro Hernández Romero pagaban $20, Cosme Pérez con $15, Emilia Méndez y Justiniano Méndez con $12.50, Juan Arroyo y Gil González con $10.50 y con un pago de $10 anuales estaban Gumercinda (Chinda) Méndez, Valentín Morales, Juana Colón, Marcelino Crespo, Saturnino Molina y Telesforo Crespo.

---

[187]. Doc. Mun. Moca. Ibíd.

[188]. Ibíd. Caja 1, Expd. 3. Año 1922-23.; Caja 1. Expd. 4. Año 1919-23 y Caja 2, Expd 6. Año 1926-27.

[189]. He tomado como base para clasificar los negocios el pago de patente porque ésta se pagaba de acuerdo con los ingresos obtenidos. Eso no quiere decir que no hubiese comerciantes más grandes de lo que decían ser, para así evitar un pago de patente muy alto al municipio.

Principales comerciantes de la zona urbana de Moca entre 1930-40.

NOMBRE	PAGO DE PATENTES EN DÓLARES
Antonio Benejam	125.00
Agustín Saavedra	30.00
Tomás González Capella	25.00
Alfredo Egipciaco	25.00
Mariano Medina	20.00
Pedro Hernández Romero	20.00
Cosme Pérez	15.00
Emilia Méndez	12.50
Justiniano Méndez	12.50
Juan Arroyo	10.50
Gil González	10.50
Hermanos Morales	10.00
Gumercinda (Chinda) Méndez	10.00
Valentín Morales	10.00
Juana Colón	10.00
Marcelino Crespo	10.00
Saturnino Molina	10.00
Telesforo Crespo	10.00

En la zona rural había varios comerciantes destacados entre los que se pueden mencionar del barrio Cuchillas a Tomás González y Zenón Nieves con un pago de $12.50, y Valerio Alonso Vargas con $10. De Voladoras estaban Monserrate Colón y Genaro Santos con $12.50 y $10 respectivamente. En el barrio La Cruz radicaba Miguel Babilonia con un pago de $20, Tomás Méndez con $12.50 y en Las Marías quedaba Polonio López con $10. En Capá había un grupo bastante considerable de comerciantes como Narciso, Eulogio y Gregorio Bosques, Teodoro González, Isidro Vargas, Antonio Vargas Varga con un pago de $10.00 y Pedro Colón Escobar con $12.50. En la siguiente tabla se detallan los demás comerciantes de segunda y tercera categorías establecidos en Moca por barrios según el pago de contribuciones.

Pago de patentes de los principales comerciantes de al zona rural de Moca entre 1930-1940.

NOMBRE	PAGO/ $	NOMBRE	PAGO/$
Barrio Pueblo		**Bo. Centro**	
Jemuel Rodríguez	$7.50	Facundo Acevedo	$2.50
Juan Acevedo	$2.50	Domingo Feliciano	$2.50
Benito Acevedo	$5.00	Evangelista Rodríguez	$5.00
Tomás Arocho González	$2.50	Antonio Rodríguez	$2.50
Gilberto Avilés	$2.50	Regino Pumarejo	$2.50
Enrique Babilonia	$5.00	**Bo. Cerro Gordo**	

Josefa Cabán	$5.00	José Cabán Ramírez	$5.00
Pedro Cordero Hernández	$5.00	Alejandro Cabán	$2.50
Anacleto Colón Pérez	$2.50	Canuto Cabán	$2.50
Balbino Colón Serrano	$2.50	Leoncio Hernández	$5.00
Ricardo Echevarría	$2.50	**Bo. Cuchillas**	
Antonio (Toño) Egipciaco	$5.00	Hipólito Acevedo	$2.50
Anastacio González	$5.00	Nazario González González	$5.00
Pablo González	$5.00	Nicasio González	$7.50
Saúl González	$7.50	Isaías González Soto	$7.50
Ángel Hernández	$7.50	Juan Vera Hernández	$5.00
Pedro Hernández Lebrón	$7.50	Avelino Lassalle	$5.00
Pastor Hernández	$5.00	Clemente Méndez	$2.50
Pedro Medina	$5.00	Justo Méndez	$7.50
Luis Muñiz Loperena	$2.50	Andrés Soto Salas	$7.50
Juan Muñiz Rivera	$2.50	Agustín Pérez	$2.50
Cándido Pérez Vale	$5.00	**Bo. Naranjo**	
Ángel Quiñones	$2.50	Sandalio Acevedo	$5.00
Severiano Rivera	$5.00	Juan E. Babilonia	$2.50
Salomé Ramos	$7.50	Eustaquio Babilonia	$5.00
Francisco Rosa	$5.00	Saturnino Beltrán	$2.50
América Rodríguez	$7.50	Ramón Cabán Mercado	$5.00
Pedro Romero	$5.00	Serapio Cortes	$2.50
Cecilio Villanueva Bosques	$5.00	Tomás González	$2.50
Bo. Las Marías		Juan Soto Hernández	$2.50
Miguel Hernández Rojas	$5.00	Ángel Vale	$2.50
Félix Cruz	$5.00	Mónico Vale	$2.50
Juan Hernández	$7.50	**Bo. Cruz**	
Zoilo Hernández	$5.00	Dámaso Babilonia	$7.50
Andrés López	$5.00	Juan Cortes	$2.50
Darío Méndez	$2.50	Arturo González	$2.50
Valerio Morales Hernández	$2.50	Francisco Hernández	$5.00
Ángel Morales	$5.00	**Bo. Aceitunas**	
Francisco Pérez	$7.50	Arturo Maisonave	$7.50
Remigio Rivera	$5.00	Mariano Pellot	$5.00
Fermín Ruiz	$5.00	Francisco Pellot	$2.50
Eleuterio Ruiz	$2.50	Rosa Torres Acevedo	$2.50
Juan Sosa Díaz	$5.00	Juan Lorenzo	$2.50
Gabino ?	$7.50	Alfredo Acevedo López	$5.00
Bo. Plata		Ventura Acevedo	$2.50
Ángel Acevedo Morales	$5.00	Luis Andujar	$2.50
Lorenzo Aquino	$5.00	Hilario Badillo	$5.00
Rosendo Méndez	$5.00	Juan Cruz Ramírez	$5.00
Severiano Morales	$5.00	Enrique Cubero	$5.00
Juan Morales	$5.00	Hemeregildo Cubero	$2.50

Gregorio (Goyo) Muñiz	$5.00	Adela Lassalle	$7.50
Alejandro Ramos	$5.00	Zenón Laguerre	$5.00
Juan Torres Román	$2.50	**Bo. Capá**	
Antonio Vera Rivera	$5.00	Alfredo Barreto Pérez	$7.50
Bo. Voladoras		Isaías Pérez	$7.50
Juan Arreizaga	$5.00	Esperanzo Camacho	$2.50
Gabriel Barreto	$5.00	Leopoldo Cruz	$5.00
Benito Colón	$5.00	Pedro Jiménez Pérez	$7.50
Mercedes González	$2.50	Manuel Ortega	$2.50
José González	$2.50	Pedro Román	$5.00
Modesto Hernández	$5.00	**Bo. Rocha**	
Gilberto Hernández González	$2.50	Octavio Bourdón	$2.50
Juan Méndez	$5.00	Ambrosio Cabán	$2.50
Adrián Méndez	$2.50	Hipólito del Castillo	$2.50
Marcelino Méndez	$2.50	Severiano Colón	$5.00
Juan Pérez Sanchéz	$5.00	Vicente Figueroa	$2.50
Hermeregildo Quiñones	$5.00	Jesús Doménech	$2.50
Julio Rodríguez	$5.00	Cosme Figueroa	$2.50
Carmelo Soto	$5.00	Francisco Figueroa	$5.00
Mariano Vale	$5.00	Fernando González Zabala	$5.00
Ángel Vale	$7.50		
Manuel Velázquez	$7.50		

Fuente: Documentos Municipales. Caja 3, Expd. 10. Años 1929, 1945-46.

5. Comerciantes mocanos en la mitad del siglo 20.

Lamentablemente para el año 1950 la lista de comerciantes de Moca no aparece desglosada por barrios, lo que dificulta hacer un análisis por áreas. En la relación de comerciantes consta la cantidad de 223, lo que representa un aumento de más de 60 nuevos negocios con respecto a la década anterior. Esto responde, sin duda, al crecimiento económico que se venía experimentando en el pueblo desde los años 40. Aunque el número de 223 se puede considerar bastante alto, no así la participación de las mujeres en esos asuntos, puesto que solamente había 18 mujeres dueñas de negocios equivalentes al .08% de las personas dedicadas a dicha actividad. Las tarifas continuaban iguales aún en los años cincuenta.

Llama la atención el que algunos comercios están identificados con sus nombres o por el tipo de gestión que se realizaba en ellos. Gracias a esas anotaciones aparecen varios negocios que son recordados por la generación de mocanos que vivieron durante los últimos veinte años del siglo XX, como fueron: la primera mueblería propiedad de Jorge García Hernández, la farmacia de Estefanía Alberty, la farmacia Chemary, la gasolinera de Francisco (Pancho) Cabán, el cafetín Plaza de Antonio (Toño) Cordero, el cafetín de Lao Jiménez, la Puerto Rico Telephone, la Tienda de Chinda, el Teatro Venus, la tienda de Papo Moró y la tienda de Justo Méndez.

Entre los comercios que más pagaban al municipio estaban Antonio (Toño) Benejam, Miguel y Estaquio Babilonia, Pancho Cabán, Sebastián (Bachan) Soto, Balbino Colón Serrano, Higinio Méndez, Toño Cordero, Teatro Venus, Lao Jiménez, Bonifacio Avilés y Mario Medina. El grupo de medianos comerciantes estaba compuesto por Justo Méndez, Chinda Méndez, Manuel Velázquez, Secundino (Cundo) Areizaga, Gregorio Bosques, Monserrate y Pedro Colón, Jorge García, Cosme Pérez, José Soto Irrizarry, Gabino Ruiz, Antonio Vargas y Sebastián (Bachan) Soto.

L. Los planes y proyectos para sacar al país de las dificultades económicas y su impacto en Moca.

Para el decenio de 1930 la economía de Puerto Rico atravesó por momentos muy difíciles. A nivel internacional, acababa de transcurrir la llamada Gran Depresión del 1929. En los Estados Unidos, miles de empresas cerraron sus puertas y otras tantas redujeron sus horarios de trabajo y su personal. En la Isla la situación era peor, pues se le añadían los problemas de salud, el dominio de la industria de la caña a manos de las compañías absentistas, grandes corporaciones azucareras que estaban dirigidas por capitalistas de los Estados Unidos.   La inseguridad y el desconsuelo invadió los hogares puertorriqueños.

Ante tal situación, el gobierno estadounidense comenzó en 1933 a buscar proyectos que pudiesen ofrecer alguna ayuda de emergencia para aliviar la situación de la ciudadanía. En el territorio continental un promedio de 3 millones de personas recibieron trabajo o auxilio y 4.6 millones recibieron algún tipo de ayuda del gobierno. Para esa misma fecha en Puerto Rico se registró un desempleo de un 20% durante la época de la cosecha y un 46% durante el tiempo muerto entre los trabajadores del café, la caña y el tabaco que constituían el 73% de todos los empleos de la Isla.

Para atender esta situación, el Congreso aprobó la creación de una agencia especial en septiembre de 1933. Dicho programa se conoció en la Isla con el nombre de Administración de Ayuda de Emergencia de Puerto Rico (PRERA, por sus siglas en inglés) con el fin de concederles préstamos a los agricultores y para distribuir ayudas para la construcción de escuelas, caminos, etc. [190] Como resultado, 100 mil familias recibieron anualmente pagos por desempleo o jornales por realizar trabajos en proyectos de emergencia. Se construyeron escuelas, carreteras, caminos, residenciales públicos, hospitales y acueductos. En una cabida de 100 mil cuerdas de terreno se establecieron miles de pequeñas fincas y se levantaron proyectos de energía eléctrica que aumentaron en un 80% la capacidad existente. Aunque la PRERA brindó ayuda de emergencia no resolvió totalmente la difícil situación de los puertorriqueños.

En marzo del año siguiente, la esposa del Presidente, Anna Eleanor Roosevelt, y el entonces subsecretario de Agricultura Federal, Rexford Tugwell, luego de realizar una visita a Puerto Rico le recomendaron al Presidente lo siguiente:
   a. Socializar la industria azucarera
   b. Establecer industrias livianas
   c. La posibilidad de promover el cultivo de hortalizas como una empresa social comunal
   d. El fomento activo del control de la población
   e. Promover la pesca y la silvicultura, entre otros

Entre mayo y junio del mismo año, la Comisión de Normas de Puerto Rico presidida por Carlos Chardón redactó y rindió un informe en el cual se señalaba que el desposeimiento de tierras, el desempleo crónico y el crecimiento poblacional eran los problemas más urgentes que había que atender en la Isla. En dicho informe se recordaba al Presidente redistribuir las tierras y establecer un programa para industrializar a Puerto Rico. Mientras la Comisión de Normas se reunía, el Presidente Franklin D. Roosevelt firmó la Orden Ejecutiva Núm. 7057 el 28 de mayo de 1935 creando la Administración de Reconstrucción de Puerto Rico (PRRA, por sus siglas en inglés) como medida alterna al Plan Chardón. La misma fue puesta bajo la dirección de Ernest Grunning y de Guillermo Esteves Volkers como Administrador Auxiliar. Como ingeniero a cargo estaba Domingo Couto Andoni y como administrador de la Oficina de Hogares.

Como resultado se propuso un ambicioso plan en el que limitó la tenencia de tierras a 500 acres, se propuso promover la producción de alimentos, la formación de fincas familiares, el control de la natalidad, establecer nuevas industrias y un programa masivo de infraestructura y ayuda a las familias más pobres. También se eliminó un programa para acabar con

---

[190]. Como se planteó en los capítulos anteriores, los caminos, escuelas, acueductos, electrificación rural... se beneficiaron, en gran medida, por los programas federales extendidos a la Isla.

los arrabales, se financiaron proyectos de reforestación y conservación de suelos.[191]

Bajo este marco histórico hay que presentar los dos proyectos que tuvieron un fuerte impacto en Moca. El primero fue la distribución de tierras y construcción de viviendas. El segundo fue la parte del canal de riego que atravesó por el barrio de Aceitunas. Para estimular la economía y el bienestar de las familias mocanas se repartieron 249 cuerdas de terreno [192] entre 70 familias. Lamentablemente el número de viviendas establecidas no lo pude corroborar, pero entre las que conseguí, aparecían 8 viviendas de concreto armado. Los hijos identificados, según los documentos, fueron 94 de ambos sexos, lo cual significa que 164 personas, por lo menos, se beneficiaron del programa. La mayor parte de quienes obtuvieron tierras, el 76.9%, tenía menos de 40 años e hijos de menos de 18 años.

Las tierras fueron repartidas de la siguiente forma 24 familias del barrio Rocha, 9 de Cuchillas, 8 de Voladoras, 11 de Cerro Gordo, 9 de Plata, 4 de Naranjo, 2 de Capá; del barrio Pueblo y las Marías una cada uno. Los propietarios que proporcionaron las fincas fueron: Pedro Cruz, Domingo Quintana, Juan Camacho González, Juan Cástula Román y el Federal Land Bank. De Rocha estaban la Sucesión de Eduardo Méndez Quiñones, los hermanos Emilio, Dámaso, Emiliano y Domingo Hernández, Demetrio Nieves, la Sucesión Echevarría y Bonifacio Avilés. De Plata los propietarios eran Celestino López y su esposa Angelina Méndez, Miguel Avilés y su esposa Felipa Méndez, Felipe Neri Cabán y el matrimonio Eugenio González Bosques y Severiana Cabán. Los de Cuchillas eran Aniceto Lassalle, Casimiro Vera, Jerónimo Badillo y Catalino Badillo. En Las Marías estaban Juan Cortés y Abdona Acevedo, de Capá Salvador Román, de Naranjo Catalino Hernández y su esposa Natalia Méndez, del Pueblo Severiano González y de Voladoras Carlos Pérez y su esposa Monserrate Vázquez, Braulio Hernández, Francisco González, Gil Sánchez Avilés y Ambrosio Vélez.

El valor de las tierras fluctuaba entre los $37 y $206 la cuerda. Las casas estaban valoradas en $1,233.21, con unas medidas de 20' por 20'. El pago de las parcelas era de $1.00 mensual durante el primer año, $2.00 el segundo y $3.00 después del tercero hasta alcanzar los 30 años que duraba el préstamo. Si construía la vivienda se le añadía $2.10 mensuales por 30 años.

---

[191]. Rafael de Jesús Toro. *Historia económica de Puerto Rico*. Editorial: South Western Publishing. 1982. pp. 145-153. Recuperado de, www.geocities.com/*Colección Puertorriqueña de la Universidad de Puerto Rico*.

[192]. La cantidad podría ser mayor porque es posible que algunos de los documentos se hayan extraviado.

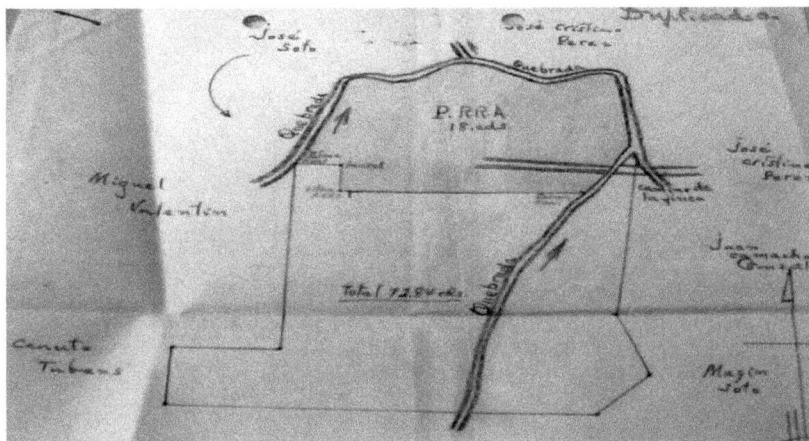

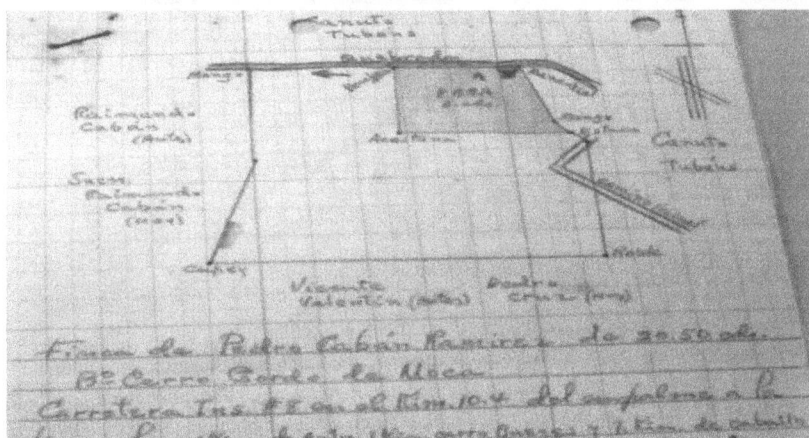

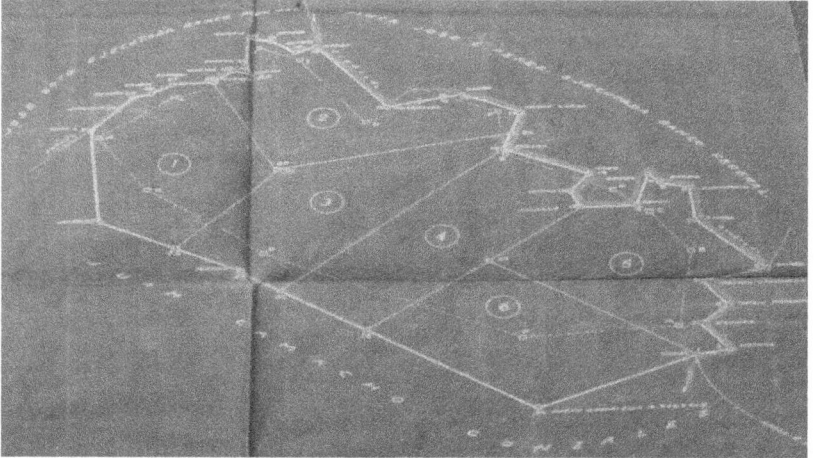

Planos de las fincas y parcelas de la PRRA en Cerro Gordo

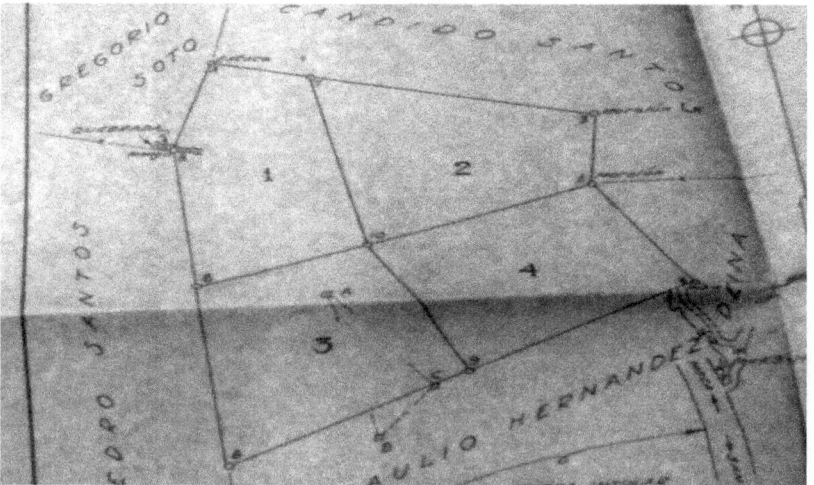

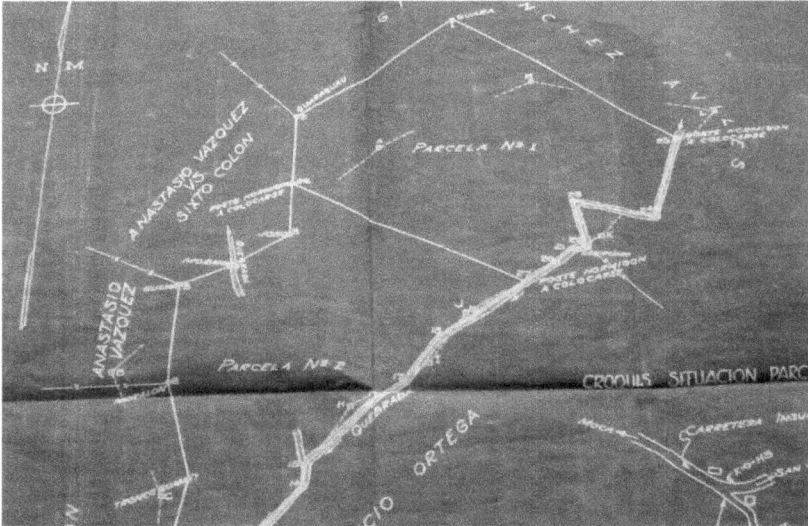

Fincas del barrio Voladoras y Rocha

M. La modernización o nuevos tiempos.

Como se ha expuesto anteriormente, a partir del 1940 se aceleró el proceso hacia la llamada modernización de Puerto Rico. Dicha modernización se produjo como efecto de los planes para industrializar la Isla. Una vez se inició este proceso, cambiaron las estructuras tanto políticas como sociales de las generaciones envueltas en el mismo. Además, la profunda transformación económica alteró otros aspectos de la vida de todos los puertorriqueños. La adquisición de bienes de consumo y la necesidad de ajustarse a la nueva realidad transformó la vida de los mocanos. Como consecuencia, la vida sosegada del campo perdió su atractivo y su importancia, entonces se produjo una emigración hacia la zona urbana en busca de nuevas oportunidades.

La movilidad laboral trastocó las relaciones sociales de la comunidad mocana y los obligó a hacer reajustes en sus valores tradicionales. Se le asignó un valor preponderante a la educación como un medio para lograr el ascenso económico y social. Entonces surgieron en Moca nuevas generaciones que cambian sus conceptos y patrones de conducta sobre los valores tradicionales de respeto, autoridad y poder que tenían las generaciones anteriores. De aquí que se le dé importancia la abundancia económica, la educación, la secularización de las creencias religiosas. Por ende, presenciaremos el debilitamiento de la familia tradicional, por ejemplo la reducción del número de miembros de la familia, la participación de la mujer en el mundo laboral y el cuidado de los hijos en centros de cuidado. Por otro lado, la política y el deseo compulsivo de competir pasaron a formar parte de todos los aspectos de la vida de la llamada generación moderna. Además, la modernidad fijó como punto a seguir la orientación hacia el futuro y un olvido del pasado.

En la actualidad estamos viviendo el periodo conocido como la post-modernidad. Éstos son los que quedan de la época llamada moderna y sus descendientes. Son los que se desarrollaron bajo la modernidad, quienes han nacido desde mediados de la década de los años 70 al presente que integran las llamadas generaciones x, y, z, o bien generación de las ayudas económicas.

Si se considera lo que ha ocurrido en los últimos 65 años, no es de extrañar que cuando se habla de la vida pueblerina del ayer nos refiramos a la vida de nuestros abuelos. Es la Moca que se fue y que nunca volverá. Sin embargo, hay nuevas posibilidades de crecimiento y una nueva visión de futuro, sólo las nuevas generaciones tienen la palabra y la acción. Constituye la generación que tiene la mejor tecnología, una mejor educación, una mayor dignidad y una tecnología aplicada a la vida diaria. A éstos les corresponde reevaluar y reenfocar el camino hacia el futuro.

Capítulo IV: Haciendas y principales estancias establecidas en el pueblo de Moca

Al iniciar la investigación sobre el tema de las haciendas, pensé que este trabajo estaría encaminado a conocer un poco más sobre las haciendas tradicionalmente identificadas con el pueblo de Moca, como son Las Palmas y la Irurena de los Labadie. Sin embargo, fue grande mi sorpresa cuando descubrí un número bastante considerable de haciendas que resultaban totalmente desconocidas para los mocanos. También obtuve la descripción física de cada una y, en muchos casos, logré identificar las actividades políticas de sus dueños. Además, en un documento del año 1847 aparece el nombre y la ubicación de casi todas las estancias y haciendas cuyo número era de 2 haciendas de cañas, 28 de café y 597 estancias.

Según dicho expediente, en el barrio Pueblo existían tres estancias de más de cien cuerdas: las de Vicente Quiñones, Juan Quiñones y José Hilario de Acevedo. Con más de 50 pero con menos de 100 había 3, sus propietarios eran Félix Cordero, Isidro González y Francisco Babilonia; las mismas se conocían como Pelada, Esconsonera y Buena Vista respectivamente. En el barrio de La Cruz la única finca de 50 cuerdas pertenecía a Don Antonio Rosado y se llamaba Atalaya. Del barrio Cuchillas identifiqué 4 estancias con un tamaño entre 50 y 60 cuerdas, cuyos nombres eran La Guamá de José de Castro, Moca de Manuel Alonso, Isabel de Antonio González y La Hicaco de Manuela Hernández. [193]

El barrio Capá contaba con 37 estancias y una hacienda, de todas las estancias sólo 2 alcanzaban 100 cuerdas o más y entre 50 y 80 cuerdas había 4 fincas. La hacienda era conocida como La Suerte propiedad de Tomás Román de 128 cuerdas, de las cuales 22 estaban cultivadas de café. Las otras dos con más de 100 cuerdas eran La Novicia de Juan Velázquez con 150 cuerdas y La Reguera de Gregorio Velázquez con una cabida de 130 cuerdas. Bajo la segunda clasificación se encontraban Las Damas de Higinia González, La Mora de Mariano Soto, Caracoles de Francisco Pérez Gerena y La Cinega (Ciénaga) compartida por Catalina González, Fermín, Mariano, y Juan L. Soto.[194]

---

[193]. AGPR. FG. Serie Censo y Riqueza. "Relación de las Haciendas y estancia del pueblo de Moca." Año, 1947. Caja 15. Según Luis de la Rosa en el *Lexicón*, pág. 54 una *estancia* era una finca pequeña dedicada principalmente al cultivo de frutos menores y con algún pasto dedicado a la crianza de ganado para la matanza o producción de leche. No excluye el cultivo en menor escala de la caña de azúcar o de café. La *hacienda,* a su vez era una finca o conjunto de campos o fincas que poseía una persona dedicada principalmente al cultivo de un fruto. Pág. 64.

[194]. Ibíd.

El desarrollo de grandes haciendas de café se dio en el barrio Aceitunas por contar con una gran extensión de tierras altas. Las mismas se describen más adelante. Aceitunas contaba con un total de 21 estancias, entre éstas, 2 tenían 50 cuerdas y eran conocidas por los nombres de El Cedro de Margarita Hernández y Marcial de Juana Márquez. También Ramón Medina contaba con una propiedad de 95 cuerdas identificada bajo el nombre de Estefen.

En el barrio Centro, además de la hacienda Quietud de Vicente Quiñones, se encontraban Dolores, Mercedes, Piedras Blancas y Buena Vista. La hacienda Dolores era administrada por Don Francisco Babilonia y estaba compuesta por 200 cuerdas de tierra de las cuales solamente 13 estaban cultivadas de café. Piedras Blancas pertenecía a Domingo Domínguez con una cabida de 200 cuerdas y un cultivo de 32 cuerdas de café. Buena Vista de Pedro Lequerica formada por 280 cuerdas ubicada en la parte alta de las montañas de la Tuna. [195] María López era dueña de la hacienda Mercedes de 137 cuerdas de tierra y tan sólo 13 cuerdas cultivadas de café. Las demás estancias estaban en manos de 21 propietarios. Es interesante que en el Centro, al igual que Las Marías, las estancias no tuvieran nombres particulares. Fuera de las 6 haciendas anteriormente mencionadas sólo se identifica una pequeña finca de 16 cuerdas bajo el nombre Sofía. [196]

El barrio Rocha contaba con 61 estancias cultivadas de café y frutos menores y una hacienda conocida como Palmar Llano y luego San Rafael. La misma se describe más adelante. Entre las principales fincas se encontraban La Elio de Rosalía Nieves con unas 25 cuerdas cultivadas de un total de 400 y El Arenal de Francisco Pérez con 242 cuerdas y tan sólo 44 en cultivo. Le seguían El Cordonal de Juan Francisco Bourdón con 175 cuerdas, La Rocha de Julián López Pitrat de 154, El Higüero de Eduardo Soto de 210, La Jagua de Jesús Cabán con 107.5, El Hato de Pedro Lassalle (Negro Liberto) 110 cuerdas y Lagunas de 135.5 cuerdas de Agustín Hernández. Ninguna de ellas, a pesar de su considerado tamaño, tenía más de 11 cuerdas cultivadas.

Ese mismo documento señala que el barrio Voladoras no tenía ninguna hacienda para el 1847. Entre las estancias más grandes que se mencionan aparece Caño Dulce de Pedro Vargas con 142 cuerdas de tierra casi todas en pastos, excepto 12 cultivadas de café y frutos menores. La de Manuela

---

[195]. Ibíd. La hacienda Buena Vista era compartida por tres personas más: Don Francisco Babilonia, Don José Nieves Lucas al inicio del barrio Cuchillas y Vicente Quiñones. La parte de Babilonia era de 56 cuerdas y las de José por 12 cuerdas. Si incluimos a La Quietud y Las Palmas con 1047 cuerdas, tenemos un total de 1395 cuerdas aproximadas. La ubicación aproximada de las mismas corresponde a los terrenos que quedan desde la hacienda Las Palmas hasta la Parada 22 subiendo hacia Jardines La Sierra y Villas Helena hacia la parte donde da inicio el barrio Centro.
[196]. Ibíd.

Medina que se llamaba Damas, con una cabida de 110 cuerdas más, 5 sembradas de café y La Soledad de Rosalía González con 103 cuerdas.

Las propiedades clasificadas entre 50 y 99 cuerdas eran 6 y pertenecían a María Nieves, Manuel Cordero, Manuel Hidalgo, Feliciano Ramos, José Hernández y Andrés Méndez. Las mismas eran conocidas por los nombres de La Es(x)tinguida, Aguas, El Ojo, Las Rosas y Piedras Gordas respectivamente. En el caso de la finca de Andrés Méndez el nombre de la finca está ilegible en el documento.

De Plata se registra una propiedad de la viuda de Antonio Cardona con 68 cuerdas y conocida por el nombre El Naranjo. En Cerro Gordo se identifican 4 estancias con más de 100 cuerdas. El Guayabal y El Hijo, de Felipe Borrero y Francisco González. El Higüero era de Juan Manuel Morales y El Coco de Hilario González. En el barrio Naranjo había 80 estancias, entre las cuales el Clavel era la más grande con 192 cuerdas, propiedad de Domingo Valentín. El Triste de 50 cuerdas pertenecía a Bienvenido Acevedo, las demás eran fincas pequeñas. Ninguna de las fincas de Las Marías tenía nombre propio, sin embargo, se pueden identificar dos fincas de 100 cuerdas o más, una de Pedro Seguí y otra de Félix López. También existía una de 96, otra de 83 y dos de 50 cuerdas cada una. Sus dueños eran Antonio Sanz, María Méndez, Pablo Batisttini y Pedro Babiera. En ninguna de ellas los cultivos de frutos menores pasaban de 10 cuerdas.[197]

Para el año 1859 los principales terratenientes de barrio pueblo eran los siguientes: Vicente Quiñones con 1,347cuerdas de terreno, José Ramón Acevedo con 337 y Agustín Hernández con 290, Carlos Morales con 190, José Miguel Deynes con 170, Enrique Morales con 149, Tomás Román y Manuel Quintana con 130 cada uno.[198]

A. Los hacendados más grandes o más conocidos de caña y café.

A diferencia de Aguada y Aguadilla, el pueblo de Moca dominaba una porción menor de los terrenos del valle del Culebrinas. Esta condición limitó el desarrollo de haciendas cañeras en el municipio. Por esa razón, el producto principal de la economía mocana durante el siglo XIX fue el cultivo del café. Ante esa realidad, las haciendas de caña más importantes combinaban ambos cultivos.

La mayoría de las haciendas cafetaleras de mayor tamaño e importancia productiva estaban ubicadas en los barrios de Centro y Aceitunas, por estar

---

[197]. Ibíd.
[198]. Ibíd. Fondo Gobernadores Españoles. Serie, Asuntos de políticos y esclavos. Año, 1860-64. Caja 69.

dichos barrios enclavados en las montañas del Jaicoa, la parte más elevada del territorio municipal. Esa región montañosa era uno de los pocos lugares que aún tenía terrenos baldíos, ideales para el cultivo del café. De hecho, tres de ellas se originaron con el repartimiento de terrenos baldíos que se hizo en Moca, mediante la Real Orden del 14 de enero del año 1798.[199]

En este trabajo daré a conocer las haciendas establecidas en el pueblo de Moca, estuviesen dedicadas exclusivamente al cultivo de caña o café; o bien una combinación de ambas actividades. También presentaré el papel preponderante de los hacendados en la vida social y política del pueblo.

1.   Hacienda Irurena (Yurena, Castillo Labadie)

Según un documento sobre el deslinde de terrenos fechado el 21 de febrero del año 1825, se indica que el 8 de agosto de 1816, don Martín Lorenzo de Acevedo, vendió dos caballerías de tierra a Pedro Pellot. También se midió otro terreno de una caballería y media que Pedro Pellot había adquirido de don Manuel Abadía y Valencia en el año 1810. En total se midieron y registraron 688 cuerdas de terreno. El 27 de junio de 1825 se le concedió el título de propiedad a don Pedro Pellot de dichas tierras.[200] Según demuestra el documento, los dueños originales de los terrenos eran don Manuel Abadía y Martín Lorenzo de Acevedo.

Aunque no se puede precisar el año en que se fundó la hacienda ni qué nombre tenía originalmente, debió ser cerca del año 1803 cuando Pedro Manuel Abadía, su esposa y varios esclavos llegaron a Moca procedente de Santo Domingo. En la vecina isla, Abadía era dueño de la hacienda Nuestra Señora del Rosario. Una vez se estableció en Moca adquirió una propiedad en sociedad con Martín Lorenzo de Acevedo. En 1810 entró un nuevo socio de origen francés llamado Pedro Pellot quien le compró a Don Pedro Abadía 300 cuerdas de terreno (1.5 caballerías). Más tarde en 1816 cuando Pedro Manuel Abadía fue sustituido por su hijo, entonces el socio Martín Lorenzo de Acevedo le vendió a Pellot el resto de su participación en la hacienda que comprendía dos caballerías (400 cuerdas) más de tierra. Luego Martín Lorenzo de Acevedo y su esposa María González fundaron la hacienda de café nombrada el Ojo de Agua, localizada en la parte montañosa del barrio Aceitunas.

---

[199]. AGPR. Fondo de Obras Públicas. Serie Propiedad Privada. Sub-serie Moca-Morovis. Caja 155. Año 1832-1898. "Testimonio de las diligencias practicadas en el Partido de la Moca, sobre mesura y aclaración de colindantes de la Hacienda de Pedro Abadía y Pedro Pellot para solicitar el título de Real Amparo. "
[200]. Ibíd. Caja 155. Año, 1832-1898.

Después de medir y registrar su terreno, Pellot recibió el 27 de junio de 1825 el título de propiedad de 688 cuerdas de tierra de un total de 1,400 que componía la hacienda. Ya para el año 1824, don Pedro Pellot aparece identificado como hacendado de origen francés y propietario de una hacienda ubicada en el Barrio Aceitunas de Moca.[201] Además, figuraba como uno de los mayores contribuyentes del municipio, con un pago de 71 pesos anuales por concepto de contribuciones.[202] Pedro Abadía murió en el 1828, pero Pellot continuó con la administración de la hacienda hasta noviembre del 1836 cuando Yomara Errea la viuda de Pedro Abadía y su nuevo esposo Manuel Valdez, residente de Lima, Perú, le concedieron un poder a Martín Idoy de Humacao, Puerto Rico, para que le vendiera a Pedro Pellot 75 esclavos y las 700 cuerdas de tierra que le pertenecían de su finado esposo por la suma de 7,500 pesos.[203] Con esa compra Pellot obtuvo finalmente el control total de la hacienda.

Además de la hacienda, Pellot adquirió el 7 de mayo de 1832 dos propiedades en los barrios de Guerrero y Ceiba Baja de Aguadilla colindantes con la hacienda Irurena. Una era de Manuel León conocida como la hacienda Guerrero ubicada en el barrio del mismo nombre en el pueblo de Aguadilla, compuesta de más de 100 cuerdas de tierra y sus edificaciones por valor de 1,800 pesos y otra a Isidro Ribera de 100 cuerdas en el Barrio Ceiba Baja de Aguadilla por la cantidad de 900 pesos.[204]

La hacienda Irurena continuó su crecimiento como lo demuestra un documento del año 1847 en el que aparece la misma con una extensión de 835 cuerdas; esto es, 147 más que las registradas en el 1825 sin contar las haciendas de los barrios Guerrero y Ceiba Baja. En dicho año los cultivos principales alcanzaban 95 cuerdas, los pastos cubrían 460 y el sobrante de 280 quedaba en montes. La administración de la hacienda estaba en manos de Don Juan Pellot y la dotación de esclavos era de 105.[205]

Para el año 1851 todavía Juan Pellot continuaba agregando tierras a su hacienda como lo demuestra el caso de la compra de 12.5 cuerdas de tierra a Rosa Portalatín por la cantidad de 245 pesos.[206] Aún para el año 1852, según el padrón para el pago de subsidio del pueblo de Moca, el dueño de la hacienda era Juan Pellot y la misma estaba valorada en 79,999 pesos.[207] Por

[201]. Ibíd. Caja 190.
[202]. Ibíd. Fondo de Gobernadores. Caja 508.
[203]. Ibíd. Protocolos Notariales. Aguadilla, Notaría de Jesualdo Gaya. T. II. Caja 1297. f. 181.
[204]. Ibíd. Censo y Riqueza. Caja 15.
[205]. Ibíd. Protocolos Notariales. Jesualdo Gaya. Aguadilla. Caja 1296. f.79 y 81.
[206]. Ibíd. Protocolos Notariales. Año 1851. Caja 1444. ff. 68-69.
[207]. Ibíd. Fondo de Gobernadores. Caja. 508.

medio del padrón de terrenos del año 1860 se sabe que la hacienda estaba compuesta por 1,100 cuerdas de tierras,[208] lo cual refleja un aumento de 422 cuerdas adicionales a partir del año 1825.

El 1 de febrero de 1883 aparece como dueño de la hacienda Irurena don Juan Labadié,[209] también como el mayor contribuyente del municipio hasta el año 1892. [210] Juan Labadié Lasse era descendiente de Carlos Lav(b)adié, también de origen francés, quien ocupaba el puesto de mayordomo de la finca desde el año 1820. [211] Juan Labadié se casó a la edad de 47 años con Cornelia Pellot hija de Juan Pellot. En el año 1860 cuando los hermanos Pellot se mudaron a la ciudad de Sant Andresse en Francia dejaron como administrador y apoderado a Juan Labadie. Luego en 1868 le vendieron la hacienda a Juan a través de su representante los Srs. Amell y Juliá, Inc., por la cantidad de 25,000 pesos, de los cuales 19,000 eran para pagarlos en cinco plazos de 2,000 y los restantes 9,000 en tres de 3,000. Además, los hermanos Pellot vendieron entre 1877 y 1883 cuatro estancias adicionales, dos de las cuales estaban ubicadas en Isabela, una en el sector Bajura y la otra en Medina; de las otras dos, una estaba en Ceiba Baja, Aguadilla y la otra conocida como Costa Deseos en Moca. A partir del 1878 Juan Lavadie y Cornelia Pellot fueron los nuevos dueños de la hacienda Irurena. [212] Según una descripción de fines del siglo XIX, la hacienda estaba compuesta de la siguiente manera: Una casa de mampostería y madera, techada de tejamaní, de un piso, con unas medidas de 15 x 10 metros; una casa de pailas, techada de zinc y construida de mampostería, de 12 metros por 7 metros; un trapiche de bueyes, fabricado de madera y zinc, con 54 metros de circunferencia; una casa de madera y zinc para guardar el bagazo de 41 x 10metros; una casa para destilar ron, construida de mampostería y techada de zinc y tejas, de 15 x 8.35 metros. Para el beneficiado del café contaban con una casa tahona de madera y zinc de 12 x 50 metros.[213]

Con esta descripción se aprecia que a finales del siglo XIX, se había combinado el cultivo de la caña con el beneficiado del café. Como no se encontró ninguna otra hacienda con casa tahona, lo más probable fuese que las haciendas Ojo de Valencia y La Ranchera, estuvieran vendiendo su producción de café a los dueños de la Irurena. En la actualidad se ha

---

[208]. Ibíd. Fondo de Obras Públicas. Serie Obras Municipales. Caja 280.

[209]. *La Gaceta*. Núm. 141., 22 de noviembre de 1884. p. 5.

[210]. Ibíd. Núm. 14., 1 de febrero de 1883. p.9.; Núm. 54. Año 1888. p.8.

[211]. AGPR. Fondo de Gobernadores. Caja 190.

[212]. AGPR., Protocolos Notariales de San Juan, Tomo III, Caja 106. Año 1885.; Augusto Hernández. *Revista Moka*. mayo de 1986.

[213]. AGPR. Fondo Hacienda. Catastro Moca Urbano. Tomo I. Año 1892-93. folios. 110-116.

reconstruido el caserón de la hacienda de los Labadié y se le conoce como el Palacete de los Moreau o Castillo Labadié.

2. Hacienda Ojo de Valencia.

La hacienda Ojo de Valencia perteneció a don Francisco Cirilo de Acevedo. Dicho nombre surgió como una combinación del antiguo nombre del lugar conocido como Ojo de Agua y el nombre de su mamá que se llamaba Valencia. La mayor parte de los terrenos de esta hacienda los compró don Francisco a varios vecinos, quienes habían adquirido esos terrenos del reparto de tierras baldías que se había efectuado en Puerto Rico entre 1778 y 1879. Existen registros de algunas de las compras que realizó Francisco, las cuales permiten tener una idea del crecimiento de la hacienda. La más antigua data del año 1827 cuando compró 50 cuerdas a Manuel Gutiérrez, del pueblo de Aguadilla, quien las había adquirido del mencionado reparto de tierras. En esa misma fecha adquirió de Félix Medina un predio de terreno por valor de 116 pesos. Ambas fincas estaban sembradas de café, plátanos y varias partes eran montes.

Dos años más tarde, el 18 de septiembre de 1829, añadió otra finca de 122 cuerdas a un costo de 500 pesos, mediante compra a Ramón de Nieves, quien había heredado dicha finca de su padre Francisco de Nieves. Luego, en 1832, anexó dos predios nuevos, más otra finca de 100 cuerdas, a un costo de 400 pesos, propiedad de Manuel López. Esos predios estaban sembrados de plátanos, café y una parte eran malezas. Después le compró 80 cuerdas a Basilia González [214] en el 1837 y luego adquirió 170 cuerdas por compra que hizo a Antonio de Nieves, pero se desconoce el costo de ambas transacciones. El año 1841, Francisco de Acevedo añadió otro pedazo de terreno de 25 cuerdas por 125 pesos los cuales pertenecían a Francisco Babilonia y otro de 100 cuerdas a Juan Salas, cuyo valor se desconoce.

En 1845 añadió una estancia de 90 cuerdas ubicada en el lugar conocido como el Ojo del Agua o el Ojo de Valencia en el barrio Aceitunas de Moca, la misma la compró a Juan de las Nieves por 600 pesos. En el año 1848 compró 25 cuerdas, por un valor de 200 pesos, a María de la Cruz, viuda de Pedro Medina. [215] Todas las compras de tierras identificadas suman 762 cuerdas de un total de 878 cuerdas de tierras que tenía la hacienda para el año 1848, lo cual indica que los restantes predios no identificados sumaban

---

[214]. Esa finca todavía se conoce como la finca de Basiliza González, la cual está ubicada en el barrio Aceitunas, en la parte conocida como "los Fondos", perteneció a mi tío Leoncio Nieves y después a mi padre Antonio Nieves.

[215]. AGPR. Protocolos Notariales. Año, 1849. Caja 1444. folio, 32.

116 cuerdas. Al año siguiente realizó otra compra a Ramón Nieves de 75 cuerdas por 500 pesos [216] y dos años más tarde, don Francisco recibió 323 cuerdas de los terrenos baldíos que aún quedaban en el municipio en esa misma región del Ojo de Valencia. [217] Con esas nuevas adquisiciones la hacienda cubría un territorio de 1,276 cuerdas. Además, tenía otra hacienda de 550 cuerdas de terreno. El nombre de dicha hacienda era El Rosario, la cual contaba con 29 esclavos y 25 peones para atender las 49 cuerdas sembradas de café y frutos menores y 501 cuerdas de montes y pastos. [218]

Según el reparto del año 1852, la hacienda de café de don Francisco aparece valorada en 13,886 pesos y con unos ingresos de 1,200 pesos anuales. [219] Luego, en el año 1860, el gobierno le concedió cuatro caballerías más de tierra, dos en el barrio Aceitunas de Moca y dos en el barrio Plata de Moca. En las tierras del barrio Plata, Acevedo fundó la hacienda de café conocida como La Caridad. La misma estaba ubicada entre los barrios Plata y Capá, luego esa hacienda pasó a manos de Don José M. Vargas.

Con esas dos nuevas caballerías para el año 1866, la Hacienda Ojo de Valencia, alcanzaba una extensión de 1,601 cuerdas de tierras. Después de este año no se pudo seguir la evolución de la misma.

3. Haciendas La Ranchera, Nuevo Arreglo y Caridad de Luis Maisonave

La hacienda la Ranchera de Luis Maisonave estaba ubicada en el barrio Aceitunas de Moca. Por la parte oeste comenzaba en el Sector la Ranchera, de donde toma nombre la hacienda, colindante con la Hacienda Yrurena de Juan Pellot. Continuaba al sur de la Hacienda de Francisco de Cirilo Acevedo. Dichos terrenos los adquirió Luis Maisonave como una concesión de terrenos baldíos y parte como compras a varios vecinos.

El primer deslinde para agrupar todos los terrenos en una sola finca se practicó el 18 de mayo de 1831. Las primeras tierras que compró Maisonave fueron a don Martín Lorenzo de Acevedo en marzo de 1813. Luego le añadió dos estancias en noviembre del mismo año: una era de Gaspar Loaiza Suárez y la otra de Dionisia Rullán, natural del pueblo de Aguadilla. Continuó con la compra de varios pedazos de tierra: dos fincas que eran de don Manuel del Río, una el 14 de noviembre de 1819 y la otra el 11 de junio de 1820. Al año

---

[216]. Ibíd.

[217]. AGPR. Fondo de Obras Públicas. Serie Propiedad Privada. Sub-serie Moca- Morovis. Años 1832-1888. Caja 155.

[218]. Ibíd. Censo y Riqueza. Caja 15.

[219]. Ibíd. Fondo de Gobernadores, Moca. Caja 508.

siguiente le compró a Leonardo Acevedo, y en noviembre del 1822 dos terrenos más, uno a Antonio Díaz y otro a Juana Román. Ambos predios colindaban con el Camino Real que daba al pueblo de Isabela.

El 23 de octubre del 1823 le compra a Manuel Ramírez, y en mayo del 1821 adquiere otro pedazo de terreno de Dionisia Rullán. A Manuel López le compró en febrero de 1830 y a Florencio Pérez en enero del año siguiente. Además, Maisonave tenía otra hacienda conocida como La Caridad, ubicada en el Barrio Centro, que comprendía 900 cuerdas de terreno de las cuales 842 eran de pastos y montes y sólo 58 estaban en producción. El mantenimiento estaba a cargo de 45 esclavos y 30 peones. [220] Luego, en el 1851, el gobierno le concedió 276.5 cuerdas de tierras clasificadas como terrenos baldíos. Lamentablemente no me fue posible encontrar la cantidad total de cuerdas de tierras que integraban la hacienda. [221]

El valor de la hacienda para el año 1852 era de 46,612 pesos y rendía un ingreso neto de 2,300 pesos anuales. Para esa época, Maisonave debía de tener unos 60 años aproximadamente, puesto que había comenzado las compras de terrenos 33 años atrás, por lo que decide dar la mayor parte de sus tierras en contratos de arrendamiento. Las siguientes personas de los barrios Centro y Aceitunas de Moca adquirieron los contratos: Juan Estrella, Florencio Pérez, Felipe Visbal, Gerónimo Díaz, Eusebio Acevedo, Gerónimo Díaz hijo, Romualdo Chacón, Manuel Guzmán, Juan Ruiz, Romualdo Feliciano, Bernaldo Alacán, Pablo Muñiz, Zoilo Soto, Juan Alacán, José Acevedo, y Juana Luciano. Cada una de esas personas pagaba 20 pesos anuales de arrendamiento a don Luis, lo cual suma 320 pesos al año. Con esa cantidad completaba un ingreso total de 2,620 pesos anuales.[222]

Maisonave, en sociedad con su yerno Sebastián Banuchi tenía otra hacienda de caña conocida como hacienda Nuevo Arreglo, la misma estaba ubicada en el lado oeste del pueblo de Moca conocido entonces con el nombre del barrio Maizal [223] y que en la actualidad se denomina como el Palmar. La misma mantenía un contrato de refacción con la Sociedad Guillermo Schröder y Cía. de Aguadilla. [224] En dicho documento se indica que la Hacienda Nuevo

---

[220]. Ibíd. Censo y Riqueza. Caja 15.

[221]. Ibíd. Fondo de Obras Públicas. Serie Propiedad Privada. Caja 155.

[222]. Ibíd. Fondo de Gobernadores. Moca. Caja 508.

[223]. El **barrio Maizal de Moca** ocupaba parte de los terrenos del lado oeste del pueblo y llegaba hasta los barrios Mameyes y Coto del Maizal de Aguada. Lo que quiere decir que dicho barrio estaba formado por los terrenos del pueblo que dan al Valle de Coloso. Con esta explicación damos por finalizada la tan larga búsqueda de otro de los barrios antiguos de Moca y que hoy no existe con ese nombre.

[224]. AGPR. Protocolos Notariales de Aguadilla. Año. 1846-61. Caja 1275.

Arreglo colindaba con el barrio Coto Maizal de Aguadilla y con los barrios Coto del Maizal y Mamey del pueblo de Aguada.

Bajo el contrato de refacción, Maisonave debía entregar sus cosechas a la casa mercantil como pago por los adelantos y suministros para el funcionamiento de la hacienda. En el año 1855, Maisonave quedó con una deuda de 1,749.45 pesos a la compañía mercantil. Como garantía de la deuda, hipotecó a sus esclavos Dominga, Estefana, Guadalupe, José, Concepción y Laureano. Con ese arreglo la compañía le extendió el contrato de refacción por otro año.[225] Ese mismo año giró otra hipoteca más a Amell y Juliá y Co. sobre la hacienda Nuevo Arreglo del barrio Maizal. En el año 1880 la compañía Amell y Julía le cobró dicha hipoteca al hijo de Maisonave.[226]

Maisonave falleció el 9 de agosto 1856 y como parte de su testamento le dejó a Romualdo Feliciano del barrio Centro de Moca una herencia de 20 cuerdas de tierras valoradas en 220 pesos por los buenos servicios prestados al difunto. El deslinde de dichas cuerdas lo practicó Luis Nieves, y las mismas estaban ubicadas en la guardarraya de la hacienda la Ranchera entre los barrios Centro y Aceitunas.[227]

Como herederos directos de Maisonave estaban sus hijos Juan Pedro, Luis Antonio, Luis Cosme, Pedro Luis, Cándida, Andrés Natalio, Josefa Francisca y María Luisa. Se desconoce cómo se distribuyó la hacienda, sin embargo, según el padrón del año 1866, aparece María Luisa con una propiedad de 100 cuerdas de tierras y la sucesión Maisonave con 356 cuerdas.[228] De Luis Antonio se sabe que era estudiante del Seminario Conciliar para el año 1832 [229] y que para el año 1888 se le concedieron 477.5 cuerdas de tierras baldías, [230] las cuales posiblemente estaban ubicadas entre el sector conocido como Rocha Tamarindo o El Tanque, donde todavía viven descendientes de Luis Maisonave. [231] Luis Antonio se casó con Belén Zavala y Pedro Luis con la hija de Pedro de la Rosa. Junto a su cuñado Juan pasó a dirigir la Hacienda Corrales que su suegro había heredado de su hermano

[225]. Ibíd.
[226]. *Gaceta de Puerto Rico.* Núm. 94. Año. 1880. 5 de agosto de 1880. p. 6.
[227]. AGPR. Protocolos Notariales, Aguadilla. Año. 1846-61. Cajas 1275 y Caja 1277. ff.77-79.
[228]. Ibíd. Fondo Obras Públicas. Serie Propiedad Privada. Sub-serie, Moca-Morovis. Año, 1832-188. Caja 155.
[229]. Cayetano Coll y Toste. *Historia de la Instrucción en Puerto Rico hasta 1898.* San Juan, P.R.: Imprenta del Boletín Mercantil. 1910.
[230]. AGPR. Fondo de Obras Públicas. Caja 155.
[231]. En el barrio Aceitunas y en el sector conocido como el Tanque, después del sector Cuchillas Ferrer y Aceitunas, viven aún descendientes de Luis Maisonave. Entre este sector y en la colindancia sur del barrio Aceitunas quedan las ruinas de lo que fue la hacienda de café que perteneció a Luis Maisonave.

Andrés de la Rosa. [232] Por esa razón, la administración de los bienes de Maisonave y eventualmente la mayor parte de los bienes pasaron a manos de Juan Pedro, quien figuró como uno de los mayores contribuyentes del pueblo de Moca.[233] También participó activamente en la actividad política del municipio.

Lo último que se conoce de Juan Pedro es la descripción de una propiedad suya radicada en el barrio Aceitunas de Moca, la cual se detalla del modo en que sigue: una casa de madera de un piso, techada de tejas de 8.5 x 5 metros; otra casa de madera de un piso, con medidas de 13 x 5 metros y un granero de madera y zinc de 7 x 3 metros; ubicadas en sus propios terrenos. Estas estructuras debían pertenecer a la antigua hacienda la Ranchera. [234] Además de las propiedades descritas Maisonave tenía dos casas, una ubicada frente a la plaza principal de Moca y la otra en la calle Nueva. Ambas propiedades estaban construidas de ladrillos y piedras.

Las últimas referencias de los Maisonave como propietarios a finales del XIX se refieren a Dimas Bianchi Maisonave quien debió ser hijo de María Luisa Maisonave. Según el Catastro de Moca, se hace mención de una casa de dos pisos de madera de 7.5 metros por 6 metros, en el camino hacia Aguadilla.[235] Ésta debió ser la casa principal de la hacienda el Nuevo Arreglo, en el barrio Maizal, que estaba ubicada en el camino de Moca hacia Aguadilla pasando por el barrio Palmar.

Para los años de 1930 el Sr. Arístides Maisonave, hijo de Luis Antonio, ocupó el cargo de alcalde en el pueblo de Moca. Arístides liquidó lo que quedaba de la hacienda La Ranchera con la venta de 28 cuerdas de tierra y una casa de madera y un ranchón de mampostería a Francisco Ruiz por la suma de $1400 en el año 1913. [236] También se recuerda en Moca al hijo de Arístides Maisonave, Marcial (don Chalo) quien trabajó por muchos años en la farmacia del Centro de Salud del pueblo. En años recientes se destacó como administrador de la Cooperativa de Ahorro y Crédito de Moca, Héctor Maisonave el nieto de Arístides Maisonave.

---

[232]. AGPR. Protocolos Notariales, Aguadilla, Alfredo Blasco. Caja 2720. f. 328.

[233]. Ibíd., Jesualdo Gaya. Aguadilla, Caja 1296. f. 53-54.

[234]. *Gaceta de Puerto Rico.* Núm. 40., 3 de abril de 1883, p.6; Núm. 148., 10 de diciembre de 1883. pp. 9-10; Núm. 12, 26 de enero de 1889. p. 7; Núm. 16, 6 de enero de 1890. p. 6; Núm. 50, 25 de abril de 1891. p.8; Núm. 22, 20 de febrero de 1892. p.8.

[235]. AGPR. Fondo Hacienda. Catastro. Moca Urbano. Tomo I. Año. 1892-93. Protocolos Notariales, Aguadilla, Caja 1277.

[236]. Ibíd.

4.   Hacienda Las Palmas

Sobre   la hacienda Las Palmas o Enriqueta se han escrito varios trabajos, por tal razón trataré de presentar sólo aquellos datos que   puedan añadir algo nuevo. La   hacienda fue establecida por don José de Quiñones, quien, a su vez, fue el fundador del pueblo de Moca. Allí se estableció el fundador Don José de Quiñones junto a su primera esposa, Doña Rosa López de Segura. De ese matrimonio nació   Francisco de Quiñones y López de Segura en el año 1768,[237] lo cual quiere decir que ya la casa grande de la hacienda estaba edificada. Dicha casa estaba ubicada un poco más cerca del pueblo que la estructura que existe en la actualidad.

De Francisco de   Quiñones   y su esposa Doña María de Vives y Hernández del Río natural de Aguada, nació Vicente Bruno de Quiñones y Hernández y sus otros diez hermanos y hermanas. [238]   Don José de Quiñones se casó en segundas nupcias con Doña Brígida García y   Montalvo, de cuyo matrimonio   nació Brígida de Quiñones García. Ésta se casó con Antonio Rivera y procrearon varios hijos e hijas. Su hija María Rosario fue la madre del conocido periodista don Pedro Acevedo y Rivera. [239] De esas uniones matrimoniales salieron dos de las familias más distinguidas del pueblo de Moca, los Quiñones y López   y los Rivera y Quiñones. Esto lo podemos constatar mediante las palabras del gobernador de   Puerto Rico en una visita que hizo al pueblo de Moca en el año 1825 cuando se refirió a Doña María de Vives "como matrona de una de las familias más ricas e influyentes del pueblo".[240]

Al morir Don José de Quiñones el 7 de octubre de 1811 quedaron como herederos de la hacienda Las Palmas su esposa y sus hijos Francisco y Brígida Quiñones. Francisco murió el 9 de octubre de 1813 y su esposa María le sobrevivió hasta julio de 1833. Para el año 1825 Doña María de Vives pagaba 18 pesos de contribuciones anuales y al año siguiente efectuó un pago de 28 pesos, mientras su hijo Vicente Bruno de Quiñones y Vives pagaba 36 pesos,[241] lo cual se podía considerar como una suma bastante elevada para esa época.

Eventualmente la hacienda fue dividida entre Francisco y Brígida, como consta en un documento del 1847, en el cual se señala a Don Vicente

---

[237]. *Historia de Moca.* p. 14.
[238]. Fotocopia del Primer libro de bautismos del pueblo de Moca del año 1876. Colección Herman Reichard. Universidad Interamericana, Recinto de Aguadilla.
[239]. Ibíd.
[240]. AGPR. Fondo de Gobernadores. Moca. Caja 508.
[241]. Ibíd.

Quiñones como dueño de El Palmar y a Don Antonio de Rivera (esposo de Brígida) como dueño de Las Palmas. Los terrenos del barrio Centro pasaron a manos de Vicente y se conocían como Hacienda La Quietud, la cual estaba compuesta por 310 cuerdas de tierras, de las que sólo 60 estaban cultivadas de café y eran atendidas por 35 esclavos y 6 peones. Además, tenía otra hacienda en el barrio Pueblo nombrada Buena Vista de 211 cuerdas de tierra y con un cultivo de 32 cuerdas de café. Su cuidado estaba en manos de 15 esclavos y 5 peones. [242] En el 1852 aparece su hijo Vicente Bruno junto a su esposa Dolores Talavera y Ponce como dueños de la hacienda Palmar. La hacienda de Quiñones estaba valorada en 25,880 pesos y reportaba unos 2,600 pesos de ingresos con un pago de 160 pesos de contribuciones anuales. [243] Ya para el 15 de febrero de 1859 Vicente contaba con las siguientes propiedades: 4 haciendas de caña y 2 de café, así como 2 estancias. Las 4 haciendas totalizaban 700 cuerdas de terreno y las 2 estancias comprendían 337 para un gran total de 1,037 cuerdas. Para atender las mismas contaba con 40 esclavos y 30 peones. Sus cultivos estaban compuestos por 26 cuerdas de caña, 10 de café y 10 de frutos menores, las restantes cuerdas de tierra quedaban en pastos y montes.[244] En el año 1860 las propiedades de Vicente de Quiñones comprendían la hacienda de café nombrada La Quietud con 347 cuerdas de tierras y trabajada por 35 esclavos, más la hacienda Las Palmas compuesta de 700 cuerdas para un total de 1,347 cuerdas de terreno y [245] una dotación total de 63 esclavos.[246]

Eventualmente la hacienda pasó a manos del Comandante Ramón Méndez Arcaya del pueblo de Aguadilla, quien se había casado en primeras nupcias con Andrea Avelina Quiñones Talavera, hija de Vicente y Dolores. De Doña Andrea Avelina tuvo tres hijos que fueron, Ramón, José y Avelina Méndez Quiñones. Luego, al quedar viudo, se casó con su cuñada Aurelia de Quiñones y Talavera, de cuyo matrimonio nacieron cinco hijos. [247] Su hijo Ramón Méndez fue el administrador de la hacienda desde el año 1875

[242]. Ibíd. Serie Censo y Riqueza. Caja 15.
[243]. AGPR. Fondo de Gobernadores. Moca Caja 508.
[244]. Censo y Riqueza Caja 15.
[245]. Ibíd. Fondo Obras Públicas. Serie Propiedad Privada. Sub-serie Moca- Morovis. Año, 1832-1888. Caja 155.
[246]. Ibíd. Caja 159.
[247]. Roberto Ramos Perea. "Ramón Méndez Quiñones: Asesino". *Revista Ateneo*. Año, II. Núm. 4. p. 126. La hija de Ramón Méndez de Arcaya de nombre Carmen Méndez Miyans, se casó en 1877 con Don Manuel Fernós Utegui. Lo que parece ser que Méndez de Arcaya se llegó a casar tres veces.

posiblemente hasta el año 1884.[248] No pude conseguir hasta qué fecha Méndez Arcaya quedó como dueño de la hacienda, lo que sí pude constatar es que para el año 1889 todavía era el dueño de la hacienda, como lo demuestra un anuncio que salió en la *Gaceta de Puerto Rico* donde se decía que el propietario era Méndez y el mayordomo Francisco Marsuach.[249]

Continuó como titular de la hacienda Eduardo Méndez Quiñones, hijo de Ramón Méndez y Artura Medrano y su esposa Doña Mercedes Jiménez, quienes ya a finales del siglo XIX se la vendieron a don Enrique Kleibring, de origen alemán y residente en Moca. Enrique aparece como uno de los principales contribuyentes del pueblo para el año 1887 Kleibring y llegó a ocupar el cargo de segundo Teniente Alcalde en el 1888. Eventualmente Don Enrique le cambió el nombre de la hacienda por el de Henriqueta en honor a su hija Enriqueta Kleibring.[250] A principios de año 1892, la hacienda estaba compuesta de una casa de un piso de 11 x 7 metros, la cual estaba deshabitada. Además, tenía una fábrica de azúcar, construida de madera y zinc, con unas medidas de 10 x 5 metros.[251] Aparecen como dueños de la propiedad don Tomás Babilonia y su esposa Enriqueta Kleibring. Don Tomás y su esposa vivían en una casa de dos plantas ubicada en la zona urbana de Moca.

5.   Hacienda (Palmar Llano) San Rafael

La hacienda San Rafael estaba establecida en el barrio Rocha de Moca y su propietario era don Marcelino Lassalle (Lasall). Esta familia se le conocía con el sobrenombre de los "Mandollos". La referencia más antigua que existe sobre esta hacienda es del año 1847 cuando se llamaba Palmar Llano. Estaba compuesta por 220 cuerdas de tierra, la mayoría en pastos y montes y 18 cultivadas de cañas y frutos menores. Siete esclavos estaban a cargo de las tareas agrícolas.[252]   Para el año 1852 la hacienda tenía un valor de 6,100 pesos y un producto de 400 pesos y un pago de contribuciones de 20 pesos anuales. Es posible que la refacción de la hacienda estuviera en manos de la compañía pepiniana Luarnaga & Co., de Miguel Luarnaga, porque existen referencias al respecto.

---

[248]. Ramón Méndez Quiñones, tuvo que salir de Puerto Rico en 1884, cuando fue acusado por el crimen del periodista Terreforte, junto a su hermano José y su primo José Méndez Cardona.
[249]. *Gaceta de Puerto Rico*. Núm. 26., 28 de febrero de 1889. p.5.
[250]. Ibíd. Núm. 55, 7 de mayo de 1887. p. 8; Núm. 34, 20 de marzo de 1890. p. 7.
[251]. AGPR. Fondo Hacienda. Catastro Urbano. Moca. Tomo I. Año 1892-93. ff. 8-11.
[252]. Ibíd. Censo y riqueza. Caja 15.

Para el año 1853 la documentación existente presenta a Don Marcelino con una pequeña donación para un monumento al ex-gobernador Mendizábal. Sin embargo, a partir del 1881 figuraba como uno de los grandes contribuyentes del pueblo de Moca.[253] Además, en 1898, formaba parte de los concejales del municipio.[254]

Por suerte encontré una descripción de la hacienda para el año 1892. Según la misma, estaba compuesta de una casa de un piso hecha de madera y techada de tejas. Las medidas de la casa eran 8.35 x 4.5 metros. Además, había otra casa de madera techada de yaguas en donde vivía el encargado de la finca. La estructura que albergaba la fábrica de azúcar medía 16 x 7 metros y, aunque estaba en los terrenos de la hacienda, era propiedad de Manuel J. Luarnaga del pueblo de Pepino. También tenía un almacén y una casa destinada al trapiche de bueyes.[255] Esta información nos lleva hasta finales del siglo XIX, pero sería muy interesante descubrir hasta qué año llegó a existir esta hacienda y qué pasó con ella a principios del siglo XX.

6. Hacienda Rosa y Nueva Rosa

Como se mencionó anteriormente en el apartado sobre la hacienda Las Palmas, la familia de Don José de Quiñones se dividió en dos ramas, la de los Quiñones y Vives y la de los Rivera Quiñones. De la misma forma en que la hacienda Las Palmas está relacionada con los Quiñones Vives, la hacienda Nueva Rosa aparece ligada a los Rivera Quiñones. A los descendientes de esta segunda rama de los Rivera Quiñones, les seguí la pista desde el siglo XIX.

Los orígenes de esta ilustre familia se remontan, como he mencionado, al segundo matrimonio de Don José de Quiñones con Doña Brígida García. De esa unión nació una hija, que casó con Antonio Rib(v)era Quiñones y que, a su vez, tuvieron un hijo que se llamó Antonio Rivera y Quiñones y una hija llamada María Rosario Rivera y Quiñones además de otros hijos. Antonio Rivera hijo se casó con Rosa González y María Rosario, a su vez, se casó con José Hilario de Acevedo. Este José Hilario era descendiente del distinguido Martín Lorenzo de Acevedo, quien había sido alcalde de Moca a finales del siglo XVIII y rico terrateniente en el barrio Aceitunas de este pueblo. [256] Del matrimonio de José Hilario Acevedo y María Rosario Rivera, nació el ilustre mocano Pedro Acevedo y Rivera.

[253]. Ibíd. Fondo de Gobernadores Españoles. Moca. Caja 508.
[254]. *Gaceta de Puerto Rico*. Núm. 5. , 12 de mayo de 1855. p. 2.
[255]. Ibíd. Núm. 55. , 5 de mayo de 1898.p.3.
[256]. AGPR. Fondo de Hacienda. Catastro Urbano de Moca. Tomo I. Año 1892-93.

La familia Rivera Quiñones figuró como una de las más ricas y prominentes de Moca y una con el mayor número de esclavos en el pueblo desde el 1824. [257] Para julio de 1836 murió Antonio de Rivera y la hacienda quedó bajo el cuidado de Luis Maisonave como tutor y albacea hasta que Antonio de Rivera hijo cumpliese la mayoría de edad. Cuando Antonio hijo alcanzó su mayoría de edad empezó a administrar la hacienda, lo cual ocurrió cerca del año 1852. Bajo su dominio la hacienda recibió el nombre de Hacienda Rosa, en honor a su esposa Rosa González. La misma estaba valorada en 61,122 pesos y reportaba ganancias por 3,790 pesos anuales.

Para ese mismo año Antonio y Rosa le arrendaron a su cuñado José Hilario parte de los terrenos de la hacienda. Por otra parte José Hilario aparece como dueño de una estancia conocida como La Husonera de 150 cuerdas [258] en el barrio Pueblo de Moca dedicada a pastos, valorada en 386 pesos y con un rendimiento de 60 pesos anuales. [259] También José tenía otra finca en arrendamiento a Gregorio Quiñones, la misma le reportaba un ingreso de 20 pesos anuales, se desconoce el valor de la propiedad. La buena calidad de sus cultivos de caña le permitió a Hilario, participar en la exposición pública de Agricultura, Industria y Bellas Artes del año 1860 y recibir el premio "Medalla de Bronce" por la calidad de su azúcar.[260]

Tampoco se conoce con exactitud cuándo Pedro Acevedo Rivera pasó a ser dueño de la propiedad. Lo que sí se puede constatar es que para el año 1883 Don Pedro era el nuevo dueño de la hacienda Nueva Rosa. [261] La propiedad pasó a Pedro Acevedo por herencia de sus padres y de su tía Dolores. Desde el referido año, Acevedo figura como uno de los mayores contribuyentes del pueblo hasta el año 1898. Además, para el 1890 Pedro Acevedo ocupaba el cargo de Síndico del municipio y en 1897 al 1898 fue Alcalde [262] de la población 125 años después que su bisabuelo Don José de Quiñones, fundara el pueblo de Moca. Pedro se destacó como periodista y político mocano. Hace algunos años, la escuela elemental urbana llevaba ese ilustre nombre de Pedro Acevedo Rivera el cual fue cambiado por el de otro ilustre mocano Luis Alfredo Colón. ¿Sería posible que otro plantel escolar pudiese llevar el nombre que actualmente lleva la escuela elemental urbana y dejarle a ésta el de Pedro Acevedo Rivera?

---

[257]. *Historia de Moca.* p.14.; AGPR. Fondo de Gobernadores Españoles. Moca. Caja 508.
[258]. AGPR. Fondo de Gobernadores Españoles. Moca. Cajas 190 y 509.
[259]. Ibíd. Serie Censo y Riqueza. Caja 15.
[260]. Ibíd. Caja 508.
[261]. *Boletín Histórico de Puerto Rico.* Cayetano Coll y Toste. Tomo. VII. San Juan, P.R.: Kraus Print, Co. 1968.
[262]. *Gaceta de Puerto Rico.* Núm. 36. , 24 de mayo de 1883. p.4.

B. Haciendas y estancias de café y frutos menores en el pueblo de Moca para el siglo XIX.

1. Las haciendas de Carlos Rosa y Domingo González.

La hacienda Esperanza perteneció a Carlos Rosa quien fue Síndico del pueblo en el 1846. Para el año 1847 comprendía 480 cuerdas de terreno y sus cultivos alcanzaban 55 cuerdas de café que eran atendidos por 24 esclavos y 4 peones. Al igual que otras haciendas de su tipo tenía posibilidades de crecimiento porque contaba con 305 cuerdas de montes sin labrar y 120 cuerdas de pasto para la ganadería. [263] En el censo del 1852 la hacienda aparece valorada en 10,888 pesos y tenía una producción de café de 810 pesos anuales.[264] Ese mismo año Carlos se mudó para el pueblo de Aguadilla, cuando contaba con 27 años de edad.[265] Aparentemente vendió la finca porque de ahí en adelante no figura en los censos ni padrones del pueblo de Moca.

La otra era de Domingo González y se conocía por el nombre de La Soledad, ésta cubría 310 cuerdas de tierra de las cuales 24 estaban cultivadas de café y atendidas por 12 esclavos y dos peones. [266] Para el 1852 la propiedad tenía un valor de 11,900 pesos y un producto neto de 320 pesos anuales. Estas haciendas debieron ser enormes, ya que cualquier propiedad de más de 10,000 pesos en 1852 se podía clasificar como una verdadera fortuna.[267]

2. La Gertrudis de Juan Juarbe y La Josefa de Juana Capdeville

La hacienda Gertrudis ubicada en el Barrio Aceitunas era propiedad de Juan Juarbe, y cubría una extensión de 300 cuerdas, 15 de ellas sembradas de café y resto en pastos y montes. La hacienda Josefa de Juana Capdeville, radicada en el mismo barrio, tenía 20 cuerdas de café y las demás hasta 300 estaban baldías en montes y pastos.[268]

---

[263]. Ibíd. Núm. 40, 3 de abril de 1883. pp. 5-6; Núm. 14, 1 de febrero de 1883. p.9; Núm. 12, 26 de enero de 1889. p.7; Núm. 34, 20 de marzo de 1890. 9.7; Núm. 50, 25 de abril de 1891. p.8; Núm. 50, 26 de abril de 1892. p2-3; Núm. 22, 20 de febrero de 1892 .p 8; Núm. 44, 12 de abril 1894. p.8; Núm. 148, 10 de diciembre de 1895 p.9-10; Núm. 30, 4 de febrero de 1897. pp. 5-6.

[264]. AGPR. FG. Serie Censo y Riqueza. Caja 15.

[265]. Ibíd. Núm. 84., Vol. 15., 14 de julio de 1846. p 4.

[266]. AGPR. Fondo de Gobernadores. Moca. Caja 508.

[267]. Ver nota Núm. 43.

[268]. AGPR. Censo y Riqueza. Caja 15.

3. Haciendas la Buena Fe y la Caridad de José M. Vargas y Márquez.

Las haciendas Buena Fe y la Caridad estaban ubicadas en el barrio Capá de Moca y pertenecieron a don José M. Vargas y Márquez y a su esposa Evangelista González Méndez. Márquez se inició como hacendado a los 38 años de edad con la compra de 150 cuerdas de terreno el 26 de octubre de 1863 a los hermanos Ramón, Pablo, Manuel, Juana, Gregorio y Lucía (Luisa) Hernández. Para esa misma fecha compró 16 cuerdas a José Rivera, 10 a Antonia Colón, 8 a Concepción Méndez, 13 a las hermanas Juana y Casimira, 2 a los hermanos Concepción, Salvadora y María Méndez y Carmen Vargas 2 cuerdas de terreno colindantes por el sur con el río Culebrinas y la Quebrada de las Damas.[269] Según la descripción del Catastro, la hacienda Buena Fe tenía una casa de dos pisos de 13 x 6 metros, construida de madera y techada de zinc.

La hacienda Caridad tenía 178 cuerdas colindantes con la hacienda de Telesforo Barreto. De esa cantidades 150 eran anteriormente de Félix Echevarría, Escolástica Lavoy, María M. y Eusebio C. Acevedo, Gertrudis y Felicita Veneró. Las restantes 18 cuerdas se las compró a José González en diciembre de 1910.[270] La casa principal era de un piso y construida de madera. También existían dos casas separadas, ubicadas en la misma hacienda, una era de Doña Felipa y otra de Don José Leonardo Vargas.[271]

Desde el año 1883 hasta el 1898, don José Vargas aparece como uno de los mayores contribuyentes del partido de Moca.[272] Como tal llegó a ocupar varios cargos políticos en este pueblo. En total sus propiedades comprendían 318 cuerdas de terreno.[273] Para el año 1915 don José contaba con 81 años de edad por eso las haciendas estaban a cargo de su hijo Pelegrín Vargas González. Para esa fecha la hacienda Caridad tenía una hipoteca con la Sociedad mercantil Luarnaga de San Sebastián por la suma de $1,100.[274]

---

[269]. Protocolos Notariales, Aguadilla, Caja 2723. f.1053.
[270]. Ibíd.
[271]. AGPR. Fondo de Hacienda. Catastro Moca Urbano. Tomo I. Año 1892-93. Folios, 250-254.
[272]. Ibíd. (Supra nota 85).
[273]. AGPR. Fondo de Hacienda. Catastro Moca Urbano. Tomo I. Año 1892-93. Folios. 94-97.
[274]. Protocolos Notariales. Aguadilla, Caja 2723, Año. 1915. f. 1053.

4. Haciendas La Esperanza y La Amiguita de Pascacio Hidalgo Méndez

En el barrio Voladoras, Pascacio Hidalgo Méndez tenía dos haciendas, una se nombraba La Esperanza y otra La Amiguita. En la primera, existía una casa principal de dos pisos, fabricada de madera de pino y techada de zinc y en la segunda una casa de un piso, hecha de madera y zinc también. En la hacienda La Esperanza aún existía la antigua casona de madera, la cual estaba habitada por su mamá, Isabel Méndez, mientras la otra casa era habitada por su papá Juan de la Cruz Hidalgo.

La hacienda La Esperanza había comenzado como una estancia valorada en 368 pesos, en 1852, bajo la administración de Juan de la Cruz Hidalgo. La hacienda continuó con Pascacio Hidalgo quien para el año 1892 figuraba como uno de los mayores contribuyentes del municipio de Moca. [275] En dicha hacienda se hospedó don Luis Muñoz Rivera en 1902 en una visita que hiciera a Moca. [276]

5. Hacienda Buena Vista de Domingo Nieves González

Del barrio Voladoras era la hacienda Buena Vista de don Domingo Nieves González. La misma estaba ubicada a la orilla del camino que pasaba hacia el Pepino, conocido en aquella época como el camino Número 8, hoy día carretera 111. Su propietario, figuró como uno de los mayores contribuyentes de Moca desde los año 1887 hasta el 1897.[277]

6. Haciendas Soledad y El Ranchito de Justa Arocho y Juan González

En el mismo barrio Voladoras ubicaban las haciendas Soledad de Justa Arocho y El Ranchito de Juan González. La casa principal de la hacienda Soledad, era de dos pisos de madera, [278] mientras la casa de El Ranchito tenía un piso y estaba construida de madera y techada de zinc.[279]

---

[275]. *Gaceta de Puerto Rico*. Núm. 54, Año. 1887. p.8; Núm. 50, 25 de abril de 1891; Núm. 19. 19 de febrero de 1893. p. 4. y Núm. 30, 4 de febrero de 1897. p.5-6.
[276]. Colección Herman Reichard. Carta de Concepción Vera a Herman Reichard del 8 de junio de 1977.
[277]. AGPR. Fondo Hacienda. Catastro Moca Urbano. Folio 6.
[278]. Ibíd. Folio. 74.
[279]. Ibíd. Folio. 17.

7. Haciendas Dolores y Puerta del Sol de Otilia Morales y Dolores Cordero

En el barrio La Cruz, aparecen las haciendas La Puerta del Sol de doña Otilia Morales Hernández, y la Dolores, de Dolores Cordero. La casa principal de la hacienda Puerta del Sol era de dos pisos, hecha de madera y techada de zinc. [280] La casa de Hacienda Dolores estaba construida de madera y zinc y tenía un solo piso.[281]

8. Haciendas Buena Vista, Mamey y La Esperanza de los hermanos Barreto Vargas

En el barrio Capá, se establecieron los hermanos Telesforo, Victoriano y Sinforiano Barreto y Vargas. Cada hermano levantó su propia hacienda. Los nombres de éstas fueron: Buena Vista, El Mamey y Esperanza, respectivamente. La primera que se fundó fue El Mamey, de Victoriano Barreto, la cual empezó como una estancia para el año 1852. El valor era de 145 pesos y producía 20 pesos anuales. [282] Victoriano aparece como mayor contribuyente del pueblo de Moca para el año 1898. [283] En cambio, Sinforiano fue calificado como mayor contribuyente desde el año 1890 hasta el 1898. [284] Don Telesforo nunca llegó a figurar como mayor contribuyente del municipio. Las casas principales de las haciendas Esperanza y Mamey eran de un piso y construidas de madera y zinc. La estructura principal de la Buena Vista era de dos pisos y estaba construida de madera. [285]

9. Haciendas La Virtuosa de Juan José Medina y La Peregrina de Justo Morales

En Voladoras radicaba la hacienda La Virtuosa de Juan José Medina, quien fue otro de los mayores contribuyentes de Moca. La casa de la hacienda era de un piso hecha de madera y zinc. [286] En el mismo barrio existía la

---

[280]. Ibíd. Folio. 36.

[281]. Ibíd. Fondo de Gobernadores. Moca. Caja 508.

[282]. *Gaceta de Puerto Rico.* Núm. 55, 5 de marzo de 1898. p. 3.

[283]. Ibíd. Núm. 34, 20 de marzo de 1890. p. 7; Núm. 50, 25 de abril de 1891. p.4; Núm. 19, 21 de febrero de 1893. p. 41; Núm. 55, 5 de marzo de 1898. p. 3; AHMM. Vol. Año. 1892.

[284]. AGPR. Fondo Hacienda. Catastro Moca Urbano. Año 1892-93. Folios 24-27.

[285]. *Gaceta de Puerto Rico.* Núm. 12., 26 de enero del 1889. p. 7; Núm. 34, 20 de marzo de 1890. p. 7.; Núm. 50, 25 de abril de 1891. p.8; Núm. 22, 20 de febrero de 1892. p.8; Núm. 55, 5 de marzo de 1898. p. 3. AGPR. Fondo Hacienda. Catastro Moca Urbano. Folio. 143.

[286]. AGPR. Fondo Hacienda. Catastro Moca Urbano. Folio. 144.

hacienda La Peregrina de Justo Morales Cabán. [287] De Justo Morales no conseguimos ninguna referencia, ni como político ni como mayor contribuyente, lo cual parece indicar que era una hacienda recién fundada para fines del siglo XIX.

10. Hacienda Trinidad de José C. Avilés

La última hacienda que pude identificar fue la Trinidad, de José Ceferino Avilés, en el barrio Voladoras también. Estaba ubicada al lado del camino que iba a Pepino. La misma albergaba una casa de un piso, construida de madera y zinc. Avilés fue Concejal del municipio hacia el año 1890 y figuró como mayor contribuyente desde el 1883 hasta el 1894. [288]

Aunque lo que encontré no fue todo lo que hubiese deseado, ciertamente considero que añade algo más a nuestra historia al registrar, por lo menos, los nombres de las haciendas, de los dueños y el lugar de su ubicación. Además, rectifica la idea de que en Moca sólo existieron dos haciendas, la de los Labadie y la del Palmar.

Al analizar la economía mocana durante el siglo XIX, se nota que la mayor parte de las haciendas de café se desarrollaron a partir del año 1850, que fue la época en que el café tuvo su mejor momento en la Isla y que el mismo era el renglón más importante para el desarrollo del municipio.

C. La toponimia de Moca y su relación con las estancias y haciendas

Afortunadamente pude conseguir un documento del 1847 que contiene casi todos los nombres de las haciendas y estancias que tenía Moca para ese año. [289] En el mismo puede identificar varios nombres de sectores que todavía existen como son el Palmar y Caraima. El Palmar era propiedad de Don José de Quiñones y con ese mismo nombre se identifica otra estancia de Doña Eufracia Acevedo. Bajo el nombre de Caraima también existían dos estancias, una de Manuel Hernández y la otra de Félix Méndez. Entre los barrios de Voladoras y La Cruz existe todavía el sector conocido como Quebrada Grande que perteneció a Ramón Quintana y Manuel Cabán.[290] En el barrio Aceitunas

---

[287]. *Gaceta de Puerto Rico.* Núm. 40, 3 de abril de 1893. p. 5; Núm. 55, 5 de mayo de 1889.p.8; Núm. 53, Año. 1888. p.8; Núm. 34, 20 de marzo de 1890. p. 2; Núm. 50, 25 de abril de 1891. p. 8.; Núm. 50. , 26 de abril de 1892. p. 2-3; Núm. 19, 21 de febrero de 1893. p. 41; Núm. 44, 12 de abril de 1894. p. 8.
[288]. AGPR. FG. Serie Censo y Riquezas. Caja 15.
[289]. Ibíd.
[290]. Historia de Moca. p.6.

hay un lugar llamado el Ojo de Valencia y en el barrio Centro otro con el de Ranchera, ambos sitios correspondieron a las haciendas de Francisco Cirilo de Acevedo y a Luis Maisonave respectivamente.[291]

En el libro *Historia de Moca* se mencionan, entre otros, los nombres de los siguientes sitios y barrios: la Moquilla, el Coco, Cuchilla, Pozas (Capá) y Mamey.[292] La Moquilla pertenecía a Don Vicente Acevedo, Cuchilla a don Benito Soto y el Mamey de Máximo González. Por otra parte, El Coco se denominaba una finca de Gregorio Cordero en el barrio La Cruz y otra del mismo nombre en el Barrio Pueblo de Juan Nepomuceno Cardoza. En la actualidad al cruzar el Puente del río Culebrinas en la Carretera 110 se ubica un lugar conocido como el Paso del Coco. El nombre del sitio de Pozas corresponde actualmente al barrio Capá. Con el nombre de Pozas podemos relacionar las estancias nombradas La Ciénega, Anegadizo y El Caño y con el de Capá el de la estancia Capaez de María Avilés.

En el barrio Cuchillas se encuentra el sector Limón que lleva el nombre de la estancia de don Manuel Salas Cordero. Entre Cuchillas y Aceitunas hay un lugar conocido como Los Fondos (Fundos) en el cual todavía se conoce la finca Las Palmas que era originalmente de Pedro Laguer. Ubicado en los barrios Voladoras y Rocha esta el sector Magueyes, ese era el nombre de una estancia de Francisco Rosario. En Rocha se encontraba la estancia del mismo nombre que era de Julián López Pitrat y en el mismo barrio en la colindancia con Isabela existe el sector Arenales que fue de Francisco Pérez.[293]

D.   Lo que nos dicen los nombres de las estancias y haciendas.

Al estudiar los nombres de las estancias y haciendas de Moca comprendí que cada uno de ellos tenía un valor muy particular y sentimental. Muchos expresaban sus sueños, esperanzas y frustraciones como son por ejemplo: La Esperanza, El Refugio, La Templanza, Feliz, El Apuro, La Tristeza, La Virtud, La Suerte, El Placer, Paciencia, La Caridad o la Soledad. El deseo de perpetuar los nombres de sus seres amados como, Narciso, Manuela, Teresa, Helia, Facunda, Isabel, Fermín, Margarita, Petra y Sofía.

Su amor por la flora y la fauna se aprecian en: El Naranjo, El Tamarindo, El Yagrumo, El Guaraguao, El Achiote, La China, El Coco, El Aguacate, Caimito, Mamey, Helecho, Mangó, Piñal, La Salvia, La Cidra,

[291]. AGPR. Protocolos Notariales. Año 1863. Caja 1434. f.5.
[292]. AGPR. FG. Serie Censo y Riquezas. Año, 1863. Caja 15.
[293]. Ibíd.

Granada, Algarrobo, Los Hicacos, Limón, Espino, Caña Dulce, Malanga, El Yautial, Guineos, Bambú, La Mora, La Jagua, Emajagua, Anón, Higuero, Guayabo, Higuillo, Arroz, Las Rosas, El Clavel, El Capullo, El Roble, El Águila, Mariposa, Hormiga y La Paloma.

Por su ubicación le llamaban El Barrancón, Pedernal, Maleza, Pastillo, Ciénega, Piedras, Piedra Grande, Lomita, El Trillo, Farallón, Barrancas, Arenal, Pantano y Sumideros. Por las estaciones del tiempo se nombraban La Primavera, El Otoño y El Invierno. Con nombres muy originales estaban: Sabina, Esconsonera, Trabuque, Fendal, Burgués, Camafeo, Yrurena, Campanet, Vina Zalen, Las Brujas y La Parca. Cada nombre tenía un significado muy particular con el que se evocaba y, a la vez, se representaba la vida del campesino y sus luchas por sobrevivir.

Capítulo V. La mano de obra en las haciendas

A. Los jornaleros

A finales de la década del 1830 llegó a Puerto Rico el gobernador Miguel López de Baños para sustituir a Francisco Moreda y Prieto. Con la llegada de López llegó también su famosa ley o código contra los vagos. Bajo esta ley se declaraba vago a las personas mayores de 16 años que no tenían rentas, profesión u oficios. Por tal razón, se crearon las Juntas de Vagos, con el fin de obligar a los jornaleros a trabajar en las haciendas. Dicha ley pretendía controlar a las personas que, en lugar de trabajar, se dedicaban a vagar por los pueblos y campos de la Isla. Para llevar el control se estableció en cada pueblo un registro de jornaleros. Este proceso se amplió en 1848 con la llegada a Puerto Rico del gobernador Juan de la Pezuela. Éste añadió al registro existente la famosa Ley de las Libretas de Jornaleros. La nueva ley determinaba que todo jornalero debía llevar consigo una libreta donde se anotaba cuánto ganaba y la conducta observada por éste. Además, no se podía emplear a un jornalero si tenía deudas con el patrón anterior.

La práctica de clasificar a la persona como jornalero no finalizó con la salida de Juan de la Pezuela en el año 1851. Al contrario, el gobernador Félix María de Messina extendió dicha clasificación a las personas mayores de 14 años que se emplearan en el servicio doméstico en hogares ajenos. Dicha orden se ejecutó mediante una circular dictada el 11 de mayo de 1864, para que la Junta Municipal de cada pueblo realizara el empadronamiento y registro de los mismos.

En el artículo primero del Reglamento de Moca se establecía que todos aquellos que carecieran de medios propios para poder subsistir y se vieran en la necesidad de alquilarse al servicio doméstico de otras personas, eran jornaleros. En el segundo artículo se proveía para las instrucciones del registro. En el tercero, la obligación de tener una libreta con su número de registro. El cuarto señala que debía tener el nombre del patrón, así como la conducta observada por el jornalero. En el quinto se obligaba al patrón a pagarle diariamente, por semana o por mes y en efectivo. En el siguiente se advertía al patrono que si mentía sobre la conducta del jornalero, se le impondría una multa de seis pesos, si era la primera vez; el doble, la segunda, y en la tercera, no se recibirá su información, con lo cual perdía el derecho a emplear jornaleros. Los restantes artículos, hasta el número once, corresponden a las responsabilidades en el trabajo y el deber de acudir el día primero de cada mes ante las autoridades pertinentes para revisar sus libretas y tomar nota de su comportamiento.

Según las leyes establecidas sobre los jornaleros, en Moca se registraron 50 jornaleras y 39 mozos de labor, correspondiente al año 1862.[294] Para el año 1864, encontré un censo que apuntaba 80 personas como jornaleros.[295] En la documentación de Moca aparece un reglamento para las jornaleras fechado el día 27 de junio de 1864.[296] El 31 de mayo de 1865 se informa la cantidad de 760 personas con la clasificación de jornaleros. [297]

Cuadro VII. Jornaleros de Moca

Año	Cantidad de jornaleros y mozos de labor
1862	89
1864	80
1865	760

Fuente: AGPR. Fondo de Gobernadores. Moca. Caja. 508. Ver el documento de las jornaleras del pueblo de Moca.

Sobre la movilidad de estos jornaleros pude encontrar información intere-sante y seguir la trayectoria de los mismos. Por ejemplo, en la lista de los jornaleros de Moca del año 1864, identifiqué tres personas que se mudaron para el pueblo de Aguadilla; a su vez, una persona llegó a Moca desde allá. Del pueblo de Lares llegaron dos individuos, mientras que de Moca salieron tres hacia ese pueblo. Para Pepino y Adjuntas se mudaron dos personas, y para Añasco, Isabela y Camuy se fueron tres respectivamente. Dos jornaleros se dieron de baja por muerte y seis se convirtieron en arrendatarios.[298] Todo esto significa que había una alta movilidad de la gente entre los pueblos del área. El contrato de arrendamiento era una de las posibles formas de salir de la clasificación de jornaleros. Dicho contrato debía efectuarse ante un notario para legalizarse.

Hacia el mes de junio de 1849 existían en el pueblo de Moca 460 personas con contratos de arrendamiento. Eventualmente, parte de ese grupo cambió de clasificación. A la categoría de propietario cambiaron 77 personas, de las cuales sólo 12 eran solteros y los demás jefes de familias. Un grupo de 32 padres de familias y 45 solteros pasaron a realizar labor de mozos asalariados. Otro grupo de 40 individuos quedó como jornaleros agregados de las fincas: 35 de ellos tenían familias a su cargo y 5 eran solteros. Los

---

[294]. AGPR. Fondo de Gobernadores. Moca. Caja 508.
[295]. Ibíd.
[296]. Ver el documento de las jornaleras del pueblo de Moca.
[297]. AGPR. Fondo de Gobernadores. Caja 510.
[298]. Ibíd.

restantes 266, compuestos por 123 jefes de familias y 26 solteros, continuaron bajo contratos de arrendamiento.[299]

El reparto del año 1852 nos demuestra que en Moca había 252 personas con cánones de arrendamiento, lo cual equivalía a un 23.6 % de los jornaleros que habían cambiado de estatus. Por otro lado, aparecen 139 personas como agregadas de algún propietario, que es lo mismo que el 13% de los jornaleros, de un total de 1,066 jornaleros que había en el pueblo. Esto quiere decir que el 36.6% de los jornaleros de Moca lograron salir de tal clasificación y un 63.4% no logró cambiar de condición.[300]

De los 252 arrendatarios, 32 tenían contratos con sus padres y 18 con propietarios de su mismo apellido, lo que significa que posiblemente estaban emparentados. En el caso de los agregados ocurría algo parecido, 19 de ellos vivían en las fincas de sus padres y 23 con individuos que tenían sus mismos apellidos, pero no pude comprobar si eran sus familiares inmediatos. Lo cual nos deja un total de 92 personas que tenían contratos con sus padres o parientes cercanos. De todos los barrios, el de Cuchillas era el que más contratos de arrendamientos reportaba entre padres e hijos.

Si se observa, esto demuestra una mayor solidaridad entre los habitantes del barrio Cuchillas, pues en otros barrios ese fenómeno no se ve tan marcadamente. Según pude constatar con estos datos, la cooperación familiar era esencial a la hora de realizar un contrato para arrendar tierras y salir de la clasificación de jornalero. Las personas que no tenían un familiar o pariente con propiedades se veían condenadas a permanecer en condición de jornalero. También es significativo que la mayoría de dichos arreglos legales se realizara con los propios padres, lo cual era de esperarse, puesto que los padres que tenían propiedades les podían extender la mano a sus hijos para que no tuviesen que padecer la vida de jornaleros.

El grupo de agregados convertidos en propietarios y arrendatarios desarrollaron para el año 1852 los siguientes cultivos: 1.25 cuerdas de caña de azúcar, 2.25 cuerdas de algodón, 128.25 cuerdas de maíz, 153.5 cuerdas de café, 158.5 cuerdas de tubérculos, 251 cuerdas de arroz y 282.5 cuerdas de plátanos, para un gran total de 977 cuerdas de diferentes frutos. También tenían 139 animales, de los cuales 32 cabezas de ganado caballar, 21 de vacuno y 86 cerdos.[301] Como era de esperarse, la mayor parte de los frutos eran de cultivos anuales, puesto que los cultivos de arbustos y árboles frutales no eran estimulados por no ser los dueños de los terrenos. Además, dichos frutos eran utilizados para completar parte de la dieta básica de sus familias.

---

[299]. *Gaceta de Puerto Rico*. Núm. 15. Vol. 20, 4 de febrero de 1851. p. 1-2.
[300]. AGPR. Fondo de Gobernadores. Caja 508.
[301]. Ibíd.

Ya fuese para obtener ingresos o para completar su sustento, las aportaciones de los arrendatarios se pueden considerar como sustanciales a la economía de Moca, tanto en el área agrícola como la ganadera.

B.   Esclavos y libertos

Un elemento importante aunque no exclusivo de la economía, tanto de Moca como de toda la Isla, fue la fuerza trabajadora de los habitantes negros y mulatos. Éstos se desempeñaron en las labores domésticas en las casas y negocios, así como en los trabajos del campo. Los esclavos negros y los jornaleros fueron principalmente quienes se enfrentaron a las arduas tareas de los cultivos de caña y frutos menores en las estancias y haciendas de las clases acomodadas.

En Moca los primeros datos referentes a los negros pertenecen a los años 1775 y 1776, en donde se señalan dos familias de esclavos. La primera estaba compuesta por Domingo y María y su hijo Benito, propiedad de don José de Quiñones del barrio Palmar. La segunda estaba formada por José y Juana y su hijo Matías de don José Pérez del barrio Capá. Además estaba Juana con un niño no reconocido, llamado Nicolás, ambos pertenecían a don Andrés González del barrio de Las Marías. Para el año 1777 se registra la boda de Andrés esclavo de Marta Santiago con Francisca Rivera. [302]

Luego para el 1779 se menciona que en Moca había tres negros esclavos y cuatro negras esclavas junto a ocho niños y nueve niñas esclavos. Bajo esas mismas categorías existían 77 mulatos, 78 mulatas y 43 niños y niñas. También se clasificaban a otros grupos de personas como negros libres. Bajo esta categoría aparecen 6 matrimonios con 17 descendientes.

Resulta interesante que en los libros parroquiales consultados correspondientes a los años del 1775 a 1799 no se registra ni una sola persona de la raza negra procedente de otro país. Esto nos demuestra que en el caso de Moca el crecimiento de la población negra era estimulado principalmente a través de las uniones matrimoniales, como se demuestra en un informe encontrado sobre el número de matrimonios de esclavos realizados entre los años 1787 hasta el 1824 en Moca.[303] Al observar el informe se puede apreciar que en un periodo de 13 años se realizaron más de 157 matrimonios entre los esclavos, equivalentes a más de 12 matrimonios por año. Durante ese espacio

---

[302]. A.P.M. Libro I de Bautismos, Año 1775-1782. Libro II, de Matrimonios, Años 1775- 1785.
[303]. Encontrado como un documento suelto insertado en los libros parroquiales. Dicho informe recoge los matrimonios realizados en Moca a partir de enero hasta agosto de cada año señalado anteriormente, aparentemente el resto de la información estaba en otra hoja de papel que no se conserva, puesto que la columna del total por año no aparece.

de tiempo los años con el menor número de matrimonios fueron los siguientes: 1787, 1788, 1794 y 1797 con menos de nueve enlaces anuales. Los meses más activos para realizar matrimonios eran enero, febrero y agosto.

El mismo informe registra un aumento considerable en las bodas celebradas entre los esclavos para los años 1800 al 1824. En ese término, se formaron 312 nuevas familias de esclavos para un promedio de 26 matrimonios anuales, con la excepción del año 1812 en el que sólo se realizaron nueve matrimonios. La población total de negros en Moca para el 1779 era de 24 negros esclavos, 218 mulatos y 29 negros libres para una población total de 271 personas, lo que equivalía al 20% del total de los habitantes.[304]

Los próximos datos pertenecen al año 1783. Durante este quinquenio se aprecian los siguientes cambios en las distintas categorías de las personas clasificadas como negros. En relación con los esclavos de ambos sexos se da un aumento de 24 a 27 personas, entre el sexo masculino se incrementa de 3 a 11 esclavos. En el caso de las mujeres de 4 a 9. Los niños, a su vez, bajaron de 8 a 4 y las niñas de 9 a 3. La aparente baja de menores podría deberse a que en ese tiempo los que eran niños en el año 1779 habían pasado a clasificarse como adultos, habían muerto o los habían vendidos.

En relación con los grupos de mulatos, se aprecia un cambio drástico, cuando se señala que bajaron de 218 a 43 individuos. Esto no es de extrañar, pues como se sabe, los esclavos, fuesen negros o mulatos, eran propiedad de los amos y éstos podían disponer de ellos de acuerdo con sus necesidades.

Entre los principales esclavistas de Moca para los años 1775 al 1785 se encontraba el fundador don José de Quiñones y el Capitán José Pérez de Gerena, con 6 individuos cada uno, seguidos por Marta de Santiago, Eusebio Jiménez y Andrés González, con 4 esclavos cada uno. Don José de Quiñones tenía entre sus esclavos un matrimonio compuesto por Domingo y María, con un niño nombrado Benito. Don Andrés González y José Pérez de Gerena tenían dos parejas de esclavos, con un hijo cada una y Marta Santiago tenía dos parejas también, pero sin hijos.[305]

---

[304]. AGPR. Colecciones Particulares de Francisco Scarano. En adelante como Colección Scarano.
[305]. A.P.M. Libro Núm. 2, de Matrimonios, Año, 1775-1788. Libro primero donde se asientan las partidas de bautismos de la Parroquia Nuestra Señora de la Monserrate. Años 1775-1782.

Cuadro VIII. Matrimonios de esclavos realizados en Moca entre 1787-1799.

AÑO	ENERO	FEB.	MAR.	ABRIL	MAYO	JUNIO	JULIO	AGO.	SUB-TOTAL
1787	4	3	1						8
1788	2	1	3					2	8
1789	3		1		2	3		1	10
1790	5	1		1	4		1	1	13
1791	4	3	2			1	1	5	16
1792	1	1	1	1	2		1	4	11
1793	2	3		2	3	2	1	2	15
1794	1	1		2	1				5
1795	4	2	1	1	2	1		3	14
1796	5	5	1	1			1	1	14
1797	1	4	1	1		1		1	9
1798	6	7	5	1	1	1	1	3	25
1799	4					2	2	1	9

En el siguiente quinquenio del año 1788, encontramos un alza en el grupo de las personas clasificadas como negras, al subir de 27 que había en 1783 a 31 para el 1788. Los mulatos también tuvieron un incremento de 43 a 132. De los negros libres se muestra una reducción de 29 personas a 14. Sin embargo, aún así se resalta una baja de 271 que existía en el 1783, a 177 para el año 1788, lo cual significa un reducción de un 34 %, lo que dejaba un población negra de un 11%, en comparación con el año 1779.[306] Para el año 1792 había una familia de esclavos formada por Marcos y su esposa Baltazara, más tres hijos, propiedad de don Alonso González. También existía una familia de esclavos integrada por Nicolás, su esposa María y una niña llamada María, que era propiedad de la parroquia de Moca.[307]

Hacia en el año 1793 el crecimiento de la población era muy lento, sólo se dio un aumento de 13 personas equivalente a 1.2%, para conformar un 12.9 % de la población total del municipio. Un dato curioso es que la población de libertos o negros libres subió en Moca de 14 que había en 1788, a 96 para el año 1793. Mientras en el caso de los mulatos se registra una baja de 132 personas, a 42. [308] Esta disminución se vio reflejada en el número de matrimonios que se realizaron al siguiente año de 1794, el cual fue sólo de 5 parejas.[309]

---

[306]. Colección Scarano.
[307]. A.P.M. Libro Núm. 2, de Matrimonio, Año, 1775-1788. Libro primero de bautismos. Años 1775-1782. Tabla VI. Esclavos y esclavistas de Moca entre 1775 al 1785.
[308]. Colección Scarano.
[309]. A.P.M. Libro Núm. 2, de Matrimonio, Año, 1775-1788. Libro primero de bautismos. Años 1775-1782.

A partir del año 1798 se comienza a ver un aumento considerable en todos los grupos de personas clasificadas como negros, mulatos y negros libres. El grupo de esclavos negros aumentó a 17 individuos; los esclavos mulatos a 35 y los negros libres a 37 personas. Estos números representaban el 15.9% de la población de Moca. [310]

En los primeros 10 años del siglo XIX los principales esclavistas de Moca eran Don Pedro Abadía con 54 esclavos de los cuales 18 eran menores de 10 años de edad. Le seguían José de Quiñones con trece y Pedro Lassalle con once esclavos respectivamente. Con ocho, estaban María Morales y Manuel González. Como dueños de seis esclavos estaban Lázaro de la Cruz, Pedro Anglada, José López de Segura. Con cinco se encontraban Francisco de Quiñones, Alonso González y Martín Lorenzo de Acevedo. Como propietarios de cuatro individuos se encontraban José Cabal, Pedro Pellot y el Presbítero Juan Mancebo con tres.[311]

Es a partir de esa fecha de 1810, que se registra la llegada de los primeros esclavos procedentes de otros lugares. De Santo Domingo, llegaron 2 individuos que trajo Pedro Lassalle junto a otros dos esclavos de origen carabalí. Pedro Abadía llegó con uno de Haití, otro de Santo Domingo, y otros dos procedentes de Tortóla y el Congo respectivamente. El Presbítero Juan Mancebo y María Torres trajeron dos esclavos cada uno, todos naturales de Santo Domingo. A esa misma fecha Martín Lorenzo de Acevedo adquirió dos de origen carabalí y dos del Congo. Además Francisco Quiñones, Pedro Anglada y Pedro Pellot compraron un esclavo cada uno, los tres esclavos eran procedentes de Guinea, África. [312]

En la segunda década del siglo XIX, los mayores esclavistas eran Pedro Abadía con 35 esclavos de los cuales 15 eran bozales,[313] Pedro Pellot con 24 y José de Quiñones con 12, En segundo lugar estaban Martín Lorenzo, Pedro Lassalle hijo, y Juan Cordero, con nueve cada uno. Le seguía un grupo compuesto por Juan González, Francisco Quiñones con ocho y María Victoria DelPech viuda de Pedro Lassalle con siete.[314]

De un total de 202 esclavos divididos entre 42 esclavistas identificados en los libros de la Parroquia, había un número de 46 de ellos traídos del

---

[310]. Ibíd. Para ese año se registraban 200 personas clasificadas como pardos. Éstos no se tomaron en cuenta al estudiar los grupos de negros. Los pardos son considerados por algunos historiadores como descendientes de indígenas.

[311]. Ver Tabla VII. Esclavos y esclavistas de Moca entre 1800 al 1810.

[312]. A.P.M. Libro, Núm. 5, de Bautismos de la Parroquia de Moca. Año 18.00-1810.

[313]. Bozales eran negros llegados directamente de África. No se acostumbraba a tener demasiados esclavos del mismo lugar, especialmente del mismo idioma para evitar levantamientos.

[314]. A. P. M. Libro Núm. 6 de Bautismos, Año 1811-1813.; Libro Núm. III, de Matrimonios. Años 1813-1824; Libro, Núm. 5 de Bautismos, Año 1800-1810.

exterior, lo que equivalía al 20% de los esclavos. Los mismos se dividían de la siguiente forma: 19 bozales, 15 de Guinea, 3 del Congo, 4 carabalíes, 4 de Santo Domingo y 1 de Tórtola.

Sin embargo, la información más completa es la que pude obtener de un documento fechado el 29 de diciembre de 1826 titulado *Relación de Esclavos constantes en el Partido de la Moca, con especificaciones de sexos, edades y propietario.* Según dicho documento el principal esclavista era Francisco Carrillo con la impresionante suma de 139 esclavos. En segundo lugar se encontraba Pedro Lassalle con 47, seguido de Juan Pedro Maisonave con 35 esclavos. En tercer lugar estaban con 20 o más Antonio Rivera Quiñones, Martín Lorenzo, Vicente Quiñones, Manuel González y Pedro Lequerica. Por último aparecían Manuel González hijo, Máximo González, Juan F. Cordero, Germán Legrant y Francisco Peña con cantidades entre 10 y 12. El 39% eran mujeres y el 61% varones. De una población esclava de 684 individuos 458 eran menores de 40 años equivalentes al 67% del total. Dentro de ese mismo renglón, 151 eran menores de diez años de edad para un 22%. En conclusión se puede establecer que era una fuerza trabajadora joven y productiva, pues solamente siete personas contaban con más de 60 años.[315]

Otro aspecto que resalta al estudiar las fuentes eclesiásticas es que de un número de 45 familias estudiadas sólo aparecen 45 hijos, mientras que de otro grupo compuesto por 46 negras esclavas solteras se registra un total de 62 hijos lo que nos indica que los hijos ilegítimos predominaban entre los esclavos. Dentro de este grupo ocasionalmente se encontraban hijos de los propios hacendados, a los que a veces les concedían la libertad. Tan poco se puede olvidar que el nacimiento de un niño legítimo o no, representaba un aumento de capital para los amos.[316]

Según la documentación del año 1847, en las faenas agrícolas empleaban 418 esclavos en todo el municipio. El principal esclavista era Juan Pellot con 105 esclavos seguido de Vicente Quiñones con 50 y Luis Maisonave con 45. La mayor parte de los esclavos estaba distribuida entre los barrios de Aceitunas, Pueblo, Centro y Rocha. Los que menos esclavos tenían empleados en la agricultura eran Cuchillas, Plata, Las Marías y Cerro Gordo. En relación a los empleados en el servicio doméstico no encontré información relacionada para esa fecha.[317]

---

[315]. Tabla VIII. Relación de Esclavos constantes en el Partido de la Moca, con especificaciones de sexos, edades y propietarios, Año 1826.

[316]. Ibíd. Ver las siguientes tablas: Tabla IX. Identificación de matrimonios de esclavos registrados por la iglesia en Moca entre 1792-1821. ; Tabla X. Parejas de esclavos en Moca siglo XIX.; Tabla XI. Hijos naturales de esclavas en Moca Siglo XIX.

[317]. AGPR. Censo y Riqueza Caja 15.

Resulta interesante, aunque no extraña, la participación de los religiosos en la compra y venta de esclavos, como lo demuestra el caso del cura Párroco José Balbino David, quien se desempañó en su cargo desde 1848 hasta 1852. Aunque no pude identificar si nació en Moca, por lo menos tenía viviendo aquí a sus hermanas Cipriana David esposa de Don Benito Rivera y a Salvadora David la esposa de Baldomero San Antonio.

Lo que más llama la atención de las actividades del cura David, no fue su labor religiosa sino su constante participación en la compra, venta y permuta de esclavos. Por ejemplo, para el 1848 compró una esclavita criolla llamada Inés, de 5 años de edad, a Tomás Soto por la suma de 80 pesos. [318] Ese mismo año adquirió de manos de Doña Juliana un esclavo de 30 años, natural de África llamado Juan por 300 pesos y otro criollo nombrado Juan Celedonio de 14 años de edad, a Juan Ángel (Manuel) Morales por 225 pesos. [319] Al siguiente año vendió a Manuel Babilonia dos esclavos, uno llamado Alejandro natural de África de 28 años edad y otro de nombre Francisco, criollo y de 25 años, ambos por la suma de 750 pesos.[320] Ese mismo año, le vendió a Cristóbal Benejam su esclavo llamado Juan, que le había comprado el año anterior a Doña Juliana y otro a Domingo Domínguez llamado Francisco de 19 años de edad, por la suma de 300 pesos.[321]

El 27 de febrero de 1849 le permutó el esclavo Juan Celedonio a Francisco Rivera, por otro natural de Curazao y le devolvió 125 pesos.[322] Luego en 1851 le vendió a su hermana Cipriana una esclava de 19 años con una niña de dos meses y otra llamada María de 20 años de edad, por 750 pesos. [323] Para esa misma fecha le vendió a su otra hermana Salvadora una esclava llamada María Estanislada, criolla de 15 años de edad, por la cantidad de 350 pesos.[324]

Como se puede ver en este ejemplo, en un terminó de 4 años que estuvo en la dirección de la parroquia realizó un número considerable de transacciones esclavistas, dado el caso de que se supone que su trabajo principal era atender a los asuntos de la iglesia y no la compra-venta de esclavos, sin contar con otros negocio que realizó en bienes raíces durante esos mismos años.

---

[318]. Ibíd. Protocolos Notariales de Moca. Año 1848. Caja 1444. f. 40.
[319]. Ibíd. f. 19 y 20.
[320]. Ibíd. Año 1849. f. 22.
[321]. Ibíd. f. 4. ; f. 9.
[322]. Ibíd. f. 80.
[323]. Ibíd. Año 1851. f. 15
[324]. Ibíd. f.18.

Para el 1859 encontré que el barrio Pueblo utilizaba la suma de 86 esclavos en las tareas agrícolas. Los esclavistas principales eran Vicente Quiñones con 40 esclavos, José Miguel Deynes con 20 y Manuel Quintana con 13.[325] Como se puede apreciar se registra un aumento en el grupo de los esclavos, principalmente entre los que procedían del extranjero; sin duda, dicho incremento estaba ligado a la necesidad de contar con una mayor cantidad de mano de obra para continuar con el desarrollo de la economía agrícola que tomaba auge a partir de finales del siglo XVIII y principios del XIX. Crecimiento que fue interrumpido por la abolición de la esclavizad el 22 de marzo del 1873.

---

[325]. Ibíd. 15. AGPR. GE. Serie Asuntos Políticos y esclavos. Año 1860-1869. Caja 69.

Capítulo VI: La educación formal de los habitantes de Moca

A.   Educación en Moca durante la época española.

Para comprender la realidad de la educación en Puerto Rico a finales del siglo XVIII, no necesitamos más que ver el planteamiento que hizo el Mariscal de Campo Alejandro O'Reilly, cuando dijo: "en toda la isla no hay más que dos escuelas de niños... fuera de Puerto Rico, en la Villa de San Germán pocos saben leer..."[326] Con el objetivo de modificar las condiciones de la Isla para fines del siglo XVIII, el gobernador Miguel de Muesas preparó un documento que sirvió como una especie de guía, donde se daban recomendaciones a los Tenientes a Guerra sobre distintos asuntos, entre los que se encontraba la educación. Con relación a este tema se recomendaba en los pueblos que "una persona de buena reputación se dedicara a la enseñanza de los niños, exigiéndose que cada padre mandara por lo menos uno de cada dos hijos a la escuela."[327]

En Moca, la petición para fundar una escuela "con el fin de instruir a la juventud" se dio en el año 1820.[328] **El primer maestro** que llegó a ocupar la plaza fue don Alfonso García y Bravo, quien fuera nombrado en agosto del 1821 y trabajó hasta el día 5 de agosto del 1822. El siguiente año escolar compitió por la plaza don Felipe Otaño, un emigrado de Costa Firme (Venezuela) que había llegado a la Isla como consecuencia de la guerra de independencia que acaudillaba Simón Bolívar contra España.[329] El maestro Felipe Otaño enfermó y murió al año siguiente, por lo que fue necesario sustituirlo por don Pedro Aboy. El maestro Aboy parece que no duró mucho en el puesto, porque, según un parte informativo, para el verano de 1823 no existía escuela pública ni privada en el pueblo de Moca.[330]

Luego de buscar un buen candidato, la plaza se cubrió el 23 de septiembre de 1823 por el maestro José Torres de Otero, con un sueldo de 300 pesos al año.[331] El maestro Torres tampoco permaneció mucho en el cargo y fue sustituido por el maestro Manuel Bermúdez en el año 1824.[332] Se sabe

---

[326]. Eugenio, Fernández Méndez. *Crónicas de Puerto Rico*. Editorial Universitaria. UPR.: Río Piedras, P. R. 1981. p 242.
[327]. Blanca Silvestrini y María Dolores Luque. *Historia de Puerto Rico: Trayectoria de un Pueblo.* Editorial La Biblioteca, Inc. 1988, p.188.
[328]. AGPR. Fondo de Gobernadores Españoles. Mayagüez-Moca. Caja 509. Año, 1822.
[329]. Ibíd.
[330]. Ibíd. Fondo Diputación Provincial. Caja 314.
[331]. Ibíd. Fondo de Gobernadores Españoles. Mayagüez-Moca. Caja 509. Año 1822.
[332]. Ibíd. Gobernadores Españoles. Visita a Moca. Caja 190.

que el municipio pagaba el sueldo del maestro en el año 1828, aunque no pude identificar quién era el que ocupaba la plaza.

Entre los años 1828 a 1846, fue poco lo que encontré relacionado a la educación, sin embargo, quiero destacar que el primer mocano que se registra en la historia del pueblo como graduado del Seminario Conciliar fue Benigno Vázquez el 4 de noviembre de 1830.[333] Para el 1832 fueron becados 12 alumnos del pueblo de Moca para estudiar en el Seminario Conciliar de San Juan, entre los que se destacaron Norberto García Acevedo, quien llegó a ser profesor del Seminario Conciliar de Puerto Rico para el año 1836, por lo tanto es el primer profesor a nivel universitario que se registra en Moca. Además de los mencionados, pude identificar a Andrés Méndez Acevedo, Cristóbal Benejam Domínguez y Francisco Palanca. [334] También es significativo que en el 1870 el Inspector General de Instrucción Pública de la Isla fuera el mocano Don Adolfo Babilonia Quiñones graduado de la Academia Real de Barcelona.[335]

Según la declaración de Pedro Tomás de Córdova, lamentablemente las autoridades de Moca decidieron cerrar la escuela porque "no concurría ningún estudiante a ella". [336] La escuela se abrió nuevamente para el año 1846 y se menciona que todas las plazas estaban ocupadas. [337] En esa época, existía en Moca una escuela con dos grupos de estudiantes, uno de niños y otro de niñas. El sueldo del maestro era de 300 pesos y el de la maestra de 150 pesos anuales.[338] Las siguientes noticias sobre la educación datan del año 1851, cuando aparece un anuncio en el periódico La Gaceta, ofreciendo la plaza de la escuela de niños del pueblo de Moca. [339] Luego aparece otro dato muy importante en el 1853, en el cual se indica que la matrícula escolar de Moca era de 37 alumnos.[340]

En el campo educativo se operaron en Puerto Rico algunos cambios a través de un Decreto Orgánico que se dictó el 10 de junio del 1865. Dicha ley establecía el número y tipo de escuelas que debía tener cada pueblo según su categoría. En el caso de Moca fue considerado como un pueblo de segunda categoría, bajo cuya clasificación no tenía derecho a establecer escuela de nivel superior. Por derecho le correspondía una escuela para un maestro con

[333]. Cayetano Coll y Toste. *Historia de la Instrucción en P.R.* Vol.I. San Juan. pp. 39- 40.
[334]. *El Visitante.* 25 de enero de 1976. p. 9.
[335]. Ibíd. Entrevista realizada a Gaspar Matías Babilonia, en el Barrio Las Marías de Aguada, por Antonio Nieves el 8 de marzo de 2005.
[336]. Pedro Tomás de Córdova. *Memorias de la Isla de Puerto Rico.* Tomo VI. Año 1827. p.258.
[337]. Ibíd. Departamento de Interior. Leg. 47. Exp. 7.
[338]. *Gaceta de Puerto Rico.* Núm. 95., 8 de agosto de 1846. p.2.
[339]. AGPR. Fondo de Gobernadores. Mayagüez-Moca. Caja 509. Año 1848.
[340]. *Gaceta de Puerto Rico.* Núm. 13., Vol. 20., 31 de enero de 1851. p. 4.

el título de ayudante de escuela superior, con un sueldo de 1,220 escudos (600 pesos) anuales y 4 escuelas incompletas para ser ubicadas en los barrios, con un sueldo de 360 escudos (180 pesos) anuales por cada maestro.[341] La escuela superior más cerca de Moca era la del pueblo de Aguadilla.

Por otra parte, el proyecto establecía que se fundase una escuela superior modelo para niños en San Juan. La misma debería situarse frente a la Catedral y cuyo propósito era convertirla más tarde en una escuela para preparar maestros, los cuales luego pasarían a ocupar las plazas en los distintos pueblos del país. Cada municipio debía contribuir con una cantidad de dinero anual. Al pueblo de Moca le correspondió una aportación de 168 escudos. Dicha escuela estaba pautada para inaugurarse en noviembre del 1866. Además, se creó la Junta de Instrucción Superior de Puerto Rico, a la que Moca debía contribuir con 41.45 pesos anuales.[342]

El mismo Decreto, en el artículo Núm. 8, dejaba establecida una Junta Local de Instrucción en cada pueblo. En el caso de Moca, la presidencia de dicha Junta fue ocupada por don Salvador Valls y Bruguera, como Alcalde del pueblo. La vice-presidencia le correspondió a don Rafael Darío Audinot, como Cura Párroco. El primer secretario fue Norberto García y los vocales Félix Echevarría, doña Zoila Rosa Descartes de Valls y doña Carmen Rivera.[343] El presupuesto de 1876 dedicado para la educación en Moca era de 250 pesos anuales para útiles y mobiliario, 74 pesos para el alquiler de los salones y 36 pesos para el sueldo de la secretaria.[344] La clase magisterial de Moca estaba compuesta por don Cecilio Ortiz, Antón de Lovera y don Valentín Braso y Torruellas, como maestros de la escuela de niños y doña Amelia Izquierdo y Sanz,[345] como maestra de niñas. Existían, además, las escuelas de Cuchillas, Aceituna, Voladoras y Las Marías.[346]

Otro punto que debemos considerar para el pueblo de Moca es la cantidad de personas que sabían leer y escribir ese año de 1776. El principal grupo que sabía leer y escribir pertenecía a la raza blanca; del cual 513 varones leían y escribían y 306 sabían leer solamente. Entre las mujeres, 300 leían y escribían y 68 sabían leer solamente. El resto de los 3,287 varones y 3,545 mujeres no dominaban ni la lectura ni la escritura. En cambio, entre los

[341]. AGPR. Fondo de Obras Públicas. Serie Obras Municipales. Leg. 47. Exp. 6. Caja 80. Año 1866.
[342]. *Gaceta de Puerto Rico*. Núm. 47. , 19 de abril de 1866. s. p.
[343]. Ibíd. Núm. 94., 7 de agosto de 1875, p. 1-2.
[344]. Ibíd. Núm. 47., 19 de abril de 1866. s.p.
[345]. Ibíd. Núm. 116., 28 de septiembre de 1875. p.4.
[346]. Manuel Ubeda. *Puerto Rico: Estudio Histórico y Estadístico*. Tipografía del Boletín. Año, 1876, p. 180.

negros, sólo 100 varones y 40 mujeres dominaban la escritura y la lectura. Entre los que dominaban la fase de la lectura había 40 varones y 20 mujeres. El resto de los 569 varones y 402 mujeres carecían de las destrezas de escritura y lectura del idioma. Lo que significa que de 9,190 habitantes que tenía Moca, únicamente el 10 % de la población, sabía leer y escribir. El 4.7 % podía leer, pero no dominaba el arte de la escritura y 85.3% carecía del más mínimo grado de educación escolar.

B. El sistema de evaluación de los maestros en Moca para el siglo 19.

Muy interesante resulta ser la documentación relacionada con la educación en Moca para el año 1879, en la que se describe la evaluación de los distintos maestros. Véanse los siguientes informes:

1. Don José Manuel González, se desempeñaba como maestro interino en la escuela pública; su actitud regular por estar algo enfermo. Moralidad intachable y de muy sanos principios.

2. Basilio Charneco, maestro de la escuela del barrio de Las Marías. Tiene bastante aplicación en el desempeño de su cargo y observaba una conducta moral ajustada a los más sanos principios.

3. Don Manuel de Jesús González, [347] maestro de la escuela de Cerro Gordo. Su aptitud para el trabajo era regular y bastante aplicado en su tarea. Respecto a su moralidad se señala como loable.

4. Celestino Pérez, maestro del barrio Capá. Para el 1879, tan sólo tenía dos meses de experiencia como maestro. Se mostraba aplicado y con buena aptitud. En el poco tiempo que llevaba viviendo en Moca mostraba moralidad y buena conducta.

5. Don Eduvigis González, maestro de la escuela de Rocha, con una aplicación bastante buena. Era hombre de moralidad y principios religiosos.

6. Doña Amalia Izquierdo y Sanz, procedente de España. Tenía una buena aptitud, mostraba buen desempeño en su trabajo y de una moralidad intachable. La maestra Izquierdo fue trasladada al pueblo de Dorado en el año 1880. [348]

---

[347]. Ibíd. Núm. 94., 7 de agosto de 1875. p. 1-2.; Núm. 26., 29 de febrero de 1876. p. 1. Doña Amalia Izquierdo y Sanz, fue la primera maestra que trabajó en Moca. Al igual que a don Alfonso García y Bravo, las nuevas generaciones deberían nombrar dos escuelas con el nombre de estos dos primeros forjadores de la educación en Moca.

[348]. Manuel González vino con su hermano y su padre procedentes del pueblo de Quebradillas.

C.   Currículo educativo:

En ese mismo año del 1880, había en Moca 6 maestros regulares y 12 de ciencias y artes. La población escolar era de 2,490 estudiantes, de los cuales sólo 156 asistían a la escuela. De esos, 26 niños y 4 niñas pertenecían a la clase social más elevada y los restantes 126 eran de las clases bajas. [349]

Los gastos para la educación ascendían a 1,969 pesos, distribuidos en los siguientes renglones: 1,675 para los sueldos de los maestros, 144 para pagar el alquiler de las escuelas, 100 para el mobiliario, 50 para libros y 60 para materiales didácticos. [350] La lista de los materiales didácticos resulta interesante porque nos da una idea de los ejercicios escolares que se ejecutaban. Entre los materiales didácticos que se usaban para los años 1880 encontramos los siguientes: 5 cristos, [351] 2 mapas, 2 cuadernos, 4 carteles de lectura, 5 cuadros métricos, 4 carteles de aritmética, 24 tinteros, 4 punteros, 2 pizarras, 2 abecedarios españoles y dos de inglés más un libro de máximas morales. [352]

El currículo de la escuela primaria para niños estaba compuesto de los siguientes cursos o clases: doctrinas cristianas, nociones de historia sagrada, lectura, escritura, gramática castellana elemental, aritmética, pesos y medidas, rudimentos de geografía y nociones de agricultura, industria y comercio. El currículo de la escuela superior incluía los siguientes cursos: principios de geometría, dibujo lineal, agrimensura, historia, geografía y nociones de física e historia natural. Debemos recordar que los estudiantes de Moca tenían que ir al pueblo de Aguadilla para estudiar el nivel superior. Las lecciones de doctrinas y moral le correspondían al cura, quien efectuaba dos exámenes semanales a los alumnos.

La educación para las niñas se limitaba a la enseñanza de labores propias del sexo, dibujo de labores e higiene doméstica. En Puerto Rico la educación era obligatoria para los niños y niñas entre las edades de 6 a 9 años de edad. Sin embargo, la realidad era que, de 2,490 estudiantes en edad escolar, sólo 156 asistían a clases regularmente. La educación era obligatoria cuando había una escuela cerca.[353] En cuanto al currículo se refiere, para el

---

[349]. AGPR. Fondo de Gobernadores. Caja. 510. Año 1879.
[350]. Ibíd.
[351]. Cristos eran cartillas alfabéticas, en las que antes del abecedario tenían dibujada una cruz, por ejemplo, + a,b,c,d... Cuando el niño comenzaba a decir el abecedario decía cristo, a,b, c... De aquí viene el refrán "No sabe ni el cristo", que significa: desconoce lo más elemental que es el abecedario o la cartilla fonética. Información suministrada por el Dr. Roberto Fernández.
[352]. *Gaceta de Puerto Rico*. Núm. 107., 4 de septiembre de 1880. p. 9.; Núm. 71., 12 de Julio de 1880. p 8.
[353]. Ibíd. Núm. 17., 7 de febrero de 1880. p.1.

año 1887 se añadieron los siguientes cursos: caligrafía, geografía general de España, historia de España y lecturas de versos, prosas y manuscritos. En el caso de las niñas se especificaban las labores que debían realizar, por ejemplo, labores de punto, costura, corte, confección de prendas de ropa interior, bordados y labores de adorno.[354] Existe una gran probabilidad de que la persona que enseño el arte del mundillo en Moca fuese la maestra española Amalia Izquierdo y Sanz allá para los años de 1879, ya que dentro de sus tareas estaba la enseñanza de labores de punto, adorno y bordados. Como podemos ver, la educación de la mujer estaba siempre relacionada con su función de ama de casa.

D.   Nivel de educación de los mocanos en el siglo 19.

Los censos nos ayudan a comprender mejor el alcance de la educación en el pueblo para el 1880. De la población blanca, 97 varones y 59 mujeres sabían leer y escribir. Los que dominaban la lectura solamente eran 383 varones y 196 mujeres blancas; el resto de los 4,156 varones y 3,932 mujeres de Moca no sabía leer ni escribir, lo cual equivalía a un 80% de la población. En el caso de los negros, 28 varones y 15 mujeres sabían leer y escribir y un grupo de 48 hombres y 43 mujeres sabían leer pero no escribir; los que no tenían instrucción eran 731 hombres y 474 mujeres. Resulta interesante que proporcionalmente la población negra contara con un 2% más alto que la población blanca que sabía leer y/o escribir, porque de 1,339 personas negras que vivían en el pueblo, el 10%, sabía leer y/o escribir; en cambio los blancos que dominaban las artes del lenguaje no llegaban al 10%.[355]

E.   Maestros y escuelas de Moca:

Los maestros del pueblo de Moca para el año 1882 eran don Manuel F. Monge, encargado de la escuela de niños del pueblo, y doña Josefa Sayans, de la escuela de niñas. En el barrio Las Marías estaba don Basilio Charneco, en Cerro Gordo don Baudilio López, en Capá el encargado era don Tomás Babilonia y en Voladoras don José Antonio Vázquez. Aunque se mencionan las escuelas de los barrios La Cruz, Rocha, Plata y Aceitunas, no hay documentos disponibles que aporten quiénes eran los maestros encargados. El presidente de la Junta Local de Instrucción del año 1883 era don Juan Miranda.[356] Para el año 1883, la profesora Josefa Sayans fue sustituida por la

---

[354]. Ibíd. Núm. 107., 4 de septiembre de 1880. p. 2-3.
[355]. Ibíd. Núm. 152., 20 de diciembre de 1887. p.3.
[356]. Ibíd. Núm. 148., Año. 1880. p. 2.

profesora Francisca C. Acosta y la plaza del barrio Voladoras pasó a manos de don Tomás Babilonia; y al barrio Capá enviaron a don Manuel González Cardoza. La escuela del barrio Centro estaba a cargo de Ramón Escaret.[357]

Con el objetivo de unificar la información de los expedientes de los maestros se estableció un modelo para el año 1888. En dicho expediente se incluía el nombre, edad, estado, categoría de la escuela que atendía, número de alumnos, asistencia diaria, fecha de expedición de su plaza y el modo como la había conseguido. Gracias a esa información pude conocer mejor los componentes de la clase magisterial de Moca durante el siglo XIX. [358] De los expedientes con el nuevo formato conseguí los del año 1893, lo que me ayudó conocer un poco más sobre los maestros del pueblo para finales del siglo. En la escuela elemental de pueblo estaba don Alcides San Antonio, quien tenía a esa fecha 17.5 años de servicios. La matrícula de su escuela era de 34 estudiantes, de los cuales 6 pertenecían a la clase pudiente y los restantes eran pobres. Según la clasificación por raza, 28 eran blancos y 6 negros. La escuela de niñas del pueblo estaba en manos de Carmen González Armas, quien tenía 3.4 años de experiencia y atendía 58 niñas, de las cuales 34 eran blancas y de la clase pudiente 17 estudiantes.

En el barrio Las Marías, el maestro era Basilio Charneco, con 18.2 años de experiencia y con una matrícula de 32 alumnos, de los cuales sólo 4 eran pudientes. En Voladoras, el maestro era Toribio Lassalle, y tenía 2.2 años de experiencia y atendía a 25 estudiantes, de los cuales 5 eran ricos. De los 25 estudiantes, 4 pertenecían a la raza negra. En Capá cubría la plaza Manuel de Jesús González Cardoza, tenía 8.6 años de experiencia y atendía 27 alumnos, de los cuales 4 eran ricos. En el barrio Centro, el maestro era César García Suárez, con 1.3 años de práctica y unos 19 niños, de esos 2 eran negros.[359]

Aunque sólo están disponible seis de los expedientes de los maestros y su matrícula, sabemos que para el 1895 a Manuel J. González lo trasladaron a la escuela de Cuchillas, mientras al pueblo fue destinado José Cosme Miranda; asimismo que en el 1897 ingresó como maestro don Alejandro Baldomada y Ramos.[360] Podemos tener una idea de la realidad educativa y socio-económica del pueblo de Moca para finales del siglo XIX, pues de una matrícula de 231 alumnos, 36 eran negros, lo cual equivale al 15% de la población estudiantil; por otra parte, la clase pudiente del pueblo estaba representada por 38 alumnos, lo que significaba un 16.4 % de la población.

[357]. Ibíd. Núm. 116., 28 de septiembre de 1882. p. 8.; Núm. 66., 2 de junio de 1883. p.6.
[358]. Ibíd. Núm. 71., 14 de junio de 1887. p.3.
[359]. Ibíd. Núm. 102., Año 1893. p.2.
[360]. Ibíd. Núm. 143., 7 de diciembre de 1893. p. 4.

Estos datos resultan interesantes si nos dejamos llevar que las características socio-económica de los niños se tomaban por sus padres, lo que demuestra cómo estaba compuesta la sociedad de aquella época. El grupo mayoritario eran los blancos pobres, mientras el minoritario los negros; la clase social más elevada no pasaba de un 16% de la población.

También es importante señalar que si los alumnos mostraban aprovechamiento académico, se les otorgaba un premio de 10 pesos anuales para los gastos de educación. [361] Aunque parezca insignificante, la suma de 10 pesos anuales, realmente era una cantidad significativa si tomamos en consideración que para esa época el sueldo anual de un jornalero, oscilaba entre 36 y 60 pesos al año.

En relación a los nombres de las escuelas de Moca la única que pude identificar por nombre fue la de Francisco Mariano Quiñones y estaba ubicada en la calle Luis Muñoz Rivera. Dicha escuela se cerró en 1929 por el deterioro sufrido debido a los temblores del 1918 y los efectos del ciclón San Felipe del 13 de septiembre de 1928. [362]

F. La educación en Puerto Rico con la llegada de los estadounidenses.

En el transcurso del año 1898 finaliza en Puerto Rico el dominio de los españoles. La llegada de los estadounidenses trajo grandes cambios en el sistema educativo de la Isla. Con esos fines, se publicaron en *La Gaceta* una serie de leyes relacionadas con el sistema de educación. En primer lugar se puso en vigencia un nuevo currículo en las escuelas del país. El mismo se hizo efectivo para el otoño del 1899. Bajo el nuevo plan, el español se limitaba a los primeros dos años de estudios, específicamente en las áreas de lectura y escritura, por un período de 20 minutos diarios. Después del sexto grado se le dedicaban al estudio de la gramática española sólo dos períodos a la semana. El programa de español estaba encaminado a desarrollar el interés por la lectura de las grandes obras maestras de la literatura hispana.

El inglés se iniciaba en el segundo grado, pero si la escuela se componía de tres grados, se empezaba en el primero. A partir del cuarto grado se ofrecían dos períodos al estudio de la historia de Estados Unidos y el Gobierno Civil. La aritmética constaba del estudio de numeración y operaciones básicas. El primero y segundo grados se enseñaba en español y del tercer grado en adelante las clases y los libros eran en inglés, aunque tenían un vocabulario en ambos idiomas. La geografía se dictaba en español y

---

[361]. Ibíd. Núm. 148., 10 de diciembre de 1895. pp. 9-10. 35. Ibíd. Núm. 147., 16 de diciembre de 1893. p.3.

[362]. AGPR. Documentos Municipales. Moca. Actas del Municipio del 5 de abril de 1930.   135 f.

junto a la música, dibujo, trabajo manual, escritura y ortografía, higiene y moral eran consideradas como asignaturas menores. La enseñanza de la asignatura de moral no debía estar bajo el control de la iglesia. El trabajo manual incluía agricultura para los varones y para las niñas arte y costura.

Se dieron órdenes concernientes a las Juntas Escolares. Bajo los nuevos poderes, dichas Juntas tenían potestad para nombrar a los maestros bajo las siguientes previsiones:

1. Debían anunciar las plazas vacantes en la *Gaceta Oficial* del gobierno, con diez días de anticipación.
2. Para nombrar un maestro debía tener ¾ partes de los votos de la Junta a su favor. Si era pariente de algún miembro de la Junta, debía recibir el endoso del 100% de los miembros de la Junta.
3. Una vez seleccionado el maestro, se debía informar al Director de Instrucción, para recibir su aprobación.
4. Luego de ser aprobado por el Director, se procedía a firmar un contrato por un año.
5. Si un maestro no podía cumplir con el contrato por razones de salud, se nombraba un sucesor.
6. Se podía prescindir de los servicios de un maestro si cometía actos de inmoralidad, por negligencia o por quebrantar la ley. Con el objetivo de clasificar las escuelas del país, se dictaron una serie de órdenes. Las mismas establecían que las escuelas de los barrios y aldeas que no tuviesen más de 50 alumnos se clasificaban como rural. En estas escuelas se permitía la educación para ambos sexos en el mismo salón. Cuando se pasaba de 50 alumnos se nombraban dos maestros. Si una escuela tenía cuatro grados o más, el maestro principal ejercía las funciones de Inspector y su título era Principal de Escuela. También especificaba que todos los salones debían ubicarse en el mismo lugar y se señalaba el espacio mínimo de un metro por metro y medio por cada estudiante.[363]

Para establecer escuelas superiores se dictó una orden en la cual se establecía que los municipios que tenían interés en establecer una escuela superior debían aportar 10 mil pesos anuales para la misma. La facultad de dicha escuela debía ser graduada de la Escuela Normal o de la Universidad y el profesor nombrado necesitaba conocer los métodos de enseñanza estadounidenses. El Principal debía conocer todas las asignaturas requeridas para ingresar a un colegio o universidad de los Estados Unidos.

---

[363]. *Gaceta de Puerto Rico*. Núm. 102., 30 de abril de 1899. pp. 2-3.

Los maestros puertorriqueños que tuviesen los títulos eran preferidos a la hora de contratar a la facultad. [364] Para conseguir sus títulos, los maestros que estaban en el sistema de educación bajo el dominio español debían tomar un examen; si lo aprobaban, se les certificaba. En el caso de Moca, los maestros que lograron sus títulos fueron Manuel de Jesús Gonzáles Cardoza, Toribio Lassalle Bourdón, Alcides San Antonio, José Cosme Miranda y Juan Bautista del Río. [365] Los demás se quedaron sin empleo.

Para el año 1899 en el pueblo de Moca había 7,328 niños y niñas que aún no asistían a la escuela. De toda la población adulta solamente 823 individuos sabían leer y escribir y 94 sabían leer únicamente. Para esa misma fecha se encontraban matriculados 180 alumnos en todas las escuelas de Moca. [366] Como hemos podido apreciar, estos fueron los orígenes de la educación en nuestro pueblo.

G. La educación de Moca a principios del siglo 20.

1. Escuelas y maestros

Tan pronto los estadounidenses ocuparon la Isla, identificaron el analfabetismo como uno de los problemas principales para establecer su cultura y americanizar el nuevo país. En Puerto Rico, la proporción de alumnos menores que asistían a la escuela en 1900 era de 23% mientras en los Estados Unidos, de 89%. El primer informe que sirvió como base para establecer la nueva política educativa fue registrado durante los tres o cuatro primeros meses del año 1899, lo cual limitó el tiempo para realizar un estudio objetivo y concienzudo de la situación educativa de la época. El retorno de muchos maestros a España y la falta de instituciones universitarias que pudiesen ofrecer datos y análisis científicos tampoco ayudaron a establecer un buen programa educativo. Según el autor del referido informe, los puertorriqueños hablaban un mal español, lo que significaba, según él, que sería más conveniente enseñarle en inglés de una vez.

Casi de inmediato el proponente se percató de su error, pues en efecto había un pueblo con un idioma, con literatura y una cultura establecidas. Entonces recomendó que se enseñara en ambos idiomas a partir de ese momento. La falta de datos certeros propició que la política educativa sufriera varios cambios a lo largo de los primeros treinta años del siglo XX. Durante

[364]. Ibíd. Núm. 106., 5 de mayo de 1899. p. 2.
[365]. Ibíd. Núm. 212., 18 de septiembre de 1899. p. 1., Núm. 223., 21 de septiembre de 1899. p.1.
[366]. *Informe sobre el Censo de Puerto Rico*. Departamento de la Guerra. Traductor, Frank L. Joannini. Washington: Imprenta del Gobierno. 1900. p. 247.

los primeros tres años del mencionado periodo, el español fue usado como medio de enseñanza en los primeros ocho grados y el inglés en la escuela superior. Del 1903 hasta el 1915 cambio y se empezó a usar desde el primer grado. En el 1915 sólo el 47% de las escuelas urbanas y el 17% de las rurales usaban el inglés como vehículo de enseñanza, por la falta de recursos y personal preparado. Del 1915 al 1934 el español se impuso desde el primer grado hasta el cuarto grado, y en éste último año se extendió hasta el sexto grado. Finalmente en el 1937 se determinó impartir la educación en español hasta sexto grado, del 7 al 9 en ambos idiomas y la escuela superior sería solamente en inglés.

A las circunstancias antes expuestas, respondió el programa iniciado por los estadounidenses en Puerto Rico durante las primeras cuatro décadas del siglo XX. En el caso específico del pueblo de Moca, las facilidades existentes no eran suficientes para acomodar a los miles de estudiantes que no asistían a la escuela, pues sólo aparecían matriculados 180 alumnos y no asistían a la escuela 7,328 entre niños y niñas.[367] Era una verdadera necesidad construir escuelas para educar a tan alto número de estudiantes. Además, había que atemperar la edificación de estructuras escolares a las exigencias del Gobierno Central, quien a partir del otoño de 1899 determinó que las facilidades físicas debían ubicarse en el mismo lugar y tener un espacio mínimo de 1 mtro por 1.5 mtro por cada estudiante.[368]

También se clasificaron las escuelas del país como rurales o urbanas. En cuanto a las escuelas de nivel superior se determinó que, para poder establecer una, el gobierno municipal tenía que demostrar la capacidad financiera para aportar 10 mil pesos anuales con el fin de cubrir los gastos operacionales. Además, la facultad de dicha escuela debía conocer los métodos de enseñanza estadounidense y ser graduados de la Escuela Normal o de la Universidad.

Sin embargo, hay que señalar que a la hora de contratar a los maestros se prefería a los puertorriqueños con títulos universitarios,[369] que hubiesen aprobado un examen de inglés y tuviesen su certificación. En el caso de Moca, los maestros que lograron sus títulos fueron Manuel de Jesús González Cardoza, Toribio Lassalle Bourdón, Alcides San Antonio, José Cosme Miranda y Juan Bautista del Río.[370] Para suplir la demanda de maestros se

---

[367]. *Informe sobre el Censo de Puerto Rico*. Departamento de la Guerra. Traductor, Frank L. Joannini. Washington: Imprenta del Gobierno. 1900. p. 247.

[368]. *Gaceta de Puerto Rico*. Núm. 102., 30 de abril de 1899. pp. 2-3.

[369]. Ibid. Núm. 106., 5 de mayo de 1899. p. 2.

[370]. Ibid. Núm. 212., 18 de septiembre de 1899. p. 1., Núm. 223., 21 de septiembre de 1899. p.1.

trajeron a Puerto Rico estudiantes graduados de las escuelas superiores de los diferentes estados de Estados Unidos.

Para velar y fomentar el desarrollo del área educativa se establecieron Juntas Escolares en cada municipio. Éstas tenían potestad para dirigir toda la política pública relacionada con la administración y supervisión de la educación a nivel local.

Bajo estos nuevos parámetros, el 4 de noviembre de 1908 el Presidente de la Junta Escolar de Moca, Nemesio González [371] recibió por parte del Comisionado del Interior, Laurence H. Grahale, una propuesta para la construcción de un edificio de 4 salones de bloques de concreto en la zona urbana de Moca. El costo estimado de la Construcción del edificio fue de $5,600 sin incluir los equipos y materiales educativos, a un costo de $5,899, a ser cubiertos por el Departamento del Interior.

Pero la Junta Escolar sólo contaba con los $4,200 necesarios para realizar la construcción. Para conseguir los restantes $1,400, el Municipio determinó hacer un préstamo al Gobierno Insular, pagadero en tres años. La fianza de $1,200 para garantizar la buena ejecución del proyecto fue hecha por Manuel Babilonia.[372]

Finalizados todos los requisitos, el edificio se empezó a construir el 3 de diciembre de 1908, por el Maestro de Obras Pedro Viera del pueblo de Quebradillas. La obra se terminó el día 1 de marzo y se entregó el 1 de mayo de 1909. El costo total de la construcción fue de $4,490, lo que dejó un sobrante de $1,210. De esa cantidad se destinaron $700 para cubrir un déficit de los gastos del Municipio del año fiscal anterior y el resto se le devolvió al Gobierno Insular.[373] Las facilidades se comenzaron a utilizar en agosto de 1909, bajo el nombre de Francisco Mariano Quiñones. La misma estaba localizada cerca de donde está actualmente el edificio del Dr. Montes. Los maestros se hospedaban en la casa de Juan A. Miranda.

Poco tiempo después, el Comisionado de Educación envió una comunicación en la que señalaba su deseo de hacer un parque para los niños de la escuela de Moca. Para ampliar el terreno y construir el parque era necesario comprar dos pequeños solares aledaños a la escuela, con el agravante de que en ambos predios existían estructuras. Otra alternativa era aceptar la oferta presentada por el Sr. Santos Morales a través de la cual se ponía en venta una casa que él poseía frente a la escuela Francisco Mariano Quiñones. El Supervisor Principal Manuel J. Nin, respondió al Comisionado

---

[371]. Nemesio González fue Presidente de la Junta Escolar quien sustituyó a Manuel   Babilonia.
[372]. Archivo General de Puerto Rico. Fondo Obras Públicas, Serie Edificios Escolares,   Leg. 47. Expd. 1., ff. 6,8 y 19.
[373]. Ibid. Doc. Mun. Moca caja 1 exp.1 año 1908. f. 67.

de Educación que el Municipio no tenía dinero para comprar los mencionados solares ni la casa del Sr. Morales.[374]

Sin amilanarse ante los problemas, el Presidente de la Junta Escolar presentó una petición a las autoridades municipales de Moca para que le concedieran 50 metros de terreno para ampliar el solar de la escuela. El Consejo acordó conceder 14^{metros} de fondo por 15 de frente. El mencionado predio colindaba por el este con los terrenos de la escuela, por el norte y oeste con los ejidos del pueblo y por el sur con la calle Nueva denominada "La Ceiba".[375] A esa donación hecha por el Municipio, finalmente se le agregó un solar al lado de la casa de Rosa Babilonia, donado por el Director de la Central Coloso, el Sr. Carlos Tadeo Soto. Con ambos predios se construyó el área de recreo para los niños de la escuela urbana.

Entre mayo del 1916 y enero del 1919, la Junta Escolar de Moca estuvo formada por las siguientes personas: José Calazán Lassalle como Presidente, Higinio López Soto secretario, Tadeo Charneco Ruiz tesorero, quien fue relevado el 31 de agosto de 1916 por su hermano Tomás Charneco. Como vocal estaba Alcides Babilonia y de Supervisor Principal Luis A. Irrizarry. También se contaba con la ayuda de un Tesorero Escolar que cobraba un sueldo de $119.69, la posición de Escribiente a cargo de Ángel Nieves Miranda con un sueldo de $60 anuales y un conserje que ganaba $180 al año.

La Junta Escolar de Moca tenía como parte de sus activos las siguientes escuelas: la urbana Francisco Mariano Quiñones, Las Marías Núm. I, la Cruz, Centro y Voladoras Núm. I. Para el 20 de junio del 1916 la Junta añadió a sus propiedades la casa que se estaba usando como escuela en Voladoras por compra a Juan Clímaco Sánchez, por la cantidad de $340, más la donación de media cuerda de terreno.

Las escuelas de Cerro Gordo I y II estaban ubicadas en casas alquiladas y atendían una población escolar de 78 alumnos provenientes de 49 familias. Una de las dos casas-escuelas alquiladas en dicho barrio era propiedad de Simplicio Aquino, la otra se desconoce el propietario. La de las Marías II pertenecía a Hermógenes Morales. Las escuelas de Capá, Cuchillas, Aceitunas, Rocha y Plata, también estaban ubicadas en casas alquiladas a varios vecinos.[376] El costo mensual por el alquiler de las casas-escuelas era de $6.00 en el área rural y de $12 en la urbana.

En cuanto a la facultad, los siguientes maestros fueron seleccionados el 9 de septiembre de 1916 por la Junta Escolar para llevar a cabo el proceso de enseñaza-aprendizaje durante el año escolar 1916-17. Para la escuela

---

[374]. Ibid. ff. 38 y 55.
[375]. Ibid. f. 41.
[376]. Ibid. Caja 4, Expd. 12. f.3.

graduada de la zona urbana se seleccionó a: Manuel Carrasco Gago, Arturo Nieves, Candelario Calor Rivas y a Agustín Rosa. El maestro de agricultura era Fernando Milán.

Para las escuelas rurales Voladoras I y II se nombraron a Rodulfo López Soto y a la Srta. Inocencia Lassalle respectivamente, a Benito Rosa Quiñones para Cuchillas, Antonio Bosques en Capá, a Elvira Román en Rocha y para Plata a Tomás Vera Ayala. La escuela de Cerro Gordo I, fue ocupada por Manuel de Jesús González y la de Cerro Gordo II por Juan Matías Hernández, porque el día 9 de diciembre Mario Alers tuvo que renunciar a causa de unas heridas que recibió. Para el barrio de la Cruz se nombró a Fulgencio Hernández, en Las Marías I, a José Ramón Méndez y en Marías II a Santiago García. Por último para Centro se envió a Luis Maldonado y para Aceitunas I y II se seleccionó a Eugenio López y a Toribio Lassalle respectivamente.

Luego fue necesario efectuar algunos cambios al enviar a Antonio Bosques como maestro de inglés a la escuela urbana y a Alvarado Domínguez para la de Capá. Sin embargo, poco tiempo después, Antonio hubo de renunciar por razones de salud. Para cubrir la vacante se determinó que Domínguez pasara a la escuela graduada urbana y que Martín Bosques sustituyera a Domínguez en Capá. Por su parte, Ramón Badillo consiguió una plaza en Aguada. [377] El único maestro que no logró obtener una plaza fue Valentín Acevedo.

Al comenzar el nuevo año escolar se contrataron, el 28 de agosto de 1917, a los siguientes maestros: para Voladoras I y II a Rodolfo López Soto y José Ramón Méndez respectivamente, en la Cruz a Pedro García Badillo. Al maestro Tomás Vera Ayala se le designó para cubrir las escuelas de Capá y Plata hasta que se nombró a Justa Torres para la plaza de Capá. En el barrio Rocha estaba Inocencia Lassalle, quien se acogió a una licencia para casarse y hubo que nombrar a Elvira Román. A Cerro Gordo I y II fueron Manuel de Jesús González y Fernando Oliver. Para las Marías I y II se nombraron a Santiago García y a Ramón Hernández y para Naranjo a Valentín Acevedo.

Por otra parte, el año de 1917 trajo algunas bajas entre la facultad, pues falleció el maestro Benito Rosa, renunció Fulgencio Mercado y se retiró Candelario Calor Rivas por enfermedad. Para ocupar las tres plazas vacantes solicitaron: Juana Cabán, Ramón Hernández, Eladio Tirado, Mario Alers, Srta. Eugenia López Benejam, Antonio S., Fernando Liber y Angelina Font. Fueron seleccionados para cubrir las vacantes los maestros Liber, Alers y Hernández. La vacante en la escuela urbana pasó a manos de la Srta. Eugenia

---

[377]. Ibid. f.3.

López Benejam el 20 de enero de 1917. El profesor Calor falleció en abril del mismo año, como agradecimiento la Administración Escolar y Municipal le enviaron un sentido pésame a la familia por los servicios que éste le había ofrecido a la juventud mocana y propusieron que se designara a la escuela de Cuchillas con el nombre de Candelario Calor y Rivas.

Para el comienzo del año escolar de 1917-18, la Junta Escolar estaba compuesta por Benito Colón, Ángel Nieves y Carmen Gómez Tejera como Supervisora del área. Como tesorero pasó a ocupar el cargo Anacleto López Cofresí Sánchez, el mismo había sido ocupado anteriormente por los hermanos Charneco Ruiz y por Fausto Morales Cabán hasta agosto de 1918.

El curso escolar que dio inició el 5 de agosto del 1918-19 contaba con los siguientes maestros: en la escuela urbana se nombró a Alvarado Domínguez como maestro graduado de inglés, quien para febrero presentó su renuncia, porque no se le concedió un aumento de sueldo. Para cubrir dicha vacante se nombró a Ramona Vives de Rosa, quien poco tiempo después presentó su renuncia, aunque decidió esperar a terminar el semestre para no perjudicar a los estudiantes del octavo grado. Al semestre siguiente entró como maestro interino Luis Maldonado, pero luego se hicieron algunos cambios para traer a Manuel Carrasco.

Con el objetivo de cubrir la plaza en propiedad se abrió una convocatoria y en respuesta a la misma presentaron solicitudes Rosario Pérez, Petra Angélica Vivas y Amelia Rey González. El 2 de marzo de 1918 se celebró la reunión para elegir al maestro en propiedad. Aunque las maestras Vivas y Rey no fueron consideradas para ocupar la plaza porque carecían de certificaciones como maestras de inglés, finalmente hubo que seleccionar a Petra Vivas porque no había otro candidato que estuviese disponible para aceptar el cargo. Sin embargo, no duró mucho en el puesto y éste pasó a manos de Agustín Rosa. Al poco tiempo, Agustín renunció como maestro de inglés por enfermedad y se nombró al maestro Antonio Bosques.

En las escuelas rurales estaban Tomás Acevedo en el barrio de La Cruz, Rodolfo López Soto en Voladoras I y en la de Voladoras II a Elvira Román. En Capá la maestra Justa Torres, en Rocha Cruz Lassalle. En Cuchillas I y II estaban Toribio Lassalle y Osvaldo Hidalgo respectivamente. Para el barrio Centro se nombró a María Victoria Cruz y en Aceitunas I y II a Amelia Rey González y Mario Alers quien murió en el transcurso de ese año escolar. José Manuel de J. González fue asignado a Cerro Gordo I y Ramón Vera a Cerro Gordo II. En Plata se quedó Tomás Vera y en Naranjo Petra Angélica Vivas. Para Las Marías I y II se nombraron a Marina Rivera y Valentín Acevedo.

Para poder cubrir tres plazas vacantes hubo que hacer algunos cambios, como fue, por ejemplo, el de Petra Angélica para la escuela del barrio Centro y a Tomás Babilonia para La Cruz. Además, se hizo el mencionado cambio de Manuel Carrasco por Luis Maldonado para la plaza de maestro de inglés en la escuela urbana.

A pesar de los años que habían transcurrido, aún la mayoría de las escuelas estaban ubicadas en casas de alquiler. En los barrios de Cerro Gordo, Cuchillas, Aceitunas y Las Marías faltaban facilidades para establecer las dos escuelas que tenía cada uno, también faltaban salones para Plata, Capá, Rocha, Naranjo, Centro y La Cruz.[378] En fin, era necesario por lo menos la construcción de 14 planteles escolares para cubrir las necesidades del territorio de Moca, sin mencionar las constantes peticiones que elevaban los padres de los sectores más lejanos para que erigieran escuelas en sus comunidades. No se debe olvidar que lo que hoy son distancias relativamente cortas, antes significaban trayectos muy largos para los estudiantes, quienes debían caminar largos trechos para llegar hasta las escuelas. Además, en muchos casos no había caminos ni puentes para evadir los ríos o quebradas, por lo que el viaje representaba un auténtico peligro para enviar niños pequeños a la escuela.

También llama mucho la atención el que los maestros de Moca, a pesar de las pobres condiciones de sueldo y las limitaciones para viajar, se mantenían constantemente buscando elevar su nivel académico. Como mencioné anteriormente, cuando se dio el cambio del sistema educativo español por el estadounidense, solamente lograron su certificación cinco maestros que fueron: Manuel de Jesús Gonzáles, Toribio Lassalle Bourdón, Alcides San Antonio, José Cosme Miranda y Juan Bautista del Río. Sin embargo, como se puede apreciar en el siguiente cuadro, para 1918 ese número había cambiado a cinco maestros con licencia para escuelas graduadas y 16 con certificación en las escuelas rurales.

Maestros con licencias en Moca para el 30 de abril de 1918. *

NOMBRE	NÚM. DE LICENCIA	TIPO DE LICENCIA
Manuel Carrasco	77	Escuela graduada
José Ramón Méndez	610	
Santiago Bosques	1519	
Srta. Eugenia López	2053	
Srta. Rosario Pérez	3129	
Manuel de Jesús González	79	Escuela rural
Toribio Lassalle	81	
Justa Torres	110	
Rodolfo López Soto	766	

---

[378]. Ibid.

Cruz Lassalle	1416	
Elvira Román	1850	
Tomás Vera	1873	
Luis Maldonado	1932	
Martín Ortiz	4086	
Tomás Acevedo	4611	
Srta. Mariana Romero	4620	
Ramón Vera	4632	
Mario Alers	** se desconoce el núm.	
Osvaldo Hidalgo	**	
Emilio Hernández	**	

Fuente: AGPR. Documentos Municipales, Moca. Caja 4. Exp. 12. *Moca tenía un maestro de ingles, 5 graduados y 17 rurales para un total de 23 maestros.

2. Administración escolar de Moca.

El pueblo de Moca formaba parte del distrito escolar de Aguada, antes de 1945 el Superintendente era Demetrio Cartagena. A partir de ese año se nombró en dicho cargo a Mariano Milán, natural de Maricao y como Superintendente Auxiliar a Luis Duprey. Luego, en 1946, éste fue trasladado al pueblo de Aguadilla y lo relevó el señor Luis Iturrino.

En el año 1947 el Departamento de Instrucción seleccionó a un grupo de jóvenes recién graduados de cuarto año de escuela superior para que tomaran un curso preparatorio para maestros. El curso comprendía las siguientes materias: Metodología y Observación, Análisis del currículo escolar, Problemas de la comunidad, Aritmética, Inglés, Español, Educación Física, Organización de escuela y una práctica. El mismo estaba a cargo de varios maestros y supervisores del área de Aguadilla.[379]

El distrito escolar de Moca se creó durante el año escolar de 1948-1949. Los maestros de Moca festejaron este acontecimiento en el Restaurante Brisas del Atlántico del pueblo de Quebradillas. Allí se despidió al Sr. Mario Milán y al Superintendente Auxiliar Iturrino, quienes permanecieron en Aguada y se le dio la bienvenida al primer Superintendente de Moca, el Sr. Luis Duprey, quien vino desde Aguadilla donde había sido trasladado en el año de 1946.[380]

Éste permaneció en el cargo hasta el año 1955, cuando fue trasladado al pueblo de Isabela. Le sustituyó Herminio Planell hasta el 1958. Lo siguió Ramón Alberty Ruiz hasta el 1960, cuando llegó María Isabel de Jesús. Para

---

[379]. *Ideales.* Moca, Año 4, núm. 29. p.1.
[380]. Ibid. Año 4. p.1.

el 1964, ésta fue relevada por Hilda Nieto Guzmán, quién permaneció hasta 1973.

Para el 1965 la administración del sistema de educación de Moca contaba con el siguiente personal, además de la Superintendente: un Superintendente Auxiliar, un Supervisor de Inglés, un Supervisor de Salud a tarea parcial, ocho Principales de Escuela, una Orientadora Profesional, dos Supervisoras de Comedores Escolares y 184 maestros.

Por otra parte, 184 estudiantes eran premiados con becas por obtener buen rendimiento académico, 860 recibían zapatos, 459 transportación y 3,678 participaban del servicio de alimentos en los comedores escolares.

3. Mantenimiento, equipos y efectos escolares

Uno de los retos más difíciles que enfrentaron las distintas Juntas Escolares de Moca fue el mantenimiento de los planteles y el suministro de efectos y útiles para el buen funcionamiento diario de las escuelas. Especialmente se vio esto durante la Primera Guerra Mundial, porque el sistema de educación quedó prácticamente en el abandono y sin recursos, al extremo que hubo de reducirse el tiempo de estudio para poder mantenerlo en pie. Por otra parte, los gastos de la educación eran una verdadera carga para los municipios. Por ejemplo, el presupuesto escolar de Moca para el año 1916-17 fue de $2,932.09. El presupuesto de educación salía de las siguientes partidas: "School Fond" y el "School Tax".[381] Con ese presupuesto se debió pagar los gastos de reparación y pintura de las escuelas de Naranjo, Centro, Voladoras, Aceitunas y Marías. Además, el pago de $30 a Arístides Maisonave por construir la cerca de la escuela de Aceitunas. Las reparaciones ascendieron a un total de $250. Estos empleados cobraban $15 por pintar todo el plantel escolar. Los encargados de hacerlo fueron José López y Francisco González.

En cuanto a las herramientas y demás útiles escolares, para la granja de la escuela de Voladoras se le compraban a Añeses Hnos. de Aguadilla. Los efectos escolares se adquirían de los Sres. Velardo y Cía. y en la tienda de Alfredo Egipciaco en Moca. Los sobres y papeles, así como los impresos se hacían en las siguientes firmas comerciales o imprentas: "La Voz de la Patria" de Mayagüez, "Imprenta El Criollo" de Aguadilla, "Imprenta El Tiempo" y en la imprenta T. Publishing. Las banquetas eran preparadas por Pablo Ruiz y los pupitres, pizarras (blackboard) y otros muebles se le compraban a S. D.

---

[381]. El "School Fond" era un dinero asignado por el Gobierno y el "School Tax " era un impuesto local de 1% sobre las contribuciones.

Edick de San Juan. Entre 1916-18 se compraron a la firma Edick: 45 pupitres, 20 escritorios, 10 sillas y 12 pizarras. En gastos de teléfono, papel, sobres, herramientas, Libro de actas para la Junta, sellos y entrega de materiales se gastaban cerca de $30 al año.

Lamentablemente no conseguí evidencia de los libros de textos que se usaban para aquellos años. Los únicos que pude identificar fueron, *Sinopsis Geográfica y política de los Estados Unidos* y la *Enciclopedia El Tesoro de la Juventud.*

4. El terremoto del 1918 y sus efectos en la escuela Francisco Mariano Quiñones de Moca.

El día 11 de octubre de 1918 ocurrió un temblor en el Pasaje de la Mona, que causó graves daños en la zona oeste de Puerto Rico, el mismo cobró 116 vidas y 241 personas heridas, las pérdidas materiales en toda el área fue de 3.5 millones de dólares. Los pueblos más afectados fueron Mayagüez, Aguadilla, Aguada y Añasco. En el caso de Moca, el sismo destruyó la planta alta de la escuela Francisco Mariano Quiñones, además de los daños que causó en la iglesia. Como consecuencia, hubo que suspender las clases hasta que se encontrara otro sitio. Mientras se solucionaba el problema, se alquiló la planta baja de la casa de Cosme Benejam Font y la de Aurora González por $15 y $12 respectivamente. Para legalizar el alquiler se firmó un contrato el 15 de octubre de 1918 el cual vencía el 30 de junio de 1919. Para la mudanza de lo que quedó de la planta alta a las casas alquiladas, el 16 octubre de 1918 se les pagaron $29 a los Sres. Pablo Pérez, Alberto Hernández y Carlos Colón. El traslado se completó el día 20 de noviembre de ese mismo año.[382]

---

[382]. AGPR. Documentos Municipales, Moca, Caja, 1 exp.4. Año 1919-23.

Fachada de la escuela Francisco Mariano Quiñones según el plano.
Aquí pueden observarse algunas de las grietas que sufrió el edificio escolar Francisco Mariano Quiñones como efectos del temblor de 1918.

Ante la situación por la que atravesaba el pueblo de Moca, el Comisionado del Interior, Guillermo Esteves Volkers y el Arquitecto Adrián Frinlayson impulsaron una legislación con el propósito de conseguir fondos para reparar la escuela Francisco Mariano Quiñones. Sin embargo, una vez se hizo la inspección de rigor, se determinó que no era posible reconstruir la segunda planta, pues la escalera que daba al segundo piso estaba inservible y, para agravar la situación, tampoco se le podía añadir dos salones en la parte de atrás del solar por falta de espacio. La única solución posible era buscar otro lugar apropiado para establecer una nueva escuela.

Pero en lo que se conseguía el sitio para levantar las facilidades, se tomó la decisión de tumbar la segunda planta y corregir las grietas y daños del primer piso, así como suprimir la escalera. Para eso se tenían que colocar en la grieta principal en hormigón con una proporción: de una parte de cemento, dos de arena y cuatro de piedra triturada. Los contratistas interesados en obtener copia del proyecto tenían que enviar un depósito de $10.

De inmediato se hizo el proceso de la subasta, pero la burocracia y los trámites alejaban cada vez más el proyecto de la reconstrucción y mucho más la construcción del nuevo centro educativo. El 19 de noviembre de 1918 el Comisionado del Interior le escribió una carta a su asistente en la cual le hacía referencia a una comunicación enviada por el Secretario de la Junta Escolar de Moca que decía: "Como las murallas en pie del edificio escolar Francisco Mariano Quiñones constituyen una amenaza pública que debiera evitarse en bien de la tranquilidad. El Sr. González Font visitó recientemente la municipalidad de Moca y me ha informado que algunos de los muros del edificio Francisco M. amenazan caerse con cierto peligro, no solamente para las casas inmediatas sino también para los que transitan por sus alrededores. Ahora bien la destrucción de esos muros debe hacerse por personas técnicas para que la planta baja pueda aprovecharse mediante algunas obras de reparación para lo cual la Junta espera que ese Departamento a su digno cargo confeccione un presupuesto".

En respuesta a otra carta enviada el 2 de diciembre por el Sub-Comisionado de Educación el Sr. Benítez al Comisionado del Interior, aquél recibe la siguiente respuesta: "En contestación, siento decirle mucho y manifestarle que este Departamento no cuenta con fondos para pagar el derribo del edificio, únicamente puede hacerse cargo de la dirección del derribo y preparación del Proyecto para reedificar, debiendo la Junta rembolsar los gastos". El 4 de diciembre, el Comisionado de Instrucción Paul G. Miller se comunicó otra vez por carta con el Comisionado del Interior indicándole lo siguiente: "Acuso recibo de una comunicación fechada el 2 del corriente mes, suscrita por el Sr. Benítez como Sub-Comisionado de ese Departamento en donde se nos informa que para los trabajos que por el momento interesa llevar a cabo la Junta Escolar de Moca en conexión con el edificio de escuelas graduadas Francisco Mariano Quiñones destruido en parte por los recientes movimientos sísmicos no se dispone de fondos". El Comisionado de Educación recalcaba que los recursos económicos de la Junta Escolar de Moca eran limitadísimos y, por lo tanto, era casi imposible que ellos pudiesen resolver la situación. Continuaba diciendo que a tales efectos le hacía indicaciones para que buscara la manera de que la Legislatura de Puerto Rico asignara una cantidad para la reconstrucción del citado edificio.

El 17 de diciembre de 1918 el Sub-Comisionado Hiscley envió una carta al Comisionado del Interior Esteves Volkers donde transcribía parte de una carta que él había recibido de la Junta Escolar de Moca la cual decía: "Tengo el honor de transcribir íntegramente una carta oficial recibida el día de hoy (17 de dic) suscrita por el Secretario de la Junta Escolar de Moca a nombre de su Presidente. Hace días escribimos a v.h. suplicándole interviniera con el Comisionado del Interior con el fin de que se hiciese cargo del derribo de los muros en ruina del edificio escolar Francisco Mariano. La Asamblea Legislativa acaba de asignar la suma de $6,500 para la reconstrucción del edificio. Con tal motivo la situación de esta Junta ha variado mucho. La idea de reconstruir el edificio en la misma forma que antes, no nos parece buena, toda vez que el cimiento en pie a nuestro juicio no es bastante sólido, después de los repetidos temblores y están ya predispuesto los ánimos de los padres. Opina la Junta que se puede arreglar la planta baja y construir un nuevo edificio de cuatro salones en cualquier otro lugar de la zona urbana".

En la carta, el Sub-Comisionado le recomendaba al Comisionado Esteves que lo más conveniente era reedificar el edificio original con los cuatro salones, luego de examinar los cimientos, reforzarlos si fuese necesario y añadirle dos salones más en la planta baja.

Pero la Junta insistía en la necesidad de construir un nuevo edificio en otro lugar porque la escuela estaba construida en terreno de pendiente y no había espacio disponible para añadirle dos salones más.

En respuesta a lo planteado, el Comisionado de Instrucción envió las siguientes instrucciones en una carta del 20 de febrero de 1919 al Presidente de la Junta Escolar de Moca. "Se remite copia de los planos para las reparaciones. Derribar los muros de la parte alta y dejar la planta baja. Eliminar la escalera y corregir las grietas, etc." Para el 25 de febrero Carey Hiscley, como Comisionado Interino de Instrucción, le comunicó al Comisionado del Interior que ya se había recibido el plano y que las reparaciones alcanzaba la cifra de $1,746.10. Los gastos se harían utilizando los fondos aprobados por la Legislatura." También instaba a que las obras se realizaran dentro del menor plazo posible.[383]

El 17 de abril de 1919 el Comisionado de Instrucción le escribió al Comisionado del Interior para preguntarle si ya se había publicado la subasta para hacer las reparaciones. La subasta salió el 17 de mayo en *El Regionalista* de Arecibo, *El Tiempo* de San Juan, *El Día* de Ponce y *La Bandera Americana* de Mayagüez. Para el 20 de mayo, el Sr. Pastor Hernández envió $10 para conocer los planos y especificaciones de la propuesta para participar en la subasta. El 4 de junio se informa que Hernández no participaría de la subasta y pide que le devuelvan los $10 depositados.

---

[383]. AGPR. Fondo Obras Públicas, Serie Edificios Escolares. Leg. 47. Expd. 2.

Algunas especificaciones de la subasta para la reparación de la escuela Francisco M. Quiñones.

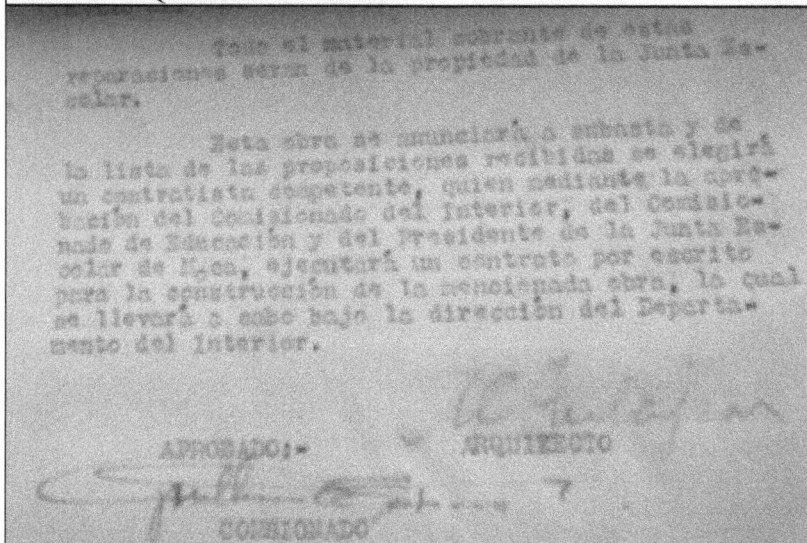

Otro que pidió los planos y envió la fianza fue el maestro Manuel Carrasco, pero entregó la documentación tarde para licitar en la subasta. Sin embargo, el Municipio le concedió un nuevo término a Carrasco para que presentara su propuesta.

Mientras tanto, una de las paredes que compartía el edificio escolar Francisco Mariano Quiñones con la Alcaldía se estaba deteriorando rápidamente y el alcalde se veía imposibilitado de reconstruir el edificio debido a que el muro amenazaba con caerse. Aunque las oficinas del alcalde estaban en la planta baja, el agua bajaba por una de las grietas. Para poder reconstruir se requería eliminar la planta alta de la escuela. Ante esa peligrosa situación, el Comisionado de Instrucción le pidió al del Interior que le permitiera a la Junta Escolar demoler por cuenta propia la pared en cuestión.

Como aún para el 22 de julio no se había concedido la subasta, se propuso que los arreglos se hicieran por administración de la Junta Local. La subasta fue concedida a José Torres de San Sebastián, quien le pidió al arquitecto Francisco Charón, Inspector de Aguadilla, los planos y condiciones para reparar el edificio. De inmediato se contrató gente para derribar la pared que había quedado en pie en la segunda planta. El costo total de las reparaciones fue de $1,400. Los mismos se sacaron del donativo de los $6,500 concedidos por la Legislatura. Los trabajos concluyeron el 21 de octubre de 1919.[384]

Aunque se había reparado la escuela, el problema de salones seguía en pie porque al eliminar la segunda planta del edificio se contaba con cuatro salones menos. Como parte de las ayudas recibidas para mitigar los efectos del sismo del 1918, la Cruz Roja Americana donó al municipio dos casetas para ser usadas con fines escolares. Pero era necesario pagar la instalación de las mismas, lo cual representaba un gasto que el Municipio no podía cubrir con sus escasos recursos. Ante el interés del Consejo Administrativo y de la comunidad para que se instalaran lo antes posible las dos casetas, se sugirió que se sacaran los gastos de lo restante de los $6,500 asignados anteriormente por la Legislatura Insular.

El día 10 de noviembre de 1920 en una carta del Comisionado Municipal de Servicio Público, Nemesio González, le enviaba una copia de la ordenanza al Comisionado del Interior, en la cual se indicaba que el Consejo de Administración le solicitaba el levantamiento de las dos casetas donadas por la Cruz Roja. También se le añadía que toda la madera estaba en poder del Municipio, pero como éste carecía de recursos para la obra, pedía permiso para usar el sobrante en tesorería que había quedado de la reconstrucción de la escuela Francisco Mariano antes de que la madera almacenada se dañase.

El 12 de noviembre de 1920, el Secretario Municipal, Higinio López Soto, presentó la mencionada ordenanza aprobada por el Consejo de Administración autorizando al Comisionado de Interior para disponer de $400 del sobrante de la reconstrucción del edificio Francisco Mariano Quiñones para levantar las dos casetas escolares en la zona urbana. Según la Sección II de la resolución, el Consejo de Administración ofrecía un solar en los ejidos del pueblo con suficiente capacidad para levantar dichas casetas. Además, si era necesario adquirir una o más casas aledañas al terreno donde se levantarían las dos estructuras escolares para ampliar dicho predio, ellos lo harían por cuenta del Municipio.

El 15 de noviembre se recibió en la oficina de Calazán Lassalle la copia de la ordenanza aprobada por el Consejo de Administración en la cual se autorizaba el cargo al sobrante de la asignación hecha por la Legislatura para que se diera inició a la construcción de las dos casas-escuelas donadas por la Cruz Roja.

El día 6 de diciembre de 1920, José Calazán Lassalle envió un telegrama como Comisionado Municipal de Obras Públicas al Comisionado de Interior en donde pedía le informara su decisión sobre el uso de los fondos

---

[384]. Ibíd.

para levantar las casetas. La respuesta recibida el 15 del mismo mes indicaba que la Junta de Terremoto contaba con la asignación y uso de dichos fondos del sobrante indicado, según disponía la sección 6, de la Ley No. 8 aprobada el 12 diciembre de 1918.

Una vez superados todos los permisos y autorizaciones, se le dio inicio a los trabajos, con la remoción de tres pequeñas casas que estaban establecidas en el solar seleccionado para instalar los dos salones a un costo de $100. El carpintero que realizó los trabajos fue José López. Las escuelas se ubicarían en la calle Salsipuedes.

El día 11 de enero de 1921 aún no se había terminado con la instalación de las estructuras. La causa para tales demoras fue la espera por una autorización para efectuar dos modificaciones que las autoridades escolares entendían que eran necesarias: modificar las ventanas para que abrieran completamente y no hasta la mitad y variar la altura a 10 pies. A lo cual contestó el arquitecto que no se podía hacer dichas modificaciones.

La Junta Escolar de Moca insistió de nuevo el 8 de enero de 1921 cuando le comunicaron por escrito al arquitecto Gabriel Benítez que ellos habían acordado en reunión que, aunque se gastase más dinero, se debían realizar las modificaciones sugeridas.

A principios del mes de enero de 1921, una de las dos estructuras tenía puesto los zocos y la otra tenía el armazón montado y una parte del piso. Los materiales usados hasta ese momento eran 56 zocos de madera del país a un costo de $1.50 cada uno y 400 cuartones de 2x 6 a un costo de $88. El resto del material necesario estaba almacenado. Los materiales de construcción se adquirieron en las firmas comerciales de Aguadilla, M. Olabarrieta y Sr. José Veray.

Los miembros de la Junta Escolar de Moca llevaron sus quejas hasta el Departamento del Interior, el cual envió una carta al arquitecto Benítez de parte del arquitecto A. C. Finlayson ordenándole que se realizaran las modificaciones. Como una de las dos estructuras estaba levantada con todo el armazón, la modificación de los 10 pies de altura sólo se pudo hacer en la que no estaba terminada. El arquitecto del Departamento de Interior también le indicó a la Junta que debía abstenerse de hacer nuevas modificaciones. Por fin se completó el proyecto el 13 de abril de 1921 a un costo de $1,666.70. Lo cual quiere decir que de la asignación original de los $6,500 solamente quedaban $2,287.07. [385] Con este recuento de lo que ocurrió a partir del sismo de 1918 he tratado de demostrar dos cosas importantes: una que los fondos para la educación eran la causa principal para tomar una acción correctiva

---

[385]. AGPR. Fondo Obras Públicas, Serie Edificios Escolares. Leg. 47. Expd. 3.

inmediata y la otra que, al igual que en el presente, la burocracia y los dimes y diretes consumían una buena cantidad de nuestros esfuerzos, mientras los estudiantes eran quienes sufrían los efectos.
Memoria de las reparaciones de la escuela Francisco Mariano Quiñones.

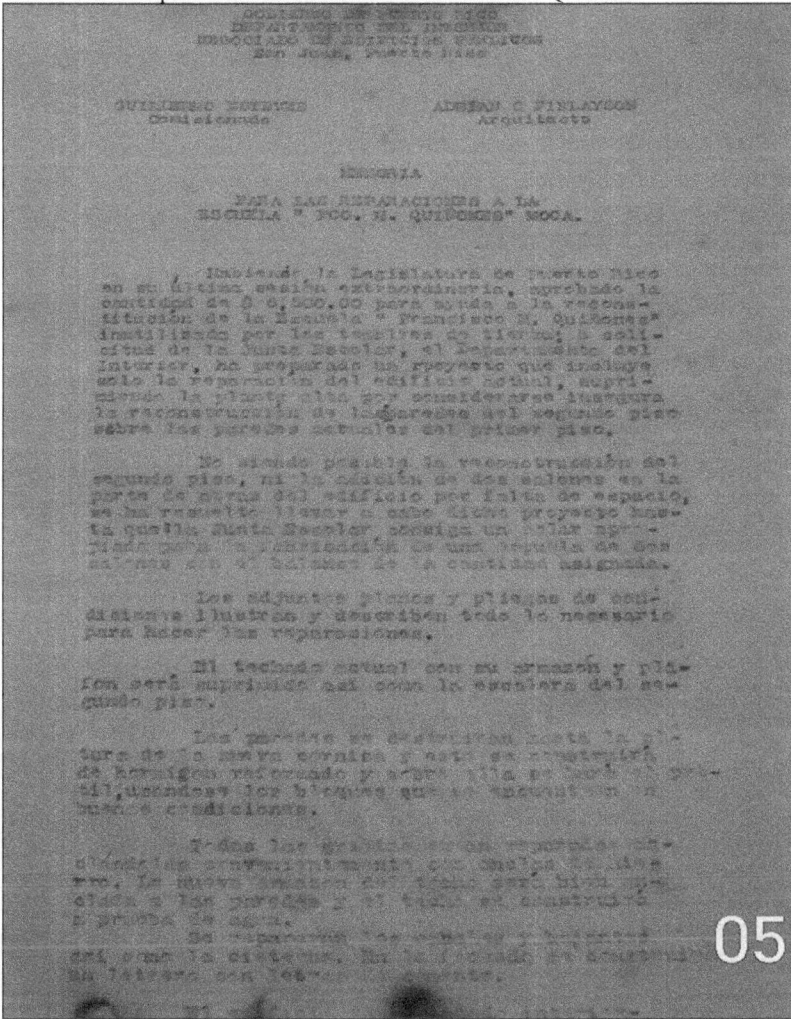

5. De la Junta Escolar a la Comisión Municipal de Instrucción

Hasta el 26 de junio de 1919, la administración municipal que regía la educación se conocía como **Junta Escolar**, a partir de ese momento se llamó **Comisión Municipal de Instrucción**. El cambio fue en virtud de una ley del 2 de marzo de 1917 aprobada por el Congreso de los Estados Unidos, la cual establecía la reorganización del Gobierno local; la misma es conocida como Ley Jones. Desde la aprobación de dicha Ley hasta el 27 de octubre de 1919 se fijó un periodo de transición.[386] La dirección de la Comisión fue asumida por El Comisionado Municipal de Instrucción, José Calazán Lassalle. En otros cargos relacionados con la Comisión estaban: Isaac A. Rosario como Inspector del Distrito Escolar y Francisco Vicente como Inspector de Escuelas. El Director de la escuela urbana era Juan San Antonio, secretario comenzó Pedro Hernández, quien luego fue remplazado por Virginia González y un Tesorero Director Escolar.[387]

Para el proceso de enseñanza-aprendizaje se llegó a contar con cinco maestros graduados y uno de inglés en el año escolar 1919-20. Al año siguiente, los maestros graduados eran siete y se añadió otro de música. En la tabla que sigue se puede apreciar el grupo de maestros que pasaron de la Junta Escolar a la Comisión y otros que ingresaron más tarde.

Maestros ubicados por escuelas entre 1918-21.

AÑO	NOMBRE	ESCUELA
1918-19	Tomás Acevedo	La Cruz
	Valentín Acevedo	Marías II
	Elvira Román	Voladoras II
	Cruz Lassalle	Rocha
	Toribio Lassalle	Cuchillas I
	Osvaldo Hidalgo natural del barrio Voladoras, renunció para continuar estudios, se graduó de arquitecto	Cuchillas II Cuchillas- Cordero
	María Victoria Cruz	Centro
	Amelia Rey González	Aceitunas I
	Mario Alers	Aceituna II
	José Manuel González	Cerro Gordo I
	Ramón Vera	Cerro Gordo II
	Tomás Vera	Plata
	Petra Angélica Vivas	Naranjo

---

[386]. Ibid. Doc. Mun. Moca, Caja 1, Expd. 1. Año 1908-11. f.31 y 34. ; Caja 3, Expd.3, Año 1919-22.
[387]. Ibid. Caja 3, Expd. 8. Año 1932-33.

	Marina Rivera	Marías I
	Rodolfo López Soto	Voladoras I
	Sra. Rosario Pérez	Costura y Labores
1919-20	Emilio Hernández	Naranjo
	Saturnino B. Sánchez	Capá
	Inocencia Lassalle renunció por enfermedad.	escuela graduada
	Ramón Vera sustituyó a Inocencia Lassalle	escuela graduada
	Srta. Juana Mercado natural de Isabela	Escuela rural
	Srta. Monserrate López por renuncia de Osvaldo Hidalgo.	Cuchillas (Núcleo)
1920	Ramón Vera	escuela de inglés
	Tomás Acevedo	escuela de inglés
	Antonio Bosques	escuela de inglés
	Restituto Anglada	escuela rural
	Isabel Anglada	escuela rural
	Andrés B. Spinet	escuela rural
	Lázaro Bardonada renunció para aceptar una plaza de inglés en Humacao.	Centro
	Manuel Ruiz. Sustituyó de Bordonada	Centro
	Justa Torres pidió licencia por enfermedad.	
	María S. Santana sustituyó a Justa	
	El profesor Leandro García, maestro principal de la escuela del pueblo. Natural de Yauco.	escuela de inglés
1923	Tomás Vera	maestro de agricultura

Fuente: AGPR. Doc. Mun. Moca, Caja 1, Exp. 1 año 1908-11.

Tan pronto la Comisión Municipal de Educación inició sus funciones, le pidió al Licenciado Enrique González Mena el traspaso de las escrituras de los distintos edificios escolares de la extinta Junta Escolar. Una vez recibieron los documentos y las estructuras escolares existentes, se trazaron un plan para dotar al pueblo de Moca de amplios y modernos planteles para usos educativos, además de abrir nuevas facilidades en las áreas rurales.

Continuamente llegaban peticiones de todos los barrios ante la Comisión para que se abrieran escuelas. Como se evidencia en los escritos presentados por el Secretario de la Comisión, eran muchos los niños que no concurrían a las escuelas públicas por falta de escuelas o por las malas condiciones de las vías de comunicación. Uno de esos pedidos correspondía al sector Vera del barrio Cuchillas, donde más de 70 niños carecían de las facilidades escolares.[388] En el caso específico de Cuchillas se acordó que el Municipio pagara el importe de la renta y la Comisión habilitaría la escuela y nombraría al maestro. Durante ese año escolar se abrieron 10 nuevas escuelas en el Distrito escolar de Moca y se repararon las escuelas de Naranjo, Centro y Cerro Gordo que pertenecían a la Comisión Municipal de Educación. [389] Para el año 1923 el pueblo de Moca y sus barrios tenían 34 escuelas y contaba con un presupuesto de $2,119.21 para cubrir los gastos.[390]

Lamentablemente el 13 de marzo del 1923 el Departamento de Educación Insular hizo un recorte a las aportaciones que enviaba a los municipios de la Isla, lo cual obligó a las autoridades locales a asumir la diferencia para cubrir $225 del sueldo de los maestros de inglés. Esto obligó cerrar una de las escuelas de inglés en la zona urbana, afectando así a 60 estudiantes. La misma se volvió a abrir en febrero de 1924. Además, había que cubrir el pago de $3,181.98 que estaba designado para alquiler de casas-escuelas en la zona rural.[391]

Para cumplir con todos los compromisos se tuvo que hacer dos préstamos al Colonial Bank of P.R., uno por $720 y otro de $2,000 para el pago de salarios y compra de equipos y materiales. Entre otros materiales se adquirieron 200 pupitres de las firmas comerciales Mella y Morell de Arecibo y de Cotton & Elmendorf de San Juan, por la suma de $1,284.

6. Construcción de las escuelas urbanas de Moca

a. Adolfo Babilonia Quiñones

Superada la crisis de la Primera Guerra Mundial y establecidos los Programas de ayudas federales de la PRA, la Comisión Municipal de Educación aprovechó el interés del Gobierno Federal para dirigir sus esfuerzos a la construcción de sus propias escuelas con el objetivo de eliminar el alquiler de las casas particulares. También quería ubicar todas las escuelas urbanas en un solo plantel escolar, ya que en esos momentos estaban dispersas entre la planta baja de la escuela Francisco Mariano Quiñones, los dos salones donados por la Cruz Roja, la escuela que funcionaba en la planta baja de la casa de Cosme Benejam Font, la que estaba en la casa de Doña Rosa

---

[388]. Ibid. Caja 1, Exp.4. Año 1919-23.ff. 36; 156. Una escuela fue ubicada en el sector Vera. Su antigua ubicación era un poco más adentro del Centro de Envejecientes, por la carretera de los Hidalgos, cerca de la casa de Cano Badillo.

[389]. Ibid. Caja 4, Expd. 12. f.12. Caja 1, Expd.4. Año 1919-23.

[390]. Ibid. Caja 2, Expd. 5. Año 1923-26. f.47.

[391]. Ibid. ff. 4-5, 32, 71, 78, 173 y 439.

Babilonia y la de Tomás Babilonia.[392] Aún así, cerca de 25 estudiantes de Moca tenían que ir a estudiar la escuela superior al vecino pueblo de Aguadilla.

Para lograr sus objetivos, el Municipio comenzó a estudiar la posibilidad de hacer un préstamo por 60 o 65 mil dólares. Si se lograba el mismo, se destinaría a los siguientes proyectos:

1. Un edificio escolar de 8 salones a un costo de $16,000
2. Cinco escuelas rurales de madera por $4,000
3. La adquisición y reparación de equipos escolares por la cantidad de $3,000
4. Los instrumentos para la banda escolar por $500 [393]

Según carta dirigida por el Comisionado Municipal de Educación, José Calazán Lassalle, al Comisionado del Interior, Guillermo Esteves, el 19 de julio de 1923, los cuerpos legislativos de Puerto Rico habían aprobado el Proyecto No. 195, mediante el cual se autorizaba la construcción del edificio escolar de Moca.[394] Gracias a las gestiones de los Senadores del Distrito, Enrique González Mena y Manuel A. García Méndez y el representante Roque Vélez López, se consiguió autorizar una partida de $21,000 para la construcción del edificio escolar.[395]

Mientras tanto, se iniciaron las gestiones pertinentes con el fin de conseguir el terreno y los permisos para edificar la escuela. Los encargados de gestionar los documentos fueron los notarios Luis R. Blanco y Buenaventura Esteves de San Sebastián y Aguadilla, respectivamente. Los planos fueron hechos por el Ingeniero Arquitecto mocano Osvaldo Hidalgo, quien en ese momento estaba viviendo en Adjuntas.[396]

Según las autoridades locales, el terreno más apropiado para construir el edificio escolar era el que quedaba hacia el lado norte de la población, ubicado al costado de la iglesia, el cual era propiedad de Tomás Babilonia y su esposa Heriquete Kleinbring Sotomayor. Una pequeña comisión compuesta por el Sr. Rieckhoff y el director Escolar José Calazán Lassalle visitaron a los esposos Babilonia en su casa para ver si ellos les cedían dos cuerdas de terreno. Don Tomás Babilonia estaba dispuesto a vender el predio de tierra a $1,000 la cuerda. Sin embargo, al finalizar la entrevista, Babilonia le hizo una rebaja de $250 por cuerda, lo cual reducía el costo de las ambas cuerdas a $1,500. Las mismas estarían ubicadas a partir de los márgenes de la calle Barbosa en una

[392]. Ibid. Caja 1. Expd. 3. Año 1919-22. f.38.; Caja 2, Expd.5. Año 1922-26. f.437-438.
[393]. Ibid. Caja 2, Expd.5. Año 1922-26. f.183.
[394]. Ibid. Fondo Obras Públicas, Serie Edificios Escolares. Leg. 47. Expd. 3.
[395]. Ibid. Doc. Mun. Moca. Caja 3. Año 1929.
[396]. Ibid. Doc. Mun. Moca, Caja 2, Expd. 6 Año 1926-27. f. 159.

extensión de 10 a 16 ^{mtros} de frente con linde a las construcciones de la calle. [397]

El día 10 de noviembre de 1925 la Asamblea Municipal aprobó la Resolución Núm. 2, en la que se autorizaba al Acalde para que procediera con la compra de las dos cuerdas de terreno para la construcción de la escuela en la zona urbana.

El costo del Proyecto original era de $25,000, pero luego se hicieron algunos ajustes y se fijo en $21,000, de los cuales la Comisión Económica de P.R. donó $4,000 y el resto fue autorizado por los cuerpos legislativos Insulares para que se consiguieran a través de un préstamo. El maestro de obras encargado de la construcción fue Armando Pecunia y el Inspector de Obras Miguel A. Franco. [398] La construcción se terminó en abril y se comenzó a usar en agosto de 1929.

---

[397]. Ibid. Caja, 2 Expd.5. Año 1922-26. f. 427; 447.
[398]. Ibid. Fondo Obras Públicas, Serie Edificios Escolares. Leg. 183. Expd. 7; Doc. Mun. Moca Caja 2, Expd. 6. Año 1926-27. f. 20-21.

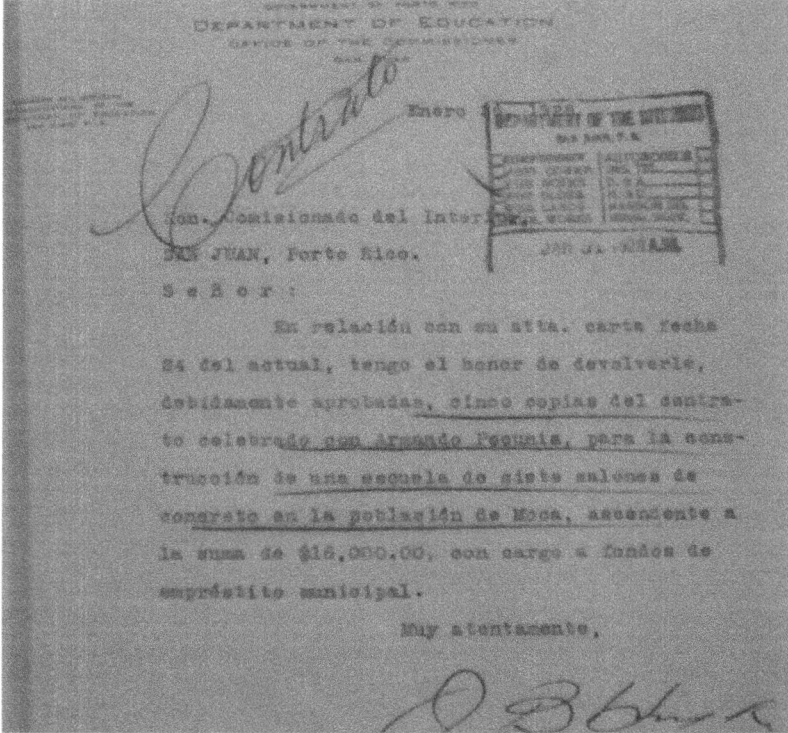

Copia de la primera página del contrato celebrado con Armando Pecunia para construcción de la escuela Adolfo Babilonia Quiñones

1. En busca de un nombre para la nueva escuela

Una vez terminado el edificio, se pasó a seleccionar un nombre para identificar el nuevo plantel. El 17 de abril se reunieron por primera vez las autoridades escolares para someter a discusión el nombre que debía dársele al nuevo edificio escolar. Para dilucidar el asunto se estableció una comisión compuesta por varias personas de la comunidad. Entre ellos, El Sr. Francisco Acevedo como Director escolar, Marcelino Rodríguez Román como Presidente de la Junta Directiva de la local de Asociación de Maestros, Justo Lassalle, Domingo Román, Tomás Vera Ayala y otros. Entre las propuestas que se presentaron, estaba la del Comité de Padres y Agricultores que sometió el nombre de José Calazán Lassalle por sus servicios como maestro, sus virtudes cívicas, su ejemplo y por su avanzada edad.[399] Algunos de los presentes no estuvieron de acuerdo con el nombre propuesto y se entró en una controversia entre los distintos miembros del Comité.   Para darle tiempo al asunto y calmar un poco los ánimos, el Presidente de la Asamblea pidió al Director Escolar Sr. Francisco Acevedo que pospusiera el asunto hasta la próxima reunión.

Nadie se imaginaba que un asunto aparentemente tan sencillo se convirtiera en una verdadera lucha de poder y causa de fuertes discusiones, hasta llegar al extremo de amenazar con la disolución del Partido Alianza. El grupo dirigido por Marcelino Rodríguez Román favorecía que se le diera el nombre de José Calazán Lassalle a la escuela, argumentando que las virtudes cívicas del alcalde, quien además había sido maestro por más de 20 años y miembro de la antigua Junta Escolar eran méritos suficientes para que la escuela llevase su nombre. El otro bando se oponía porque según planteaba el asambleísta Justo Lassalle, si bien era cierto que la labor cívica de Lassalle era reconocida, no era menos cierto que era la figura que en Moca representaba un partido político. El Comité decidió continuar con la reunión al día siguiente mientras se consultaba al Comisionado de Instrucción de Puerto Rico, Paul G. Miller, para conocer su parecer sobre el particular.

Al día siguiente (19 de abril) se reunió el Comité para continuar con la discusión del asunto en cuestión. Una resolución del Comité del Partido Alianza le solicitó y sugirió a la Asamblea que retiraran los nombres y se votara entre los nombres de Luis Muñoz Rivera o José Celso Barbosa. El Sr. Domingo Román protestó aduciendo que el Comité no debió inmiscuirse en el asunto y que los dos nombres habían sido honrados muchas veces y había que darle importancia a los mocanos.

En dicha reunión el director escolar Francisco Acevedo leyó una carta del Comisionado de Instrucción recomendando seguir la política pública de ponerle el nombre de alguna persona ilustre que ya hubiese muerto. Se citó un caso referido por el Comisionado del Interior, Guillermo Esteves, en el que narraba un hecho parecido ocurrido en San Juan. De inmediato, algunos de los miembros de la Asamblea pidieron que se pospusiera el asunto nuevamente, pero la mayoría se opuso y pidieron que se siguiera con la reunión.

El Sr. Tomás Vera Ayala pidió que se leyeran cuatro comunicaciones en las que se pedía la reconsideración sobre el nombre de la escuela. Las propuestas eran las siguientes:

---

[399]. Ibid. Doc. Mun. Moca. Caja 1, f.16-18. 17 de abril 1929.

1. Certificación autorizada por el Comité del Partido Alianza en la que se pedía el voto unánime de los miembros del referido Comité a favor de Barbosa.
2. Una solicitud de la Asociación de Agricultores de P.R. (Comité Local) pidiendo se reconsiderara el nombre de José Calazán Lassalle.
3. Escrito de Marcelino Rodríguez Román, Presidente de la Junta Directiva local de la Asociación de Maestros en la que se adhería a la terna.
4. Escrito de la Asociación de Padres y Maestros pidiendo reconsideración a favor de Lassalle.

Aunque Domingo Román se opuso a las peticiones de reconsideración, Justo Lassalle y Vera Ayala dijeron que se debía proceder con las mismas, añadiendo que la petición también era del Partido Alianza. Román opinaba que el se había debatido en cuatro asambleas y que estaba resuelto. Se puso a votación y ganó cuatro a tres a favor del grupo que se oponía, dirigido por Román.

El Sr. Vera Ayala, buscando conciliar y evitar más encontronazos, invitó a que ambos bandos retiraran sus propuestas y se pasara a votar entre Muñoz o Barbosa. Pero el grupo que favorecía el nombre de Lassalle pidió que no se dejara fuera su propuesta. Como no se pudo evitar que el nombre de Lassalle quedase fuera, se pasó a la votación en forma secreta. El resultado fue de cuatro votos a favor del nombre de José Calazán Lassalle y tres a favor de Barbosa.

Aunque se seleccionó el nombre de Lassalle, lo cierto fue que el problema no terminó, por el contrario, se convirtió en una polémica de carácter político, ya que el Partido había dado instrucciones de que se votara por Muñoz o Barbosa. El Sr. Marcelino Rodríguez Román señaló que él era sólo un mediador, pero que si las cosas seguían así él tenía conocimiento de que la decisión habría de perjudicar al partido. Por lo cual, como hombre disciplinado que era, temía un rompimiento del Partido y era necesario velar por la unidad del mismo. El único camino que tenía el Comité era apelar al patriotismo para conservar así la cohesión del Partido. Por su parte, Domingo Román dijo que la cosa no tenía tanta importancia como para que llegara a romperse el partido Alianza, ya que él mismo era miembro y había hecho campaña a favor de la Alianza.

Lo cierto fue que las amenazas de ruptura y las conversaciones de los líderes influyeron en el grupo para que en una cuarta reunión se propusieran los nombres de tres ilustres mocanos ya fallecidos, Adolfo Babilonia Quiñones, Pedro Acevedo Rivera y Dr. Alejandro Otero San Antonio. Se seleccionó el nombre Adolfo Babilonia Quiñones, pues éste había sido, entre otras cosas, Inspector General de Instrucción Publica en Puerto Rico para el año 1871-72. [400]

Escuela urbana Adolfo Babilonia Quiñones 1928-29

b. Escuela elemental Urbana

La escuela elemental Pedro Acevedo Rivera, que estuvo localizada en los terrenos que hoy ocupa la escuela Elemental Urbana Luis A. Colón, se inauguró en el año 1953. [401] Dicha escuela se demolió como consecuencias de fallas estructurales y se construyó una nueva escuela urbana en 1989 que lleva el nombre del ilustre mocano Luis A. Colón.

También quiero señalar que para el 1958 se estableció la escuela urbana ubicada en el residencial Gándara. Dicha escuela constaba de seis salones y un comedor escolar y llevaba el nombre del distinguido educador puertorriqueño Manuel Carrasco Gago. [402]

---

[400]. Ibid. Doc. Mun. Moca. Caja 3. 19 de abril 1929.
[401]. Programa de las Fiestas Patronales. Año 1953.
[402]. Ibid. Año, 1958.

c. La escuela de nivel secundario

Una vez los alumnos de Moca completaban la escuela intermedia tenían que viajar hasta el pueblo de Aguadilla para poder estudiar su nivel secundario. La escuela Babilonia Quiñones se convirtió en escuela intermedia a partir del año escolar 1946-47 cuando se le aprobó el grado décimo, gracias a las gestiones de los senadores Luis A. Colón y Bernardo Méndez y del alcalde Arcadio Colón. La noticia se publicó en el rotativo *El Mundo* y el periódico *Ideales* del 1946.[403] En el mismo lugar quedaron instalados los dos niveles, el elemental y el intermedio.

Luego en el año escolar de 1952-53 dio inicio la escuela Superior cuando se inauguró el nuevo edificio de la escuela elemental urbana Pedro Acevedo Rivera, lo cual proveyó un espacio para instalar los grados superiores. Como el principal de escuelas era el Sr. Juan San Antonio, se nombró para dirigir la escuela superior a la señora Catalina Flores. Entre sus primeros maestros fueron Catalina Flores, Cresencio Hernández, María J. Rivera y Ezequiel Morales, entre otros.[404]

El comienzo de la escuela Superior marcó un periodo de gloria para la educación mocana. Allí se estableció el primer Consejo de Estudiantes de dicha escuela en febrero de 1947, siendo su Presidente Miguel A. Jiménez Méndez, Jorge Colón como Vicepresidente, la secretaria Hermidas López, tesorera Hermes Soto y como vocales Julio C. Jiménez, Manuel Sánchez, Edna S. Hernández y Rafael Méndez. Los consejeros eran el Sr. Cresencio Hernández y la Sra. Catalina Flores como principal de la escuela. Como representante del nivel elemental se designó a América Nieves y Josefa Rivera, maestras de primero y cuarto grados respectivamente y a las maestras del nivel intermedio las Srtas. Milagros Colón e Iris M. Vale.

También se dio inicio al periódico *El Estudiante*, con el "propósito de estrechar los lazos entre los maestros y los estudiantes de los tres niveles así como desarrollar las habilidades que éstos poseían". Dicho periódico se venía gestando desde el año 1945 cuando se decidió publicar un periódico de una hoja titulado *El Boricua*, pero no se logró. Luego decidieron llamarle *El Caribe*, pero tampoco se pudo materializar, finalmente se fundó *El Estudiante*.[405]

El constante aumento de estudiantes en los años de las décadas de los 60-70 obligó a las autoridades a que construyeran una nueva escuela superior; la misma se hizo en el año 1964 y se honró el nombre del ilustre educador

---

[403]. *Ideales*. Año, 3, Núm. 24, 24 de agosto de 1946. p.2.
[404]. Ibíd.
[405]. *El Estudiante*. Año 1947. p.3.

puertorriqueño Antonio S. Pedreira, la cual quedó ubicada al frente del residencial Gándara. En 1971-72 se amplió el plantel con seis nuevos salones para dar acomodo al creciente número de estudiantes.

El constante aumento de alumnos llevó a las autoridades gubernamentales y escolares a iniciar la construcción de otra nueva escuela para el 1980. La misma se inauguró el 22 de mayo de 1982 bajo el nombre del insigne educador mocano Dr. Efraín Sánchez Hidalgo.[406] Pero la nueva escuela no fue suficiente para acomodar a tantos jóvenes mocanos, lo cual conllevó la construcción de la más reciente escuela superior que hoy disfrutan tantos alumnos. Por primera vez una escuela de Moca se le dedicó a la memoria de una mujer tan querida y recordada en nuestro pueblo, Doña Catalina Flores, la primera principal de la escuela superior que tuvo Moca allá para el 1952 y la primera escuela de Moca que lleva el nombre de una mujer. La nueva escuela Catalina Flores se inauguró en el año 2000.

7. Construcción de escuelas rurales

Como señalé anteriormente, uno de los objetivos de la Comisión de Educación Municipal para finales de la década de 1920 era la construcción y habilitación de escuelas de concreto, tanto en la zona urbana como en la rural. El municipio tenía 34, de las cuales 14 estaban en la zona urbana y 22 en áreas rurales. El pago de rentas de las demás escuelas de Moca pasaba de los $3,181.98 anuales.[407] Se resolvió que la suma de $3,181.98 depositado en el American Bank de Puerto Rico se transfiriera para construir escuelas en la zona rural. También se pidió la autorización del Municipio para solicitar un préstamo por la cantidad de $15,000 para arreglar los caminos y levantar 5 escuelas rurales, a $800 cada una; además, para adquirir los materiales y equipos necesarios por la suma de $400.

Antes de iniciar las construcciones, el Alcalde pidió el traspaso de las escrituras de los siguientes solares con cabida de una cuerda:

1. Aceitunas, 1 cuerda donada por Zenón Laguerre para levantar dos salones de cemento valorada en $500.
2. Plata Arriba, un solar cedido por Jesús Vera para levantar un edificio de cemento de dos salones, valorado en $500.
3. Cerro Gordo, solar cedido por Isaías Beltrán para levantar un edificio de un valorado en $2,500.

---

[406]. Este ilustre educador era descendiente de dos de las familias más reconocidas de Moca.

[407]. Ibid. Fondo Obras Públicas, Serie Edificios Escolares. Leg. 47. Expd. 3. f. 406.

Los edificios a construirse en los distintos barrios se harían con una donación del Tesoro Insular, gracias a una Ley de la autoría de José Tous Soto y aprobada por Legislatura Insular. Bajo dicha ley se asignaron a Moca $12,500 para las escuelas de Voladoras, Cuchillas, Aceitunas, Plata, Rocha y Cerro Gordo.

a.   Escuela de Voladoras.

Para la escuela del barrio Voladoras, se recibió una oferta de Balbino Colón Serrano en la que vendía una finca de una cuerda de tierra y una casa de 60' por 30' de largo y 12' de alto, dividida en tres salones de 20x30', construida de madera, techada de zinc y con zocos del país, por el precio de $2,600. Se autorizó al Alcalde que adquiriese la finca porque representaba una economía de $288 anuales de los fondos del municipio. [408]

Las escuelas I y II del barrio Voladoras se consolidaron en una sola para el año 1920, a partir de esa fecha era considerada como la escuela principal, la cual fue evolucionando hasta convertirse en la Segunda Unidad de Voladoras en virtud de una ley que se aprobó en Puerto Rico para el 1930 y que algunos años más tarde se hizo realidad. En el año 1921 la escuela contaba con dos maestros: el principal de la escuela Osvaldo Hidalgo y la maestra Amelia Gotay.

Las gestiones para construir el primer salón de concreto se iniciaron el 9 de octubre de 1926 como se demuestra en carta del Comisionado de Instrucción Juan B. Huyke, al Comisionado del Interior, indicándole la intención de construir un salón de hormigón en el barrio Voladoras a un costo de $2,500. El asambleísta Pedro Hernández Romero propuso la Resolución Núm.11, del 14 de diciembre de 1926 para que a la escuela de Voladoras se le diera el nombre de Nemesio González Loperena, quien había muerto en esos días. [409]

Luego, en el 1933, se estableció una granja agrícola para la escuela de Voladoras en una finca de 8 cuerdas arrendada por $100 y una casa para el peón de la granja por la suma de $30. Se asignaron, además, $25 para materiales, $25 para abonos y semillas, $20 para los alimentos del ganado y $15 para cercar la Granja. [410]

---

[408]. Ibid. Doc. Mun. Moca Caja 2, Expd. 6. año 1926-27. ff. 160, 344, 451. Caja 2, Expd.5. Año, 1923-26. f. 97.
[409]. Ibid. ff. 135-137.
[410]. Ibid. Caja 3, Expd. 8, Año 1933. Acta 9 de 29 de mayo de 1933.

Documento sobre los planos de la escuela de Voladoras

Para el año 1954 se levantaron tres nuevos salones en la Escuela de Voladoras. Luego, entre los años 1970-71, se construyó el plantel de la Segunda Unidad de Voladoras, integrado por seis salones, un comedor escolar y una cancha a un costo de $60,800. La escuela de Clímaco Sánchez se estableció en el 1916 mediante compra al propio Sánchez por valor de $340. La escuela de Voladoras Loma se inauguró en el 1958. Mientras que la nueva escuela de nivel superior Marcelino Rodríguez y la Biblioteca Pública, ubicadas una en la parte norte y la otra al lado este de la escuela intermedia, se inauguraron para el 1980.[411] En la actualidad el único barrio de Moca que posee escuelas para todos los niveles de educación pública es Voladoras.

---

[411]. Programas de las Fiestas Patronales. Años, 1954, 1958, 1970, 1971 y 1980.

b. Las escuelas de Cuchillas.

El origen de la primera escuela de Cuchillas data del año 1874, lamentablemente no pude identificar el lugar donde se estableció la misma. Para el 1917, los padres presentaron una propuesta para cambiar la escuela de lugar, pero no fue aceptada. Sin embargo, se determinó abrir otra escuela en una casa propiedad de Pedro González Cardoza Méndez para ubicar a los niños de ese sector.[412] Ese mismo año se alquiló el local y se equipó con unas banquetas hechas por Manuel Rosas a un costo de $12, incluyendo $5 que cobró Eusebio González por llevar el mencionado mobiliario y demás equipo hasta el barrio Cuchillas. Los libros fueron entregados por Juan Egipciaco, quien cobró $2.50 por realizar la encomienda. Esta escuela de Cuchillas inició su primer curso escolar el 20 de septiembre de 1917.[413]

Como maestros se designaron a Toribio Lassalle y a Inocencia Lassalle, el primero para la escuela de Cuchillas I y a Inocencia para la nueva escuela. Inocencia se enfermó y fue sustituida el 20 noviembre del 1918 por Cruz Lassalle. El 10 de junio de 1918 varios vecinos de Cuchillas presentaron una petición para trasladar la escuela de la casa de Pedro González a la de Eugenio Hernández, por tener mejores condiciones, pero el asunto se dejó pendiente hasta el año siguiente.

A principios del 1919, se organizó una comisión integrada por el Inspector de escuelas Isaac Rosario, Calazán Lassalle y Pedro Hernández Romero con la encomienda de ver una casa que vendía Catalino Hernández. La casa estaba valorada en $525 y era de 30' por 20" y 12' de alto, de un solo salón pintado, más una cuerda de terreno. A través de La Resolución Núm. 14, se autorizó al Alcalde que adquiriese la finca de Cuchillas para la escuela. La escritura del terreno fue concedida por Eugenio Hernández, padre de Catalino.[414] También se aprobaron $2,500 para construir otro salón en dicho solar.

El 19 de abril de 1929 el Sr. Domingo Román presentó una petición para que se le diera el nombre de Candelario Calor Rivas a la escuela de Cuchillas, por éste haber sido un educador, hombre de méritos, costumbres honestas y haber prestado sus servicios como profesor durante muchos años en dicha comunidad.[415] La idea de convertir la escuela en una segunda unidad fue producto de un Proyecto presentado por representante Roque Vélez, el 9

---

[412]. Esa escuela estaba localizada al lado de la residencia de Samuel González, cerca del árbol de ceiba que está frente a la casa de Mateo Pérez en el barrio Cuchillas.

[413]. Ibid.

[414]. Ibid. Doc. Mun. Moca Caja 2, exp. 6. Año 1926-27. ff. 1. 46, 219.

[415]. Ibid. Caja 3, Año, 1929.

de abril del 1930. Finalmente se le otorgó el nombre que lleva en la actualidad, en honor del escritor, político y dramaturgo Ramón Méndez Quiñones.

En el año 1946 se construyeron dos nuevos salones de clases y en 1955 se le sumaron dos más, uno de cemento y otro de madera, un nuevo comedor escolar y el servicio de agua. Los cinco salones que albergarían la escuela intermedia se comenzaron a construir para el 1960. En el 1970 se construyeron cuatro salones y en 1972 cuatro salones más y otro salón comedor.

La escuela ubicada en el Sector Cordero era conocida como Cuchillas II, era la cuarta escuela más antigua de Cuchillas, la misma ya estaba funcionando desde el año 1919. Para el 1946 el Presidente de la Asociación de padres y maestros era el hermano de mi abuela, Juan González. Resulta interesante que ese mismo año el Sr. González le obsequió a la escuela un radio para que los estudiantes y maestros pudiesen escuchar las noticias. [416]

En el año 1947, Aniceto Lassalle le presentó a la Asociación de Padres del barrio Cuchillas la idea de donar un salón de clases que él había construido, de ahí surgió el plantel escolar que se conoció como escuela Aniceto Lassalle.[417] En 1955 se estableció otra escuela ubicada en el Sector Sabana conocida como escuela Juanito Méndez. En cada una se construyeron dos salones. Al siguiente año, 1956, se reubicó la escuela del Sector Vera, la cual se cambió de su ubicación a la orilla del camino que pasa por el sector Hidalgo, conocido anteriormente con el nombre del callejón de Don Nery Hernández, cerca de la actual residencia de Cano Badillo, hoy en día está ubicado el Centro de Envejecientes. Dicha escuela estaba formada por dos estructuras, una para aulas escolares y otra para uso del comedor escolar.[418] En 1957 se fundó la de Rocha Tamarindo o Cuchillas Ferrer (Susano Ferrer), la misma contaba con dos salones de clases. En la actualidad la única escuela que queda en pie en el Barrio Cuchillas es la del Núcleo, mejor conocida como la Segunda Unidad, Ramón Méndez Quiñones.

c. Las escuelas de los barrios de Rocha y Aceitunas

La primera referencia sobre la existencia de la escuela del barrio Rocha data del año 1882, [419] sin embargo no pude conseguir su ubicación exacta. La

---

[416]. *Ideales.* Moca, Año 3. Núm. 26. p.1. Juan Gonzáles era el papá de Adrián y Saúl.
[417]. Ibíd. Año 4, Núm. 27. marzo de 1947. p.1.
[418]. Programas de las Fiestas Patronales. Años 1955, 1956, 1957, 1960, 1970 y 1972.
[419]. *La Gaceta.* Núm.148. Año 11880. p.2.

escuela actual de Rocha denominada Jorge Washington[420] data del 1947. En mayo de ese año los ingenieros de la Junta de Planificación reconocieron e hicieron un mapa topográfico del predio de terreno con dos cuerdas de tierra de cabida. La escuela sería de cuatro salones de clases. El predio estaba ubicado en la finca del Sr. Carmelo Vargas, en el cruce del camino que inicia hacia el barrio Arenales de Isabela y hace esquina con el camino de Magueyes. [421] La escuela fue construida a un costo de $7,500. Además, en el 1952 se aprobó la Ordenanza Núm. 12, mediante la cual se autorizó la construcción del comedor escolar a un costo de $1,100. [422] Luego, para el año 1954 se le añadieron cuatro salones más y al año siguiente se le construyó un aljibe y el comedor escolar. En 1960 se edificaron tres salones adicionales y un nuevo comedor escolar. Para el 1979, mientras yo trabajaba en dicha escuela, se construyó otro edificio escolar.

Lo mismo sucede con la escuela de Aceitunas, se sabe que existía desde tiempos muy antiguos, pero la documentación existente hasta el momento no revela otros datos que los antes expuestos. Esta escuela se construyó con la aprobación del Proyecto del Senado Núm. 397 de los senadores, Méndez y Luis A. Colón y firmado por el gobernador Jesús T. Piñeiro el año 1947. La aprobación fue de $10,000 para levantar dos edificios escolares.[423] La escuela del barrio Aceitunas Arriba era originalmente de dos salones por un costo de $500 y estaba ubicada en una finca de Zenón Laguerre. Además, se le construyó una cerca y una cisterna. El 11 de febrero de de 1920 la Asociación de Padres de Aceitunas recomendó que se le diera el nombre de Zenón Laguerre.[424]

En cuanto a la escuela elemental de Aceitunas fue la primera que se edificó. Según la documentación más antigua, se sabe que para el año 1954 se construyeron dos nuevos salones y en 1955 otro más y el comedor escolar. En el 1956 se hizo la escuela del núcleo y su salón comedor. Luego para 1970 y 1979 se hicieron más salones para ambos planteles. Por otra parte en la

---

[420]. Según el Señor Gilberto González, quien fue principal de esa escuela por muchos años, explicó en una ocasión que la persona que donó los terrenos para construir la escuela, lo hizo con la condición expresa de asignarle el nombre de Jorge Washington al plantel escolar, últimamente se le ha escrito el nombre como George Washington, tratando de corregir el supuesto error. Pero lo cierto es que la voluntad del donante, si fue cierto y no tengo por qué dudarlo, era que se designase dicho plantel con el nombre de Jorge Washington.

[421]. *Ideales*. Año IV. Núm. 29. mayo de 1947, p.1.

[422]. Doc. Mun. Moca. Caja 2. Expd. 5. Año, 1923-26. f.196.; Caja 3, Expd. 10, Año 1945-53.f. 266. 25 Noviembre de 1952.

[423]. *Ideales*. Año IV. Núm. 29. mayo de 1947, p.1.

[424]. Ibíd. Caja 3. Año, 1930. f.148.

frontera de Centro y Aceitunas se construyó la escuela Rodríguez y su salón comedor para el año 1957.[425]

d. Cerro Gordo Medina

En el barrio de Cerro Gordo se construyó una escuela con un salón de concreto por el contratista Isaías Olavarria en el año 1927. La fianza para responder por la construcción fue hecha por Reimundo Miranda por la suma de $2,250.72. No se había usado aún la escuela cuando el huracán San Felipe ocurrido en 1928 casi la destruyó, aunque según las autoridades, fue por tener vicios de construcción, por consiguiente el Departamento de Justicia le embargó la fianza al contratista. Sin embargo, los demandados aceptaban que el edificio tenía algunos defectos de construcción, pero que ellos habrían de responder sólo por el 20% del valor del edificio, esto es, por $450.14. La causa para no usar el edificio se debió a que los vecinos le arrancaron al mismo las puertas, ventanas y otros materiales y que lo demolieron para obtener materiales de construcción y reparar con ellos sus propias casas afectadas por el huracán.

Los demandados, el Sr. Santos Pérez y la Sra. Luisa Miranda en representación de la sucesión Miranda, añadían que la Comisión Rehabilitadora del gobierno Federal iba a construir una nueva escuela en el mismo lugar y que el municipio no gastaría nada de sus fondos. Asimismo, que el edificio había sido usado desde 1926 y había pasado el temporal de ese año y que ellos estaban dispuestos a entregar al municipio $200 para comprar materiales. Algunos años más tarde el Sr. José Baldomero Barreto cedió una casa para la escuela de Cerro Gordo. [426] En el 1957 se le construyeron dos salones y un comedor a dicha escuela.[427]

e. Construcción de la escuela de Plata.

Los terrenos para la primera escuela de Plata Alta, conocida como Tomás Vera Ayala, se los compraron a don Aurelio Vera. Aunque no conseguí documentación de las estructuras originales, se sabe, al igual que las demás escuelas de Moca, que su crecimiento se aceleró a partir de la década del 50-60. Se le añadió un salón en 1954 y en 1956 un comedor y un aljibe. En 1958 se le hizo otro salón de clases y en el 1971 se le hicieron reparaciones a toda la escuela.

---

[425]. Programas de las Fiestas Patronales. Años, 1954, 1955, 1957, 1970, 1971 y 1979.
[426]. Ibíd. Acta Núm. 3 del 30 de enero de 1933.
[427]. Programas de las Fiestas Patronales. Años, 1957.

Escuela actual de Plata Alta.

Referente a la escuela de Plata Baja, la documentación corresponde al 29 de julio de 1925 cuando el Comisionado de Instrucción, Juan B. Huyke, le envió una carta al Comisionado del Interior indicándole que el Municipio de Moca había designado un solar para la construcción de una escuela rural con dos salones de concreto con fondos de un préstamo insular por $6,000. La construcción de los dos salones tenía un costo de $4,325. El solar estaba ubicado en un predio de una cuerda de terreno a orillas del camino insular Núm. 8, propiedad de Ángel de Jesús Vera.

El contratista que obtuvo la subasta fue el Sr. Eduardo González de San Juan y el constructor de la escuela fue Armando Pecunia. La obra se terminó el 23 de agosto de 1926, pero como tenía algunas deficiencias se recibió en forma provisional, y para el mes de octubre ya se habían corregido las deficiencias. El 30 de marzo de 1927, el Superintendente de Obras Públicas Insulares comisionó al Sr. Carlos Tirado Inspector Especial para ver la escuela y aceptarla si cumplía con todos los requisitos. Finalmente se recibió el 4 de abril de 1927. [428]

Una vez terminada, los vecinos de Plata solicitaron que la escuela llevara el nombre de Pedro P. Aran, Inspector General de Escuelas rurales del Departamento de Instrucción Escolar. Según el Sr. Vera Ayala, las razones de los padres para ponerle ese nombre fue porque ayudó mucho al Distrito de

---

[428]. Ibíd. Fondo Obras Públicas. Serie Edificios Escolares. Leg. 47. Expd. 5.

Aguadilla-Moca en la construcción de escuelas, en el aumento de la matrícula y por los buenos servicios que le rindió a Moca. La Asamblea Municipal concedió el nombre de Pedro P. Aran el 14 de diciembre de 1926 mediante la Resolución Núm. 10.[429] Más tarde, en 1956, se le añadieron dos salones y un comedor y para el 1960 se le añadió otro salón más. Recuerdo que todavía en el 1976 la escuela estaba en pie, porque ese mismo año trabajé en ella sustituyendo a una maestra cuyo nombre no recuerdo. Realmente es una pena que la comunidad no conservara las estructuras de una escuela tan antigua y de tantos recuerdos para los niños del área.

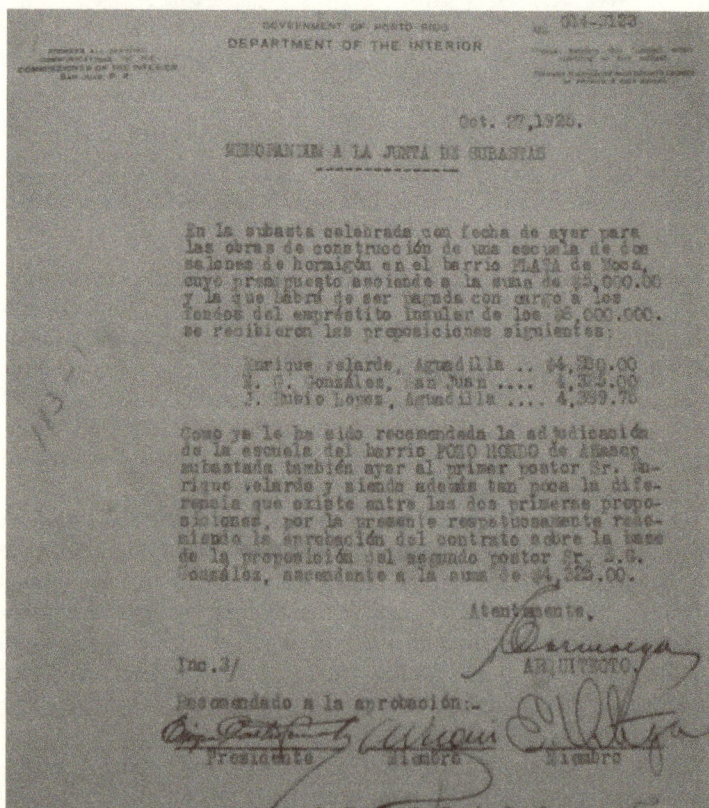

Documento de la subasta de la escuela de Plata

---

[429]. Ibíd. Doc. Mun. Moca. Caja 2, Expd. 6. Año, 1926-27. f. 134-135.

Ruinas actuales de la escuela de Plata Baja.

Plano del terreno y ubicación de la escuela de Plata Baja.

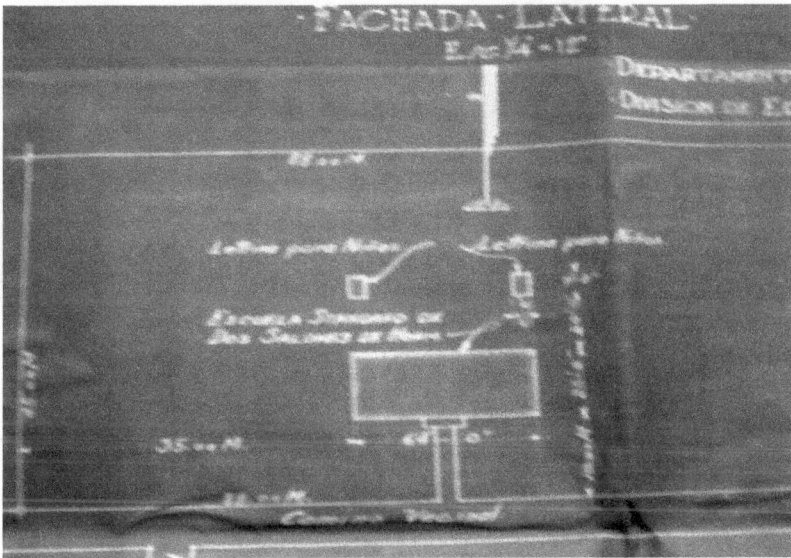

f. Escuelas de Capá

1. Capá Bosques

La primera escuela que se construyó en Capá fue para finales del siglo XIX. Sin embargo, por falta documentación no pude identificar el lugar preciso donde ubicaba esa primera escuela. Referente a la escuela de Capá Bosques lo primero que se construyó fue un salón de madera un poco más al norte de la escuela actual Narciso Bosques; el terreno para dicha escuela fue donado por Felipe Vargas. Luego en el año 1957 se construyó una nueva escuela en el terreno donde está la escuela actual. Al año siguiente se le añadió otro salón más. Dicha escuela también se construyó en terrenos donados por don Felipe Vargas González.

Fachada de la primera escuela de Capá construida en madera.

2. Capá (Lassalle)

Los planes para construir una escuela en el barrio Capá (Lassalle) se iniciaron a finales del año 1918. Los primeros pasos hacia el logro de dicho objetivo se dieron el 24 de febrero de 1919, cuando el Presidente de la Junta Escolar de Moca le pidió al Comisionado Interino de Instrucción, Juan B. Huyke, que enviase a una persona para que levantara los planos del terreno donde iba a edificarse la misma con una capacidad para 35 niños. El salón sería de 24'x 30' por 11' de alto sobre postes de hormigón, escalera de hormigón, techo de zinc, piso de tablas de "pichipén" y plafón de tabloncillo.

Para construirla, la Junta contaba con una asignación de $1,000 y el Municipio debía responder con $850.

A finales de diciembre de 1919, el Presidente de la Junta, José Calazán Lassalle, le informó al Comisionado de Instrucción Paul G. Miller, que la escuela se podía construir en un terreno que él poseía en el barrio Capá. Dicho predio estaba ubicado a orillas de la carretera que pasaba de Moca a San Sebastián.

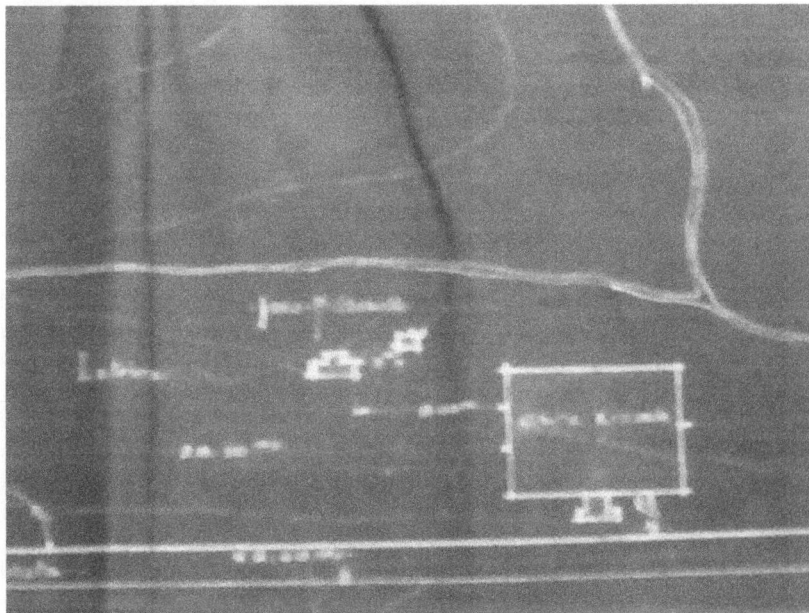

Plano del terreno de la escuela de Capá Lassalle.

También le recordó que el Departamento de Instrucción le había asignado a Moca la cantidad de $1,000 de una partida de $10,000 que la Legislatura de Puerto Rico les había aprobado a ellos mediante una resolución conjunta del 13 de abril de 1916. En adición a ese dinero, el Municipio estaba dispuesto a responder con $600 para una suma de $1,600 cantidad que, según los miembros de la Junta, era suficiente para levantar la escuela. Por tal razón, le pedía autorización para publicar la subasta. [430]

---

[430]. Ibíd.

Por su parte, el Municipio aceptó la oferta del propio Comisionado Municipal de Instrucción Pública, José C. Lassalle, de un préstamo por la cantidad de $417.71 sin intereses hasta la entrada del año fiscal 1920-21. Pero antes, el Consejo Ejecutivo de P.R. debía aprobar dicho préstamo. [431] Una vez resuelto el asunto de los fondos se autorizó el anuncio de la subasta que salió a la luz pública el 6 de febrero de 1920 en los periódicos *La Voz de la Patria* de Mayagüez y en *La Democracia* de San Juan.

Los contratistas que compitieron en la subasta fueron Enrique Velardo de Aguadilla, Ignacio Flores del Barrio Balboa de Mayagüez, Demetrio Lantoni de Aguadilla y Cipriano Feliú de Puerta de Tierra, todos recibieron los planos y las especificaciones necesarias para participar en dicha subasta. La oferta del Sr. Cipriano Feliú fue por $2,229.51, la de Velardo de $2,183, la de Santoni por $2,017 y la de Flores por $1,958, pero con la condición de hacer las escaleras de madera, eliminar el armario para libros y hacer el plafón de cartón. [432]

Aunque las autoridades municipales insistieron en que se podía conseguir una persona que construyese la escuela por $1,600, finalmente, el 4 de marzo de 1920, el Comisionado de Instrucción, Paul G. Miller, certificó la adjudicación de la subasta a Demetrio Lantoni. Entre las consideraciones que se tomaron para concederle el contrato estaba el hecho de que éste tenía mucha experiencia y que para esos mismos días había realizado un proyecto de 50 casas en el barrio Obrero del pueblo de Aguadilla. Algunos días después se estableció un contrato entre el Departamento del Interior y el contratista, mediante el cual la Junta Escolar de Moca se comprometió, por mediación del Departamento de Instrucción, a contribuir con la suma de $1,017.60 para levantar el edificio escolar de Capá.

Para mayo de 1920, el Comisionado Municipal de Instrucción le informaba al Comisionado del Interior, que había realizado una visita para ver cómo iba la construcción de la escuela de Capá y como parte de ella había hecho una recomendación para que se hiciera una puerta en la parte de atrás de la estructura para así evitar que los estudiantes entraran por la parte del frente donde estaba la carretera. El contratista estuvo de acuerdo, siempre y cuando la Junta Escolar pagara los gastos. A mitad de mayo, el contratista Santoni le informó al Arquitecto Finlayson del Departamento del Interior, que lo único que faltaba era pintar el edificio. El 15 de julio se inspeccionó la obra y se encontraron dos pequeños errores en la construcción, por lo cual el contratista procedió a corregirlos. A finales de mes ya estaban corregidos,

[431]. Ibíd. Doc. Mun. Moca Caja 1, Expd.2. Año 1919-22. ff.66-70.
[432]. Ibíd. Caja 1, Expd. 4. año 1919-22. f .78. ; Caja 1, Expd.3. Año 1919-22.; Fondo   Obras Públicas. Serie Edificios Escolares. Leg. 47. Expd. 5.

finalmente el edificio fue entregado en junio de 1920 y en agosto se iniciaron las clases en la escuela de Capá. [433]

Siete años más tarde, se construyó otro salón para ampliar los grados que ofrecía la escuela de Capá. El 10 de febrero de 1927 se envió el memorando de la subasta de esta escuela. En la misma participaron Pedro Román con una oferta de $1,995, Armando Pecunia por $2,000 y Manuel Cruz Olán por $2,075. Sin embargo, desconozco por qué no se le quería dar la subasta a Pedro Román. Varias personas intercedieron a favor de éste, entre ellos el Presidente de la Asamblea Municipal, Restituto Pagán Ruiz, quien lo describió como una persona de reputación y solvencia económica y que había realizado otras obras en Moca. También el Alcalde Francisco Acevedo y el Comisionado de Instrucción Municipal, Calazán, hablaron a su favor destacando su experiencia y capacidad, además de que mostraba mucho interés por ser del mismo barrio de Capá.

A pesar de todas las intervenciones a su favor, el Ingeniero Fernando Caso recomendó al contratista Armando Pecunia ante el Comisionado del Interior el 14 de febrero de 1927. Al día siguiente, el Comisionado le escribió a Pecunia informándole que se le había concedido la subasta para la construcción de un salón de hormigón en el barrio Capá ascendente a $2,000.[434] Para agosto 23 se informó que la escuela se había terminado de construir. Años después, en el 1955 se le construyó un aljibe y se le hicieron reparaciones al salón comedor.

Resulta curioso que no se le concediera la subasta a Román aun cuando contaba con la experiencia y la solvencia económica, además de presentar la cotización más baja. Mucho más llama la atención que, cuando se inspeccionó la escuela, se indicó que estaba sin pintar, trabajo que todavía el 3 de septiembre cuando se vuelve a inspeccionar permanecían algunas partes sin pintar. Para el 21 de enero de 1928, el Inspector Aguilar le envió un telegrama al Comisionado en el cual le indicaba que no se había cumplido con la orden de pintar las partes de madera del salón de la escuela de Capá. [435] Realmente este es un caso que llama la atención, pero por falta de evidencias no se puede concluir qué motivos o fuerzas se confabularon para no darle la subasta a un mocano y sí a otra persona de otro pueblo, aun cuando cotizó más alto y demostró cierto grado de irresponsabilidad con el contrato.

---

[433]. Ibíd.
[434]. Ibíd. Fondo Obras Públicas. Serie Edificios Escolares. Leg. 182. Expd. 2. y Leg. 183. Expd. 7. Año 1925.
[435]. Ibíd.

Antigua escuela de Capá Lassalle

f. Las escuelas de los barrios Centro, Las Marías, La Cruz y Naranjo.

Como he señalado anteriormente, hay evidencia de que en los barrios en cuestión existían escuelas desde muchos años atrás, pero los documentos no ofrecen datos que puedan ayudar a establecer su ubicación y posterior desarrollo. La escuela del barrio Centro estaba cerca de los actuales edificios de los llamados Castillos Meléndez. La única referencia que encontré indica que en 1956 se le añadió el salón comedor. El plantel escolar desapareció para finales de los años 70 y en la actualidad sólo queda parte de lo que fue un salón. Actualmente éste es uno de los pocos barrios que carece de escuelas.

En el caso de las Marías, para el 1956 se construyó una escuela de dos salones en la finca Los Jiménez y un salón en la escuela de las Marías II. La escuela y el comedor escolar del sector Isleta, en La Cruz, se edificaron en el 1957 y en 1960 se añadió otro salón de clases. En el caso de Naranjo se construyeron dos salones y su comedor en el año 1956 y tres salones al año siguiente.[436]

---

[436] . Programas de las Fiestas Patronales. Años, 1956, 1957 y 1960.

g. Consideraciones finales sobre la educación y las escuelas de Moca entre las décadas de 1950-2000.

Como puede apreciar el lector, en los comienzos del siglo XX con la llegada de los estadounidenses, las autoridades se enfrascaron en un proyecto dirigido a promover un sistema educativo que acercara a los puertorriqueños a la cultura estadounidense y, por ende, la necesidad de construir cada vez más planteles escolares. Luego, a mediados del siglo XX, se da un nuevo impulso en la construcción de facilidades escolares ante el aumento de la poblacional estudiantil. Dicho auge coincidió, como veremos a lo largo de este estudio, con todos los cambios que se efectuaron en la Isla con la llegada a la palestra pública del gobierno de Luis Muñoz Marín. No fue hasta que las cosas entraron en una época de cambios y transformaciones que la zona urbana y los barrios de Moca vieron un verdadero progreso y adelanto en el área de la educación, hecho que no es exclusivo de Moca, sino que se operó también en toda la Isla.

Como ejemplo, podemos analizar los siguientes datos del año 1965 relacionados con el distrito escolar de Moca. La dirección y administración de la educación estaba bajo una superintendente, una superintendente auxiliar, un supervisor de salud, uno de inglés y otro de comedores escolares. Además, ocho directores escolares, una orientadora vocacional y 154 maestros para atender a 5,620 estudiantes.

Lo cierto es que, a la larga, los puertorriqueños salieron beneficiados porque al dotar al país con una amplia infraestructura para educación y una facultad bien preparada recibieron mayores oportunidades educativas, dando como consecuencia un país con una población altamente educada académicamente. Sin embargo, eso no necesariamente quiere decir que el logro de muchos títulos académicos haya logrado convertir a la mayoría de los puertorriqueños en personas educadas. Porque un pueblo que no utiliza lo aprendido para mejorarse como seres humanos, en realidad es un pueblo de analfabetas funcionales, quienes, aunque sapan leer y escribir, se ejercitan muy poco en dicho menester.

Capítulo VIII: Ley y orden

A. Durante el periodo español

La necesidad de establecer la ley y el orden fue contemplada desde la fundación de cada pueblo, especialmente los que se erigieron bajo el reinado de Carlos III, época en la que se introdujeron en los ayuntamientos "los cargos notables... para solicitar y promover todos los negocios en que interesase el común de los respectivos pueblos." [437]

Entre las personas que se consideraban como responsables del orden en los poblados estaban los militares. En Moca, entre las primeras personas que pude identificar en el ramo castrense encontré al Capitán don José Pérez de Gerena del año 1775, el Capitán Juan Lorenzo de Acevedo en 1780 y don Miguel Babilonia en el 1798. También aparecen el Sargento Lorenzo Hernández y el Alférez de Urbanos José Morales en el 1790, José González de la Cruz como Sargento en 1792 y el Ayudante de Urbanos Manuel López de Segura. [438]

Más tarde, las leyes municipales sufrieron diversos cambios en los años 1812, 1813 y 1821. Luego, el Real Decreto del 23 de julio de 1835 dejaba establecido un arreglo provisional para los Ayuntamientos en el cual se volvía a los decretos de la ley del 3 de febrero de 1823. Poco tiempo después, el 15 de octubre de 1836, se restableció la ley del año 1823. [439]

Una vez promulgada la Constitución del 18 de junio de 1837, se discutió y votó por las Cortes, una ley de organización y atribuciones para los ayuntamientos, que fue sancionada en Barcelona el 14 de julio de 1840. Bajo todos estos períodos, la responsabilidad principal recaía sobre el Teniente a Guerra. En el caso de Moca, el cargo fue ocupado hasta el año 1849 por don José de Simón Romero. [440] Para ayudar al Teniente a Guerra se establecieron diferentes cargos o puestos, entre ellos el de Sargento Mayor o Sargento Mayor de Urbano si en el pueblo se carecía de una plaza militar. En caso de enfermedad, renuncia, o muerte del Alcalde o Teniente a Guerra, el Sargento Mayor pasaba a ocupar el cargo hasta que se resolviese la situación. [441]

---

[437]. Fermín Abella. *Derecho Administrativo Provincial y municipal.* Tomo I. Madrid, Año, 1877. p. 4.

[438]. A.P.M. Libro II de Matrimonios. Año 1775-1788 y el Libro de Matrimonios II, Años 1786-1813.

[439]. Ibíd. p. 75.

[440]. Ibíd.

[441]. Luis de la Rosa. *Lexicón Histórico Documental de Puerto Rico (1812-1891).* Centro de Estudios Avanzados de Puerto Rico y el Caribe. San Juan, P. R. Año 1986. p. 105.

El cuidado del orden público quedaba bajo la influencia de los organismos de corte militar, como podía ser, por ejemplo, la Comandancia Militar. En el pueblo de Moca, la Comandancia Militar y el cuartel se fundaron en el año 1812. [442] Con la creación de dicha posición se nombraron dos comandantes, uno encargado del aspecto militar y el otro del cuartel. Sin embargo, en el caso de Moca, según otros documentos sobre el mismo tema, se indica que solamente existía en 1845 un piquete [443] que era parte de las milicias de Aguadilla. [444] El puesto de Cabo Primero de las Milicias fue ocupado por Andrés Barreto.

No menos importante fue la creación del cargo de Comisario o Alcalde de barrio. Éstos estaban sujetos a las órdenes de los Tenientes a Guerra o Alcaldes. La tarea de los Comisarios consistía en mantener el orden y cumplir con las funciones que le delegaba el alcalde en propiedad del pueblo. Los puestos antes mencionados fueron establecidos según la ley del 3 de febrero de 1823, que les concedía a los Ayuntamientos las atribuciones de policía urbana, policía rural y de salubridad. [445] En el período que abarca desde la fundación del pueblo hasta el año 1850, son muy pocos los datos que aparecen relacionados con la ley y el orden. De lo poco que se encontró podemos señalar que don Antonio Nieves ocupó el cargo de sub-teniente para los años de 1826 al 1827 y que más tarde llegó al grado de Capitán, al igual que Manuel Salas. [446] Del 1827 se pudo identificar a Tomás Lorenzo como Sargento Mayor, quien también llegó hasta el grado de capitán.[447] En 1828 aparece Miguel Polidoro como Teniente del Batallón de Infantería número tres.[448] Luego en el año 1832, don Antonio Charneco y Sanz ostentaba el rango de Sargento Mayor y Jaime Cedó el de Teniente.[449] Para la mitad del siglo XIX fueron tenientes en Moca Francisco Caban y Gabriel López. [450] Las leyes municipales cambiaron de nuevo el 8 de enero de 1845 y rigieron hasta el año 1854, cuando se le hicieron otros cambios que permanecieron hasta el 1856.

---

[442]. AGPR. Fondo de Obras Públicas. Caja 280. Año 1853.
[443]. Ibíd. Serie Obras Municipales, "Descripciones topográfica de Moca". Caja 176. A.P.M. Libro II de Matrimonios. Año 1775-1788 y el Libro de Matrimonios II, Años 1786-1813. Piquete era un pequeño grupo de soldados encargados de velar el orden del pueblo.
[444]. Op. Cit. Abella. p. 81.
[445]. AGPR. Fondo de Gobernadores Españoles, Mayagüez-Moca. Caja 508.
[446]. Ibíd.
[447]. Ibíd. Caja 502. Año 1828.
[448]. Ibíd. Caja 508.
[449]. Ibíd. Caja 510.
[450]. Colección Herman Reichard. Documento titulado Mensaje para el estudio de la historia de las Milicias Puertorriqueñas (Moca). Por Jesualdo Gaya. 1 de agosto de 1929.

Afortunadamente pude conseguir la lista de los Comisarios de Barrios correspondientes al año 1854. La misma estaba compuesta como se demuestra en el siguiente cuadro por:

Cuadro IX. Comisarios de barrios de Moca

	Barrio	Comisario	Suplente	
1.	Rocha	Eduardo Soto	Pedro Hernández	
2.	Naranjo	Marcelo Cabán	Francisco López	
3.	Capá	Higinio González	Roberto Soto	
4.	Marías	Eusebio Pérez	Valentín González	
5.	Aceitunas	Francisco Ramírez	José M. Ramos	
6.	Centro	Gregorio Areizaga	Daniel Rodríguez	
7.	Cerro Gordo	Manuel Quintana	Felipe Medina	
8.	Plata	José Vélez del Rosario	Ramón Vera	
9.	Cruz	Francisco Nieves	Manuel Cabán	
10.	Voladoras	Antonio Vargas	Juan Elías Santiago	
11.	Cuchillas	Andrés Pérez	Damián Cordero [451]	

Nuevos cambios se propiciaron en las leyes municipales a partir del 20 de agosto de 1870 y reformadas en 1876. En el artículo 23, de la Ley de 1870, se establecía que todo el que recurriera a la autoridad municipal tenía derecho a exigir de la misma un resguardo, en el cual se hiciera constar la demanda o la queja y la hora en que hubiese ocurrido.[452] En el artículo 29 se estatuye los cargos principales del Ayuntamiento: el Alcalde, los Tenientes y los Regidores. [453] El artículo 54 correspondía a la selección de los alcaldes de barrio. Según dicho artículo, el Ayuntamiento debía proceder a la elección de los alcaldes en la segunda sesión del Ayuntamiento. El Alcalde nombraba a los Alcaldes de barrio entre los electores del pueblo. Luego, los Concejales votaban sí los aceptaban mediante sufragio secreto. En caso de que un candidato fuese rechazado, el Alcalde y los Tenientes debían reunirse ese mismo día para presentar nuevos candidatos.[454] En el artículo 68, se trataba sobre la obligación del Ayuntamiento para hacer cumplir, con arreglo a los recursos y necesidades del pueblo en particular, la conservación y arreglo de las vías públicas, la policía urbana y rural, la policía de seguridad y la instrucción primaria. [455] Las especificaciones sobre el monto de las multas por infracción de las ordenanzas y reglamentos las contenía el artículo 72, así como las funciones del Juez de Paz. Según dicho artículo, las multas no

---

[451]. Op. Cit. Abella. p.114.
[452]. Ibíd. 115.
[453]. Ibíd. 120.
[454]. Ibíd. 123.
[455]. Ibíd. pp. 124 -125.

podían exceder de 50 pesetas en las ciudades capitales y de 25 pesetas en los pueblos que tenían de 4,000 habitantes en adelante. En caso de insolvencia se arrestaría a la persona por el término de un día. También se revisaron las funciones del cargo de Juez de Paz. [456] Éste debía registrar la razón de la multa y la cuantía de la misma[457] en un informe de guardias de segunda clase.[458]

El cambio del nombre de Cuerpo de Policía al de Guardia de Policía y Seguridad y sus nuevas funciones se efectuó el 20 de enero de 1891 por medio del Reglamento de la Secretaría del Ayuntamiento. La misma debía estar formada por un cabo y tres guardias. El sueldo era de 240 pesos anuales para el cabo y de 180 pesos para los guardias. Debían ser mayores de 25 años y de buena conducta y se preferían a los licenciados del ejército o de la Guardia Civil. [459] De este período la cita más antigua que pude conseguir fue del año 1866, donde se identifica a don Julián López Pitrat, como el primer Juez de Paz de Moca y a don Félix Echevarría y a Ramón Méndez como primero y segundo suplentes respectivamente. [460]

La información siguiente responde al 1870, cuando Restituto Pagán pasó a ocupar la plaza de Julián López y Félix Echevarría pasaba a ocupar el puesto de primer suplente, mientras Alejandro Otero San Antonio el de segundo suplente. [461] Más tarde Restituto Pagán fue nombrado fiscal y el cargo de juez lo ocupaba alguien de apellido Marrero.[462] Ese mismo año de 1882, fue nombrado don Andrés Font como juez, mientras José Benejam y Regalado Miranda como primero y segundo suplentes. [463] Para el año de 1883-1884 se nombró como juez a Ramón Méndez Quiñones. [464] En el 1884, sube a ocupar la plaza León López y de suplentes Benejam y un señor de apellido Domínguez. [465]

A López le siguió Antonio Quirós Ruiz y a Restituto Pagán el fiscal don Ricardo Cedrón.[466] En julio de 1884, José Méndez Quiñones pasó a ocupar el puesto de juez al sustituir a Quirós, en ese cargo de juez permaneció

[456]. Ibíd. 146.
[457]. *Gaceta de Puerto Rico*. Núm. 2; 3 de enero de 1880. p. 4.
[458]. Ibíd. Núm. 9.; 20 de enero de 1891. p. 7.
[459]. Ibíd. Núm. 67.; 5 de junio de 1886. p.1.
[460]. Ibíd. Núm. 150.; 15 de diciembre de 1870. s.p.
[461]. Ibíd. Núm. 16.; 16 de febrero de 1883. p. 4.
[462]. Ibíd. Núm. 75.; 21 de junio de 1884. p. 2.
[463]. Ibíd. Núm. 150.; 16 de septiembre de 1882. p. 4.
[464]. Roberto Ramos Perea. "Ramón Méndez Quiñones: Asesino". *Revista Ateneo*. Año, II. Núm. 4. p. 128.
[465]. Ibíd. Núm. 73.; 17 de junio de 1884. p.2.; Núm. 98.; 14 de agosto de 1884. p. 1.
[466]. Ibíd. Núm. 71.; 14 de junio de 1888. pp. 4-5.

hasta el año 1890. [467] Domínguez ascendió al puesto de juez en 1890 y José Benejam quedó, como suplente y se nombró a Baldomero San Antonio y Simón (Simó) como segundo suplente. [468] Don Antonio Quiroz Ruiz, regresó en junio de 1892 hasta 1894. Baldomero San Antonio Simón permaneció como juez suplente. Por otra parte, su hermano Juan San Antonio Simón ocupó la fiscalía municipal hasta que fue sustituido por Donato González. [469] Se producen nuevos cambios para el año 1896, cuando don Tomás Babilonia y Talavera pasó a ocupar la plaza de Juez de Paz y Fulgencio Muñiz Martínez pasó a ser fiscal. [470] A don Tomás Babilonia lo sustituyó en el año 1898, Juan A. Miranda y a Fulgencio, don Alfredo Egipciaco Miranda, [471] los cuales fueron los últimos dos funcionarios en tiempo del dominio español. En el año de 1898 con la llegada de los estadounidenses cambió el estilo de gobierno, por lo que se afectaron todas las áreas del funcionamiento en todas las instituciones de la Isla. Los años de 1898 al 1899 al finalizar el siglo XIX, el país se rige por un gobierno militar y bajo el dominio de los estadounidenses. En esos años los cimientos más profundos de la sociedad puertorriqueña cambiaron para siempre.

Entre los sucesos más impresionantes están las llamadas partidas sediciosas. Éstas fueron unos grupos armados que tomaron venganza contra los hacendados españoles que quedaron residiendo en la Isla a la salida del gobierno de España. Así se demuestra cuando el 6 de diciembre de 1899, el nuevo gobierno bajo la dirección del General Davis, señalaba en la *Gaceta de Puerto Rico* que:

> Si las autoridades civiles dejan de reprimir tales espectáculos habrá por fuerza que apelar para ello al brazo militar. El giro que van tomando los acontecimientos en algunas localidades da la impresión de que reina la anarquía y el caos, debido todo ello a la incapacidad…del pueblo por lo que respecta a un gobierno ordenado. El Gobernador Militar espera vivamente que no habría necesidad de sustituir en ninguna de las poblaciones… Si llagare a conocimientos de cualquier jefe militar que el orden se halla perturbado o escarnecida la Ley por parte de individuos o turbas consintiendo el delito de actos prohibidos por esta

---

[467]. Ibíd. Núm. 87.; 21 de Julio de 1888. p.3.
[468]. Ibíd. Núm. 92.; 2 de agosto de 1890. p.3.
[469]. Ibíd. Núm. 72.; 16 de junio de 1892. p.1.; Núm. 94.; 6 de agosto de 1892. p. 3. Año. 1892. p.2. ; Núm. 73.; 18 de junio de 1892. p.1.
[470]. Ibíd. Núm. 73.; 18 de junio de 1896. p.3; Núm. 77.; 27 de junio de 1896. p.5. y Núm. 99.; 18 de agosto de 1894. p.2.
[471]. Ibíd. Núm. 132.; 5 de junio de 1898. pp. 1-2.

Orden y por las Leyes locales; una vez convencido el Jefe Militar de que las Autoridades civiles no pueden o no quieren reprimir el desorden, hará uso de la autoridad militar.[472]

El nuevo orden que dio inició al siglo XX se estableció el 20 de diciembre de 1899, bajo las Ordenes Generales Núm. 195. Las nuevas disposiciones decían que en cada pueblo donde existiese el Tribunal Municipal se cambiaría por un Tribunal de Policía, que tendría jurisdicción para castigar 31 delitos entre los que mencionamos los siguientes:

1. Los que apedrearen, mancharen o causaren cualquier daño a las estatuas, pinturas u otros objetos, que adornan las plazas, calles, caminos; o al alumbrado público, telégrafo o teléfono; fachadas de edificios, vías públicas y arbolado...
2. Los que de cualesquier modo obstruyeren el tránsito público en las calles y caminos.
3. Los que conduciendo por calles o caminos vehículos de cualquier clase, no dieren paso a otros más ligeros
4. Los que en público usasen trajes contrarios a la decencia.
5. Los que en público profieren blasfemias, maldiciones o palabras obscenas.
6. Los que sin autorización disparen petardos o armas de fuego, no causando daño.
7. Los que producen ruidos... o celebren reuniones tumultuosas.
8. Los que con embriaguez causaren disturbios.
9. Los que practiquen la prostitución.
10. Los que arrojasen basuras, animales muertos, etc.
11. Los que riñesen en lugares públicos.
12. Los que hurtaren... [473]

Todo aquel agente de policía que omitiera presentar denuncia sobre cualquier falta de la que tuviese conocimiento sería castigado. Si se le imponía una multa y no podía pagar se le descontaba del sueldo. Una persona se podía castigar con una multa de $15 pesos, por violar cualquiera de las treinta y una leyes, en caso de no poder pagar tendría tres días de trabajo forzoso barriendo las calles o empedrando caminos. Si reincidía, se le doblaba el castigo. Para los tribunales municipales se presentó la siguiente

---

[472]. Ibíd. Núm. 288.; 6 de diciembre de 1899. p.1.
[473]. Ibíd. Núm. 300.; 20 de diciembre de 1899. p.1.

composición, un Juez Municipal y dos asociados en cada municipio. Los dos asociados fallarían juntos con el juez y firmarían las sentencias que procediesen en los distintos juicios que se diesen. Además, tenían la obligación de ofrecer la siguiente información: el nombre, delito y pena de cada caso que se procesara. La información suministrada debía guardarse en el Archivo Municipal.

Entre las atribuciones o deberes del juez estaban: atender casos de hurtos, estafas, daño a la propiedad, que no excediesen de cinco pesos oro, así como de lesiones cuya curación no sobrepasara los quince días. También les correspondía practicar las primeras diligencias en caso de delitos en el término de seis días desde haber recibido el aviso. Una vez realizada la pesquisa se remitía a la Corte de Distrito.

A los cuerpos de Policía, les correspondía la obligación de practicar las primeras diligencias de la investigación y pasarían la información inmediatamente al juez. [474] Las nuevas disposiciones no eran muy diferentes de las que se pueden identificar en la época española. La principal diferencia estriba en la forma de operar o hacer cumplir la ley bajo las nuevas instituciones. Si damos una ojeada a las multas o acusaciones de los años de 1850 y 1869 podemos apreciar que la variante no es muy marcada. Por ejemplo, en el año de 1850 aparecen, entre otras, las siguientes denuncias:

1. A don Manuel de Jesús Quiñones, por excesos cometidos en una gallera.
2. A Benito Rivera, Paz del Rosario, Marcos González, Benito Sierra, José Antonio Lorenzo de Acevedo, Ramón Rivera, Antonio Colón y otros por tener animales sueltos en las distintas partes de la jurisdicción del Ayuntamiento. Denuncia de Andrea Beltrán por curandera.
3. A Pedro Nieves por abrir un ventorrillo sin licencia.
4. A Francisco Velázquez y Calixto de Soto por peleas de gallos en medio del Camino Real. Lo mismo a Martín Luyando por atar un caballo en medio de la calle, obstruyendo el paso.
5. Muy particular fue la denuncia que se le hizo a Eusebio Tirado por ridiculizar al caserío hecho en la población por los jornaleros o la de Martina de Jesús, por blasfemia, por lo que sufrió seis días de cárcel

Por ebrios consuetudinarios se acusaron a Pedro Rodríguez, Martín Torres, Juan Cruz, Manuel de Jesús López, Atanacio López, Jerónimo Chacón y Eusebio Acevedo, todos del barrio Centro. Del barrio Aceituna se acusó de lo mismo a Victoriano Corchado, Manuel Soto y José Soto y del barrio

---

[474]. Ibíd. Núm. Extraordinario.; 17 de agosto de 1899. p. 3.

Cuchillas a Juan Lorenzo de Acevedo. [475] Tal vez la denuncia más peculiar fue hecha el 21 de mayo de 1869 contra el Alcalde y el Cura del pueblo por "asistir todos los días a los juegos y bailes", cosa que fue vista como impropia por el Coronel Juan Izaguirre. Según la investigación, el comerciante Alejandro Otero San Antonio y el Síndico Félix Echevarría, señalaban que el Alcalde administraba dos casas de juego, puestas bajo la custodia de Donato Lassalle y un señor de nombre Ramón. [476] Como se puede observar los sucesos del diario vivir nos pintan un cuadro muy interesante sobre la vida pueblerina y su acontecer. Esta fue la época de la dominación española en Moca.

B. Convivencia y relaciones sociales de los mocanos

1. Los agentes de la ley.

La llegada de los estadounidenses y el inicio del siglo 20 no eximieron a los ciudadanos de Moca de cumplir con la ley y el orden establecido. En el pueblo los encargados de hacer cumplir las leyes eran los policías y en el campo los Comisarios de Barrios, ambos dirigidos por Nemesio González como Comisionado de Servicio Público, Policía y Prisiones. También se contaba con el Inspector de Sanidad Ramón Vázquez-Telles, quien fue sustituido luego por Catalino Velásquez. Los policías de Moca para esos años eran José Feliciano Vélez, placa 94, Alfonso Gautier, placa 334 y Antonio Gerena Quiñones, dirigidos por el cabo Juan R. Blanco. Luego para el 1924 se sumó a la fuerza el Sargento Juan José Feliú y el policía José Pérez García, placa 598 y otro agente de apellido Silén.

Los Comisarios de Barrios se identificaban con una tablilla en la que se indicaba su nombre, su número de comisario y el municipio de residencia. Sus deberes eran las siguientes:

1. Notificar cualesquier hecho prontamente o crimen, alteración a la paz, hurto, homicidio o incendio que ocurra en los límites de su barrio.
2. Prestar auxilio en el esclarecimiento del crimen o investigación.
3. Informar al Secretario de Hacienda cada tres meses los nombres de las personas que establecían negocios, industrias o productos.
4. Certificar solvencia económica absoluta.
5. Dar inmediatamente respuesta a las comisiones que se le asignen.
6. Ayudar al maestro de escuela a obtener la matrícula.

---

[475]. Ibíd. Núm. 78. Vol. 19.; 29 de junio de 1850. p.4.
[476]. AGPR. Fondo de Gobernadores. Moca. Caja 510.

7. Ayudar a la Junta Municipal de Agricultura o funcionarios agrícolas que quieran establecer métodos para beneficiar a los agricultores.
8. Asistir a reuniones.
9. Reportar casos sospechosos y defunciones.
10.Se le podía comisionar otros deberes.

A los Comisarios de Barrios o Rurales se les podía separar de su cargo por incumplimiento de sus deberes o por motivos justificados presentados en un expediente, pero nunca por causas injustificadas. Además, tenían derecho a apelar la decisión que se tomara en su contra. Si querían renunciar por motivos personales debía presentar su petición ante el Secretario Municipal y debía continuar en el trabajo hasta que se nombraba su sucesor. Si se acogían a licencias de vacaciones, enfermedad o viajes debían dejar a una persona de confianza como su sustituto. Los Comisarios de Barrios no recibían compensación por su trabajo, solamente se le suplían los materiales.[477]

2.   El Código de Orden Público

Los funcionarios encargados de mantener la ley y el orden, también tenían que velar por el cumplimiento de las leyes del Código de Orden Público Municipal establecido el 22 de octubre del 1921. El mismo atendía a la sana convivencia de los ciudadanos, además de mantenerlos bajo el dominio y potestad de las autoridades establecidas. Según el mismo, quedaban prohibidas las siguientes situaciones:

1. Proferir malas palabras en la vía pública o lanzar gritos inusitados, estacionarse en las esquinas de la calle después de las 12 de la media noche. Sostener comunicaciones en alta voz impidiendo el reposo de los vecinos.
2. Lanzar piedras, romper objetos de residencias o establecimientos.
3. Arrancar, cortar, destruir o inutilizar árboles.
4. Correr a escape por las calles de la población en caballería, carruajes o vehículos.
5. Dejar animales de tiro abandonados en la zona urbana.
6. Producir alarmas por medio de petardos, toque de pitos, excepto en los días de fiestas que se podían quemar fuegos artificiales.
7. Correr bicicletas por los paseos de la plaza, ni deteriorar la plaza.
8. A partir de las 8:00 p.m. se prohibía que niños menores de 16 años formaran tertulias o juegos en la plaza pública. Después de las 8:00 p.m.

---

[477]. AGPR. Fondo Documentos Municipales, Serie Moca. Caja 1. Año 1919-22. f.53.

tenían que estar acompañados de sus padres, tutor o encargado. (Los padres eran responsables por los hechos de los menores.)

9. Obstruir desagües y hacer zanjas.
10.La conducción de ganado dentro de la zona urbana en grupos de más de tres animales a la vez.

Si se violaba alguna de las anteriores disposiciones de ley, el culpable tenía que pagar $15 de multa.[478] Dicho Código respondía a la Sección 59 de la Ley Municipal existente desde el 31 de julio de 1919.

En el año 1923 se presentó una solicitud, por parte del Alcalde en la cual se indicaba que el cuartel general de la Policía Insular había ofrecido abrir un puesto de policía en el barrio de Capá, con la condición de que el municipio pagara la renta del local. El Sr. Cintrón Núñez pidió que se pagara porque era necesario poner un puesto en aquel barrio debido a los crímenes, los abusos e incidentes políticos que se estaban cometiendo por toda aquella zona. El mismo se estableció y se puso bajo la dirección del sargento Juan J. Silén. [479]

3. Los encargados de la policía de Moca a partir del 1946

Lamentablemente no encontré información sobre los hechos más importantes de las personas que ejercieron la autoridad en el área policíaca de Moca entre 1924 y 1940. A finales de la década del 40, el jefe de la policía de Moca era Obdulio R. Cordero, quien fue sustituido en el 1945 por el Sargento Ramón Ramírez. Al año siguiente, el Sargento Ramírez fue relevado por Antonio Hernández Carlo,[480] le siguió a éste Ángel Mercado en el 1947, seguido en 1948 por el Teniente Marcelino González. En el 1950 la dirección pasó a manos de Enrique Maldonado. Entre el 1951 y el 1955 dirigieron el cuerpo del orden público los siguientes jefes: Ambrosio M. Lozada, William Ramírez Silva, el Teniente Salvador Ríos Torres, Ernesto Hernández Visbal como Comandante interino y en 1955 el Teniente José A. Ferrer.

Al Teniente Ferrer le siguió el Teniente Víctor M. Vargas en el 1956 hasta el 1959. En ese mismo año llegó Luis Ramos Noriega, que fue reemplazado en el año 1960 por José Reyes Colón, quien permaneció en el

---

[478]. Ibid. Caja 1, Expd. 2. Año 1919-22. ff. 45-49; Caja 1, Expd.3. Año 1919-22. f. 179.
[479]. Ibid. Caja 2, Expd. 5. Año 1923-26. ff.432 y 433. Los hechos criminales que ocurrieron fue el asesinato a puñaladas de un hijo de Toribio Lassalle durante una pelea. El cuartelillo estaba ubicado cerca de la escuela de Capá Lassalle. Entrevista realizada a Augusta Vargas (edad 83 años) en su casa del barrio Capá, el 7 de noviembre de 2005.
[480]. *Ideales*. Moca, Año 4, Núm. 29, p.4.

cargo hasta el 1962. Para el siguiente año regresó al cargo el Teniente Ernesto Hernández Visbal, hasta el 1964.

Del 1965 al 1966 se hizo cargo del cuartel de Moca Fidel Navedo, quien fue relevado por Jacinto Ortiz en el 1967, Julio Cordero en el 1968 y más tarde Ángel L. Hernández Colón. En el 1972 regresó al mando el Teniente Fidel Navedo pero por incidentes políticos ocurridos en la plaza pública de Moca el Teniente Navedo perdió la vida, y entonces vino a dirigir el cuerpo de la policía Francisco Hernández.

Para el año 1970 los agentes encargados del orden público bajo la supervisión del sargento Jorge Crespo y el Teniente Marcial Pérez eran: Pedro N. Morales, Emilio Gerena, Pedro Arce, Víctor Santiago, William Morales, Rubén Colón, Miguel A. Carrillo, René Cajigas, Andrés González, Bienvenido Font, Teodoro Ramos, Ángel Velázquez, Edgardo Pérez, Jorge L. Carrero, Nelson Irrizarry, Francisco Duprey, William Rosa, José Valentín y Wilfredo Hernández.

A partir de los años 70 surgió una nueva generación de policías que llegaron a Moca para ir ocupando los cargos y los puestos en la difícil tarea de establecer el orden y la protección tanto del pueblo como de la ciudadanía. Entre otros, hay que destacar a Samuel Hidalgo, quien perdió la vida en el cumplimiento del deber. Esa nueva generación ha sido relevada por otros jóvenes, ya que el promedio de trabajo de una persona en el servicio público es de 30 años; quiere decir que éstos están a mitad del tiempo requerido para cederles el batón a los nuevos miembros que están llegando y habrán de llegar.

También en Moca existe una Policía Municipal desde el año 1998. La misma comenzó con 19 agentes y un sargento bajo la dirección del Comisionado.

El primer Comisionado fue el Teniente Marcelino Crespo, le siguió Daniel González y Edwin Díaz. Actualmente el cuerpo está dirigido por el Comisionado Nelson González, ayudado por el Teniente II, Armando Román y los Sargentos, Jaime Pérez, Luis J. Medina y Yonathan Nieves Vera. El cuerpo está compuesto por un grupo de 30 agentes, quienes prestan servicio al pueblo de Moca. A todos los hombres y mujeres que han dedicado su vida a la profesión y servicio de mantener el orden y la ley, va el agradecimiento de todo un pueblo.

4. El Juzgado de Paz.

Todos los casos relacionados con la violación de alguna ley o estatuto que se suscitaba en el pueblo debían juzgarse en la Corte Municipal, que estaba a cargo de un Juez de Paz y dos asociados. El cargo de Juez fue ocupado desde la llegada de los estadounidenses por Juan A. Miranda y como asociado Alfredo Egipciaco Miranda. Luego en el 1919 lo ocupó por Miguel A. Babilonia. A partir del 24 de octubre de 1924 fue nombrado juez de paz Anacleto López Cofresi. Luego, entre 1928 y 1946, le siguieron Pedro Hernández Romero, Concepción Vera Ayala y Juan Babilonia.

En el 1947 fue nombrado al cargo Catalino Villanueva Bosques, quien se desempeño hasta el 1954 cuando lo sustituye Eli Feliciano. A los dos años éste fue sustituido por Eduardo Hernández Loperena hasta el 1973. En la actualidad, aunque existe una corte municipal, el cargo de juez recae sobre una persona que sea abogado de profesión.[481]

Aunque en el pueblo de Moca había juzgado municipal, las personas que eran encontradas culpables de algún crimen se enviaban al pueblo de Aguadilla a cumplir con la pena impuesta. Pero la alimentación y los gastos de los presos enviados desde Moca era costeada por el Municipio. La primera cárcel municipal de Moca se hizo en abril de 1909 y su alcaide era don Benito Colón.[482] Más tarde fue remplazado por Celedonio Méndez.

5. Aplicación de la justicia y el orden público

Resulta sumamente interesante el estudio y análisis de los libros de los casos atendidos en la Corte Municipal de Moca entre el 1923 y el 1924. En ellos se recoge la información más variada que uno se pueda imaginar. Se aprecian violaciones al Código de Orden Público, de leyes insulares o estatales, asuntos relacionados con salubridad así como las novedades policíacas del Municipio. Por ejemplo, los principales delitos eran: acometimiento y agresión, con 25 casos registrados en el área rural, 9 en la zona urbana y 5 casos sin identificar, para un total de 39; alteración a la paz, con 27 casos en el campo y 10 en el pueblo. De todos, los que más llaman la atención son los siguientes: El primero fue un suceso que ocurrió en el barrio Cuchillas el día 21 de julio del 1923. En esa ocasión un grupo de 10 personas se les enfrentaron a José Badillo, Pedro Hernández, Antonio Hernández, Casimiro Vera y Lorenzo Vera reconocidos terratenientes y comerciantes. Según el informe el grupo agresor estaba compuesto por Fernando Castro, Narciso Cortés, Sixto Núñez, Francisco (Sico) Méndez, Casimiro Muñiz, Manuel González, Justo González, Claudio Morales y Aniceto Lassalle, bajo la dirección de José Castro, quien además de darle una bofetada a José

---

[481]. Informe anual del Municipio. Año 1913-14. p.2. ; Programas de las fiestas patronales   de Moca. Años 1946-1973.
[482] .Doc. Mun. Caja 1. Año 1908-11. f. 99.

Badillo, acusó a los demás de pillos y estafadores. Dentro de este grupo Aniceto Lassalle era reconocido como un hombre de abundantes recursos económicos.

Los testigos a favor del grupo que presentó la acusación fueron Tito Lorenzo, Gerónimo Núñez y Prudencio Hernández. Este caso nos muestra cuán difícil y tirante era la situación que se vivía en esos años.

El segundo caso fue provocado por una pelea que se suscitó en el barrio Voladoras de Moca en la casa de Zenón Pérez, con motivo a una celebración del día de Reyes. En la misma, Regino Bonilla se enfrentó a Víctor Egipciaco, Agapito Colón y a Anacleto Colón. Como resultado, Bonilla resultó con tres heridas, dos en la cara y una en la frente que le hizo Anacleto con una navaja barbera. Se puede apreciar, en este caso, que la portación de armas blancas o de fuego era muy frecuente. Por ejemplo, en el año de 1923 se acusaron a 15 personas del campo y 9 del pueblo, por el delito de portar armas blancas.

Otros delitos muy frecuentes eran los hurtos y escalamientos, ya que para los años bajo estudio se produjeron 10 acusaciones acaecidas en el campo y 9 en el pueblo. Si observamos, vemos que los delitos cometidos en el pueblo no eran muy diferentes de los que se daban en el campo.

Entre otras violaciones cometidas muya menudo se destacaban dos situaciones que no sorprenden a nadie, pero que respondían a los intentos de las autoridades por mejorar la educación y la salud entre la población. Me refiero específicamente a las ausencias escolares de los estudiantes de aquellos años y a la falta de servicios sanitarios. En el caso de la ausencia escolar, se llevaron al juzgado 47 casos de padres que no querían enviar a sus hijos a la escuela para dejarlos trabajando en el recogido de café. En el área de sanidad se acusaron a 31 personas en el área urbana por no tener letrinas y 20 acusaciones similares se hicieron en la zona rural. Esto no quiere decir que el campo estuviera mejor que el pueblo, lo que significa es que el inspector estaba más cerca para realizar sus visitas.

Las autoridades locales tampoco estuvieron libres de los incidentes provocados por ciudadanos en estado de embriaguez como les sucedió en dos ocasiones al alcalde Arcadio Colón y al Presidente de la Asamblea Municipal. Un incidente fue el 30 de septiembre de 1924 y el otro el 27 de octubre de 1924. En el primero Miguel Tillet de Voladoras la emprendió a pedradas contra el automóvil donde viajaban ambos funcionarios y en el otro Evangelista González del barrio Cuchillas los amenazó con caerles a pedradas.

La venta y tráfico de ron, los juegos clandestinos y la venta de productos ilegales o adulterados también eran vigilados muy de cerca por las autoridades. En ese año de 1923 se arrestaron a 14 personas por venta y tráfico de ron caña,

A pesar de las peleas y las discusiones, en ese año no se registró ninguna muerte como consecuencia de dichos incidentes. Sólo aparecen cinco muertes violentas, pero por otras razones: una por ahogamiento, dos ahorcados que fueron: Manuel Acevedo Cabán del barrio La Cruz y Basilio Soto Medina de Voladoras. La cuarta fue la muerte de la niña Celestina Galarza Nieves de tres años de edad y residente del barrio Cuchillas en medio de un incendio provocado por una lámpara que se quedó encendida en la casa. El último caso fue de Epifanio Rodríguez de tres años, quien murió arrollado por el conductor de camiones José Crespo, natural de San Juan. El vehículo envuelto fue un camión Buick tablilla 6263, que impactó al niño mientras jugaba con sus hermanos a la orilla de la carretera Número 8, de Moca a San Sebastián, en el kilómetro 7 del barrio de Voladoras.[483]

a. Delitos graves

Como se puede apreciar en las siguientes tablas sobre delitos ocurridos en Moca entre 1922 y 1923, podemos concluir que la creencia de que antes todo el mundo vivía en paz, dista mucho de ser la verdad. Por ejemplo, en Cuchillas y en Rocha se dieron cuatro casos de violación o seducción. En todo el territorio de Moca se reportaron 22 agresiones agravadas y mutilamientos. Se produjeron 28 casos de agresión y acometimiento, 26 de alteración a la paz y 14 denuncias por hurtos.

LUGAR	VIOLACIÓN/ SEDUCCIÓN	PORTAR ARMAS	JUEGOS ILÍCITOS/ GALLOS/ CHARPAS
Pueblo		5	1
Aceitunas			
Capá		3	
Centro			
Cerro Gordo		1	
Cuchillas	2	3	2
La Cruz		1	
Las Marías			
Naranjo		2	
Plata			
Rocha	2	1	
Voladoras		4	
Sin ident.		4	1

Fuente: AGPR. Fondo Documentos Municipales, Serie Moca. Caja 4, Expd.15.

---

[483]. Ibíd. Caja 4, Expd. 15. Año 1923-24.

Lugar	Agresión agravada/ Mutilamiento	Agresión y acometimiento	Alteración a la paz	Hurtos Escalamiento
Pueblo	5	7	9	6
Aceitunas				
Capá			2	1
Centro	1			
Cerro Gordo				1
Cuchillas	1	4	6	3
La Cruz	2			
Las Marías	1			
Naranjo	1	4	1	
Plata	2	2		
Rocha	1	2	3	
Voladoras	6	3	7	2
Sin ident.	2	6	7	1

Fuente: AGPR. Fondo Documentos Municipales, Serie Moca. Caja, Expd.15.

De acuerdo con el análisis, los barrios con mayor incidencia de actos delictivos eran: el Pueblo con 28 casos, el barrio de Voladoras con 18 y en tercer lugar el de Cuchillas con 16. Mientras que en el barrio de Aceitunas no se registra ninguna acusación[484], en Las Marías, Centro, Cerro Gordo se identificó un caso y en La Cruz dos casos. Lo cual significa que éstos eran los barrios con menos delitos y, por consiguiente, los más tranquilos para vivir.

Lugar	agresión, agravada acometimiento mutilamiento	Alteración a la paz, abuso de confianza	Hurtos escalamientos	Abuso de confianza violación	Delitos contra la persona
Pueblo	12	9	6	1	28
Aceitunas	0	0	0		0
Capá	0	2	1		3
Centro	1	0	0		1
Cerro G.	0	0	1		1
Cuchillas	5	6	3	2	16
La Cruz	2	0	0		2
Marías	1	0	0		1
Naranjo	5	1	0		6
Lugar	agresión, agravada acometimiento	Alteración a la paz, abuso de	Hurtos escalamientos	Abuso de confianza violación	Delitos contra la persona

---

[484]. Es altamente posible que muchos de los delitos cometidos en dicho barrio se reportasen en el vecino pueblo de Aguadilla o que no se reportasen por lo distante del lugar.

	mutilamiento	confianza			
Plata	4	0	0		4
Rocha	3	3	0	2	8
Voladoras	9	7	2		18
Sin ident.	8	7	1	2	18
Total	50	35	14	7	106

Fuente: AGPR. Fondo Documentos Municipales, Serie Moca. Caja 4, Expd.15.

b. Los delitos menos graves

En cuanto a los delitos menos graves, los barrios de Centro, Las Marías y Plata no reportaron ni un solo caso. Los que más casos reportaron en estos delitos fueron: Cuchillas con 8, el Pueblo y Voladoras con 6 y el barrio Capá con 5. Dentro de los delitos menores, la venta y tráfico de ron cañita y la portación de armas eran los más comunes, con 15 y 24 casos respectivamente. En Cuchillas, Aceitunas y la Cruz se dieron la mayor parte de los casos de venta y tráfico de ron caña. A su vez la portación de armas, especialmente armas blancas, fue mayor en el Pueblo, Voladoras, Cuchillas y Capá.

Lugar						Total
	Venta y tráfico de alcohol	Abandono y maltrato de menores	Daños maliciosos	Portación de armas	Juegos ilícitos	Delitos menos graves
Pueblo	0			5	1	6
Aceitunas	2	1				3
Capá	2			3		5
Centro						0
Cerro G.	0	1	1	1		3
Cuchillas	2		1	3	2	8
La Cruz	2	1		1		4
Marías	0					0
Naranjo	0		2	2		4
Plata	0			0		0
Rocha	1		1	1		3
Voladoras	1		1	4		6
Sin ident.	5	1		4	1	11
Total	15	4	6	24	4	53

Fuente: AGPR. Fondo Documentos Municipales, Serie Moca. Caja 4, Expd.15.

Si nos detenemos un momento podemos concluir que los delitos menos graves estaban ligados mayormente a las relaciones del entretenimiento y la preocupación ante una agresión, lo que, según se demuestra en la estadística anterior, era muy común entre los ciudadanos. El otro delito frecuente era el hurto y la apropiación ilegal, que lógicamente estaba relacionado principalmente a la necesidad de obtener algo para comer ante la precaria situación de hambre y miseria que vivía la gente.

Además de los delitos mencionados, en Moca existía un Código de Orden Público, aprobado el 12 de abril de 1948 mediante la Ordenanza Núm. 3, para eliminar algunos de los males que, según las autoridades, obstaculizaban el progreso y bienestar de la comunidad. El mismo establecía que después de las 11 p.m. no se podía tocar velloneras, radiolas, radios o usar alto-parlantes. Se prohibía quemar petardos y triquitraques, cohetes o fuegos artificiales. Realizar bailes, jaranas, velorios o serenatas, así como mítines públicos después de las 10:00 p.m. sin permiso del Alcalde. Las parejas debían conducirse en forma decorosa. Se castigaba a los borrachos tumbados o en zig-zag que permanecían en las vías públicas u otro sitio de recreo, así como acostarse o dormir en zaguanes, balcones, bancos o pararse y poner los pies en los bancos de la plaza. No se podía caminar en camisetas ni tener niños desnudos por las calles y plaza. Tampoco se podía construir o instalar quioscos en las calles o plaza, ni fijar anuncios en las propiedades públicas sin permiso, lavar vehículos en la calle, instalar alambres o alambradas frente a las casas para no afear el ornato. Además, los niños no podían correr bicicletas por las aceras ni la plaza de recreo. Las bicicletas debían tener bocinas o timbres y no se podían usar durante la noche. Ningún niño menor de 14 años podía transitar o permanecer en sitios públicos después de las 9:00 p.m. si no estaba acompañado de un adulto familiar o encargado. La multa por incumplir el Código era de $1.50 por cada delito.[485]

Aunque los tiempos han variado bastante, podemos apreciar que el ser humano siempre ha respondido de forma parecida ante las adversidades de la vida. Ante la falta de valores inculcada por los padres, muchos se convierten en rateros o problemáticos, de igual manera ante la carencia de medios para vivir, se dedica a actos delictivos.

---

[485]. Ibíd. Caja 3, Expd. 10., ff. 38-39, 19 de marzo de 1945-48.

Capítulo IX. Salud y Beneficencia Pública

A. La falta de médicos

1. La búsqueda de un médico

La salud fue otro de los asuntos que más atrajo la   atención y el esfuerzo   de las autoridades municipales durante todo el siglo 20. Sin embargo, nunca hubo recursos suficientes para cumplir cabalmente con dichos servicios. A principios del mencionado siglo, las condiciones de salud eran sencillamente pésimas, pues escaseaban las medicinas y los médicos, aunque se trataba de hacerle frente a la situación. En todo Puerto Rico solamente había 19 hospitales, uno de esos era el de Moca construido en maderas del país, el mismo llevaba el nombre de **La Monserrate**. Hay que señalar que carecía de camas para dejar a los pacientes, sólo daba servicios ambulatorios.

Para conseguir las medicinas había que viajar hasta la farmacia del licenciado Maisonave en el vecino pueblo de Aguadilla, quien tenía una orden para despacharlas hasta agotar la asignación de un presupuesto de $15 mensuales, porque en Moca, para octubre de 1908, no existía ninguna farmacia en el pueblo.

En cuanto a la presencia de médicos, el único que había en Moca al inicio del siglo XX era Julián Benejam, hijo del comerciante Cristóbal Benejam. Pero por razones que no pude encontrar, para septiembre de 1908 no estaba viviendo en Moca. Mientras tanto, si alguien se enfermaba tenía que buscar los servicios médicos en algún otro pueblo, según se puede apreciar en la solicitud de ayuda económica que hizo Juan Méndez para viajar a Ponce para hacerse una operación.   Otra alternativa era esperar la visita del Dr. Monagas de Aguadilla, quien ofrecía servicios por contrato algunos días a la semana.

Para cubrir la plaza de Oficial de Sanidad, se publicó, a finales de septiembre de 1908, en los periódicos que la plaza se declaraba vacante. Ante la convocatoria respondieron tres médicos Luggi del pueblo de Aguada, Jesús Monagas de Aguadilla y otro de apellido Lloret. [486] De los tres fue seleccionado el Dr. Monagas, ya que era el más conocido, puesto que hacía algún tiempo que estaba ofreciendo sus servicios por contrato.

Desde antes de ocupar el cargo en propiedad, el Dr. Jesús Monagas había señalado a las autoridades la necesidad de construir un nuevo hospital

---

[486]. AGPR. Documentos Municipales, Moca. Caja 3, Expd. 1. Año 1908-11. ff. 28, 31, 36 y 48.

aunque fuese pequeño, para habilitar una sala de cirugías, porque en la Sala de Socorros ya no había espacio. [487]

2. Las facilidades hospitalarias

El 17 de julio de 1908, el Dr. Monagas viajó a Moca para inspeccionar el sitio donde se construiría un pequeño hospital. Si no se lograba adjudicar la subasta para construir el mismo, la Ley Municipal, en la Sección 94 autorizaba al municipio para que asumiera su construcción y dirección. Como no se presentó ninguna persona interesada en la subasta, se consideró la posibilidad de comprar una propiedad en lugar de construir las facilidades hospitalarias.

A tales fines, se consideraron tres ofertas, una de Juan José Font de Aguadilla, quien ofreció una casa de dos plantas de madera y zinc y un solar que se podía usar para el Hospitalillo y una Sala de Socorros para asilo de los desamparados. El Sr. Font pedía $475 y el Municipio le ofreció $400, pero éste no aceptó. La casa estaba ubicada en la calle Oriente (Barbosa). La segunda oferta fue hecha por Calixta González de Feliú, quien vendía por $200 una casa ubicada al lado de la Alcaldía o Ayuntamiento. La misma no se compró porque estaba en mal estado. La tercera fue la de Tomás Babilonia quien vendía una casa de su hermano Miguel, la cual estaba ubicada en un sitio céntrico de la calle Oriente o Camino a San Sebastián y construida de buenas maderas. La propuesta original de Babilonia fue por $800, pero el municipio, le ofreció $400 por la casa y que le cediera el terreno para el patio. Tomás estaba dispuesto a venderla por $500, pero el municipio solamente tenía $300. Entonces la Administración Municipal le pidió a Babilonia que esperara hasta el 30 de junio de 1908, cuando entrara el presupuesto nuevo, para ver si quedaba algún sobrante en caja. [488] La oferta fue aceptada por el vendedor y finalmente se compró la propiedad donde se establecieron las segundas facilidades hospitalarias en Moca.

Sin embargo, el fuego que ocurrió en la noche del domingo 6 de agosto de 1911 destruyó las facilidades junto a 25 casas más. Para atender a los enfermos se destinó, entonces, un el edificio construido en 1915 para usarse como carnicería a un costo de $250. Para atemperar el mismo, se gastaron $100 en reparaciones; dichas facilidades fueron conocidas como la Sala de Socorros. Las nuevas facilidades se establecieron en la calle Añasco, donde estuvo el Club de Boxeo, casi al frente de la Tienda de Leonidas y un poco

---

[487]. Ibíd. ff.15 y 94. El término que se usaba era hospitalillo, pero como hoy en día esa palabra tiene otra connotación, utilizó el vocablo hospital pequeño.

[488]. Ibíd. ff.30-32. 30 de octubre del 1908. ff.46 y 49.; Caja 1, Expd.2, Año 1911-14.

más arriba del antiguo Parque de Bombas. También se hizo un pequeño Hospitalillo de Emergencia en el año 1916 a un costo de $250.

3. De nuevo la falta de médico

Muy poco tiempo duró el Dr. Monagas en su cargo. La búsqueda de otro médico era cuesta arriba porque la paga no era atractiva. El sueldo recomendado para la plaza de Director Sanidad y Caridad era de $480 al año, pero las autoridades señalaban que estaban seguros que nadie iba a aceptar la vacante por esa cantidad. Mientras se conseguía un médico, se determinó que los doctores Luggi de Aguada y B. Jiménez Serra de Aguadilla visitaran a Moca dos veces en semana para atender a los enfermos. Si era necesario, tenían que realizar visitas a las parturientas en sus casas y hacer visitas con el Alcalde para atender casos de sanidad, de heridas y causas criminales.

Ante la urgente necesidad de los servicios de salud, hubo que buscar un nuevo médico que resultó ser el doctor J. E. Luiggi del pueblo de Lares. La Administración aceptó sus servicios por considerar que sus "precios eran sumamente módicos." Al estudiar la lista de precios que sometió este doctor, resulta sumamente reveladora, pues nos permite conocer lo que se consideraba como un precio razonable en el campo de la medicina a principios del siglo 20. El costo de sus servicios era el siguiente:

Curar heridos: $2.50
Vacunar a 100 personas: $2.00
Inspección sanitaria al pueblo: $1.00
Inspección en el campo: $3.00
Un parto: $10
Operación de cirugía menor: $2.00
Cirugía mayor en extremidades: $2.00
Cirugía mayor en el tronco: $12

Sin embargo, el contrato resultó oneroso para el Municipio, porque en adición a las tarifas, en algunas ocasiones, el médico tenía que realizar visitas de emergencia elevando aún más los costos. Como se puede ver en el siguiente caso, cuando cobró la "considerable" suma de $3.50 por un viaje desde Lares hasta el barrio Cuchillas para atender un parto a la esposa de Nicomedes Cabán.

Entre los meses de agosto a octubre, el Dr. Luiggi le facturó al gobierno municipal los siguientes servicios por la suma de $152.

Curar a Antonio Pérez, $13
Operar al niño Mario Jiménez, $3.00
Curar al herido Felipe Sosa, $4.00

Curar a José Hidalgo, $5.00
Curar a Ángela Lebrón, $5.00
Atender el parto a Gil Hernández del barrio Pueblo, $14
Atender el parto de Camila Hernández del campo, $18
Curar al herido Aquilino Quiñones, $5.00
Curar a Fernando Vale, $5.00
Curar a Pablo Pérez, $5.00
Curar a Laureano Hernández, $5.00
Curar a Aquilino Quiñones, $6.00
Asistencia a Aquilino Quiñones desde el 1-12 de agosto de 1909, $11
Curar a Rufino Bosques, $4.00
Amputación y cura a Aurelio Rosa, $8.00
Atender parto de María Hernández de Cuchillas, $15
Curar al herido Delfín González, $5.00
Curar a Juan Cabán, $5.00
Amputación a Modesto Hernández, $8.00
Curar a José Cabán, $2.00
Asistir el parto de Isabel Méndez del barrio Pueblo, $6.00

La situación del Municipio era tan precaria, que solamente le pudo abonar $137 y, para colmo, le pidió una rebaja aun cuando se reconocía que sus precios eran en realidad módicos. [489] Obviamente resultaba imposible mantener el contrato, tanto para el Municipio por carecer de los fondos, como por parte del Dr. Luiggi, que no podía continuar por lo poco que se le pagaba.

Por otra parte por esos mismos días se iniciaron las conversaciones para abrir un dispensario por un término de seis meses para combatir el terrible mal de la anemia. Para operar el mismo se asignó un presupuesto de $77.83, distribuidos de la siguiente manera: $48 de sueldo por los seis meses para el ayudante, $12 a razón de $2.00 mensuales para un peón, $15 para el alquiler del local y $2.83 para gastos imprevistos. El puesto de ayudante para el Dispensario de Anemia lo solicitaron Joaquín Acosta, Pastor Hernández, Benito Colón y Eduvigis Guzmán, se eligió al Sr. Acosta.

El término de seis meses no fue suficiente para luchar contra la enfermedad de la anemia y hubo de extenderse el servicio del dispensario por muchos meses más. Para noviembre de 1910, el Dr. B. Jiménez Serra, Oficial de Sanidad Interino de los Servicios de Enfermedades Tropicales y Transmisibles, le envió una comunicación al Alcalde, solicitándole su cooperación para volver a habilitar el Dispensario de Anemia lo antes posible y continuar con el tratamiento de los enfermos de uncinariasis. A tales efectos,

---

[489]. Ibíd. Caja 1, Expd. 1. f. 59, f.95. Año 1908-11.

el Alcalde y los Sres. del Consejo acordaron que se arreglara el mismo local donde habían estado instalados anteriormente. El encargado del dispensario sería el mismo médico que ejercía el cargo de Oficial de Sanidad y como su ayudante y encargado de la preparación de los medicamentos se designó, en enero, al responsable del alumbrado público. [490]

Por otro lado, el problema del suministro de medicinas en Moca mejoró cuando en febrero de 1909 el farmacéutico Ulises Román anunció la apertura de una farmacia en el pueblo. La administración municipal acogió con beneplácito la idea y de inmediato cambió los contratos que tenía con las farmacias de Luis Maisonave y Torregrosa e Hijos del comercio de Aguadilla, por un nuevo contrato con Ulises Román dueño de la farmacia **La Luz**. [491]

Sin embargo, cuando se pensó que el establecimiento de una farmacia en el pueblo de Moca ayudaría a aliviar el problema de abastos de medicinas, quedó vacante nuevamente la plaza de médico. El Dr. Zavaleta quien era el Comisionado de Sanidad, se tuvo que retirar a Guayama con una licencia por enfermedad. Luego se contrató al Dr. Lloret, un extranjero residente en Puerto Rico; como practicante y vacunador se contrató a Manuel Rosas. El nuevo doctor no duró mucho en su cargo, por lo cual hubo que rescindir el contrato con la farmacia de Román, pues no había quien recetara a los pacientes.

Todavía para el día 2 de diciembre de 1910 no se había presentado ningún médico para cubrir la plaza. A mediados de ese mes, luego de cumplir con el requisito de anunciar la vacante en el periódico *La Tribuna*, se designó interinamente por dos meses al Dr. Ricardo Blázquez quien prestaba sus servicios como Inspector Auxiliar de Sanidad y, además, era el encargado del Registro Civil de Moca. Como la paga era muy baja, en enero de 1911 se le aumentaron $20 mensuales, esto incrementó el sueldo del médico de $480 a $720 anuales. [492]

Aun con el aumento que recibió el Dr. Blázquez no fue suficiente atractivo para que ocupara la plaza en propiedad y otra vez volvió a quedar libre la plaza de médico del pueblo de Moca. Pero la salud de los habitantes no podía esperar más tiempo. A diario surgían situaciones que ameritaban la presencia de un médico, como eran, por ejemplo, las visitas a las parturientas en los barrios lejanos del pueblo, o el ingreso del loco Gavino Acevedo al manicomio de San Juan. Sin embargo, uno de los casos que más llamó la atención fue el de Pedro Méndez quien fue herido en una pelea la noche del 1

---

[490]. Ibíd. Caja 1, Expd. 1. Año 1908-11. f.181.
[491]. Ibíd. ff. 11-13, 53, 99-100. Jamás se imaginó la gente del pueblo que Ulises traería una desgracia y daños cuantiosos para el pueblo de Moca, cuando en 1911 dicho comerciante quemó su farmacia para cobrar un seguro.
[492]. Ibíd. ff. 5, 10-11, 60, 70, 168, 177 y 186.

de enero de 1911 y no había médico que lo atendiera. Aunque fue llevado a la Sala de Socorros y se le atendió lo mejor posible, falleció varias horas más tarde. [493]

Otra vez se publicó un anuncio en el periódico *La Tribuna,* declarando vacante la plaza de médico titular. En esta ocasión el cirujano José E. Igartúa de Aguadilla solicitó el trabajo. Como auxiliar del Dr. Igartúa se designó al practicante Manuel Rosas González. El Dr. Igartúa cumplió con su deber y fue reconocido por el propio alcalde Nemesio González porque, "siempre estaba dispuesto a realizar todas las operaciones sin pretexto alguno".

Los gastos en el área de salud de ese año fueron los siguientes: $270.94 en medicinas, $159.92 en alimentos para los enfermos de la Sala de Socorros y $93.76 de medicinas de la farmacia de Eduardo Rey, para un total de $524.62. [494] A pesar de los buenos servicios del médico y el presupuesto asignado, la situación económica era cada día más precaria, especialmente a partir del 1914, como consecuencia de la Primera Guerra Mundial. A tal extremo llegó la situación que no había dinero para las medicinas de la Sala de Socorros ni tan siquiera para la manutención de un enfermo que estaba internado allí. Para lidiar con el problema, se realizó una transferencia de $14 de la partida de imprevistos y calamidades para las medicinas del Cuarto de Socorros. [495] Tan difíciles eran las condiciones que no se pudo ayudar al Sr. Isabel Arocho, un pobre insolvente del barrio Naranjo quien pagaba $1.00 diario al hospital municipal de Aguadilla, en donde estaba internado con una pierna rota.

La falta de médico se agravó con el gran fuego que dejó la mayor parte del pueblo en cenizas, entre ellas la Sala de Socorros. Por tal razón hubo que habilitar una casa en las afueras del casco urban para auxiliar a los enfermos en caso de emergencia. Para remediar la falta de facilidades hospitalarias se presentó un proyecto, en abril de 1913, para construir un hospital en Moca con capacidad para 8 camas, una sala de operaciones, una oficina para el médico y una cocina. [496]

En lo que se conseguía a un médico, los servicios los ofrecía el doctor Buenaventura Jiménez Serra, quien de manera altruista atendía gratuitamente los enfermos. Algunas veces durante la semana, sólo cobraba el costo del transporte que usaba para llegar hasta el municipio.

---

[493]. Ibíd. Caja 1, Expd. 1. Año 1908-11. ff. 187.; Caja 1, Expd. 2. Año 1911-14. ff. 38.
[494]. AGPR. Informe Anual, presentado por el alcalde Nemesio González el 20 de julio de 1914. p.6.
[495]. Ibíd. ff. 9, 15 y 67.
[496]. Ibíd. f.152.

4. Cambió el gobierno, pero la situación continuó difícil

Con el cambio de la Ley Foraker a la Ley Jones en el 1917, se realizó una reorganización en el ámbito municipal, incluyendo el área de salud y beneficencia. A partir de ese momento, se creó el puesto de Comisionado Municipal de Sanidad y Beneficencia. Bajo la nueva ley se aprobó una Ordenanza para establecer un sistema de Beneficencia Municipal. La misma establecía una serie de reglas conducentes a organizar un buen sistema de salud que evitara quejas innecesarias, así como ordenar los asilos municipales para que los recluidos fueran bien atendidos.

La reorganización presentaba las siguientes instrucciones:

1. Se resuelve que el Comisionado Municipal de Sanidad y Beneficencia tendrá bajo su dirección todos los edificios y cuidará (que) sus subalternos los mantengan en buen estado, ventilación e higiene.
2. Cuando un paciente solicite ingreso al hospitalillo o sala de Emergencia, él resolverá si debe ser admitido en calidad de pobre. La insolvencia se justifica con un boleto o certificación del Comisionado de barrio.
3. Si es pudiente se le cobrará el servicio. En caso de enfermedad sospechosa o epidemia (se) adoptarán las medidas que convengan para evitar la propagación y notificar al Presidente de la Asamblea.
4. En el caso de los pobres insolventes se llevará registro de los que sean atendidos.[497]

Para diciembre de 1919 aún no se había nombrado un médico en propiedad para la plaza debido a "lo bajo del sueldo que se le asignaba".[498] El nombramiento era más urgente, porque entre enero y febrero del 1920 Puerto Rico fue invadido desde San Juan por una epidemia de influenza. Ante la posibilidad de que se extendiera al resto de la Isla, el Municipio redactó una resolución pidiéndole ayuda al Comisionado Insular de Sanidad, para que nombrara un médico y proveyera medicinas para estar preparados en caso de que la epidemia llegara al pueblo.[499] La persona que solicitó el puesto de Comisionado Municipal de Sanidad y Beneficencia fue el Dr. Miguel Peregrina. Pero hubo que esperar algún tiempo para que se mudara a Moca, porque éste debía esperar a que su hermano llegara de los Estados Unidos pues él estaba encargado de su familia y un negocio. A pesar de esto, se le nombró porque se comprometió a dar un buen servicio.[500]

---

[497]. Ibíd. Caja 1, Expd. 4. Año 1919-23. f. 43.
[498]. Ibíd. Caja 1, Expd. 3. Año 1919-22. f. 138.
[499]. Ibíd. Caja 1, Expd. 2. Año 1919-22. ff. 64-65.
[500]. Ibíd. Caja 1, Expd. 4. Año 1919-23. f. 28.

El doctor Miguel Peregrina permaneció en el puesto hasta mayo de 1921. En esa fecha presentó su renuncia por motivos legales y de forma irrevocable, a pesar de que el Sr. Lassalle le había pedido que permaneciera en su puesto hasta que se consiguiera otro médico. La Asamblea Municipal aceptó la renuncia de inmediato, ya que era por motivos legales. Se declaró la plaza vacante y se envió un anuncio a los periódicos *El Tiempo* y *El Mundo*, aunque sin resultado alguno. Mientras se resolvía la situación, el Dr. Peregrina propuso que se nombrara interinamente al Dr. Zamora de Aguadilla, porque visitaba a Moca dos o tres veces en semana para atender a los enfermos y, además, era un miembro destacado del Partido Socialista.[501]

A pesar de la recomendación, el contrato por servicios se le adjudicó temporeramente al Dr. Igartúa residente en Aguadilla hasta que la plaza fuese ocupada en propiedad por el Dr. José Martínez Rodríguez. Para hacer la posición más atractiva, el Gobierno insular pareó la mitad de los fondos del sueldo del médico, lo cual subió éste a $1,500 anuales. Para cubrir la diferencia hubo de reducirles el sueldo a varios empleados municipales y eliminar algunos puestos, hasta completar la cantidad de $518.40. [502]

En 1922 el asambleísta Gil Sánchez Avilés propuso que el hospitalillo de Emergencia se pusiera en pública subasta y que el sobrante de $50 se usara para la construcción de un hospitalillo nuevo para locos que estuviera fuera de la zona urbana.[503]

Para aliviar un poco la situación de los costos médicos en los municipios, la Asamblea Municipal le recomendó a la Legislatura Insular que se considerara un Proyecto de la autoría de Vicente Hita para que los municipios, cuyos gastos no excedieran los $15,000, el Departamento de Salud pagara el sueldo del Director de Beneficencia.[504] .

Bajo las nuevas condiciones de sueldo solicitaron el puesto de Director Municipal de Beneficencia el Dr. Arturo Arché de Quebradillas, el Dr. Guffain y el Dr. Néstor Cardona. Igual de atractivo les resultó a los políticos de entonces la posibilidad de intervenir y controlar la posición para dársela a los adeptos al partido de turno. Según el asambleísta, Sr. Román, el nombramiento debía venir por conducto del Alcalde debidamente recomendado por el Comité del Partido.[505] El Dr. Cardona era propuesto por el Comité del Partido Alianza, pero el asambleísta Román se opuso a dicho nombramiento hasta que el médico no le explicara a la Asamblea las razones

---

[501]. Ibíd. Acta 3 del Municipio. 30 de enero del 1933.
[502]. Ibíd. Caja 2, Expd. 6. Año 1926-27. f.118.
[503]. Ibíd. Caja 1, Expd. 3. Año 1919-22. f. 231.
[504]. Ibíd. Actas del Municipio. 7 de Marzo de 1933.
[505]. Ibíd. Caja 1, Expd. 4. Año 1919-23. ff. 10-11.

que tuvo para regresarse sin dar explicaciones y dejar sin asistencia médica una dama que estaba de parto en el barrio Capá. Dicha exposición fue suficiente para que no se le diera el contrato.

Entonces se consideró el nombramiento del Dr. Guffain; sin embargo cuando el Presidente de la Asamblea Municipal empezó a leer el escrito sobre el nombramiento de este médico como director de Beneficencia del municipio, alguien grito fuego y todos los presentes se dispersaron y corrieron al sitio del siniestro; por consiguiente, hubo que suspender la sesión. Lo cierto es que resultó ser una falsa alarma. Nunca se sabrá si fue una acción intencional, pero lo que sí se sabe es que el incidente le permitió al Dr. Ramón M. Suárez, quien interesaba la plaza, impugnar dicho nombramiento, aduciendo que los documentos no acreditaban al Dr. Guffain para la posición. El origen de tal acusación era un caso que se había ventilado en la corte de Mayagüez por el Dr. Silva Marrero en 1924, en el cual se plantaba que Dr. Guffain había actuado como un incompetente cuando trabajaba en el pueblo de Las Marías.

En la siguiente reunión se continuó con el nombramiento del Dr. Guaffain. Como consecuencia se leyeron dos telegramas del Presidente de la Asociación Médica de Puerto Rico recomendado a Guaffain y dando fe de los documentos que lo acreditaban. También se dijo que en el juicio aludido habían testificado a su favor más de 20 médicos y muchos pacientes, además, dicho médico tenía una vasta experiencia en los pueblos de Hatillo, Quebradillas, Isabela y Camuy. Los miembros de la asamblea indicaron que si no había otros problemas, ellos no se oponían al nombramiento, excepto que el Comité del Partido Alianza se opusiera y entonces, por disciplina, habría que tomar otra decisión. Luego de un interrogatorio técnico y la certificación de la documentación oficial se le concedió el nombramiento al Dr. Guffain el día 1 de noviembre de 1929, quien se mudó a Moca para atender a sus pacientes.[506]

Para ese mismo año de 1929, el asambleísta Vera Ayala presentó la posibilidad de vender la casa donde estaba ubicada la alcaldía y otros edificios del gobierno municipal para obtener fondos a fin de construir un hospitalillo más higiénico y adecuado, pues el existente estaba en condiciones pésimas. Pero el asambleísta Román se opuso porque la casa alcaldía se podía reparar y alquilar ambas plantas y recibir ingresos para el municipio y con el sobrante construir el hospitalillo.[507]

[506]. Ibíd. ff. 16-19.; Caja 3. Año 1929. 19 y 22 de abril de 1929.
[507]. Ibíd. Caja 1, f7. Año 1929. 8 de abril 1929.

La necesidad de unas nuevas facilidades eran cada día más urgentes, por lo cual se presentó una resolución en la Asamblea Municipal de Moca por el Sr. Antonio Vázquez Soto respaldando la proposición hecha por el Alcalde al Comisionado de Sanidad para que el Representante Germán Reickehoff gestionara el establecimiento de un dispensario en la población de Moca. Gracias a esas gestiones se logró establecer luego lo que se conoció como la Unidad de Salud Pública, hoy Museo del Mundillo.[508]

B.   Presupuestos de salud en el pueblo de Moca

1. Entre los años de 1908-1940.

Como se puede apreciar en la siguiente tabla sobre los presupuestos asignados al Municipio de Moca, nunca daban para cubrir los gastos médicos de la población. El constante aumento en el costo de las medicinas y la necesidad de comprar equipos y el mantenimiento de las facilidades hospitalarias consumían la mayor parte de los recursos. Por ejemplo, para 1908 los medicamentos costaban $230, mientras que para el 1913, las medicinas requerían $290. Sin embargo, hay que destacar que se hacían grandes esfuerzos para ayudar a los menos favorecidos, según se aprecia en los gastos de esa área que para el 1908 era de $150 mientras que en 1913 dicho renglón subió a $550. Otra preocupación fue la necesidad de dotar unas facilidades hospitalarias adecuadas a la población. Para tal fin, se presupuestó la cantidad de $519.88. Por otra parte, la nobleza de la gente mocana también se refleja en la construcción de una Sala de Socorros para los desamparados o en la instalación de un dispensario para los afectados de la uncinariasis o anemia. También consumía grandes recursos la necesidad de mantener las facilidades a tono con los cambios de los tiempos, como fue la adquisición de equipos en 1924 por la cantidad de $1,600 y los servicios de energía eléctrica en 1933 por la considerable suma de $15,212.42.

AÑO	PARTIDA	CANTIDAD
1908-09	Medicinas para enfermos pobres	$ 230.00
	Socorros a enfermos y pobres	$ 150.00
	Curación de heridos en el Cuarto de Socorro	$ 75.00
	Para la compra o construcción de una casa para	$ 10.00
	hospitalillo y Cuarto de Socorros que sirva de asilo a	$ 500.00
	los desamparados	
	Muebles y utensilios para el Cuarto de Socorros	$ 50.00

---

[508]. Ibíd. Caja 2, Expd. 6. Año 1926-27. f.58.

1913-14	Medicinas para zona urbana y rural	$ 290.00
	Equipos y materiales para la sala de Socorro	$ 161.00
	Alimentos para enfermos pobres	$ 375.00
	Ayudas médicas para pobres insolventes	$ 320.00
	Limpieza de la Sala de Socorros	$ 230.00
	Construcción del Hospital	$ 17.00
	6% de Servicios Insulares Sanitarios	$ 519.88
	Dispensario para anémicos	$ 100.00
	Imprevistos	$ 100.00
1924-25	Manutención de enfermos de Sala de Socorro	$ 100.00
	Aseo y limpieza de la Sala de Socorros	$ 84.00
	Equipos y materiales de la Sala de Socorros	$ 50.00
	Medicinas y servicios médicos a pobres	$ 1,650.00
	Socorros para pobres insolventes	$ 244.00
1929-30	Servicios Insulares Sanitarios	$ 540.79
	Manutención de enfermos en Sala de Socorros	$ 100.00
	Ayuda médica para pobres insolventes	$ 121.00
	Medicina para pobres	$ 1,014.26
	Aseo y cuidado de la Sala de Socorro	$ 112.00
1933-34	Servicio eléctrico Sala de Socorros	$15,212.42
	Beneficencia de Emergencia	$ 457.71
	Socorro a pobres	$ 921.00

Fuente: AGPR. Documentos Municipales de Moca. Caja 1. Expds.1 y 2, Año 1908-11.; Caja 1, Expd.2, Año 1911-14.; Caja 1, Expd.2, Año 1923 al 26. ff. 320-325.; Caja, 3. Año 1929. 28 de mayo de 1929. Caja 3, Expd. 9. Año 1934.

2. Gastos de salud entre los años 1940-1950

Otro momento difícil para la administración fueron los años de la Segunda Guerra Mundial, sin embargo, al finalizar la misma y gracias a los Programas de reconstrucción y ayudas de emergencia conocidos como la PRERA y la PRA la situación mejoró considerablemente. Bajo los programas mencionados se construyó el edificio de la antigua Unidad de Salud. También coincidió con los esfuerzos que se hacían en el país bajo los programas impulsados por el Partido Popular, aunque el problema de falta de fondos nunca dejó de existir. Como se demuestra en la tabla siguiente, para el año 1945 el área de salud operaba con un presupuesto de más de $4,000 para medicinas y socorro a los pobres y cinco años más tarde dichos gastos ascendieron a $7,000. Lo mismo se puede apreciar con el costo de los medicamentos que para el 1951 era de $5,500 y para el 1952-53 alcanzaba la cantidad de $13,239. Otra partida que iba en aumento constante era el mantenimiento de las facilidades que para el 1951-52 consumía cerca de $2,000 anuales. Sin dejar de lado que con la llegada y uso de los automóviles, surge el uso de las ambulancias y otros transportes en los que se gastaban $900 anuales.

AÑO	PARTIDA	CANTIDAD
1945-46	Beneficencia de la Sala de Emergencia	$ 808.70
	Beneficencia de pobres, socorro	$ 4,000.00
	Servicios médicos	$ 1,050.00
1950-51	Administración de beneficencia	$ 3,000.00
	Servicio médicos a pobres	$ 4,500.00
	Materiales y mantenimiento	$ 1,700.00
	Equipo	$ 300.00
	Medicinas	$ 5,500.00
1951-52	Alimentos para enfermos	$ 3,300.00
	Medicinas para pobres	$ 13,239.00
	Tratamiento de la Liga Contra el	$ 1,700.00
	Cáncer	$ 900.00
	Mantenimiento de vehículos	$ 2,000.00
	Materiales y mantenimiento hospital	

Fuente: Doc. Mun. Moca, Caja 3, Expd. 10. f.51.; Año, 1945-53.

C. Las facilidades hospitalarias a partir de los años 1945 al presente

La creciente necesidad de amplias y modernas facilidades hospitalarias llevaron a las autoridades gubernamentales a enfrascarse en una lucha constante para dotar a Moca de las mismas. En el 1945 la Asamblea Legislativa de Puerto Rico firmó una ley, la cual fue aprobada por el Gobernador Rexford Tugwell, para construir un hospital dotado de 20 camas y su equipo en el pueblo de Moca. Para conseguir los fondos, se aprobó una ley que buscaba parear el dinero asignado con fondos federales, pero lamentablemente según el plan general para la construcción de hospitales, a Moca le tocaba uno de los últimos turnos.[509]

En abril del 1946 Heliodoro Blanco, Jefe de la Sección de Fomento Urbano de la Junta de Planes, visitó el pueblo de Moca para seleccionar el lugar más apropiado para construir el hospital municipal. El predio seleccionado era propiedad de la señora Dolores A. Babilonia Kleinbring. Dicho terreno estaba localizado en la parte de atrás de la Unidad de Salud Pública, lo que es actualmente el Terminal de Transporte Público de Moca. Las colindancias del mismo eran por el norte con la propia Dolores, hacia el

---

[509]. Ibid. Fondo Obras Públicas Municipales. Caja 281, Leg. 47-A, Expd. 7. Año 1928.

sur con Felipe Acevedo, al este con un camino vecinal (hoy Calle Santos) y al oeste con los edificios escolares.

Para el año 1946 el médico practicante a tarea parcial de la Unidad de Salud Pública era José M. López, luego fue nombrado cirujano menor y anestesista. Ese mismo año se compró una ambulancia y una máquina de fotocopias para la Unidad de Salud. Se adquirió la primera ambulancia para facilitar el traslado de los enfermos entre Moca y los sectores que ya tenían carreteras o caminos transitables.[510] Dicha compra la hizo al Sr. David Rivera por $3,313, además, se dio un auto marca Packard que usaba el Alcalde y que era propiedad del Municipio valorado en $450.[511] También se hicieron ampliaciones a la Sala de Emergencia y se instaló una sala de maternidad, a un costo de $3,000.[512]

Como no fue posible convencer a la Sra. Dolores A. Babilonia que vendiera el terreno, se inició un pleito en el año 1948 para expropiarle los mismos. Dicho pleito duró hasta el 14 de enero del 1954 cuando el Tribunal dictaminó la sentencia del caso Núm. 265, por el cual se le expropiaba el terreno a la señora Babilonia y se le otorgaba al Estado Libre Asociado de P.R. para la construcción del hospital.

Mientras se solucionaba el asunto del terreno, el 13 de mayo de 1952 el senador mocano Luis A. Colón, le envió una carta a Rafael Picó, Presidente de la Junta de Planificación, en la cual le indicaba la urgencia de construir el hospital, puesto que en Moca sólo había una Sala de Emergencia y todas las personas que solicitaban servicios médicos había que enviarlas al Hospital de Aguadilla. Además, recalcaba que el caso de Moca había que incluirlo entre los primeros a construirse y no entre los últimos.

Sin embargo, cuando apenas se había expropiado el terreno, el gobierno cambió de parecer y decidió buscar otro lugar más adecuado, pues como algunos recordarán, originalmente ese terreno era un área bastante pantanosa. El nuevo sitio que se seleccionó estaba ubicado un poco más hacia el lado este del terreno expropiado, propiedad de la Sucesión de Alcides Babilonia Talavera y de los Sres. Juan Pérez Babilonia y Armando Lassalle. [513]

---

[510]. En 1946 los doctores Kenneth Ramírez y R. Valdés viajaban al barrio Aceitunas para ofrecer sus servicios médicos a los residentes de dicho lugar. Aún en las partes donde no había carreteras o caminos en buenas condiciones la gente enferma se llevaba al hospital en hamacas.

[511]. Ibid. Doc. Mun. Caja 3, Expd. 10. Año 1945-48. Tal gesto no se debía a un acto de generosidad o desprendimiento del Alcalde, se debió a la compra de un nuevo auto para uso de este funcionario.

[512]. *Ideales*. Año 1, Núm. 22. p.1.

[513]. Ibid. La unidad de Salud Pública funcionó hasta finales de los años 50, luego pasó a ser las facilidades del Registro Demográfico y a partir del 1977 se convirtió en el Museo del Mundillo de Moca.

De los nuevos terrenos seleccionados, el único precio que pude conseguir en la documentación pertenece al solar del Sr. Armando Lassalle por un valor de $4,356.05 aunque a él le había costado $6,000. Los tres solares se midieron el 8 de septiembre de 1953 y el cambio de lugar se autorizó el 23 de diciembre del mismo año con la firma del Licenciado Roberto Sánchez Vilella, como Secretario de Obras Pública. Al agregar los tres solares, las colindancias fueron las siguientes por el frente con la Carretera 111, al fondo con una quebrada, a la derecha con la Sucesión de Alcides Babilonia y por la izquierda con Nicasio Loperena.

Finalmente los trabajos de construcción se iniciaron el 21 de enero del 1954. Bajo la administración del Alcalde Dr. Juan Sánchez Acevedo se ampliaron y se mejoraron dichas facilidades, al punto de estar entre las mejores dek área. Algunos años más tarde, el mismo se convirtió en Centro de Tratamiento y Diagnóstico. Luego, con la política de privatización del Gobierno, se cerró y se establecieron las oficinas del Registro Demográfico. Pero el pueblo no ha quedado sin los servicios porque en el 1979 el Dr. Hiram Luggi fundó el moderno hospital San Carlos Borromeo de Moca, que fue ampliado en el año 2002.

En la década de los 70 apareció la clínica del Dr. Tomás Velázquez y luego se multiplicaron los servicios médicos, los laboratorios y otros servicios como los centros radiológicos. Quien tenga por lo menos 40 años o más en Moca, puede recordar cuando los únicos médicos del pueblo eran los doctores Pintado, Santiago Montes y Juan Sánchez. Al finalizar este tópico sobre el tema de la salud podemos concluir que verdaderamente en este renglón los cambios han sido muy positivos para todos.

Capítulo X. La vida social de los mocanos durante el siglo 20

A. La vida a principios del siglo 20.

A principios del siglo 20, la vida azarosa no permitía dedicar mucho tiempo al entretenimiento ni al ocio. Los fines de semana la mayoría de los hombres se dedicaban a beber alcohol y jugar juegos de azar. Los niños se entretenían en juegos de canicas, gallitos, trompos, en nadar y otros juegos infantiles. Los jóvenes se acercaban a los cafetines y ventorrillos donde iban aprendiendo los hábitos de los adultos. La vida cultural era casi inexistente, debido a lo cual los jóvenes aprovechaban los bailes en épocas de fiestas para relacionarse y conocer a las muchachas.

Las épocas de celebrar eran las Navidades, las actividades de Semana Santa y, de forma especial, los días de las Fiestas Patronales. Además, de vez en cuando llegaba algún circo a los alrededores de la población. [514] Durante las fiestas se acostumbraba a dar bailes y veladas artísticas o culturales en las casas de las familias más acomodadas. También se daban fiesta en varios centros como eran el Club Culebrinas y el Club Los Amigos. En dichos lugares generalmente se presentaban grupos musicales como el de Les Cavaliers, Los Andinos, Los Hispanos y otros. Por supuesto, éstos eran centros de reunión de las personas que tenían recursos económicos.

Como mencioné anteriormente, las fiestas patronales era una época que se esperaba con mucha ilusión por parte de los habitantes, especialmente por los más jóvenes. Además de la música, dicha celebración proporcionaba la diversión en las machinas y los juegos en las famosas picas. Para el 1923 las máquinas de caballitos eran movidas a mano y pagaban al Municipio la suma de $1.00 por cada día que operaban en las fiestas.

Tal era la atracción que ejercían las picas o hipódromos con su colorido y gritos de los dueños y jugadores que en septiembre del 1930 hubo de firmarse un proyecto para regularlas durante las fiestas patronales. Según Higinio López, representante de la Comisión de Festejos, a pesar de que las picas se consideraban un juego ilícito, desde el 3 de abril de 1927 se tuvo que autorizar su presencia para atraer a la gente a las fiestas. Sin embargo, hubo que establecer un control para mantener el ornato y orden de la plaza y las calles. Las picas, llamadas Hipódromo de Caballitos y las de extracción de bolos, tenían que acogerse a un horario si querían operar, éstas tenían que

---

[514]. Doc. Mun. Moca Caja, 2 Expd. 5, Año 1923-26. f. 28.

empezar después de las 4:00 p m. los días 29-31 de agosto y los días 1, 2 y 6 de septiembre, y en ellas no se permitían niños escolares.[515]

De todas las fiestas celebradas entre los años 30 al 45, las mejores fueron las del año 1945 que sirvieron de motivo para conmemorar la victoriosa culminación de la Segunda Guerra Mundial. [516] Durante esos días se aprovechó para celebrar un baile el 2 de septiembre, para las personas más acomodadas, en la casa de Doña Carmen Acevedo de Morales. Además, se presentaron grupos musicales y fuegos artificiales en la plaza pública. El Teatro América de Aguadilla ofreció, para unirse a las fiestas, presentar entre otras las siguientes películas: " El Fantasma " con Tom Tyler, " Dinamita " con Charles Starret, " Una fiera de Mujer " con Tom Neal y Ann Savage y " La Fuga " con Ricardo Montalban.

En el año 1945 la plaza se subastó en $1,316 a Miguel Medina. En el 1947 se hizo por $1,428, de los cuales se gastaron en las fiestas $1,316. Este último año se prohibió el uso de micrófonos para hacer anuncios comerciales.[517]

Con el objetivo de evitar que los niños de las escuelas se fueran a jugar picas y que los adultos permanecieran hasta altas horas de la noche, se determinó el 21 de julio de 1950 el siguiente horario por reglamento:

Horario y días:

Viernes 3:00 p.m. - 12:00 a. m.

Sábado 8:00 p. m - 1:00 a. m.

Domingo 8:00 p. m. - 1:00 a. m.

Lunes, martes y miércoles 3:00 – 1:30 a.m.

Jueves de 8:00 p. m.-12:00 a. m.

La persona que violara el reglamento se le impondría una multa entre $25 a $50 ó 5 días de cárcel. Al año siguiente se modificó para que las actividades pudiesen empezar a las 6:00 p.m. en lugar de la 8:00 p.m.

La subasta para las fiestas de ese año se le adjudicó a Anselmo Báez por $1,628. De esa suma se gastaron: $752 en música y retretas, $775 en fuegos artificiales, $30 en alumbrado y $70 en programas, para un gran total de $1,627. [518]

Cada año había que aumentar las subastas para poder cubrir los gastos de las fiestas, según se puede apreciar en los del 1953 cuando el Auditor Juan Luis González concedió el arrendamiento de la plaza por la suma de $3,100.

---

[515]. Ibid. Caja 3. 28 de junio de 1930. f.182.

[516]. *Ideales.* Año 2, Núm. 19, septiembre de 1945. p.1.

[517]. Ibid. ff. 54, 77 y 84.

[518]. Doc. Mun. Moca Caja 3, Expd. 10. Año 1945-48. ff. 115 y 118; 187; 192-93.

De esa cantidad se gastaron: $2,000 para la música, $1,000 en fuegos artificiales y $99 en alumbrado, todo por la suma de $3,199.

Para la década del 50-60 animaban las fiestas la inolvidable orquesta de los Happy Hills, el Show Corona y el Show India y varios artistas mocanos como Bury Cabán, Dalba Pérez y Norma, entre otros. También desde tiempos inmemoriales se hacían las tradicionales romerías, entre las más famosas estaban la de Chaguito Cordero de Cuchillas, la de Juan Soto de Cerro Gordo, la de Saturnino Beltrán de Naranjo y la de Juan Ruiz de Las Marías. Los residentes de esos barrios inundaban el pueblo el día que le correspondía, era como una especie de dedicatoria a cada barrio. De igual forma, era legendario que el día de la Patrona se celebraran juegos como los de: papas, la cacerola, bebidas en biberones, carrera de sacos, se tiraban monedas en los predios de la plaza y el tan esperado palo ensebao.

B. Cine, Teatro y Periodismo

El primer cine que hubo en Moca se llamaba Cachiquipe. El nombre salió al combinar algunas letras de los nombres de los propietarios, *Cal* de Calazán Lassalle; *chi* de Chico Acevedo; *qui* de Mario Quirós, y *pe* de Pedro Hernández Romero. Luego se llamó teatro "Lealtad", que abrió sus puertas el 6 de agosto de 1920, el mismo era administrado por Pedro Hernández Romero. Su dueño tenía que pagar al Municipio la suma de 50 centavos por cada tanda que se presentaba. Eventualmente Pedro Hernández le vendió el teatro a la compañía Zamora de Aguadilla, propiedad de la familia Esteves. La compañía conocida como Circuito Zamora de Aguadilla construyó unas nuevas facilidades en el año 1946. Se le cambió al nombre de "Teatro Venus" y fue inaugurado el 26 de septiembre de 1950 a un costo de $25,000. [519] Ese lugar se convirtió en el centro de las más variadas actividades culturales como: obras teatrales, exposiciones de arte y graduaciones, presentaciones artísticas, etc. Ninguna de las personas que frecuentaron el "Teatro Venus" podría olvidar el ruido y la algarabía que se formaba allí. Con el fin de poner un poco de control, la gerencia del teatro estableció un reglamento que prohibía interrumpir los espectáculos, proferir frases, expresiones o comunicaciones en alta voz, dar gritos, trompetillas y frases impropias u ofensivas. Por supuesto, demás está decir que ese reglamento era letra muerta, porque al apagar las luces, ¿quién podía controlar la situación?

Aun cuando el Centro Cultural Mocano se fundó en 1967, la mayor parte de las actividades culturales se realizaban allí porque el mismo carecía

---

[519]. Historia de Moca. p. 62. ; *Ideales*. Año 2, Núm. 24, agosto de 1946. p.2.

de un local para celebrar sus actividades, hasta el 1989 que se hizo el local de dicha Institución.

Ese mismo año del 1946 el Teatro Rodante de la Universidad de Puerto Rico presentó en las calles al lado de la Plaza de Moca dos obras tituladas, *Sancho Panza en la Ínsula Barataria* y *Declaración Amorosa.* [520] A dichas obras concurrieron tanto niños como jóvenes y adultos.

Luego en el 1950 se estableció la Banda Municipal bajo la dirección del maestro Vega del Pepino. La Banda solía entretener a la gente que acudía por las noches a la Plaza de Recreo. [521] En algunas ocasiones, especialmente para las fiestas patronales, llegaban bandas de música como las de la Base Ramey, de Pepino, Manatí y la Banda Escolar de Isabela.

En cuanto a periodismo, en Moca, durante el siglo 20 se fundaron varios periódicos entre otros se pueden mencionar el periódico *Ideales, El estudiante* y *Surcos* y más recientemente *El Chimbí.* Dos de ellos fueron periódicos estudiantiles de corta duración. También hay que señalar que se han publicado varias revistas de corte cultural como las siguientes: *Moka* (1973), *El Observador* (1983), *Brecha Cultural* (1987), *Moca Centro Cultural Mocano*, Inc. Además hay que mencionar la *Revista América* que aunque estaba ubicada en New York era dirigida por el mocano Nemesio González. A continuación algunas fotos de los periódicos publicados en Moca.

---

[520]. Ibid. Año 3. Núm. 26 diciembre de 1946. Lamentablemente no conseguí información sobre las actividades culturales de Moca antes de 1945.

[521]. El Estudiante. p.3.; Doc. Mun, Moca Caja 3, Expd. 10. Año, 1950-51.

Ideales, publicación mensual.

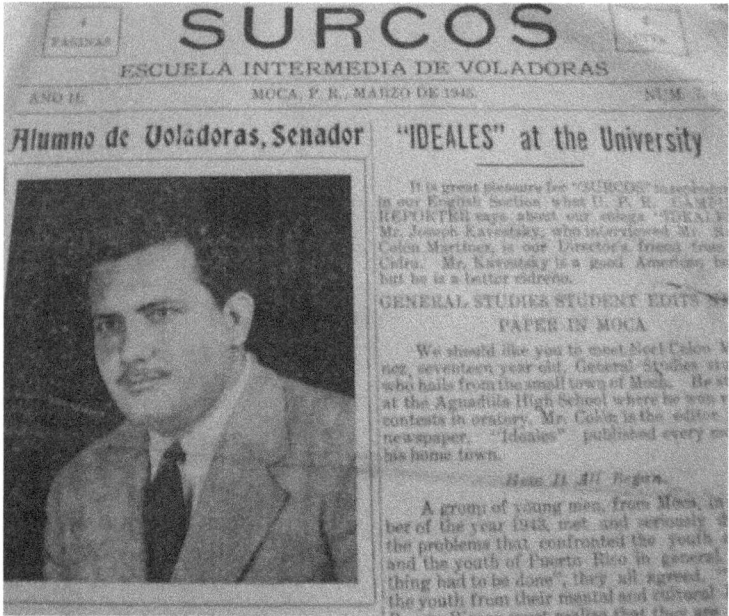

Surcos, de la escuela de Voladoras.

C. Los deportes

El campo de los deportes ha ocupado en Moca un sitial de importancia. Con la llegada de los estadounidenses se hizo introducción en la Isla de deportes como voleibol, softball, baloncesto y béisbol. El juego de voleibol se practicaba en la plaza y en las escuelas. Para el 1936 ya Moca tenía un equipo muy reconocido que llevaba el nombre de los TNT. Entre los jugadores más destacados estaban Nano Torres, Gil González, Armando Lassalle y Paco Rosa. El deporte en Moca fue favorecido en 1946 cuando se estableció el Programa de la Liga Atlética Policíaca para ofrecer una alternativa a los jovencitos que estaban todo el tiempo metidos en los bares y cafetines. Bajo la Liga se comenzó a enseñar a los jóvenes los deportes voleibol, béisbol y baloncesto. Gracias a la Liga Atlética, un grupo de jóvenes mocanos, bajo la dirección de su Jefe Jacinto Hidalgo, se convirtieron en campeones de la Clase C al vencer al grupo de Mayagüez. El partido fue celebrado en la cancha de la Escuela Superior de Puerta de Tierra en San Juan. El Instructor del grupo era Regino González y los jugadores eran: Adolfo Babilonia,

Wilfredo Romero, Gregorio Vargas, Benjamín Díaz, Simón Torres, Efraín Loperena, Israel Soto, Luis Acevedo y José Galarza.[522]

También Juan San Antonio dedicaba tiempo en la escuela urbana Adolfo Babilonia Quiñones a enseñar los juegos de baloncesto, béisbol y voleibol a los alumnos de dicha escuela.[523] Gracias a esas prácticas se destacaron en el área de voleibol los jóvenes José Figueroa, Américo, Pepín Badillo y Juan Santiago. En los deportes de béisbol y softball estaban Pito Hernández, Merín Pérez, Chuito Acevedo, Gil González y Efraín Egipciaco. Para estimular los deportes, el senador Luis A. Colón y el alcalde Arcadio Colón donaron al municipio todos los equipos y materiales necesarios para organizar un grupo de deportistas.

Fuera de la escuela y la Liga Atlética, había otro grupo de personas mayores que se destacaban en el deporte del béisbol entre quienes estaban, Luis Arroyo, Guillermo Jiménez, Angélico Quiñones y los famosos Nano Torres y Paquito Rosa, entre otros. Además, se celebraban campeonatos locales entre los aficionados y parroquianos de los negocios El Picolino y el Nuevo Puerto. Para el 1948 y 1949 el equipo Moca Ideales ya era toda una sensación en el área de los deportes.

Para brindar mejores facilidades se empezó a construir el Parque Atlético de Moca en una finca de seis cuerdas propiedad de Alberto Esteves el 11 de abril del 1946.[524] Una vez terminado el parque, se consideró ponerle el nombre de Angélico Quiñones, ya fallecido, quien había conquistado un campeonato en la Sección D, Clase A y un segundo lugar para Moca.[525] El parque se inauguró el año 1948 bajo el nombre de Pelegrín Muñiz, quien se había destacado como maestro, deportista y entrenador. En el año 1950 el presupuesto para atender las necesidades del parque de pelota era de $75.50 al año.[526]

Para la década del 1960, el destacado jugador Cosme (Merín) Pérez se desempeñaba como maestro de educación física en la escuela intermedia urbana y le dio un gran impulso al deporte en Moca, logrando formar un grupo de estudiantes que se coronaron como campeones de la región educativa de Mayagüez. Muchas gracias a todos estos mocanos que por su ejemplo han hecho de sus vidas un modelo a seguir para las nuevas generaciones, porque han puesto en alto el nombre de nuestro pueblo, ya

---

[522]. *Ideales.* Año 3, Núm. 26, diciembre de 1945. p.1.

[523]. Ángel M. San Antonio. *Hojas Históricas de Moca.* Año 2004. p.169.

[524]. *Ideales.* Año 3, Núm. 22, abril de 1946. p.1.

[525]. *El Estudiante.* p.4.

[526]. Antes de construir el parque los niños y jóvenes del pueblo aprovechaban el corte cañas de los terrenos de la Central Coloso para jugar allí.

como deportistas, maestros, entrenadores, apoderados, o simplemente como aficionados. [527]

Bajo las manos de los nuevos líderes del deporte y con la construcción de parques, canchas, coliseos y otras facilidades en Moca y todos sus barrios, estamos seguros de que en el futuro serán muchos los que van a destacarse en todos los deportes, especialmente en baloncesto, béisbol, voleibol, boxeo, tiro al blanco y otros más.

D. La celebración del aniversario Núm. 200 del pueblo de Moca

En el 1972 se cumplieron doscientos años de la fundación de Moca. En esa memorable fecha se celebraron una serie de actividades que son dignas de recordar porque no todos los días se cumplen 200 años. Para festejar tan extraordinario acontecimiento se organizó el Club Cívico-Cultural Pro Conmemoración del Bicentenario de Moca, Inc. Durante los días 16 al 25 de junio se dieron las siguientes actividades: viernes 16, se celebró un acto religioso y el día 17, amenizó la fiesta la Orquesta Cuerdas de Borinquén. El día 18, los Mocanos Ausentes Residentes en New York le obsequiaron al pueblo una actividad musical a cargo de Julita Ross y su Conjunto. El lunes 19 festejó el Conjunto de Tony Pizarro y el martes 20, se presentó en el Teatro Venus la obra *El Diario de un loco*. Al siguiente día subió a la tarima Agustín Serrano y su Ritmo y el 22 de junio, día de la fundación se rotuló la Calle que lleva ese nombre, se izó la bandera y el escudo del pueblo. También se develó el cuadro las "Tres Solteronas" de Valentín Pérez (QEPD) y se inauguró la antigua plaza conocida como Plaza José de Quiñones. Las actividades finalizaron el viernes 23, con un recital de Juan Boria, como un regalo de los Mocanos Ausentes residentes en el área metropolitana.

Como una profecía, la próxima actividad será en el 2072, actividad que de seguro será magna, por todo lo alto, porque ese día Moca tendrá una generación con mayores recursos y talentos, los cuales servirán para realzar el nombre de esta patria chica. Aunque sé que no estaré presente, me gustaría mucho que cuando llegara ese momento se puedan recordar cómo era la Moca de los siglos 19 y 20, gracias a los dos libros sobre Moca que he escrito con tanto cariño, para que aprendamos a valorar a nuestro pueblo.

En la actualidad, Moca no tiene un cine o teatro donde pueda presentar sus actividades culturales, pero tal vez en un futuro pueda levantar un teatro o

---

[527]. Sobre este tema ver el libro, *Hojas Históricas de Moca*, de Ángel M. San Antonio. pp. 69-110. No deben de olvidarse a los campeones Anibal Acevedo, medallista y a Carlos "El indio Quintana" campeón de boxeo.

un Centro de Bellas Artes para que las futuras generaciones puedan crear y recrear la cultura mocana.

Típica siembra de frutos menores en Cuchillas Ferrer, cerca de este lugar estaba ubicada la casa de mis abuelos.

Capítulo XI: Presupuestos del gobierno municipal de Moca

Aunque se carece de suficientes documentos para abordar ampliamente este tema, sí existen varios informes de principio y final del siglo 19 que ofrecen una visión general del mismo. Adentrarse en el tema presupuestario resulta muy interesante porque nos ofrece la oportunidad de conocer el funcionamiento diario de la política mocana. También nos demuestra las limitaciones con las que siempre se trabajó, y cómo, a pesar de todo, el pueblo logró cumplir con sus compromisos. Mi objetivo es crear conciencia en las nuevas generaciones sobre las luchas que se han llevado a cabo para mantenernos en pie.

El presupuesto del pueblo de Moca para el año de 1821 era de 726 pesos anuales. Con dicho presupuesto se cubría los sueldos del Cura, que era de 300 pesos anuales, y del Sacristán, de 25 pesos anuales. El sueldo del secretario Municipal era de 180 pesos. Para el pago de la guardia municipal se destinaron 120 pesos y para los alguaciles, 36 pesos anuales. Los gastos extraordinarios de ese año ascendieron a 65 pesos.

El siguiente año de 1822 el presupuesto anual ascendió a 1,319 pesos. La diferencia fue usada para cubrir los gastos de un preceptor por la cantidad de 300 pesos anuales, y un aumento de 108 pesos destinados a los sueldos de los alguaciles. Los gastos extraordinarios se aumentaron en 35 pesos anuales y 150 pesos se destinaron a obras de caridad. [528] El presupuesto del año 1826 fue de 679 pesos. En ese informe sólo se detallan los sueldos del Cura y del Sacristán, que eran de 300 y 29 pesos, respectivamente. Además, se mencionan 190 pesos en gastos públicos. Los restantes gastos no se especifican.

En el año 1826 los gastos públicos fueron de 498.6 pesos [529] y en 1827 la administración funcionó con un presupuesto de 503.6 pesos. El del 1829 ascendió a 699.90 pesos, de los cuales sólo conseguí el informe de 190 pesos en gastos públicos [530] y en 1830 se utilizaron 745 pesos. [531]

Para el año 1847 pude dar con un informe bastante amplio que me permitió apreciar y analizar mejor los cambios presupuestarios del municipio. El mismo fue presentado por don Baldomero San Antonio, quien era para

---

[528]. AGPR. Fondo de Gobernadores Españoles. Serie Diputación Provincial."Relación que firma el Ayuntamiento Constitucional de la Moca, desde las caridades repartidas en el año 1821, para gastos públicos". Caja 317.
[529]. Pedro Tomás de Córdova. T.II. p. 180.
[530]. AGPR. Fondo de Gobernadores Españoles. Moca. Caja 508.
[531]. Pedro Tomás de Córdova. T.II. p. 180.

entonces el secretario municipal. Según él, los sueldos del Cura, el Maestro y el Escribano eran de 300 pesos anuales cada uno. Se identifica una partida de 24 pesos para el Ayudante del Alcaide de la cárcel de Aguadilla y 125 para el socorro de presos.[532] Para cubrir los gastos de las fiestas patronales se destinaron 50 pesos, y para las suscripciones de los periódicos *La Gaceta y El Boletín Instructivo y Mercantil*, se separaron 37.40 pesos anuales. Los gastos para la administración municipal fueron de 367.40 pesos en el año y en mejoras municipales para el pueblo se utilizaron 1,678.70 pesos, para un gran total de 3,182.50 pesos anuales.[533]

A fin de comprender los presupuestos de la municipalidad es necesario analizar las fuentes de donde procedían dichos ingresos. Correspondiente al año 1846, descubrí las siguientes sumas de recaudos: 23.50 pesos por concepto de bailes y fiestas a razón de medio peso por cada actividad celebrada, lo que indica la celebración de 47 actividades de esa índole, en el municipio. También se obtuvieron 392.3 pesos por la matanza de reses para el consumo de carne en el poblado.[534]

Resulta muy interesante conocer las fuentes de ingresos para sostener el culto de la iglesia. Por ejemplo, en el año de 1848 se recibieron 71 pesos por los oficios de 142 entierros a razón de 4 reales por difunto; por 5 funciones de honras fúnebres se recolectaron 40 reales; de las misas cantadas se obtuvieron 10 pesos y 36.75 por la celebración de 42 matrimonios.

En cambio, los gastos de ese año fueron de 258.87 pesos, por lo tanto faltaron 133.12 pesos para completar los gastos de la iglesia, que eran responsabilidad de los vecinos del partido. Estos datos nos ofrecen información interesante sobre lo que pasaba en el pueblo en el término de aspectos sociales como son los matrimonios, defunciones y actividades sociales.[535]

Otros datos sobre este asunto aparecen en los informes económicos del año 1860, según fueron publicados en *La Gaceta*. De los mismos se desprende que los ingresos por conceptos de recaudos en el pueblo fueron los siguientes: 300 pesos del impuesto de la carne de res, 112.21 de arbitrios y 3,292.46 del reparto contributivo, para un total de 3,704.67 pesos.

Ese año los gastos del municipio se distribuyeron de la siguiente forma: 1,001.48 pesos en sueldos del personal administrativo, los gastos de oficina ascendieron a 225.57 pesos, 96 de gastos facultativos, 46 en servicios

---

[532]. Moca debía contribuir con dinero para cubrir los gastos de sus presos enviados a la cárcel de Aguadilla, así como con el sueldo del ayudante del alcaide.

[533]. Ibíd. Caja. 508.

[534]. *La Gaceta de Puerto Rico*. Núm. 46. Vol. 15., 16 de abril de 1848. s.p.

[535]. AGPR. Fondo de Gobernadores Españoles. Moca. Caja 508.

públicos. También se utilizaron 45.18, para socorro de pobres y presos, 56.63 para los gastos de las fiestas patronales y 206 de gastos imprevistos. Además, el municipio debía contribuir al gobierno central de Isla con 1,781.60 pesos anuales, lo que daba una cantidad de gastos al año de 3,456.46 pesos. Ese mismo año el municipio obtuvo un sobrante de 248.21 pesos, que se sumaron a los 1,153.70 que existían en la caja municipal de los años 1858-59.[536]

Para el año 1868 el pueblo de Moca fue anexado a la administración del municipio de Aguadilla.[537] Aparentemente dicha anexión duró poco tiempo, porque pude identificar un informe de gastos e ingresos correspondiente a Moca para el año 1875. Es uno de los informes más completo sobre el presupuesto operacional del pueblo que logré localizar. Gracias a él pude conocer todos los renglones de gastos e ingresos para los años 70. A través del documento se sabe que el sueldo del alcalde era de 3,157.90 pesetas, los del cura y el sacristán ascendían a 157.90 pesetas y el del sepulturero a 360 pesetas anuales.

El presupuesto del Cuerpo Municipal y Orden Público fue de 265.35 pesetas y el de la Policía Municipal y dos soldados que estaban destacados en el pueblo era de 3,900 pesetas. En el mantenimiento de la carnicería y la Casa Cuartel de las Milicias se gastaron 150 pesetas y en imprevistos 2,650 pesetas. Para la educación se destinaron 5,460 pesetas, a fin de cubrir los sueldos de tres maestros y una maestra. Además, se gastaron 360 pesetas en alquiler de escuelas, 300 pesetas en libros, 1,886 pesetas en otros gastos relacionados con la educación. En el área de salud se destinaron 1,025 pesetas, de las cuales 1,000 fueron para visitas de médicos y 25 en medicinas para enfermos pobres. Para atender la reparación de la iglesia y los caminos se emplearon 10,000 pesetas. En aportación a la cárcel de Aguadilla, por los presos de Moca en dicha dependencia, la cuota fue de 3,025.42 pesetas.

La aportación de Moca al gobierno central para ese año fue de 4,013.25 pesetas como parte de las contribuciones municipales y 2,921.25 para la Diputación Provincial, establecida en año 1871. El municipio debía tributar otra contribución adicional por la suma de 1,092 pesetas y 200 adicionales para el pago por conducir dichas remesas a la capital. La suma total de los gastos del municipio para ese año fueron de 51,332. 46 pesetas.

Los ingresos reportados por el municipio fueron los siguientes: 9,605 pesetas por el concepto de riqueza municipal y del reparto de contribuciones a la municipalidad 35,457.46; por licencias de bailes y espectáculos públicos 50 pesetas; 90 pesetas por certificaciones de documentos; 630 por expendio de

---

[536]. *La Gaceta.* Núm. 63. ,26 de mayo de 1860. p. 2-3.
[537]. *El Visitante.* 25 de enero del 1976. p p.7-9.

licores y ventas ambulantes; 600 pesetas por inspección a establecimientos públicos; 360 por matrícula y pase de ganado; 540 de multas y 4,000 pesetas por matanza de reses. Todas estas aportaciones dieron un ingreso total de 51,332.46, igual a la suma de los gastos anuales del municipio.[538]

Nuevamente para el año 1876 el municipio de Aguadilla volvió a pedir la anexión de Moca. Según las palabras del Primer Teniente alcalde Francisco Juliá, dicha acción era como consecuencia del estado de decadencia en que se encontraba el pueblo de Moca. [539] El presupuesto de Moca para el año de 1876 fue de 8,382.45 pesos.[540] Entre los años de 1887 al 1890 se gastaron en el municipio 450 pesos en el acarreo de materiales para el pueblo. En medicinas se utilizaron 1,350 pesos en cuatro años. Del alumbrado se pagaron 800 pesos a razón de 200 anuales. Para la extracción de basura se dedicaron 200 pesos en los cuatro años. [541] Como puede apreciarse los ingresos provenían principalmente de las matrículas del ganado, las licencias para bailes, certificaciones, arrendamiento de una parte de los terrenos del municipio, patentes cobradas a los comerciantes ambulantes, permisos por el uso de carretas, multas, matanzas de animales para carne, permisos para negocios y otras licencias. [542]

Los últimos informes corresponden a los años 1894-1898. Las fuentes de ingresos y gastos no presentan variación. Los cambios se registran en el aumento que se dio en el costo de los servicios; por ejemplo: las medicinas consumieron 1,650 pesos, el alumbrado 950 pesos y el transporte de materiales fue de 1,750 pesos.[543] Para ese cuatrienio se produjo un déficit de 1,160 pesos.[544]

[538]. Ibíd. Núm. 116., 28 de septiembre de 1875. p.4.

[539]. El Visitante. 25 de enero de 1976. p p.7-9.

[540]. Manuel Ubeda y Delgado. Puerto Rico: Estudio Histórico y Estadístico. Puerto Rico.: Tipografía del Boletín. 1876.

[541]. La Gaceta. Núm. 63. Año 1887., 26 de mayo de 1887. p.7. Num. 68., 7 de junio de1890. p.7.

[542]. Ibíd.

[543]. Ibíd. Núm. 48. , 21 de abril de 1894. p.6.; Núm. 138., 12 de junio de 1897. p. 6.; Núm.104., 3 de mayo de 1898. p.6.; Núm. 77. , 27 de abril de 1896. p.8.

[544]. Ibíd.

Cuadro VI. Presupuesto en pesos del municipio de Moca

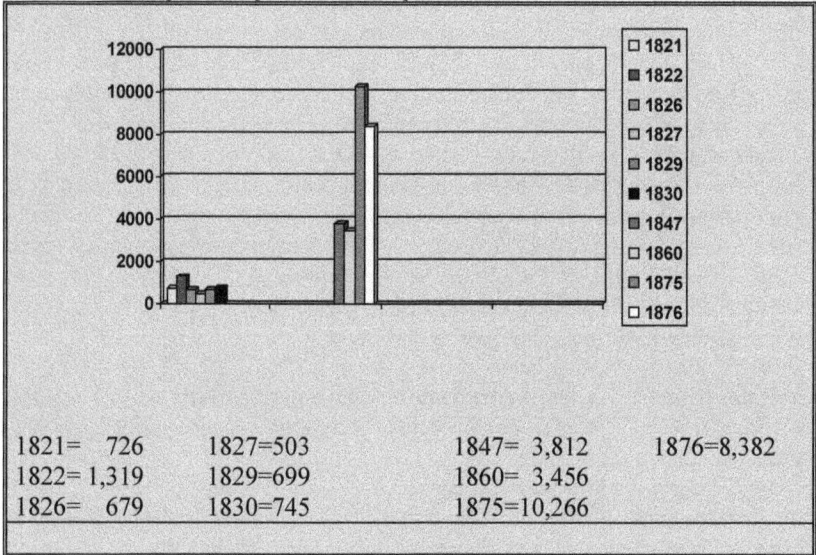

1821= 726	1827=503	1847= 3,812	1876=8,382
1822= 1,319	1829=699	1860= 3,456	
1826= 679	1830=745	1875=10,266	

Estos documentos y su análisis nos dan una idea del funcionamiento de la administración municipal y cuáles eran sus principales fuentes de ingresos. Cada año se incrementaban los gastos, pero los ingresos eran casi siempre los mismos. Sin embargo, se trataba de mantener a flote la administración del poblado.

Capítulo XII: La Política Mocana

A. Época española

Para entender la política de Puerto Rico es necesario enmarcar la trayectoria de los acontecimientos y cambios que se efectuaron a través del tiempo en el imperio Español hasta llegar a los siglos XVIII y XIX. En este capítulo analizaremos la relación que hubo entre las Reales Órdenes y las leyes españolas en el acontecer histórico-político de la Isla, especialmente las que afectaron al pueblo de Moca. Nos remontaremos a la época del Emperador Carlos V, quien al sofocar los levantamientos que se dieron al comienzo de su reinado, les quitó a los comuneros los privilegios y libertades que tenían las ciudades y las sometió bajo el poder de la Corona. Con estos incidentes, los cargos y puestos fueron controlados por el Emperador. Ante la falta de fondos económicos, la Corona se vio en la necesidad de poner en venta las magistraturas populares, las cuales pasaron a ser una propiedad o un bien que se podía adquirir.[545] De ahí en adelante no se registraron cambios hasta la llegada de Felipe V, quien en su afán por centralizar su gobierno, privó a los pocos pueblos que aún tenían el derecho de escoger sus Consejos por medio de elecciones. Sin embargo, este monarca introdujo una reforma que prohibió la venta de oficios o cargos municipales. Grandes cambios se dieron en España con la llegada al trono de Carlos III (1759-1798), quien inició una importante reorganización administrativa del Imperio. A tono con los dictados de una nueva política ilustrada, se hicieron visitas especiales a los territorios con el objetivo de estudiar la situación y recomendar cambios al estado de las colonias. Por órdenes de Carlos III, se introducen los cargos de Diputados del Común y Síndicos, en todos sus dominios. El Diputado del Común debía promover los negocios en interés del bien común de los pueblos.[546]

Como parte de esa política se produce la visita a Puerto Rico del Mariscal de Campo Alejandro O'Reilly en el año 1765, quien informó el siguiente cuadro:

la conquista, población, pasto espiritual, administración, fortificación, artillería, armas, municiones y tropa le ha costado tanto tesoro al Rey en 255 años que la posee.... Sin embargo, todos los tributos de ella... no

---

[545]. Fermín Abella. *Derecho Administrativo Provincial y Municipal*. Tomo I. Madrid, 1877. pp. 73-74.
[546]. Ibíd. p. 74.

asciende a más de 19,808 pesos y 3 reales al año … … … El origen y principal causa del poquísimo adelanto que ha tenido la isla de Puerto Rico, es por no haberse formado un Reglamento Político. [547]

Bajo esta política, y por recomendaciones del propio O'Relly, se decide reagrupar a los vecinos para formar o erigir varios pueblos. En dicho período (1772-1776) corresponde la fundación de Moca, Rincón, Bayamón, Caguas, Vega Alta, Vega Baja, Aguadilla y Cayey. Asimismo, con el objetivo de regir la buena comunicación en los recién fundados pueblos, se crea el Directorio, documento que resultó ser muy útil para ordenar la vida socio-económica de los nuevos y viejos pueblos.

Una vez dejada establecida la época de fundación de Moca, corresponde ubicar los administradores que tuvo desde el año de fundación hasta el 1812, cuando se efectuaron nuevos cambios en el sistema de gobierno municipal. El primer Teniente a Guerra y fundador del pueblo fue don José de Quiñones. Le siguió Francisco Hernández, quien empezó en 1784 y llegó hasta el 1789. [548] En el año 1790 subió al gobierno municipal don Martín Lorenzo de Acevedo. Entre el año 1795 y el 1808, se desconoce si Martín de Acevedo ocupó el cargo o si hubo otra persona. Sin embargo, el 24 de agosto de 1808, Martín de Acevedo asume el cargo, precisamente cuando Napoleón Bonaparte invade a España.

Entre los cambios que se operaron bajo la ocupación de Bonaparte están el apresamiento del Rey Fernando VII y la creación de las Cortes de Cádiz. Esto trajo la implantación de una nueva Constitución para el 1812 y una nueva organización política que se traduce en una reforma radical en los Ayuntamientos. Dentro de los cambios, a éstos "se (les) dio absoluta libertad electoral, intervención en los negocios políticos, atribuciones propias en los comunales, se les emancipó del poder central y se les revistió de facultades extraordinarias".[549] Bajo estos nuevos poderes son electos en Moca, Don Pedro Pablo de Acevedo, el sargento Felipe Hernández, José de Soto, José de la Torre, José de Nieves, Manuel López, Francisco Pérez y Cristóbal Hernández [550] para ocupar la administración Municipal. Como alcalde continuó Martín Lorenzo de Acevedo quien al año siguiente es sustituido por Juan González. [551] Con la instauración de Fernando VII, se deroga la

[547]. Eugenio Fernández Méndez. *Crónicas de Puerto Rico*. Editorial Universitaria. UPR. 1981. p. 239 y 241.
[548]. Historia de Moca. p. 89.
[549]. Fermín Abella. p. 74-75.
[550]. AGPR. Fondo de Gobernadores Españoles. Caja 508.
[551]. Ibíd.

Constitución de 1812 y retornó al antiguo sistema monárquico, aunque con una promesa del rey Fernando VII hecha el 4 de marzo de 1814, en la que estipula establecer una forma de gobierno "más análoga y templada que el despotismo de sus antecesores",[552] promesa que jamás cumplió.

Con la llegada del Rey, el cargo de Alcalde Ordinario de Moca recayó en Pedro Pellot, dueño de la Hacienda Yrurena. Pellot permaneció en el puesto hasta el mes de julio de 1814,[553] debido a una enfermedad que le impidió continuar con sus labores. En agosto de ese mismo año, fue sustituido por Juan González de la Cruz. La administración Municipal estaba compuesta por los regidores José de Jesús Méndez, Ciprián de Rivera, José Hernández, José Cual, Pablo Corchado como síndico y Jesús López como secretario.[554] El alcalde González de la Cruz, rigió hasta junio del 1819.

Poco tiempo transcurrió para que en España se combiara el sistema de gobierno y se iniciara una Monarquía Constitucional, entonces se nombró a Francisco de Nieves, con el título de Alcalde Constitucional.[555] Ese mismo año de 1820 fue sustituido Francisco de Nieves por Antonio Rivera y Quiñones, nieto del fundador don José de Quiñones.[556] Al poco tiempo, el 23 de marzo de 1821, las Cortes dictaron una serie de aclaraciones para la formación de los Ayuntamientos bajo el sistema Constitucional.[557] Con las nuevas reglas coincidió el nombramiento de José de Jesús Méndez como alcalde de Moca.[558] Méndez duró un año en el puesto y lo relevó Pedro Pellot, quien asume el cargo desde 1822 hasta 1824.[559]

Otra vez en España ocurrió la instauración de la Monarquía Absoluta y queda eliminada la Constitución, lo cual hace que desaparezca el Ayuntamiento Constitucional. Es en ese momento cuando se sustituye el sistema de elección popular de los Concejales y se introducen las ternas al tribunal, quien hacía los nombramientos en nombre del Rey.[560] Entonces se nombra como alcalde a Francisco de Nieves, quien permaneció en el cargo de 1824 al 1826.[561] Como alcaldes nombrados bajo esa modalidad de ternas figuraron Antonio de Rivera y Quiñones en 1826,[562] y don Miguel Polidoro

---

[552]. Abella. p. 75.
[553]. AGPR. Fondo de Gobernadores. Caja 508.
[554]. Ibíd.
[555]. Ibíd. Caja 508; Caja 509; *Gaceta de Puerto Rico*, Núm. 18., Año 1820, s.p.
[556]. Ibíd. Caja 510.
[557]. Abella. p. 75.
[558]. AGPR. Fondo de Gobernadores. Caja 54.
[559]. Ibíd. Diputación Provincial. Caja 318.
[560]. Abella. p. 75.
[561]. AGPR. Fondo de Gobernadores. Caja, 508; Caja 190.
[562]. Pedro Tomás de Córdova. T.V. p.8; AGPR. Fondo de Gobernadores. Caja, 509.

entre 1827[563] y 1829. En 1830 regresó Antonio Rivera hasta el 1831[564] y al año siguiente lo sustituyó Jayme Cedó [565] por el término de un año y regresa Miguel Polidoro en el 1833.[566]

Con el inicio del año 1833, se originaron cambios nuevamente y el 2 de febrero del mismo se dictó un Real Decreto, en el cual se mandaba a proceder con la elección de los encargados del Ayuntamiento y se establecen unas reglas que eran las mismas del 1824 con algunas modificaciones. Al año siguiente se publicó el Estatuto Real, aprobando los cambios y poco tiempo después, el día 23 de julio de 1835, se expidió otro Real Decreto estableciendo un arreglo provisional en los Ayuntamientos, con el cual se sentaron las bases del gobierno municipal como un punto intermedio entre el antiguo régimen monárquico y el período constitucional del año 1824.[567]

Se desconoce si en realidad el alcalde Miguel Polidoro continuó en el poder municipal durante el año 1834 hasta 1836. Lo que sí es cierto que en 1836 cambia de nuevo la política española dictaminada por el decreto anteriormente mencionado. El 23 de diciembre de 1836 se restablecieron los antiguos decretos del 1812 para la formación de los Ayuntamientos. El 18 de junio de 1837 se promulgó una nueva Constitución que sustituía los modelos constitucionales anteriores de 1812 y 1820. Una vez más se discutió y se votó para organizar y brindar nuevas atribuciones a los Ayuntamientos, dicha Constitución se aprobó en Barcelona el 14 de julio de 1840. No obstante, nuevos sucesos políticos en España provocaron otro cambio. El día 13 de octubre se dejó en suspenso la ley vigente y el día 27 de noviembre de ese mismo año se acordó que se procediera con la renovación de los municipios al amparo de la Constitución de 1812.[568]

Todos esos cambios le tocaron a Luis Antonio Maisonave quien era el alcalde para la fecha.[569] Aquí insertamos una aclaración que considero pertinente. Según el libro *Historia de Moca*, en 1839 aparece como alcalde del pueblo don José Pérez del Río. Sin embargo, después de estudiar varios documentos relacionados con un pleito de colindancias entre los municipios de Moca, Isabela y San Sebastián, se desprende claramente de los mismos que José Pérez del Río era alcalde del pueblo de Isabela y no de Moca. Ese año, sin duda alguna, el alcalde de Moca era Luis Maisonave, a quien le siguió

---

[563]. AGPR. Fondo de Gobernadores. Caja 508. Caja 509.
[564]. Pedro Tomás de Córdova. T. V. p.8.; T. VI. p.8.
[565]. AGPR. Fondo de Gobernadores. Caja 508.
[566]. *Historia de Moca*. p. 87.
[567]. Abella. p. 75.
[568]. Ibíd.
[569]. AGPR. Fondo de Gobernadores. Caja 508.

Francisco Babilonia Acevedo, el cual permaneció en el poder desde el 1840 hasta el 1842. [570]

Otro Real Decreto se recibió el 30 de diciembre de 1843, en cual se intentaba poner en vigor la ley del 1840, pero con varias modificaciones, específicamente en los artículos 31, 45, 49 y 76, bajo los cuales se determinaba que la selección de las autoridades municipales se efectuase mediante elecciones populares. No conforme con las modificaciones hechas a la ley municipal, ese mismo año se trabajó en otra ley nueva, que entraría en vigor a partir del 8 de enero de 1845. Bajo esta serie de cambios, gobernó en el municipio de Moca don Francisco Ruiz, quien permaneció desde el 1842 hasta 1845. Las nuevas leyes rigieron los municipios hasta el año 1854. Entre 1854 y 1856 se operó un pequeño paréntesis, en el que se reinstaló la ley de 1823, para luego derogarse e instaurarse de nuevo la del año 1854, las cuales continuaron hasta que en el año 1868, fue destronada Isabel II. [571] Entre los años 1843 y 1868, fueron alcaldes de Moca las siguientes personas: Luis Maisonave, por segunda vez, desde el 1846 al 1847: [572] Gabriel Seguí del 1848 al 1849.[573] Ese mismo año ocuparon la silla José Simón Romero [574] y Antonio B. Sanz.[575]

En el año 1850 el pueblo de Moca fue clasificado como alcaldía de segunda clase. El alcalde del pueblo era Casimiro Gutiérrez y Cañedo, quien permaneció en el puesto hasta 1853. Ese mismo año Restituto Pagán pasó a ocupar el puesto como alcalde accidental hasta que llegó Pedro María García (Pedro García), quien estuvo hasta el año 1861.[576] En sustitución de éste, vino Julián López Pitrat en el 1862, el cual había ocupado el cargo de regidor bajo la administración de García. Al año siguiente, López Pitrat fue relevado por Sebastián Porrata, que quedó en la poltrona municipal hasta el 1865. [577] Aquí es menester hacer otra aclaración. En el libro *Historia de Moca*, se señala que del 1862 al 1863, el alcalde era Carlos González (Jiménez), pero la

[570]. Ibíd. Caja 281.
[571]. Abella. p. 75.
[572]. *Gaceta de Puerto Rico*. Núm. 85, Año 1846. p.2; AGPR. Fondo de Gobernadores. Caja 508.
[573]. Ibíd. Núm. 107. Año, 1849.; Núm. 56, Año, 1849.
[574]. Ibíd. Núm. 107. Año 1849.
[575]. Historia de Moca. p. 87.
[576]. *Gaceta de Puerto Rico*. Núm. 117. Año 1850. p. 4; Núm. 82. Año 1852. s.p.; Núm. 79. Año, 1852, p.4.; AGPR. Fondo de Gobernadores. Caja 281. Existen varios documentos firmados indistintamente con ambos nombres.
[577]. Historia de Moca. p. 87.

documentación consultada establece que el mismo era secretario de dicha municipalidad.[578]

Los años de 1866 y 1867 fueron muy inestables en cuanto al cambio de alcaldes se refiere, pues en el 1866 estaba Eduardo Delgado y en 1867, Salvador Vall y Brugueras, seguido por Restituto Pagán.[579]

En septiembre de 1868 se produjo la revolución que destronó a Isabel II. Con la caída de ésta surge una nueva ley municipal que fue presentada en las Cortes Constituyentes reunidas en Madrid, el día 11 de febrero de 1869. El objetivo era atemperar la administración municipal a los nuevos principios de la revolución. Dicha ley fue presentada mediante un decreto el día 3 de junio de 1870, publicada en agosto del mismo año y puesta en vigor el 1ro de enero de 1871. Bajo dicha ley las Corporaciones populares debían obrar por derecho propio en lo relacionado con la administración de sus distritos en lo que se refería al orden público. Los vecinos fijarían sus propuestas, nombrarían sus empleados y podrían ejercer libremente todas las funciones de la vida local.[580]

Durante el período transcurrido entre el 1868 y diciembre de 1874, año en que se restauró la monarquía bajo el reinado de Alfonso XII, ocuparon el gobierno municipal las siguientes personas: Pedro Miguel San Antonio, en el 1868, relevado ese mismo año por Salustiano Sierra. En 1869 subió el corregidor Manuel González como alcalde en Comisión[581] y luego ocupó el cargo Melquíades Ginorio,[582] quien permaneció hasta el 1870 cuando fue acusado por jugador empedernido. Por otra parte, bajo una nueva ley de 1874 se declaro a la Isla como Provincia, por lo cual tenía derecho a organizar su propia Diputación Provincial. Puerto Rico tenía derecho a 24 Diputados y 24 suplentes. El pueblo de Moca pertenecía al Distrito Número 9, el cual estaba integrado por Aguadilla, Moca, Isabela y Aguada.[583]

En las elecciones para Diputados Provinciales celebradas en mayo de 1873, Moca tenía 2,573 personas elegibles al voto; sin embargo, sólo votaron 103 electores.[584] En dicha elección resultó electo el Licenciado Juan González Font, como Diputado y como suplente Conrado del Valle.[585] Al convertir la Isla en Provincia, ésta tenía derecho a enviar diputados a las Cortes

---

[578]. *Gaceta de Puerto Rico*. Núm. 6. Año 1864, s.p.; Núm. 143. Año, 1863, p.4.; AGPR. Fondo de Gobernadores. Cajas 509 y 510.

[579]. Ibíd.

[580]. Abella. p. 85.

[581]. Historia de Moca. p. 87.

[582]. *Gaceta de Puerto Rico*. Núm. 7. Año 1870, p.4.

[583]. Ibíd. Núm. 138. 15 de noviembre de 1870. p. 4.

[584]. Ibíd. Núm. 125. 18 de octubre de 1873. p. 2.

[585]. Ibíd. Núm. 113. 20 de septiembre de 1873. p 4.

Constituyentes. Para ocupar el cargo resultó electo Manuel Caldé. [586] Bajo la nueva monarquía se hizo otra reorganización para la cual se presentó un proyecto el 23 de mayo de 1876. Entre los cambios más significativos se encontraba la restricción al sufragio electoral y se exigió el pago de una cuota y tener preparación académica. Si la ciudad pasaba de 30 mil habitantes, el alcalde sería nombrado por el Rey. Además, el presupuesto del municipio debía ser aprobado por una Comisión Provincial, de igual forma, el Rey podía intervenir o impedir los acuerdos hechos por los Ayuntamientos, si él entendía que se extralimitaban en sus deberes. [587]

Otros asuntos que fueron legislados tenían que ver con las Juntas Municipales y el funcionamiento de los Ayuntamientos. En primer lugar nos ocuparemos de los asuntos relativos al Ayuntamiento. Según la ley, el Ayuntamiento estaría compuesto de Concejales, divididos en Alcalde, Tenientes y Regidores. El número de Concejales estaba determinado por el número de habitantes que residieran en el municipio. El pueblo se dividía en distritos electorales, con un número poblacional equitativo. También se determinó nombrar un alcalde de barrio. [588]

Las elecciones se debían realizar en la primera quincena del undécimo mes del año. Una vez efectuadas las elecciones, el concejal con mayor número de votos quedaba como alcalde interino para dirigir la primera reunión organizativa del gobierno municipal. En esa primera reunión se elegía a la persona que mayor cantidad de votos obtuviese para ocupar el cargo de alcalde. La selección del alcalde, así como la de los tenientes alcaldes y los síndicos, se debía efectuar mediante voto secreto. Los alcaldes de barrio eran nombrados por el nuevo alcalde.

El Ayuntamiento tenía, entre sus funciones principales, la apertura y alineación de las calles, las plazas, empedrado y el alumbrado del pueblo. El establecimiento de sitios públicos, el surtido del agua, las ferias y los mercados, así como los edificios públicos, los servicios sanitarios, la instrucción primaria y la policía urbana y rural eran responsabilidad de la administración municipal. La composición de la Junta Municipal se formaba entre los mayores contribuyentes del pueblo. La principal función de la Junta residía en la aprobación de los presupuestos de ingresos y gastos del municipio. [589] La composición de la administración de Moca, bajo esta

---

[586]. Ibíd. 58., 15 de mayo de 1873. pp. 1-2.
[587]. AGPR. Fondo de Gobernadores. Caja 281. Aunque en el libro *Historia de Moca* señala que Restituto Pagán era el alcalde para el año 1871, los documentos nos revelan que lo fue para el año 1875, después de León López.
[588]. Abella. p. 90.
[589]. Ibíd. pp. 115-117. p. 121.

estructura, constaba de un alcalde, 3 tenientes y 13 concejales. La distribución consistía de tres distritos electorales y cuatro colegios por cada distrito. Dicha distribución le correspondía por tener una población de 9,190 habitantes para el año 1876.[590] Se hizo una redistribución de los distritos electorales para Diputados a Cortes, Moca pasó a formar parte del Distrito de Quebradillas, el cual estaba compuesto, además, por los pueblos de San Sebastián, Camuy, Hatillo y, por supuesto, Quebradillas. Dicho distrito era conocido como el número 4.[591] Moca perteneció al mismo distrito hasta el año 1892, cuando pasó a formar parte del distrito de Mayagüez.

En las elecciones de 1876, compitieron en Moca por el cargo de Diputado a Cortes, los señores, José Regalado Miranda, León López, Agustín Hernández, Eduvigis González y Julián López Pitrat, quien fue electo. Sin embargo, en una segunda ronda entre los ganadores de los cinco pueblos del Distrito Núm. 4, salió vencedor Juan Varela con un total de 709 votos. [592] En el caso del alcalde de Moca para ese año resultó electo Restituto Pagán.[593] Nuevos cambios se efectuaron en la ley de elecciones municipales al inicio del año 1875, aunque con algunas modificaciones que ocurrieron en diciembre de 1878, en junio de 1892, en junio de 1894 y una última en febrero de 1897.

El período transcurrido entre 1880 y el 1883 fue bien inestable para el pueblo de Moca desde el punto de vista político. El año 1880-81 la alcaldía fue dirigida por el escritor Don Ramón Méndez Quiñones. Al siguiente año le sustituyen Francisco Babilonia, seguido de Melquíades Ginorio y Juan Suárez. En 1882 regresó al cargo Ramón Méndez Quiñones y en 1883 aparece como alcalde accidental Juan A Miranda, seguido por Ramón E. Martínez. Aunque no pude identificar la razón para tanto cambio, según el periodista Terreforte estaban "ocurriendo irregularidades administrativas en un microscópico pueblo bajo la influencia de Aguadilla", en clara referencia a Moca. La influencia de Aguadilla sobre Moca se debía a que el alcalde de Aguadilla era Don Ramón Méndez Arcaya el papá de Méndez Quiñones. Entre las irregularidades se acusaba a Méndez de traficar carnes de contrabando entre el pueblo de Moca y el de Aguadilla.[594]

---

[590]. *Gaceta de Puerto Rico*. Núm. 139., 18 de noviembre de 1876. p. 3.

[591]. Ibíd. 153. 21 de diciembre de 1880. P. 8. Moca era dependiente de Aguadilla en el aspecto militar y territorial, pero en el electoral era de Quebradillas. Ver Manuel Ubeda y Delgado. *Puerto Rico: Estudio Histórico y Estadístico*. Puerto Rico: Tipografía del Boletín. 1876. pp.180-181.

[592]. Ibíd. Núm. 21., 7 de febrero de 1876. p. 1.

[593]. AGPR. Fondo de Gobernadores. Caja 510.

[594]. *Gaceta de Puerto Rico*. Núm. 48. Año, 1880, p.2.; Núm. 120. Año, 1882. s.p.; Núm. 100. Año, 1880, p.8.; Núm. 120. Año, 1882, p.4.; Núm. 48. Año, 1883, s.p.; Núm. 80. Año, 1883, p.5.; AGPR. Fondo de Gobernadores. Caja, 510. : Fondo de Obras Públicas, Serie Obras Municipales.

La estabilidad regresa el 1884 con Federico Glascar como alcalde, quien permaneció en el puesto hasta el año 1886, éste fue sustituido por Restituto Pagán, como alcalde accidental en 1887 y como alcalde en propiedad por Decreto del Gobernador en el 1888. [595] Una vez más, reaparece la inestabilidad en la alcaldía cuando a partir de enero de dicho año entra Agustín Hernández Mora y en junio le sustituye Benito García como alcalde accidental. En agosto del mismo año es sustituido por Francisco Molina y Nobot, quien llegó hasta el 1890. Ese año de 1890 fue completado por Sandalio Valencia y en 1891 regresa Benito García hasta marzo y es, a su vez, sustituido por Fulgencio Muñiz (Muñoz). [596]

Para el año 1892 se dieron unas modificaciones a la ley electoral a nivel Provincial. Entre otras, se verificó una ley relativa a la capacidad de los electores, al incorporar que quienes pagaran 10 pesos o más de contribuciones tenían derecho a participar en las próximas elecciones. En el caso de Moca, había 58 contribuyentes mayores y 15 electores entre profesionales, para un total de 73 electores. El pueblo estaba catalogado como de cuarta clase, al poseer una población entre 8,000 y 12,000 personas. [597] Otro de los cambios que afectó a Moca fue su reubicación al Distrito de Mayagüez, y su salida del de Quebradillas. El nuevo distrito estaba integrado por Lajas, Cabo Rojo, San Germán, Hormigueros, Mayagüez, Añasco, Maricao, Las Marías, San Sebastián, Moca, Aguada, Aguadilla y Rincón, con una población de 162,895 personas.[598]

Los últimos alcaldes del dominio español que administraron en Moca entre los años 1893 y el 1898 fueron los siguientes: del 1893 al 1896, Benito García quien ocupó el gobierno municipal en tres ocasiones; y del 1897 al 1898 fue dirigido por Pedro Acevedo Rivera.[599] Luego llegaron los estadounidenses al dominio de la población y con ellos subió como alcalde don Climaco Sánchez, hasta el mes de agosto de dicho año. Le siguió Cosme Benejam, por decreto del recién instaurado gobierno militar. El nuevo siglo se inició bajo el gobierno civil de la Ley Foraker con José Lao Polanco como

Caja, 281. A Ramón Méndez se le acusó del crimen de Juan Terreforte, en el teatro de Aguadilla. Se dice que murió en Tegucigalpa, Honduras en 1897.
377. *Gaceta de Puerto Rico.* Núm. 62. Año, 1884, pp.6-7.; Núm. 31. Año 1887, p.7; Núm. 13. Año 1887, p.7, Núm. 62. Año, 1867, s p
[596]. Ibíd. Núm. 12. Año, 1888, p.5; Núm. 26. Año, 1888, s.p.; Núm. 54. Año 1888, s.p.; Núm. 87. Año, 1888, p.3.; Núm. 47. Año, 1888, p.5; Núm. 54. Año, 1888, p.8; Núms. 64; pp. 3 y 8; 70, s.p.; 100. Año, 1888, p.6.; Núm. 45. Año 1889, s.p.; Núm. 34. Año, 1890, p.7; Núm. 50. Año, 1891, p.8.; Núm. 108. Año, 1891, p.8; Núms. 26, p.8; 27, p.8; 120. Año, 1892, p.6.
[597]. AHMM. Vol. I. Año 1892.
[598]. *Gaceta de Puerto Rico.* Núm. 157, 31 de diciembre de 1892. pp. 1-3; 5-6.
[599]. Ibíd. Núm. 98. , 16 de agosto de 1892. p.8.

alcalde, quien fue destituido en el año 1901. El número de electores era de 135 personas elegibles para ocupar cargos en el Ayuntamiento. [600] Así da por terminado un período muy significativo en la historia de nuestro pueblo de Moca. Época que cubrió más de un siglo de vida bajo el poder de España y que daba inicio a una nueva etapa de nuestro pueblo.

B. La Política en el siglo 20.

Como una ironía de la vida, el último alcalde de Moca bajo el gobierno español fue Pedro Acevedo Rivera, biznieto del primer Teniente a Guerra y fundador del pueblo de Moca. Los padres de Pedro eran José Hilario de Acevedo y María del Rosario de Rivera y Quiñones, ésta era hija de Antonio Rivera Quiñones y la hija de Don José de Quiñones, conocida como Brígida Quiñones García. Bajo su administración, Práxedes Mateo Sagasta, como Primer Ministro del Gobierno español, se le extendió a la Isla la famosa Carta Autonómica en noviembre de 1897. Dicha Carta autorizaba la creación de un nuevo gobierno que fue conocido como Gobierno Autonómico. El mismo estaba integrado por un gabinete cuya responsabilidad residía en un Gobernador General y un Parlamento Insular bicameral.

Este cuerpo parlamentario estaba compuesto por un Consejo de Administración de cinco miembros electos por el pueblo y siete nombrados por el Gobernador General. El líder de dicho Consejo fue Luis Muñoz Rivera. Además, se estableció una Cámara de Representantes electa por el pueblo y compuesta a razón de un legislador por cada veinticinco mil habitantes.

Recién iniciado el nuevo Gobierno Autonomista, comenzaron las hostilidades de la Guerra-Hispanoamericano-cubana entre los Estados Unidos y España, con la consabida invasión estadounidense el 25 de julio de 1898 por el pueblo de Guánica. Una vez efectuada la invasión, las tropas militares comandadas por el General Nelson A. Miles fueron ocupando los distintos pueblos de la Isla. Cuando el Distrito de Aguadilla fue ocupado por el ejército estadounidense, en el Municipio de Moca se dieron vivas al Ejército Americano y a la Nación Norteamericana. También se acordó que el Presidente del Ayuntamiento de Moca se trasladara hasta Aguadilla para que le hiciera llegar un mensaje de bienvenida por parte del Ayuntamiento al representante del Gobierno militar.[601] El 18 de octubre de 1898 la bandera

---

[600]. Ibíd. Núm. 169. Año, 1897, p.4.; Núm. 55. Año, 1898, p.3.; Núm. 72, Año, 1899, p.4. *La Democracia*. 23 de febrero de 1899. Ponce, P.R, s.p.

[601]. *Historia de Moca*. Edición del bicentenario. Año 1972. p. 44. en adelante *Historia de Moca*.

estadounidense comenzó a ondear en San Juan y el 10 de diciembre de 1898 Puerto Rico fue cedido a los Estados Unidos mediante el Tratado de París.

En virtud de ese tratado se daba por terminada la guerra y España cedía la isla de Puerto Rico a los Estados Unidos como indemnización por los gastos incurridos en la misma.[602] Respecto a los habitantes, según el Artículo IX de dicho Tratado, decían los comisionados estadounidenses que "su condición y sus derechos civiles se reservaban en el Congreso..."[603]

Para gobernar la Isla, los Estados Unidos establecieron un gobierno militar, el cual estuvo compuesto por los siguientes gobernadores: el Brigadier General John R. Brooke, quien sustituyó a Miles el 18 de octubre de 1898 y llegó hasta el 10 de diciembre de 1898, cuando toma el poder el Brigadier General J.C. B. Henry. Ese periodo militar visible terminó con el gobierno del Brigadier General George W. Daris quien ocupó el cargo desde mayo de 1899 hasta mayo del 1900.

Todos los gobernadores militares debían obedecer las órdenes de Washington, pues se quería conservar la Antilla, aunque por el momento "allí se carecía de plan y propósito alguno tocante a la política a seguir con respecto a la Isla."[604]

En el caso de Moca el gobierno español se retiró en el 1898, siendo alcalde Pedro Acevedo Rivera. Los primeros alcaldes que ejercieron bajo el gobierno estadounidense fueron Cosme Benejam y Clímaco Sánchez, el abuelo del Dr. Efraín Sánchez Hidalgo. Entre el 1898 y el 1899, periodo comprendido por el gobierno militar, no funcionaron partidos políticos, aunque en el 1899 se dio inicio a la creación del primer partido político puertorriqueño bajo el nuevo régimen. Ese primer partido fue el Republicano Puertorriqueño dirigido por el Dr. José Celso Barbosa y poco tiempo después surgió el Partido Federal Americano de Luis Muñoz Rivera. Ambos partidos se disputarían los cargos de Comisionado Residente y representantes a la Cámara, tan pronto comenzó el nuevo gobierno de Puerto Rico bajo la Ley

---

[602]. Ver más información al respecto en, Ángel Hermida. "La reforma del Código Civil de Puerto Rico: lecciones de la experiencia de Quebec", en *Revista Jurídica de la Universidad de P. R.* Vol. LII. Núm. 2. 1983. p. 173.

[603]. Asamblea Legislativa de Puerto Rico. *Carta dirigida por los Señores Antonio R. Barceló Presidente de Senado a José Tous Soto Presidente de la Cámara de Representantes al Comisionado Hon. Félix Córdoba Dávila contestando la carta del Presidente de los Estados Unidos al Hon. Horace M. Towner gobernador de Puerto Rico.* San Juan, P.R. 2 de abril del 1928. p.15.

[604]. Delma S. Arrigoitía. *José de Diego, El Legislador: su visión de Puerto Rico en la Historia, 1903-1918.* San Juan, P.R.: ICP. 1991. p. 51.

Foraker. En Moca, el número de electores elegibles era de 135 personas, los cuales también podían ocupar cargos en el Ayuntamiento.[605]

1. La Ley Foraker 1900-1917

En el año 1900 se presentó ante el Congreso de Estados Unidos un Proyecto llamado "Payne Bill" para concederle a Puerto Rico un gobierno civil. Sin embargo, en la Isla se le conoce como Ley Foraker, gracias a las gestiones y enmiendas que le hizo el Senador Joseph B. Foraker, republicano por el Estado de Ohio. El primer alcalde de Moca en dicho gobierno fue José Lao Polanco, ayudado por el siguiente grupo de asambleístas: Juan Clímaco Sánchez, Ceferino Nieves, José Calazán Lassalle, Pascacio Hidalgo, Inocencio Ortega, Higinio Pérez, Fausto Morales, Rodulfo Bourdón, Rafael González, Manuel Lassalle y otro asambleísta llamado Hermógenes. En septiembre del 1901 el Alcalde fue destituido y lo sustituyó el asambleísta Fausto Morales.

En esos años el alcalde ganaba $600 anuales, el secretario Luis R. García $500, el de un oficinista oscilaba entre $120 y $360. El Tesorero municipal Manuel J. Pérez Jiménez ganaba $480, el conserje Rafael Romero López $144, el inspector de carnes que era Francisco Suárez ganaba $108. [606] Por otra parte, a partir de ese momento las elecciones en Puerto Rico se celebraron cada dos años.

El año 1902 el municipio de Moca fue anexado al de Aguadilla como consecuencia de una ley que aprobó la Asamblea Legislativa Insular el 1 de marzo de dicho año. La Sección 12 de la Ley establecía que el Alcalde del municipio al cual fuera anexado otro término municipal, nombraría a un comisionado que lo representaría en la zona urbana del municipio desaparecido. El Comisionado así nombrado ejercería, por delegación del Alcalde, todas las funciones de éste.

Bajo esas consideraciones, el Alcalde de Aguadilla, Adrián del Valle, nombró los siguientes empleados para atender la extinta municipalidad de Moca: Miguel Babilonia como Comisionado, Miguel Hernández Comas como Oficial de Sanidad, los doctores Julián Benejam y Alejandro Otero San Antonio como auxiliares, Tadeo Charneco como escribiente del Registro Civil, Lorenzo Cabán fue designado como Sepulturero y conserje del Cementerio, Francisco Suárez como Vacunador y Benito E. Colón como Urbano Mandadero. [607]

---

[605]. Ibíd. Núm. 169. Año, 1897, p.4; Núm. 55. Año, 1898, p.3; Núm. 72, Año, 1899, p.4. *La Democracia.* 23 de febrero de 1899. Ponce, P. R, s.p.; Caja 1, Expd.1. Año 1908-11.

[606]. *Informe Hunt,* del 1901. p.291

[607]. Historia de Moca. p. 49.

2. Fundación del Partido Unión (1904 al 1917)

Resulta muy interesante destacar que durante el periodo de anexión de Moca como parte de Aguadilla se fundó un nuevo partido político en Puerto Rico llamado Unión en el año 1904. El líder del mismo era Luis Muñoz Rivera, quien había sido el fundador del Partido Federal Americano. Muñoz se reunió con el Consejo Ejecutivo del Partido Federal Americano para acordar la celebración de una asamblea con el Comité directivo. En la reunión celebrada en la residencia de Carlos Díaz Soler, se resolvió "dirigir un mensaje al presidente del Partido Republicano expresándole el vivo anhelo...de llegar entre ambos a una cordial y absoluta inteligencia, como prenda segura para la paz moral del país". [608] Pero el Partido Republicano rechazó la alianza propuesta por Muñoz.

A finales del mes de enero y principios de febrero del año 1904, los dirigentes del Partido Federal Americano presentaron diversos manifiestos para disolver el Partido y crear una nueva colectividad. La asamblea celebrada a tales efectos se produjo los días 18 y 19 de febrero de 1904, a las 2:30 p.m., en el Hotel Olimpo de Santurce, bajo la Presidencia de Santiago R. Palmer, jefe del Partido. Casi todos los puntos tratados en la Asamblea fueron aprobados sin discusión alguna. Los únicos asuntos neurálgicos fueron el tema del status político de la Isla y la alternativa de no participar en las elecciones pautadas para el año 1906. La justificación que se ofrecía para no participar en éstas se fundamentaba en que ellos consideraban a la Cámara de Representantes como un organismo estéril e infecundo.

En cuanto al tema del status se llegó a un acuerdo para pedir un gobierno propio bajo cualesquiera de las siguientes fórmulas: dentro de la federación de los Estados Unidos (anexión), nacionalidad bajo un protectorado de la Unión (independencia) o la de un sistema que se reconociese (la autonomía) con la ciudadanía americana. Cada una de las tres líneas ideológicas tenía sus propios seguidores. [609]

Lo cierto es que la plataforma de los unionistas no fue muy bien recibida por la burocracia estadounidense. La razón era obvia, el planteamiento tan abierto a favor de la separación y la insistencia en un gobierno propio como transición. Esa petición, a su vez, respondía a los

---

[608]. Ver sobre esta polémica en, *Temas de la Historia de Puerto Rico*. Editor Ricardo Alegría. CEAPRC. República Dominicana: Editora Corripio. p. 219.; BHPR. T. VI. 1918. p.181. Algunas personas pensaban que la reclamación de la independencia le acarrearía grandes suspicacias de parte de los estadounidenses y otros planteaban que era una amenaza a los yanquis si no daban la estadidad o la autonomía.

[609]. Juan Rodríguez Cruz. "Puerto Rico-1898-1940". *Temas de la Historia de Puerto Rico*. p. 219.

abusos que cometía el Consejo Ejecutivo de Puerto Rico y al desencanto de los puertorriqueños con el sistema de gobierno que le daban los estadounidenses. Como lo denunciaba el alcalde republicano de San Juan, Roberto H. Todd al decir que:

> Habían sido defraudados en sus esperanzas de gobierno propio y libertad; además de las arbitrariedades, imposiciones y burlas de los norteamericanos, que desconociendo nuestro idioma y cultura desde el Consejo Ejecutivo y la gobernación, se convertían en dueños y señores de la vida total de los puertorriqueños ignorando la Cámara de Delegados, único instrumento de gobierno democrático de los puertorriqueños.[610]

Aunque el Partido Unión planteaba el retraimiento electoral, participó en las elecciones del año 1904 ante lo que llamaron la necesidad de que los puertorriqueños ejercitaran el derecho al voto. El Partido Unión logró la victoria de 25 representantes en la Cámara de Delegados. Los Unionistas coparon las elecciones del año 1906, logrando el dominio de la Cámara, hasta el año de 1915. A partir de esta fecha conservó siempre una mayoría legislativa hasta el año 1924.

El municipio de Moca se separó de Aguadilla el 9 de marzo de 1905, con lo cual volvió a ser un municipio independiente. El alcalde que ocupó el puesto fue el mismo Miguel Babilonia, quien permaneció en el cargo hasta el 1910. Para el 1908 el presidente de la Asamblea Municipal era José Calazán Lassalle y los concejales Francisco Acevedo, Telesforo Méndez Cortés, Felipe Vargas y Tadeo Charneco como Secretario. Telesforo presentó su renuncia por motivos de salud y Manuel González Cordero juramentó como concejal el 4 de septiembre de 1908. Como Tesorero se nombró a Ceferino Nieves. [611]

Para el año 1910 cuando salió Babilonia aún era Presidente de la Asamblea Calazán Lassalle y los concejales eran: Francisco Acevedo, Santiago Charneco y Manuel González.[612] A éste lo sustituyó el Presidente del Comité Republicano Nemesio González Loperena quien salió electo alcalde por una inmensa mayoría de votos en las elecciones de 1912. González tomó posesión del cargo el 9 de enero de 1912 junto con Francisco Acevedo de Presidente sustituto de la Asamblea y los Concejales Santiago Charneco, Inocencio Ortega y Arístides Maisonave.

En su discurso de despedida el alcalde saliente Miguel Babilonia decía lo siguiente:

---

[610]. José Tous Soto. *Estado vs. Colonia*. Aguadilla, P.R.: Tipografía El Criollo. 1909. p. 1.
[611]. Doc. Mun, Moca, Caja 1, Expd. 1, Año 1908-11. ff. 15; 101 y 157.
[612]. Ibíd. f. 190.

Me alegro mucho haber dejado a mi sucesor el campo libre y sin escollos, para que con su actividad y patriotismo, pueda felizmente alcanzar y con mejor éxito que yo, la aureola de gloria que pueda estarle reservada. Así, pues, le deseo buena suerte en tan espinosa labor, y que no sea víctima de la falacia... que sus administrados puedan tributarle los mayores encomios por la acertada dirección que pueda imprimir a la nueva administración, ya que yo, a juzgar por unos pocos había fracasado. [613]

Bajo el mandato de González, la Asamblea estaba dirigida por Juan Clímaco Sánchez y de los concejales Francisco Acevedo, Manuel González Cordero y Santiago Charneco. Lamentablemente desde el 30 de abril hasta el 10 de mayo de 1910 la Asamblea no se reunió por falta de quórum debido a las continuas ausencias de su Presidente Sánchez. Para el 22 de enero de 1913, Sánchez fue sustituido temporeramente por Francisco Acevedo y entraron como concejales Arístides Maisonave e Inocencio Ortega, sólo permaneció en el puesto Santiago Charneco. Maisonave renunció el 27 de agosto de 1913.[614]

Al alcalde Nemesio González le correspondió la difícil tarea de administrar en plena Primera Guerra Mundial. Sin embargo, demostró ser un buen administrador, ya que se dedicó a construir obras permanentes que aumentaron el pago de rentas al municipio para atender las necesidades básicas del mismo. También se construyó la calle que lleva su nombre, para lo cual donó una buena suma de dinero para los trabajos. Éste fue el último alcalde bajo la Ley Foraker y el primero bajo la nueva Ley Jones. [615]

3. Ley Jones 1917-1952

La década de 1910 a 1920 representó años difíciles para el mundo como consecuencia de la Primera Guerra Mundial. En diciembre de 1916, los Estados Unidos se preparaban para entrar en el conflicto bélico. En enero del año 1917, John F. Shafroth, Presidente del Comité de las Islas del Pacífico y Puerto Rico, presentó ante la consideración del Congreso el Proyecto Jones, Núm. H.R. 9533, muy parecido a otro Proyecto presentado en el 1914. En esta ocasión los unionistas expresaron ante el Congreso su preferencia por la ciudadanía puertorriqueña. Muñoz Rivera por su parte, prefería "gobierno

---

[613]. Historia de Moca, pp. 50-51.
[614]. Doc. Mun. Moca Caja 1, Expd. 1, Año 1908-11. f.104. 3 de junio de 1910.; Caja 1, Expd. 2. Año 1919-22. f. 124. El asambleísta Telesforo Méndez propuso se le diera una comunicación a J. Clímaco Sánchez rogándole que asista con regularidad a las reuniones de la asamblea.
[615]. Ibíd. Caja 2, Expd. 6, Año 1926-27. ff. 135-137.

propio sin ciudadanía, que ciudadanía sin gobierno propio".[616] En cambio, el Gobernador   y las autoridades norteamericanas informaban que los puertorriqueños estaban ansiosos por ser ciudadanos norteamericanos.

Finalmente el Presidente firmó el proyecto Jones el 2 de marzo de 1917, mediante el cual se les concedía, entre otras cosas, la ciudadanía americana a los puertorriqueños. Esto sucedió unas pocas semanas después de que el Presidente se presentara ante el Congreso para pedir la declaración de Guerra contra Alemania. [617] Muñoz Rivera consideraba extraño el que habiéndose negado a concederla (la ciudadanía) mientras la pidió la mayoría del pueblo, se decidieran a imponerla ahora que la mayoría del pueblo la rechazaba.[618]

¿Por qué se otorgó la Ley Jones y la ciudadanía, a pesar de lo extraño que parecía? [619] La respuesta hay que buscarla en el mensaje al Congreso del Presidente Wilson cuando dijo: "Hay otro asunto que creo está muy íntimamente relacionado con la cuestión de la seguridad nacional y los preparativos para la defensa. Esto es nuestra política hacia Filipinas y Puerto Rico". [620]

Realmente el asunto era el temor de que Alemania ocupara la isla de Puerto Rico invocando el derecho de conquista, asunto que ya era considerado desde el 1897 por el Almirante alemán Thomsen que sugería "la ocupación de la isla de "Puertoriko", como punto de apoyo para una operación contra los Estados Unidos" [621] Además, explica María Estades Font que: "el Secretario de Estado de Estados Unidos pensaba que los alemanes planeaban establecer bases para submarinos en aguas del Caribe y por ello urgía la compra inmediata de las Islas Vírgenes, en caso de que Dinamarca fuese invadida por Alemania, quizás sería necesario que los Estados Unidos ocupasen dichas

---

[616]. Bolívar Pagán. *Historia de los Partidos Políticos Puertorriqueños (1998-1956)*. Tomo   I. San Juan, Puerto Rico. 1972. p. p. 173.

[617]. Bolívar Pagán. Según Trías Monge, años después acusaciones sin base se   dirigirían a E. U. debido a una supuesta conexión entre la declaración de Guerra y la
    aprobación de la Ley Jones.

[618]. Bolívar Pagán. p. 174.

[619]. El dilema de extender la ciudadanía a los puertorriqueños, en opinión del juez de la   Corte Suprema, el Lcdo. Emilio del Toro, se debía a que el Congreso mostraba una actitud de incertidumbre por el "temor de introducir en el seno de la nación Americana más de un millón de ciudadanos de raza, idioma y civilización distintos". Emilio del Toro. "El futuro de Puerto Rico". *Conferencias Dominicales dadas en la Biblioteca Insular*. San Juan, P.R. 1914. p.22. Para el Ex-Secretario de Guerra Elihu Root, su objeción   radicaba en que una vez que hiciesen a los puertorriqueños ciudadanos norteamericanos resultaría imposible negarle a Puerto Rico su admisión como estado de la Unión. ; Estades. p. 207.

[620]. Bolívar Pagán. P. 172.; Delma S. Arrigoitía. *José de Diego, El Legislador: su visión d*e Puerto Rico en la Historia, 1903-1918. San Juan, P.R.: ICP. 1991. pp.78-80.

[621]. Op. Cit. pp. 69-70.

islas sin mayor contemplación. Es ahí que renace el interés de los estadounidenses por asegurarse el control del Caribe. En 1916 se efectuó la compra de las Islas Vírgenes y se ratificó el Tratado Bryan-Chamorro, que disponía la cesión de los terrenos nicaragüenses".[622]

Una vez resuelto el asunto de la ciudadanía y establecidas las nuevas relaciones entre los Estados Unidos y Puerto Rico continuamos analizando los eventos políticos de Moca. Las primeras elecciones bajo la Ley Jones se dieron en el año 1920, de ahí en adelante las mismas serían cada cuatro años. En ese evento electoral corrió para el cargo de alcalde Francisco Acevedo Nieves por el Partido Republicano, quien se alzó con la victoria al obtener 1,482 votos contra 941 del Partido Unión.

Como parte de los cambios ocurridos bajo la Ley Jones, se hizo en 1919 una reestructuración en la Isla para crear una ley autónoma conocida como Ley Municipal, Núm. 85 que les permitía a los municipios legislar sin las antiguas limitaciones del sistema anterior. La misma fue aprobada el 3 de julio de 1919 y comprendía un Presidente, un Vice-presidente, un Secretario Municipal y del Consejo de Administración, un Macero Conserje. La administración del Municipio organizó las siguientes Comisiones: de Hacienda y Presupuesto, de Ornato y Caminos, de Sanidad y Beneficencia, de Reglamentos e Impresos, de Instrucción Pública y la de Industria y Comercio. Cada Comisión debía estar formada por 3 personas los cuales tenían a su cargo la atención de los siguientes asuntos:

1. Peticiones y memoriales
2. Informes de las comisiones permanentes
3. Proyectos de Ordenanzas Municipales
4. Resoluciones
5. Mensajes o informes del consejo de Información
6. Comunicaciones
7. Asuntos varios
8. Presupuestos

Las Comisiones quedaron constituidas de la siguiente manera:

Hacienda:	Cosme Benejam, Gil Sánchez y Pedro Hernández
Ornato:	Pedro Hernández, Pedro González Méndez y Ramón Castro
Sanidad:	Gil Sánchez, Cosme Benejam y Ramón González
Reglamentos:	Pedro Hernández, Pedro González y Gil Sánchez
Instrucción y Comercio:	Gil Sánchez, Ramón González y Pedro González.

---

[622]. Ibíd. p. 169.

Además, se establecía que las reuniones de la asamblea debían ser de 8:00-12:00 y de 2:30- 4:30. La primera reunión se inició el 29 de octubre de 1919 a las 10:00 a.m. cuando comenzó la sesión inaugural del Consejo Municipal.

Los miembros de la Asamblea expresaron su alegría, dando las gracias por la aprobación de la ley que les permitió reunirse por primera vez sin trabas. También se les envió un telegrama a la Cámara de Representantes y al Senado Insular dándoles las gracias por aprobar dicha ley. De igual manera se recibieron sendos telegramas, uno del Gobernador Fernando Artur Yaguer del 28 de octubre 1919, en el que se ofrecía un saludo y una felicitación a la Asamblea por su primera sesión. El telegrama exponía: "Deseo sinceramente que todos nuestros actos estén caracterizados por sentimientos de armonía y justicia. Y por una verdadera devoción a los intereses públicos del municipio. Y que en este momento en que se inaugura el nuevo régimen municipal pueda ser recordado siempre como un día histórico en el desarrollo del gobierno propio local en P. R." Firmado por Yaguer. El otro telegrama del día 29 de octubre estaba firmado por el Tesorero de P.R. José Benedicto, a través del cual felicitaba al Presidente de la Asamblea de Moca por la implantación del nuevo régimen.

La Presidencia de la Asamblea quedó bajo Francisco Acevedo Nieves y como Vice-Presidente Gil Sánchez Avilés, ambos electos por la cantidad de 5 votos. El asambleísta Cosme Benejam Font fue electo como representante del partido de minoría, pero renunció. Ante su renuncia como delegado de la Asamblea, se creó una Comisión integrada por Gil Sánchez del partido de mayoría y Justo Lassalle por el de minoría para que convencieran a Benejam de retirar la renuncia o para que informara si tenía algún motivo o disgusto. Benejam informó que él no se retiraba por animosidad contra nadie, sino que él había presentado su renuncia en varias ocasiones y no se la habían aceptado. Sus motivos eran que quería dedicarse a sus asuntos personales. Ante su insistencia se le aceptó la renuncia y se refirió el asunto al presidente de la Junta Local del Partido Unionista para que sometiera un nuevo nombramiento, el cual recayó sobre Pedro Hernández Romero.

Los otros asambleístas eran Ramón Castro, Ramón González y el comerciante y hacendado Pedro González Méndez del barrio Cuchillas. Como Secretario ocupó el puesto Higinio López Soto. De acuerdo a la nueva ley, la Administración Municipal quedó constituida de la siguiente forma: Comisionado de Servicio Público, Policía y Prisiones recayó en Nemesio González, Comisionado de Instrucción y Obras Públicas en José Calazán Lassalle, Comisionado de Hacienda a Ramón Vázquez –Telles y como

Comisionado de Sanidad y Beneficencia el Dr. Miguel Zabaleta. Todos fueron electos por la cantidad de seis votos y juramentados por el Juez Miguel A. Babilonia.[623]

En las elecciones generales celebradas el 2 de noviembre de 1920 salió electo Francisco Acevedo Nieves como Alcalde, como Presidente de la Asamblea Arístides Maisonave y los Asambleístas: Ramón Medina, Justo Lassalle Méndez, Serafín Méndez Cortes, López Cofresi Sánchez, Gil Sánchez Avilés, Cosme Benejam Font y como Secretario Higinio López. El juramento se hizo en el Acto Inaugural el 10 de enero de 1921.

Las Comisiones estaban compuestas por:

Hacienda y Presupuesto: Ramón Medina, Gil Sánchez y Cosme Benejam
Ornato y Caminos: Ramón Medina, Serafín Méndez y Justo Lassalle
Sanidad y Beneficencia: López Cofresi, Serafín Méndez y Justo Lassalle
Comisión de Industria y Comercio: Serafín Méndez y Gil Sánchez.[624]

En el mes de marzo de 1924, Antonio R. Barceló y José Tous Soto lanzaron un manifiesto en el que decían que habían concertado una alianza entre el Partido Unionista y el Partido Republicano para luchar únicamente por el establecimiento de un Estado Libre Asociado y la elección del gobernador. En verdad, el manifiesto constituyó una sorpresa para todos los puertorriqueños.[625] Gracias a dicha alianza en las siguientes elecciones del 1924 salió nuevamente electo como Alcalde Acevedo Nieves.

El que la Alianza ganara las elecciones en el año de 1924 no significaba el fin de los problemas políticos y económicos de la Isla. Por el contrario, nuevos problemas se añadirían a los viejos problemas. En primer lugar, hay que destacar que dentro del partido se desató una lucha de poder entre Republicanos y Unionistas para ver quién dirigía la colectividad, tanto José Tous como Antonio R. Barceló querían la Presidencia así como el control de los puestos políticos. Además, la situación económica de la Isla era preocupante para todos los sectores, pero especialmente para la administración del Partido Unión, debido a los efectos electorales que podía tener. Pero para poder establecer programas en favor de los pobres y continuar la lucha a favor del cargo de gobernador electivo, Barceló hizo un llamado para unir fuerzas con los Republicanos Puros y con los Socialistas. La determinación que mostraba Barceló de propulsar reformas económicas y sociales determinó que ciertos sectores se sintieran profundamente preocupados ante tal llamado y un

[623]. Doc. Mun. Moca Caja 1, Expd. 2. Año 1919-22. ff. 1-5 y 88. ; Caja 1, Expd. 3. Año 1919-22. ff. 136-137.; Caja 1, Expd. 4. Año 1919-23. f.88.
[624]. Doc. Mun. Moca, Caja 1, Expd. 2. Año 1911-14. f. 97.
[625]. *Temas de la Historia de Puerto Rico*. pp. 228.; Bolívar Pagán. p. 227.

posible entendido político entre Antonio R. Barceló y Santiago Iglesia Pantín.[626]

Ante esas posibilidades, se movilizaron importantes organizaciones económicas como la Asociación de Agricultores, la Cámara de Comercio, la Asociación de Productores de Azúcar y otras, encabezadas por Eduardo Georgetti.[627] Estas organizaciones económicas, llamadas **fuerzas vivas,** se dedicaron a cabildear ante el Congreso y la Administración de Washington hasta que lograron crear un ambiente de hostilidad contra Barceló. Por su parte en el ambiente insular acusaban a Barceló de mostrar tendencias hacia la izquierda social y económica con el fin de fortalecer su agarre entre las masas del pueblo y atraer a los socialistas.

A tal extremo se movieron las fuerzas vivas que hasta el Comisionado Residente terminó culpando a Barceló por el fracaso de las reformas políticas y económicas. Barceló tuvo que explicarle al Comisionado Residente Córdova Dávila, que los culpables del fracaso eran las fuerzas vivas, puesto que el programa de justicia y cambio los perjudicaba. La Alianza triunfó nuevamente en las elecciones del 1928 pero por un estrecho margen, pues los resultados favorecieron con un 48% de los votos a la Coalición republicano-socialista.

En las elecciones del 1920 la Administración Municipal continuó bajo el liderato de Francisco Acevedo Nieves y de Arístides Maisonave como Presidente de la Asamblea. Los Asambleístas eran: Gil Sánchez Avilés, Serafín Méndez Cortés, Restituto Pagán Ruiz, Pedro Hernández Romero, Ramón Medina y Justo Lassalle. Pero Arístides Maisonave debió renunciar por mudarse de la jurisdicción de Moca y Ramón Medina porque también se mudó para Isabela. Maisonave fue sustituido por Manuel Santos Pérez comerciante y propietario de Voladoras. A Medina lo remplazó Lorenzo (Loro) Vera González, comerciante y propietario del barrio Cuchillas. Ambos fueron nombrados el 18 de noviembre del 1924. Manuel Santos prestó juramento ante el Juez de Paz Anacleto López Cofresí y Lorenzo juramentó el 9 de diciembre del mismo año ante el Juez Miguel Babilonia.[628]

En las elecciones de 1924 Acevedo Nieves volvió a salir victorioso, pero la presidencia de la Asamblea pasó a manos de Restituto Pagán y los asambleístas eran: Pedro Hernández Romero, Antonio Vargas Soto, Lorenzo Vera González, Benito Muñiz Cintrón, Manuel Santos Pérez e Higinio López

---

[626]. Juan M. García Passalacqua. *Revista Jurídica de UPR.* p. 601.
[627]. José Trías Monge. *Puerto Rico: Las Penas de la colonia más Antigua del mundo.* San Juan, P. R.: Editorial UPR. 1999. pp. 101-102.
[628]. Doc. Mun. Moca. Caja 2, Expd. 5, Año 1923-26. ff. 190; 193 y 200.

Soto como Secretario. La Administración del Municipio quedó integrada de la siguiente manera:

Administradores:

Dr. Giol Texidor, Director de Beneficencia Municipal

José C. Calazán Lassalle, Director Escolar Municipal

Arcadio Colón Serrano, Tesorero

Higinio López, Secretario-Auditor. Algún tiempo después Arcadio sustituyó a Higinio como Secretario-Auditor.

Comisiones:

Comisión de Hacienda y Presupuesto: Gil Sánchez Avilés, Pedro Hernández Romero y Benito Muñiz Cintrón

Comisión de Ornato y Caminos: Manuel Santos, Lorenzo Vera y Antonio Vargas Soto

Comisión de Instrucción: Gil Sánchez, Benito Muñiz y Lorenzo Vera

Comisión de Beneficencia: Pedro Hernández Romero, Antonio Vargas y Manuel Santos

Comisión de Patentes e Industria: Pedro Hernández Romero, Lorenzo Vera y Gil Sánchez

Todos juramentaron el 12 de enero de 1924 ante el Juez Miguel Babilonia. [629]

Para las elecciones del 1928 se postuló como candidato a alcalde de Moca, José Calazán Lassalle, quien salió electo por el Partido Alianza con 1,416 votos contra 1,375 de la Coalición republicano-socialista. El Presidente de la Asamblea Municipal era Gil Sánchez Avilés y el Vice-Presidente Justo Lassalle. Los asambleístas: Domingo Román, Prudencio Quintana, Pascual Colón, Manuel Vera Ayala y Zenón Sánchez (Padre del Dr. Efraín Sánchez Hidalgo) y el Secretario Municipal era Higinio López Soto. [630]

Dos años después, el 17 de noviembre de 1930, se presentaron varios proyectos encaminados a reducir los gastos operacionales del gobierno de Puerto Rico. Uno de ellos pretendía quitarle ciertas obligaciones y poderes que estaban en manos de los Alcaldes y pasarlos al gobierno insular. A consecuencias del huracán San Felipe del 1928 la situación económica no estaba muy buena y se buscaba economizar un millón de dólares para el año en curso. Sin embargo, el Comité Permanente de las Asambleas Municipales propuso someter los mismos a estudio y análisis antes de que se tomara cualquier determinación por parte de la Legislatura de Puerto Rico. La ley no se aprobó porque se planteó que era inconstitucional. Según los expertos,

---

[629]. Ibíd. ff.232-233 y 229.

[630]. Ibíd. Caja 3, Exped. 7. Año 1929-30. 11 de dic. 1930. ff. 2 y 189.

dejaban fuera a 36 Alcaldes que habían sido electos por el pueblo para atender sus asuntos locales.

En el caso de Moca, se presentó la ordenanza Núm. 15 del 1929, para consolidar varios cargos municipales a fin de recortar gastos y no perder su independencia como municipio. Entre otros, se propuso que el Alcalde también realizara las funciones de Director Municipal de Obras Públicas. Se consideró vender un edificio que tenía el municipio para no reducir sus gastos y se presentó una resolución para convertir el salón de la Asamblea en uno de veladas y reuniones y poderlo alquilar para sacar algunos fondos. Pero según el asambleísta Domingo Ramón, a pesar de que el año 1929 había sido funesto, el Municipio pudo desenvolverse y salir adelante. Si dicho proyecto se hubiese aprobado, Moca hubiese sido nuevamente consolidado a otro municipio, posiblemente al de Aguadilla.[631]

Aunque José Calazán Lassalle pudo superar la crisis económica, perdió las elecciones del 1932, porque surgió otra crisis dentro del Partido Alianza en toda la Isla, la cual no se pudo superar y culminó en la separación y fundación del Partido Liberal por Antonio R. Barceló. La división dentro del Partido Alianza, le dio la ventaja a Arístides Maisonave, quien obtuvo 2,873 votos a su favor. Mientras que la Unión Republicana obtuvo 1,365 y el Partido Liberal 1,008, para un total combinado de 2,375, lo cual demuestra que las luchas internas le daban una ventaja sobre 500 votos a favor de Maisonave. De acuerdo con el Acta Inaugural del 9 de enero de 1933, quedó como Presidente de la Asamblea Bonifacio Avilés electo por 7 votos y de Vice-Presidente Domingo Nieves Hidalgo. Los asambleístas electos fueron: Catalino Hernández, Vicente Rodríguez, Antonio Vera Rivera, Ricardo Cabán, Juan Ruiz López de Las Marías y Pedro Escobar. El secretario del municipio era Higinio López.

En las siguientes elecciones del 1936 Maisonave ganó por 2,002 votos del Partido Socialista y 1,759 del Partido Unión Republicana, ambos partidos concurrieron juntos y aportaron una suma total de 3,771 votos bajo el nombre de la Coalición. La Asamblea Municipal quedó compuesta por Bonifacio Avilés como Presidente y Justo Lassalle de Vice-presidente. Los asambleístas eran: Domingo Román, Prudencio Quintana, Domingo Nieves Hidalgo, Ricardo Cabán, Manuel Vera, Bernardo Sánchez y Francisco Acevedo. La Administración municipal estaba compuesta por: el Auditor, Saúl López Pendás, el Director Escolar, Telesforo Acevedo Soto; el Tesorero Arcadio Colón quien cesó el 19 de agosto de 1931; el Secretario Higinio López y en el

---

[631]. Ibíd. Caja 3. Año 1929. 31 de enero de 1930.

registro demográfico Juan Ibáñez.[632] En el puesto encargado de la Rehabilitación Federal en Moca se nombró a la Srta. Josefina Pérez.

Como parte de un acuerdo entre los socialistas y los republicanos, se determinó que el puesto de Director de Beneficencia se le concediera a un republicano y el de Secretario-Auditor a un socialista. En el puesto de Beneficencia se colocó al Dr. Rafael Z. Zamora y el de Secretario se le ofreció a José Calazán Lassalle. Sin embargo, al nombramiento de Lassalle se opusieron los asambleístas Nieves Hidalgo y Cabán porque el puesto estaba designado para un socialista, por lo cual el propio nominado declinó la oferta. Para llenar la vacante se nombró a Victoriano Morales, quien era miembro del Partido Socialista.

Durante los actos de la toma de posesión, Higinio López se dirigió al Alcalde y a los asambleístas electos, luego se leyó una resolución de felicitación para el ex-alcalde Calazán Lassalle por su buena administración a pesar de la crisis que sufrió el país. La crisis había sido de tal naturaleza que la mayoría de los comerciantes y pudientes no pudieron pagar las contribuciones y hubo que hacer un préstamo de $4,001.65 para poder pagar la nómina municipal. Los senadores Bernardino Villanueva y Juan B. García Méndez dieron un discurso en el cual dejaron establecidas las bases del pacto de la Coalición entre Socialistas y Republicanos.[633]

En las elecciones de 1940 Maisonave fue sustituido por Alejandro Galarza del mismo partido, que retuvo el triunfo por 2,088 votos. En estas elecciones participó por primera vez el recién fundado Partido Popular Democrático de Luis Muñoz Marín, pero ese año en Moca sólo sacó 901 votos. La crisis económica volvió a la carga con el azote de la Segunda Guerra Mundial. En las segundas elecciones del Partido Popular en 1944 éste fue favorecido con una victoria aplastante de 3,527 votos en Moca a favor de Arcadio (Cayito) Colón Serrano. En esas mismas elecciones salió electo Luis Alfredo Colón Velázquez, el primer Senador nativo de Moca. La Asamblea Municipal estaba dirigida por Eduardo (Con) Méndez Jiménez como Presidente y Manuel Acevedo en la Vice-Presidencia. Los asambleístas eran: Celestino Soto, Esperanzo Camacho, Pascual Colón, Aniceto Lassalle, Carlos Pagán, Manuel Pérez y Juan Babilonia. Como tesorero ocupaba el cargo Marcelino Rodríguez Román y de Secretario-auditor Américo Egipciaco.

---

[632]. Ibíd. f. 3. 5 de abril de 1932; Actas Asamblea Municipal. Abril 1932-mayo 1933. Expd. Núm. 8. Acta 6.
[633]. Doc. Mun. Moca. Acta Inaugural Núm. 1. 18 de enero de 1933. Acta Núm. 5, del 23 de noviembre de 1932 y Acta Núm. 12. del mayo de 1934.

Todos juramentaron ante el juez Catalino Villanueva en la sesión inaugural del 8 de enero de 1945.[634]

En el 1947 se crearon las licencias con paga para los empleados del municipio. La misma era a razón de 2.5 días por mes de vacaciones y 1.5 días por enfermedad, Además, se les estableció un horario fijo 8:00 a.m. a 12:00 p.m. y de 1:00 p.m. a 4:00 p.m. y los sábados de 8:30 a.m. a 12:00 p.m. [635] Luego se hizo otra Ordenanza para atender la Ley 466 del 25 de abril de 1949 aprobada por la Legislatura de Puerto Rico, para proveer de servicios médicos y hospitalización a los funcionarios y empleados del gobierno municipal a través de la Cruz Azul. Para cubrir parte de los gastos, el Municipio pagaba el 50% del costo del plan lo cual era equivalente a $153 anuales.

En el cuatrienio de 1948-52 la administración municipal estaba a cargo de Con Méndez como Presidente y Pascual Colón de Vice-Presidente. Los asambleístas Manuel Pérez, Aniceto Lassalle fueron reelectos. Como nuevos incumbentes entraron Toribio Colón, Felipe Nery Cabán, Julio Babilonia, Justo Lassalle, Isidro Vargas y Alejandro Charneco. El Auditor era Santos Rodríguez Hernández y el Tesorero Braulio López. La Sesión Inaugural se dio el 10 de enero de 1949. El puesto de Director Escolar se consolidó con el cargo de Alcalde para economizar dinero.[636]

En las elecciones del 1952, el Alcalde Arcadio Colón revalidó con 4,268 votos a su favor. De igual manera, Eduardo Méndez también salió electo como Presidente de la Asamblea. El cuerpo de la misma quedó formado por Eustaquio Babilonia, Isidro Vargas, Agustín Pérez Valentín, Pascual Colón, Bernabé González, Hilario Badillo, Felipe Nery Cabán y Bonifacio Ramos. Como Secretario-Auditor de Moca estaba Neftali Hernández.

La administración de Colón Serrano tuvo que hacerle frente a una nueva situación mundial, la llamada guerra fría en la década de los 50. La misma reactivó una propaganda a nivel internacional que planteaba que los comunistas estaban tratando de imponer un movimiento revolucionario de carácter mundial cuyo propósito principal era imponer una dictadura en todos los países del mundo, incluyendo a los Estados Unidos. Se convenció a la mayor parte de los ciudadanos que dicho movimiento buscaba un derrocamiento de los gobiernos legalmente constituidos, por lo tanto constituía un peligro inminente a la seguridad de Estados Unidos y, por supuesto, a la Isla de Puerto Rico.

---

[634]. *Ideales*. Año 4, Núm. 27. marzo de 1947. p. 1. *Surcos*. Año 1, Núm. 7. mayo de 1945. p. 4. Sesión Inaugural del 8 de enero de 1945. Acta 1. Doc. Mun. Moca. Caja 3, Expd. 10. 1945-53.
[635]. Doc. Mun. Moca, Caja 3, Expd. 10. Año 1945-48. f.37.
[636]. Ibíd. f. 67 y 47.

Dicha teoría fue abonada por el conflicto entre Corea del Norte y Corea del Sur y la entrada de los Estados Unidos en el mismo. Para responder a la situación se creó la Resolución Núm. 12, autorizando la creación de la Defensa Civil. Le correspondía al Alcalde el cargo de Presidente y, por consiguiente el instrumentar un plan de defensa que debía de incluir las siguientes áreas:

1. Facilidades, materiales y personal disponibles
2. Personal empleado del municipio
3. Voluntarios de la Defensa Civil
4. Medios para protegerse de un sabotaje
5. Cursos de entrenamiento
6. Evaluar el programa
7. Planes de evacuación
8. Equipo, comida, medicinas, etc.
9. Coordinación
10. Medidas de emergencia

La organización y sus planes debían responder a la posibilidad de un ataque y a otras emergencias que pudiesen suceder en adelante. Además, se debía establecer un juramento para los miembros a favor de mantener la Constitución de Estados Unidos y Leyes de Puerto Rico. [637]

A pesar de la gran obra de transformación que ocurrió bajo la administración de Colón Serrano la misma no estuvo exenta de situaciones tensas. En la esfera local, Arcadio recibió fuertes críticas por parte de algunos miembros fundadores del Partido Popular, como Ramón Romero, quien lo acusó de persecución política y despido injustificado del empleo. También salieron a relucir ciertos amoríos del alcalde con una empleada del municipio. Lo cierto fue que, por las razones que fuesen, la gente tuvo la percepción de que el municipio estaba sin gobierno y que los jefes de las agencias administraban sus áreas como parcela individuales.

A pesar de que Arcadio ganó las elecciones del 1952, su enemistad con Luis A. Colón, quien le había retirado su respaldo, le llevó a presentar su carta de renuncia a principios de enero ese mismo año ante el propio Senador Luis A. Colón, quien era, a su vez, el Presidente del Partido Popular en Moca. En dicha carta el Alcalde electo le indicó que no estaba dispuesto a juramentar su cargo y menos a tomar posesión del mismo. Entonces Saúl López, como Secretario del Comité Local del Partido Popular Democrático bajo la influencia de Luis A. Colón, propuso el día 4 de enero de 1953 a Áureo Sánchez Pérez con el respaldo de los votos de nueve asambleístas. Resulta

---

[637]. Ibíd. Año 1952-56. ff.161-165.

altamente sospechoso que en diez días Áureo Sánchez prestara su juramento ante el propio Luis A. Colón, quien hizo las funciones de notario público, y el grupo de asambleístas. [638]

B. Bajo el E.L.A

Áureo Sánchez dio inicio a su cargo el 14 de enero del 1953 y permaneció hasta el 1962. Como Presidente de la Asamblea continuó Eduardo Méndez; los asambleístas Felipe Nery Cabán y Pascual Colón, fueron favorecidos nuevamente. Los nuevos miembros eran Bonifacio Ramos, Eustaquio (Takio) Babilonia, Isidro Vargas, Hilario Badillo, Agustín Pérez y Bernabé González. Sánchez nombró como Auditor al Sr. Agapito Acevedo y como Tesorera a Irma Vargas, quien vino a ser la primera mujer que ocupó un cargo en la alcaldía de Moca.

Asamblea de Áureo Sánchez

La relación amistosa entre el senador Luis A. Colón y el alcalde Áureo Sánchez duró poco tiempo, porque, según decía el propio Colón, el alcalde Sánchez se pasaba comentando que él (Colón) desde hacía un año y medio estaba respaldando a otros candidatos y haciendo comentarios en su contra. Sánchez no negaba que entre ellos existieran grandes diferencias y que por eso él se pasaba atacándolo. Por su parte Colón ripostó que la alcaldía no era de él

---

[638]. Ibíd. Año 1953. f. 275.

para dársela a nadie, y que Sánchez se había cambiado de partido, para retener la alcaldía o para figurar en la papeleta. Luis Alfredo reconocía que él había cometido el error de oponerse a unas primarias en contra de Sánchez en el 1956, para que ahora Sánchez le pagara con una rebelión abiertamente en su contra. [639] La discordia llegó a tal punto que Sánchez se pasó al bando de los republicanos.

En año 1957 el Presidente de la Asamblea, Eduardo "Con" Méndez, se retiró de la política activa, en gran medida, por las luchas de poder dentro del Partido Popular y la pugna entre el Senador y el Alcalde. Fue sustituido por Emilio (Millo) Maestre del barrio Palmar. Como Sánchez se había cambiado para el Partido Republicano, fue sustituido eventualmente en el 1963 por Nicasio (Cachito) Loperena del Partido Popular. En cuanto a las elecciones del 1960, el Partido Popular ganó 3,611 votos contra 2,332 del Partido Estadista Republicano.

En los eventos electoras del 1964, volvió a ganar el Partido Popular por 3,681 votos y Nicasio Loperena empezó el cuatrienio del 1964. La Asamblea quedó compuesta por: Nemesio Hernández por el barrio Cuchillas, Juan Ruiz, Takio Babilonia de Naranjo, Emilio Maestre del Palmar, Salvador Morales por Las Marías, Ismael Hernández del Pueblo, Israel Matías Vale por La Cruz, Juan Illas, Julín Acevedo de Voladoras, Claudio Vélez y Eulogio Pérez.

Asamblea de Nicasio (Cachito) Loperena

---

[639]. Hoja suelta titulada *El embuste de los candidatos*, escrita por el Senador Luis A. Colón.

Loperena renunció en el 1965 y pasó a sustituirlo Santiago (Chaguito) Cordero quien continuó en la administración el año 1968. Como resultado de la pugna dentro del Partido Popular, ente el candidato Luis Negrón López impuesto por Luis Muñoz Marín y el licenciado Roberto Sánchez Vilella, el Partido se dividió. En las elecciones de 1968 se presentó el recién creado Partido Nuevo Progresista de Luis A. Ferré y el Partido del Pueblo de Vilella. Ante la división, el Partido Popular perdió en Moca 355 votos, lo que produjo la victoria del Partido Nuevo con 3,412 votos a su favor. Esta situación favoreció al candidato a la alcaldía Fermín Medina, quien fue electo alcalde por un partido estadista que destronó a los populares que sacaron 3,331 votos. Si se suma los votos de los seguidores de Vilella y los de Negrón el total hubiesen sido 3,652 ante los 3,412 de los estadistas. Así terminó el largo dominio de los populares en Moca que llevaban en el poder desde 1944.

La Asamblea municipal quedó bajo la dirección de Pablo I. Bosques Vargas como Presidente y de los siguientes asambleístas: José (Cheo) Cordero, Segundo González, Saturnino González, Salustiano Velázquez, Ignacio Soto, Eulogio Pérez, Santiago Aquino, Augusto Hernández, Nicolás Pagán, Julio Acevedo Vera y Wenceslao Jiménez. En este cuerpo legislativo municipal salió electa Rosa Elena Egipciaco la primera mujer en ser asambleísta en el pueblo de Moca.

A partir de estas elecciones, la política, tanto a nivel insular como municipal, cambió para darle pasó a una relación de turnismo entre los dos partidos principales, dejando como una tercera opción lejana al Partido Independentista. Sin embargo, a nivel Isla dicho tercer partido representa una fuerza importante porque al quedar los partidos principales en un eventual empate el respaldo de los independentistas se convierte en una fuerza derrotista.

El evento electoral del 1972 resultó ser muy reñido e interesante a la vez. En el caso de Moca, para esas elecciones el territorio fue dividido en dos precintos, el 38 y el 39; luego en el 1984, cambiaron a los precintos 30 y 31. En dichas elecciones se presentó nuevamente Nicasio (Cachito) Loperena como candidato por el Partido Popular y obtuvo 5.056 contra 4,916 del Partido Nuevo Progresista. Es muy interesante notar que, aunque el Partido Nuevo Progresista perdió las elecciones, redujo la ventaja de los populares, puesto que el evento en del 1968 el Partido del Pueblo había logrado 355 que se podían considerar como populares y en el 1972 éste último partido sólo sacó 7 votos. Lo cual indica que el Partido Nuevo tenía sólo una desventaja de 140 votos.

Para las elecciones de 1972 nuevamente un mocano obtuvo un escaño en el Senado de Puerto Rico, que fue Miguel Deines Soto. En el área local el Presidente de la Asamblea fue Casimiro Soto y de los asambleístas sólo pude obtener el nombre de los siguientes: Miguel Méndez, Horacio Vega, Oscar Medina, Feliciano Ruiz, Santos Nieves y Julio Babilonia.

En el 1976 Loperena perdió el poder a manos del Dr. Juan Sánchez Acevedo del Partido Nuevo. Al analizar los resultados se puede comprobar que los pro-estadistas estaban en continuo ascenso, cuando lograron 6,429 votos contra 5,647, con una ventaja neta de 732 electores a su favor. La Asamblea Municipal tuvo como Presidente a Troadio Hernández y como vice-Presidente a Orlando Díaz Nieves. El grupo de asambleístas era: Virtudes Hernández en representación del barrio Centro, Enrique Vale por Cuchillas, Mariano Hernández de Las Marías, Felipe García de Cerro Gordo, Benjamín Arocho de Naranjo, César Pérez de Voladoras, José Morales de Rocha, Abraham Soto, Casimiro Soto, Sergio Rosa de Plata y Rafy Pérez.

El Dr. Sánchez revalidó en las elecciones de 1980 con 7,338 frente a 7,100 de los populares. Pero en la elecciones de 1984 perdió ante Juan de Jesús (Chule) Méndez, quien ganó por 8,005 votos contra 7,735 de los estadistas. También salió electo Luis A. (Papo) Loperena como Representante a la Cámara y al Senado Miguel Deines Soto. Sin embargo, la Asamblea la retuvo el Partido Nuevo Progresista con Orlando Díaz Nieves como su Presidente. La Asamblea estuvo integrada por Cesar Barreto, Benjamín Ortega, Julio Acevedo, Casimiro Soto Bosques, Enrique Vale, Luis Hernández, Julio Vargas, Samuel Soto, José E. (Kilo) Avilés Santiago, Narciso Bosques, Juan Class Rodríguez y Juan Velázquez.

Asamblea de Dr. Juan Sánchez

Obviamente con una composición tan inusual para el pueblo de Moca compuesta por un alcalde popular y una asamblea estadista no se podía esperar menos que una lucha por el poder político del municipio. La manzana de la discordia fue el despido de 23 empleados del municipio. El caso fue llevado a los tribunales y se ordenó el pago de los salarios y la restitución a sus empleos, a lo que se negó el alcalde Chule Méndez. Ante esa situación, el Juez José A. Fusté ordenó el arresto del alcalde, quien fue puesto en prisión, lo cual constituyó un caso insólito en la vida política de Puerto Rico y específicamente del pueblo de Moca.

Juan de Jesús duró un solo cuatrienio, pues ante los problemas que confrontó con la Asamblea del otro partido, no logró captar una percepción favorable del electorado, quienes lo acusaron de un pobre desempeño especialmente en el ámbito del desarrollo de infraestructura del pueblo. Razón por la cual su contendiente Eustaquio (Takio) Vélez le ganó las elecciones del 1988 por 9,030 votos contra 7,759 de los populares.

Asamblea de Juan J. Méndez

La asamblea que acompaño a Eustaquio Vélez estuvo formada por: César Pérez Gautier como Presidente y Juan Class como Vice-Presidente. Los demás asambleístas eran: César Barreto, Casimiro Soto, Sergio Méndez, Elis García, Víctor Rodríguez, Osvaldo Méndez, Juan Velázquez, Luis Hernández, Samuel Pagán, José Cabán, y por primera vez, dos damas Gladis Pérez y Ana Pellot formaron parte del cuerpo legislativo municipal.

Asamblea de Eustaquio (Takio) Vélez

En las elecciones de 1992 se presentó como candidato de los populares Luis A. Valentín por el Partido Popular y Rafael (Rafy) Pérez por el Independentista. En dicha ocasión, Eustaquio (Takio) Vélez le ganó por una abrumadora mayoría a los populares al obtener 10,654 votos contra 6,798 del candidato Valentín. Rafael Pérez logro obtener 662 votos el mayor número de votos desde el 1952 cuando el PIP había obtenido 1,492 votos.

En el 1996 nuevamente Takio logró la victoria con 11,478 frente al Licenciado Diomedes González que obtuvo 8,664 votos a su favor. Rafael Pérez bajó a 383 votos. Vélez permaneció en la administración municipal hasta el año 2000, cuando se retiró de la política activa. Durante los tres cuatrienios de Takio, el Presidente de la Asamblea fue César Pérez Gautier. Aunque algunos asambleístas sustituyeron a otros, el grueso del grupo se mantuvo casi constante, lo cual le brindó a Vélez la oportunidad de manejar un gobierno municipal estable.

Cuando en el 2000 el liderato indiscutible del dúo Takio Vélez y César Pérez le deja espacio a la nueva generación dentro del Partido Nuevo Progresista, provocó una lucha muy fuerte por obtener el reconocimiento como líder del partido. La persona que salió favorecida fue José Enrique (Kilo) Avilés. Una vez éste tomó la dirección del partido se enfrentó en las elecciones contra Edwin Barreto del Partido Popular, al que le ganó por 12,435 votos equivalente al 54.8% de los votos contra 9,728 que obtuvo Barreto. En el caso del Partido Independentista el candidato fue Samuel Soto Bosques que logró 385 votos.

En los eventos electorales del 2004, José E. Avilés mantuvo su posición al sacar 12,293 votos contra 9,634[640] que obtuvo Marianito Pérez del Partido Popular. El Partido Popular cambió su candidato a última hora y colocó al ingeniero Pérez, quien era un candidato reciclado de épocas pasadas y no logró aglutinar un movimiento fuerte tras su candidatura. Resulta significativo que ambos candidatos lograron menos votos que en las elecciones del 2000. Estos resultados parecen indicar que los electores están en un retraimiento electoral, por eso habrá que ver en el futuro a qué responde dicha disminución.

---

[640]. Todos los resultados de los eventos electorales son tomados de la Comisión Estatal de Elecciones. Recuperado de, www.CREEPur.net

Capítulo XIII: Pleitos importantes relacionados con Moca

A. Reconstrucción de la iglesia de Moca (1842)

Para el período del 1842 al 1843, se dispuso que se debían hacer algunas reparaciones a la iglesia del pueblo de Moca, porque la misma se encontraba bastante deteriorada. El presupuesto que presentó el maestro de obras Martín Abertuci para cubrir los trabajos ascendió a 7,413 pesos. Sin embargo, el mismo no fue aceptado y se optó por el que hizo don Juan Puig, por valor de 6,887 pesos y 5 reales. Una vez aceptado el presupuesto, se le encargó la reconstrucción a don Antonio Charneco y Sanz. Se dispuso que las obras debían comenzar en el mes de febrero de 1846. Tan temprano como el mes de diciembre de ese mismo año, hubo que paralizar las obras de reconstrucción por falta de fondos y materiales y para colmo se había adelantado muy poco en los trabajos de reconstrucción.

La verdadera causa para la suspensión de los trabajo era mucho más compleja que las razones que se presentaron. El problema tenía como origen la mala utilización de los fondos y el uso indebido de los materiales recaudados para la obra de reconstrucción de la iglesia. Los alcaldes don Francisco Ruiz y don Francisco Babilonia, junto al secretario del municipio, don Eusebio de Arce, utilizaron dichos materiales y los fondos recaudados para beneficiarse en sus asuntos políticos. En el caso específico del secretario Eusebio de Arce, éste se había lucrado con los trabajos que realizaban los obrero, pues tenía en nómina una cantidad de entre 25 y 50 hombres trabajando, cuando en realidad trabajaban 24 obreros y, en algunas ocasiones, sólo 4.

Por las investigaciones realizadas, los vecinos habían aportado 9,000 pesos y según el secretario, aún faltaban 1910 pesos. Se encontró que De Arce se apropió de 1942 fanegas de cal y tanto los materiales como los trabajos de reconstrucción eran de dudosa calidad. También se apropió de 192 pesos de un donativo que había realizado don Pedro Pellot y el sueldo del maestro por la cantidad de 250 pesos. Al finalizar la investigación hecha por las autoridades, se multó a los dos alcaldes: a Francisco Ruiz con 8 pesos y a Francisco Babilonia con 20 pesos y 2 reales. Al secretario Arce se le multó con 200 pesos y se le separó del cargo. Por consentir, permitir y no investigar los hechos, se multó con 75 pesos a los regidores Manuel Cordero, Francisco Pérez Gerena, Ramón Samalot, Manuel Babilonia, Agustín Hernández, Antonio Morales y al síndico Luis Morales. Todavía para el año 1849, no se había concluido la obra, porque los multados no habían cumplido con el pago requerido. Dichas multas se destinaron para cubrir los gastos de la reconstrucción de la iglesia.

La reconstrucción de la iglesia, entonces, se puso bajo la dirección de don Marcelino Lassalle, quien había garantizado los trabajos con una estancia que tenía. Como no pudo cumplir con lo convenido, se le hipotecó la misma. Al no cumplir con el pago, al alcalde se le embargó una finca que tenía y todos los demás bienes por valor de 559 pesos y 5 reales. Los trabajos de reconstrucción quedaron bajo la supervisión del párroco José Balbino David y los maestros de obra los hermanos Romero. En el caso del secretario Eusebio de Arce, aunque pagó su culpa con una multa, no así su prestigio y su fama, ya que siempre fue visto como una persona sin principios. De Eusebio decía el Comandante de Aguadilla, que era un picapleitos y el juez de Primera Instancia le señalaba como instigador de pleitos. El cura del pueblo, a pesar de que su falta había sido contra la iglesia, decía que observaba buena conducta y que asistía regularmente a misa, y, además, que vivía retirado en una estancia que tenía.

Aquí encontramos documentado el más antiguo caso de empleados fantasmas posiblemente de Puerto Rico o por lo menos en nuestro pueblo. Además, demuestra cómo se asociaron varias personas para aprovecharse políticamente y lucrarse de los bienes de la iglesia. Este caso nos ofrece una lección, porque los que callaron y fueron cómplices de estos actos de corrupción, también recibieron su castigo. [641]

B. Pleito sobre la separación del barrio Aceitunas

Este pleito que se inició en el año 1879 y se encuentra en el expediente titulado: "Sobre la instancia de los vecinos del barrio de Aceitunas jurisdicción de la Moca y otros de Aguadilla e Isabela sobre que tienen allí propiedades en la que pretenden la segregación del referido barrio y que sea agregado al termino municipal de Aguadilla". Los vecinos planteaban que casi no existía comunicación del barrio Aceitunas con el pueblo de Moca; además, que los caminos siempre estaban en muy malas condiciones. Para poder llegar a Moca, aducían que debían tomar el camino carretero que iba de Isabela a Aguadilla y luego el camino hacia Moca. Sin embargo, el argumento más fuerte era de carácter económico, pues según los vecinos, ellos no realizaban ningún tipo de negocio con Moca y que todos sus frutos eran vendidos en el mercado de Aguadilla. Ellos decían sentirse completamente extraños al

---

[641] . AGPR. Fondo de Gobernadores. Sub-serie Moca. Caja, 510.

pueblo de Moca. Planteaban que no era justo pagar sus contribuciones a un pueblo del cual no sacaban ningún tipo de beneficio.

Entre estos vecinos se encontraban Juan Labadie, dueño del Castillo Labadie, Pedro Laguerre, Adriano Pellot, Blas Pellot, Ventura Laguerre, Basilio de la Rosa, Juan Pedro Maisonave, Luis Antonio Maisonave y Manuel de la Rosa entre otros. Varios de estos vecinos se encontraban entre los principales contribuyentes del municipio de Moca.

El municipio, en la defensa de su territorio, expuso que si era por las distancias y lo malo de los caminos, también tenían derecho a separarse los barrios de Plata, Capá, Cerro Gordo, Las Marías y Naranjo, los cuales podían añadirse bien a Añasco, bien a San Sebastián. Además, todos los barrios estaban en igualdad de condiciones; inclusive, el camino que pasaba de Isabela hacia Aguadilla estaba en muy mal estado. En otro argumento se plantaba que al separar el barrio de Aceitunas Moca perdía parte de sus 10,942 habitantes, lo que obviamente lo descalificaba como municipio. Por ultimo, se rechazó la idea de que en compensación por el barrio de Aceitunas, Moca recibiese los barrios del Palmar y el Maizal de Aguadilla. El planteamiento se basó en el principio de que si Moca no aceptaba la separación de Aceitunas, no debía impulsar la separación de los barrios Palmar y Maizal. La Diputación Provincial denegó la petición de separación y ordenó que los vecinos del barrio Aceitunas pagaran las contribuciones a la municipalidad de Moca. El caso se cerró el 13 de marzo del 1879. [642]

C. Pleito sobre los límites territoriales de Moca

Este pleito involucró a los pueblos de Moca, Isabela y San Sebastián en una disputa teritorial que comenzó en agosto del año 1837. Los pueblos de Isabela y San Sebastián reclamaban un terreno que pertenecía a un anciano de más de ochenta años llamado Francisco Pérez. La diferencia entre el punto establecido y el reclamado era de una cuerda de tierra. El punto en cuestión estaba localizado en el Cerro de las Bateas, del barrio Aceitunas. El testimonio de Francisco Pérez de Moca y el de Simón Arocho de la Isabela, fue aceptado por ser las dos personas que más tiempo tenían viviendo en el lugar y eran, a la vez, los dos vecinos que quedaban separados por los límites establecidos desde la fundación del pueblo de Moca. En cuanto al pueblo de Pepino, se le dejó fuera del caso porque la reclamación era de Isabela. Sin embargo, era

---

[642]. Archivo General de Puerto Rico. Diputación Provincial. Legajo 89. Expediente 18. Año 1879. Serie, Moca. Caja, 510. "Expediente sobre la instancia de los vecinos del barrio de Aceitunas jurisdicción de Moca...". La copia de ese documento fue cortesía del historiador aguadeño Benjamín Nieves Acevedo.

importante para Pepino, porque si el punto se movía más hacia el norte, sus límites se verían afectados. [643]

---

[643] . Archivo General de Puerto Rico. Fondo de Gobernadores. Serie, Moca. Caja 510.

Capítulo XIV: Hechos históricos, fenómenos atmosféricos y epidemias que azotaron al pueblo de Moca

1. En el 1797 murió el soldado mocano José Vega Rivera por un tiro de cañón mientras luchaba en el ataque que realizaron los ingleses a la Isla ese año. Sus padres eran Bernardo Vega y Valentina Rivera. Vega figura entre los nombres de los Benefactores y Hombres Notables de ese incidente según el historiador Eduardo Neuman Gandía. Por tal razón José Vega viene a ser el primer héroe conocido o registrado que ha dado el pueblo de Moca.[644]

2. 18 de agosto de 1807
Ese día comenzó un viento tempestuoso que duró por espacio de 12 horas y las lluvias por más de 48 horas. Se experimentó daño en todos los cultivos. Los plátanos fueron derribados, también los cañaverales y las talas de maíz; el río y las quebradas destruyeron las siembras el arroz que estaba empezando a madurar. Además ocurrieron varios derrumbes, especialmente uno que cubrió cuatro cuerdas en la parte de la Sierra. Se ahogaron muchos animales. [645]

3. Año 1811
El territorio de Moca fue afectado por una fuerte sequía. [646]

4. 18-20 de septiembre de 1816. Temporal San José de Cupertino.
Empezó un temporal a las 3 de la madrugada y cesó a las 8:00 de la mañana. Fue tan fuerte el huracán que puso en tierra los sembrados de plátanos, que no quedó ni una mata en pie. Los cafetales quedaron arruinados. Según los informes de los alcaldes de barrio, se derribaron 163 casas, sin contar las arruinadas y descobijadas. El maíz y el arroz se perdieron por completo. La lluvia continuó por espacio de tres días. El río Culebrinas se salió de su cauce y destruyó las siembras de las Vegas. [647]

5. 21- 22 de septiembre de 1819. Temporal San Mateo.
Causó muchos daños, especialmente en la agricultura.

---

[644]. Eduardo Neuman Gandía. *Benefactores y Hombres Notables.* Vol. I. Ponce, P.R.: Tipografía Libertad. 1896. p. 330.
[645]. ARGPR, FG. Caja, 508.
[646]. *Historia de Moca.* p. 60.
[647]. Ibíd. Caja, 510.

6. 1 de octubre de 1819.
Según informe del alcalde, ocurrió un temporal que hizo mucho daño a las siembras. [648]

7. 31 de agosto de 1820.
A fines de agosto la enfermedad de tabardillo mató varias personas en el pueblo de Moca. [649]

8. 10 de septiembre de 1820.
El alcalde Francisco de Nieves informó sobre una gran sequía, que ocurrió en el partido. El comercio esta destruido y la industria sin aperos, mientras el pueblo tiene cerca de 700 vecinos que dependen sólo de la agricultura. [650]

9. 29 de septiembre de 1820
Ocurrieron considerables pérdidas tanto por los vientos como por la inundación del río, que destruyó las plantaciones de sus márgenes y tumbó las plantaciones y maizales de los sitios altos. [651]

10. 20 de agosto a septiembre de 1856
Azotó el cólera morbo a la población. [652] Según Juan Pérez Zuñiga fue el 20 de septiembre. Entre el 30 de agosto y el 7 de septiembre perecieron víctimas de la plaga dos personas, del 11 al 14 de septiembre nueve y del 18 al 21 de l mismo cinco más, para un total de 16 muertos.

11. La buena calidad de sus cultivos de caña le permitieron a José Hilario de Acevedo, participar en la exposición pública de Agricultura, Industria y Bellas Artes del año 1860 y recibir el premio "Medalla de Bronce" por la calidad de su azúcar. [653]

12. de marzo de 1880
Se le concedió la Medalla de Oro obtenida en la Exposición de París a don Antonio Pérez, por la calidad de sus muestras de café. También expuso

---

[648] . Ibíd.
[649] . *Gaceta de P.R.* Núm. 42. ; Miércoles 27 de septiembre de 1820. p.165.
[650] . AGPR, FG. Caja, 509.
[651] . Ibíd. Caja, 503.
[652] . *Historia de Moca.* op.cit. Juan Pérez Zuñiga. *Efemérides Puertorriqueñas.* Editorial Thimothee. p.13. *Gaceta de P.R.* Núm. 110, 112,113 y 116, año 1856.
[653] . AGPR. Serie Censo y Riqueza. Caja, 508.

muestras de ron y azúcar Lorenzo Benejam, pero no obtuvo ningún premio.[654]

13. 8 de agosto de 1899
El ciclón San Ciriaco dejó casi destruido el territorio de Moca. Afectó tanto a las viviendas como a las plantaciones. Los daños en la agricultura ascendieron a 114,000 pesos. Hubo tres personas muertas y/o heridas. [655]

---

[654]. AGPR. FGE. Serie Obras Públicas. Caja, 353.
[655]. Historia de Moca. Op. Cit.

Capítulo XV: MOCANOS DESTACADOS E HIJOS ADOPTIVOS

Moca ha dado una cantidad considerable de personas destacadas desde su fundación. Se pueden mencionar: Américo Miranda González, Miguel Babilonia, Ramón González Arroyo, Pelegrín Muñiz, Mariano Nieves Hidalgo. Dr. Efraín Sánchez Hidalgo, Dr. Enrique A. Laguerre, Marcelino Rodríguez Román, Juan José Jiménez Méndez, Miguel A. Jiménez Méndez, Juan de Dios Quiñones, Américo Badillo, Manuel J. Vera Mercado, Luis A. Colón, Antulio López Pendás, Saúl López Pendás, Gene Méndez, Segundo (Bury) Cabán, Arturo Avilés, Ada Nieves Vera, Emilio Hernández, Juan Díaz, Antonio Sánchez Hidalgo, María Luisa Vargas, Luis A. Colón, Osvaldo Abril, María Luisa Pérez, Noel Colón Martínez, Brunilda López, Georgina Charneco, Miguel A. Velázquez, Víctor Colón, Mafalda Ramírez, Mélida Charneco, Julio Vázquez, Raúl Colón, José Benejam como estudiante de piano en New York, bajo la dirección de la concertista rusa Madam Barero, Dr. Wilfredo Vera Sánchez, Luis R. Colón, Iván Mercado Vera y muchos otros.[656] No podemos olvidar que las generaciones más recientes también tienen sus dignos representantes, que están ocupando los lugares que han dejado las pasadas generaciones.

Sin embargo, mi objetivo no es hacer un catálogo de mocanos ilustres, sino que en este espacio quiero presentar algunos datos biográficos de personas destacadas de nuestro pueblo, de las cuales se ha escrito muy poco o nada. Con esta investigación quiero hacerle justicia a algunos mocanos que ya no están con nosotros, pero que merecen recordarse por su ejemplo o por sus ejecutorias a favor de este pueblo. Siempre quedará sin constar aquí muchos hijos e hijas ilustres de este pueblo, pero sé que luego de mí, otros historiadores dedicaran su vida y talento a esclarecer la trayectoria histórica de Moca.

1.   Adolfo Babilonia Quiñones.

La escuela elemental urbana lleva su nombre desde el año 1929. En cambio la tarja que lleva su nombre fue colocada el 3 de mayo del 1979. En dicha fecha la bibliotecaria Delthy Soto Egipciaco organizó una actividad para colocar la misma, asistieron en representación de los descendientes de Babilonia Quiñones, su nieta Obdulia Babilonia Soto junto a su esposo Pedro Sánchez, así como los biznietos Gaspar Matías Babilonia y Héctor Sánchez Babilonia.

---

[656]. *Ideales*, Año 3, Núm. 24 y Año 4, Núm. 27.

Adolfo Babilonia nació en Moca el 19 de febrero del 1841. Fue bautizado por el presbítero Antonio Vilella el 11 de abril de ese mismo año. La residencia de sus padres Francisco Babilonia Acevedo y Bibiana Quiñones Vives estaba ubicada en los terrenos que ocupa actualmente el Residencial Gándara. Su padre era hijo del Capitán Miguel Babilonia y su madre nieta del fundador del pueblo de Moca, José de Quiñones.

A la edad de 14 años quedó huérfano, tres años más tarde su padre fue a vivir al barrio La Cruz, en una propiedad que le compró a su hermano Pedro. Pero Adolfo decidió buscar fortuna y se mudó a la casa de don Felipe Iturrino Arauza en el pueblo de Añasco. Allí se dedicó a impartirles la enseñar primaria a los hijos de Iturrino, mientras aprendía la profesión de agrimensor. Don Felipe le ayudó para que pasara a Mayagüez para estudiar educación. Dos días a la semana los dedicaba a estudiar, el resto a trabajar como mayordomo en la finca de los Iturrino.

Luego de muchos esfuerzos se hizo maestro de escuela elemental al graduarse el 2 de agosto del 1862 de la Real Academia de Buenas Letras. Además, fue telegrafista y gran músico de flauta. Se casó con Lucidania Iturrino Rivera hija de don Felipe Iturrino. De su matrimonio procrearon doce hijos, tres de los cuales murieron pequeños y nueve lograron sobrevivir. Sus hijos difuntos fueron Aurelia, Alfonso y Jorge. Los que sobrevivieron son Osvaldo, Enriqueta, Arturo Carmelo, Urania, Olivia, Violenta, Fidel, Bárbara y Adolfo Babilonia Iturrino.

Una vez se graduó de maestro a nivel elemental, abrió su propia escuela en el pueblo de Añasco, la cual mantuvo hasta el 6 de septiembre del 1869, año en que completó su educación con el título de maestro de nivel superior. En el 1870 aceptó un trabajo como maestro de escuela elemental en el pueblo de Cayey, dos años más tarde fue promovido al puesto de maestro de nivel secundario en el pueblo de Humacao. El día 4 de noviembre del 1872 fue ascendido a Inspector General de Instrucción Pública por el Gobernador General Simón de la Torre y Ormesa. Como parte de su trabajo, el 18 de diciembre del 1872 realizó una visita a su pueblo natal, durante su estadía pasó inspección a las escuelas de Voladoras, Cuchillas, Plata, Las Marías y una escuela privada de niñas ubicada en Moca dirigida por María Pía Miranda. Además, tuvo la satisfacción de inspeccionar el 31 de diciembre del 1872 la escuela elemental de San Sebastián, dirigida por Pedro Miguel San Antonio, quien había sido su primer maestro en el pueblo de Moca.

Lamentablemente fue destituido de su cargo por el gobernador Primo de Rivera sin razón alguna, sólo por sus ideas liberales de avanzada. Regresó a su plaza en la escuela superior de Humacao. Pero la persecución en su contra no quedó allí, sino que fue cesanteado de su empleo. Entonces se vio obligado a emigrar a la Capital de la República Dominicana. Algunos años después, cuando fue restablecido un régimen más liberal, regresó a Puerto Rico y se dedicó a la educación elemental en una escuela de varones, donde permaneció hasta el 27 de abril del 1877. Para el 4 de abril del 1878 fue nombrado a un cargo en el Departamento de Obras Públicas, pero renunció en el 1881 para ocupar una plaza de maestro de escuela elemental en el pueblo de Aguadilla.

Cuando la buenaventura asomó a su vida con la promesa de ser nombrado Inspector del Distrito Sur de Puerto Rico por órdenes del gobernador, el Marqués de la Vega Inclán, le sorprendió la muerte el 19 de julio del año 1884, a consecuencia de la fiebre amarilla.

Adolfo Babilonia Quiñones.

Dos de los hijos de Adolfo Babilonia Quiñones y dos de sus hijas y esposos.

Adolfo Babilonia Iturrino y sus hijos Adolfo (Fifí) Babilonia Van Derdys y Obdulia Babilonia Soto. Todas las fotos de la familia Babilonia son cortesía de Gaspar Matías, hijo de Obdulia.

2. Aurelio Méndez Martínez

Aunque este hijo de Moca se puede ubicar en el siglo 19, aparece aquí porque murió a principios del siglo 20 y esta investigación comienza en esa misma fecha. Nació en Moca el 19 de julio de 1838, a los diez años pasó a vivir al pueblo de Aguada. Para hacerle frente a sus necesidades materiales empezó a trabaja a los 15 años como secretario en una empresa comercial de Aguadilla. A la edad de 20 años se mudó para el pueblo de Lares. En el año 1865 se casó con Isabel Serrano, con quien procreó 12 hijos, de los cuáles le sobrevivieron ocho. Tres años más tarde participó en el Grito de Lares y terminó cumpliendo un año de cárcel por participar en dicha manifestación contra el atropello de los españoles en la Isla. Como consecuencia de ese hecho perdió toda su fortuna, pero a pesar de eso volvió a participar contra los españoles en el año 1895. En el 1896 se trasladó a la República Dominicana, allí fue apresado por el Presidente Lilí Hereaux bajo el cargo de conspirar contra el gobierno español. Con la invasión estadounidense a Puerto Rico, regresó en el 1898 a la Isla. Una vez establecido aquí participó en la organización del Partido Republicano dirigido por José Celso Barbosa. Se desempeño como Tesorero Municipal de Lares y luego fue electo por 9,383 votos como delegado a la Asamblea Insular por el Distrito de Aguadilla. Murió en 1900 al comenzar el nuevo siglo a la edad de 62 años. [657]

3.   Ramón Méndez Quiñones

Ramón Méndez Quiñones nació en Aguadilla el 16 de marzo de 1847. Hijo de Ramón Méndez Arcaya y Andrea Avelina Quiñones. Se casó con Artura Medrano, de cuya unión nacieron Ramón Arturo, María del Carmen, Avelina (Minina), José, José Arturo, Arturo, Dolores y Avelina. Estudió su instrucción primaria en Aguadilla y luego de completar sus estudios secundarios se graduó de ingeniero civil en Madrid.

Fue alcalde de Moca y Juez Municipal, además se destacó como autor teatral y poeta. Entre 1882 escribió el peoma costumbrista titulado *Cuento del casamiento jíbaro*. En 1881 publicó *Un jíbaro o un jíbaro como hay pocos*. En 1891 escribió *Una jíbara* y en 1882 *Los jíbaros progresitas o la Feria de Ponce*.   Ese mismo año de 1882 terminó la obra *La vuelta a la Feria*. Además, dejó los siguientes trabajos inéditos: *Un comisario de barrio, La Triquina, Un casamiento, Un bautizo, Pobre Sinda* y *el Proscrito*. Esta última obra fue escrita en Venezuela en el año 1886.

Lamentablemente para el año 1885 se vio implicado junto a su hermano en el asesinato del periodista Juan F. Terreforte, director de la *Revista de Aguadilla*.   En dicha publicación el periodista presentó unas críticas muy agudas contra el padre de Méndez Quiñones, Ramón Méndez de Arcaya, sobre el manejo de negocios ilícitos. Su hermano fue encausado en los tribunales, pero Ramón logró huir al extranjero, posiblemente a Honduras. Allí se unió a la compañía de teatro de Asuaga. Murió en el año 1889 en Tegucigalpa, Honduras.

---

[657]. *Informe Hunt*. San Juan, P.R. Año 1901.

4. Pedro Acevedo Rivera

(Foto tomada del Libro Historia de Moca)

Nació en Moca en el año 1848, hijo de José Hilario de Acevedo y María Rosario Rivera. Su abuela era hija del fundador don José de Quiñones y de Brígida García. Sus hermanos fueron Rosa, Etelvira y Francisco Acevedo Rivera. Se casó con la profesora de música Monserrate González, quien por muchos años fue la encargada de la música en parroquia de Moca. En su vida laboró como maestro de nivel superior y músico. Su vida política fue muy activa a favor de los partidos más liberales y de avanzada en Puerto Rico. Como periodista luchó por la justicia y las causas de las personas más indefensas y humildes. Fue delegado de la Asamblea Constituyente del Partido Autonomista, celebrada en Ponce en el 1883. También se desempeñó como alcalde de Moca para el año 1898. Pedro murió el 13 de marzo del año 1905.

5.   Anacleto Lope Cofresí Sánchez

(Foto del Programa de las fiestas patronales del 1980, tomada por Tito Hernández.)

Nació en Cabo Rojo, Puerto Rico. De su pueblo natal se mudó a Mayagüez, de allí pasó a Coamo y más tarde a Bayamón. Luego se trasladó a San Juan y después a la ciudad de Aguadilla, finalmente adoptó a Moca en el año 1917 como su pueblo por casi toda su vida. Aunque no nació en este pueblo se identificó tanto con él, que se consideraba mocano. Tuvo dos hijas, Grecia y Lidia. De su profesión como Licenciado en Farmacia hizo un apostolado. Fue una persona que se compadecía de sus semejantes, se puede considerar un verdadero filántropo en esta comarca. El solo acto de ofrecer medicinas gratuitas a los pobres afectados por el huracán San Felipe sería suficiente para merecerle tal distinción, pero ésa no fue la única vez que ayudó a los pobres, sino que esa era su costumbre. No había causa justa que él no respaldara.

Como hombre cívico y ciudadano encarnó todos los ideales de la justicia, la paz y el progreso. Gran parte de su vida la dedicó a promover la educación para los jóvenes de este pueblo. Ayudó grandemente a desarrollar la agricultura especialmente entre los estudiantes del sistema público. Fue miembro de la Asociación de Padres y Maestros del Distrito Escolar de Moca y Juez Municipal desde 1924 al 1928. Era una persona de cualidades morales intachables y conducta ejemplar, era fiel representante de los mocanos de antaño. Falleció en la mañana del 28 de marzo de 1930.

Su obra fue reconocida por sus contemporáneos, los cuales sometieron un Proyecto de Ley a través del Sr. Roque Vélez para que se designara un plantel escolar a su nombre en el área de Moca. La Asamblea de Moca le rindió un homenaje póstumo y le concedió un pergamino a su familia en el cual le expresaban sus condolencias y un mensaje de gratitud. Varias personas le pidieron al Comité de Padres y a la Junta Local de Agricultores que se le pusiera el nombre de Lope Cofresí a algún edificio, calle o institución Municipal porque significó la partida de un amigo de los pobres y de un compueblano leal que merecía ser recordado.[658]

---

[658]. Doc. Mun. Moca. Caja 3, Año 1930. 8 de abril 1930. f.131; 136-141; 142-143; 145-6 y 214. 9 de abril de 1930.

6.   Nemesio González Loperena

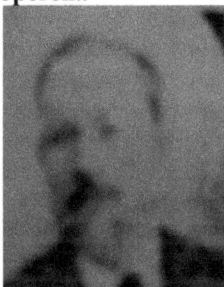

(Foto cortesía de Marta Romero González)

¡Qué tierra más fértil para dar hombres y mujeres de valía! Imposible dejar fuera a un mocano procedente de la vieja extirpe, considerado por todos un verdadero patriota. Un hombre que tenía un lugar para todos los mocanos no sólo para los ricos y poderosos sino hasta para el más pobre y mísero de sus compueblanos. Nemesio nació en Moca donde formó su hogar junto a Antonia Egipciaco. Fue considerado por la gente de su época como una de las personas que le dieron forma y sentido a nuestro pueblo natal. Fue muy cumplidor y acertado en sus actos. Hombre de honor y compromiso, noble en la brega y digno en el triunfo. Sus adversarios fueron duramente combatidos por él, pero siempre fue muy querido. Durante los aciagos días de la epidemia llamada influenza española, cuando todos los hogares mocanos permanecían cerrados y familias enteras en cama, aquel hombre bueno, noble y humanitario quedó en pie providencialmente. Visitó todos los sitios y llevó medicinas a muchos hogares mocanos. Junto a los médicos abrió el hospital y repartió medicinas por todos los sitios y proveyó tumbas para los más pobres.

Fue un ser humano indispensable en la vida del pueblo, lo que le valió el aprecio de todos, por sus oportunos consejos al desenvolvimiento cultural, su desmedida prodigalidad para calmar los sufrimientos de aquéllos que se veían privados de las cosas necesarias para la vida y con su intervención política en todas las causas justas de la comunidad mocana. Sus adversarios no tuvieron   quejas de él. Mantuvo con todas relaciones de amistad y cariño. Sobre todas las cosas fue un excelente padre de familia.

Se desempeñó como Alcalde entre 1911 al 1920. Bajo su gobierno se construyeron varias obras permanentes que le dieron buenos ingresos al municipio por conceptos de rentas. Fue un próspero comerciante que logró levantar una panadería, una fábrica de galletas y una tienda al detal y al por mayor conocida como "**La Hija del Pueblo**". Dicho negocio lo continuó su hijo Francisco González, quien más tarde estableció allí una fábrica de gaseosas conocida como **La Puertorriqueña**. Trabajó en el Registro Demográfico, fue Presidente del Comité Republicano y Juez de Paz Municipal. Construyó la calle que lleva su nombre y donó una buena suma para realizar los trabajos. Entre 1904 y 1910 se destacó como Presidente de la Junta Escolar con eficiencia y honradez. Fue Presidente de una Comisión junto a Cosme Benejam y Alfredo Egipciaco para la reconstrucción del pueblo y ayuda a las víctimas del fuego del 1911.

Su muerte, el lunes 6 de diciembre del 1926, constituyó un duelo general para todos los vecinos del pueblo. El sepelio fue a las 5:00 p.m. del día siguiente, con una enorme presencia de mocanos y vecinos de otros pueblos. En vida fue patriota excelente, padre bueno y benefactor de los que sufrían. Por tales razones la Asamblea Municipal presentó la Resolución Número 11 el día 14 de diciembre del 1926, para rendirle un homenaje póstumo al Patriota don Nemesio González Loperena y para poner su nombre a una de las escuelas rurales de la municipalidad o a una calle del poblado. Por esta razón hay una calle que lleva su nombre. Sin duda alguna, Nemesio González Loperena fue un digno representante de los valores mocanos que recibió el reconocimiento de todas las personas sin importarle su raza, color, condición social o creencia. [659]

7. Miguel Babilonia Talavera

(Foto tomada del libro *Historia de Moca*.)

Fueron sus padres, Manuel Adolfo Babilonia Acevedo y Rosalía Talavera, sus abuelos paternos, el Capitán Miguel Babilonia y Benita Lorenzo de Acevedo. Los maternos uno de los primeros alcaldes de Moca, don Martín Lorenzo de Acevedo y su esposa, María Juana del Rosario González Vives. Miguel se desempeño como alcalde de Moca entre 1905 y 1910, además fue Juez Municipal desde el 1919 hasta el 1924 y Colector de Rentas Internas de

---

[659]. Ibid. Caja 2, Expd. 6. Año 1926-27. Ff. 135-137 y 138-139.

Moca. Como Alcalde tuvo una acertada dirección en los asuntos administrativos, a los cuales se dedicó con gran celo e interés con el objetivo de promover el progreso y mejoramiento del pueblo de Moca. Entre sus proyectos se pueden mencionar los trabajos para hincar un pozo en la plaza pública para el año 1910, el deslinde de los ejidos urbanos y la designación y rotulación de las calles del poblado y el establecimiento de un pequeño hospital.[660]

8. José Calazán Lassalle Bourdon

Nació en el año 1871 en el barrio Capá de Moca. Hijo de Juan Antonio Lassalle y Celestina Bourdón. Se casó con Andrea Román. Se inició como maestro, pero dejó el magisterio a la edad de 29 años para dedicarse a la política y al servicio público por espacio de más de 25 años. Para el 1900 fue electo como Concejal del Municipio; de 1908 al 1910 fue Presidente de la Asamblea Municipal, luego Director de la Junta Escolar, de ahí fue nombrado Comisionado Municipal de Instrucción y Obras Públicas. Ocupó el cargo de Alcalde desde 1928 al 1932. Después que se retiró, se dedicó a la agricultura, principalmente al cultivo de la caña.

En su empeño por mejorar la vida de la gente humilde de Moca, propuso un proyecto para construir 10 pequeñas casas para ser vendidas a igual número de obreros. Éste podría considerarse como uno de los primeros proyectos de vivienda de interés social documentados en la Isla. Entre sus obras se pueden mencionar la ampliación de las calles Muñoz Rivera y Juan B. Huyke así como la creación de varios planteles escolares. Como ser humano fue reconocido por sus virtudes cívicas y su moral intachable. [661]

Sus últimos años los pasó fuera de Moca, pero murió en este pueblo, en la casa su entrañable amigo Bonifacio Avilés, mientras le hacia una visita.

9. José María Vargas Márquez

Nació en el año 1824 murió entre 1915. Se casó con Evangelista González Méndez, quien murió en 1918 a la edad de 103 años. De ese matrimonio nacieron José María (Cheo), Pelegrín, Francisco (Sico), Felipe, Camira, Nemesio, Orlando, Eusebio, Juan, Edelmira, Edna, Adoración (Dora), Angélica, Manuela Ricarda y Leonardo (Lele) Vargas González. En la

---

[660]. Ibid. Caja 1, Expd.162. Año 1910-11. 19 de agosto de 1910.
[661]. Ibid. Caja 3, 5 de febrero de 1930. f.71.

actualidad muchos de sus descendientes viven en el sector conocido como los Vargas del barrio Capá.

A los 38 años de edad se inició como agricultor de café y caña. Tuvo una hacienda y un trapiche en Magüeyez y otra hacienda en Capá Chimbí, entre ambas acaparó 150 cuerdas de terreno. Eventualmente, los sectores donde estaban ubicadas dichas haciendas tomaron su nombre hasta el día de hoy.

Como ser humano José María se distinguió por su honradez y laboriosidad. En su hacienda siempre había lugar para el necesitado. Fue un líder comunitario y uno de los mayores contribuyentes del pueblo de Moca. Cuando murió, los vecinos le pidieron al Municipio que se le recordara dándole su nombre a uno de los caminos principales del barrio Capá.[662] Dicho camino se llegó a conocer como "los Vargas" en el Sector Capá Chimbí de Moca.

10. Mario Vega Pagán

Nació en el vecino pueblo de San Sebastián el 11 de octubre del 1912. Casó con Herminia del Toro, con quien tuvo un hijo llamado Moisés. Vino a Moca y se identificó tanto con nuestro pueblo que se quedó hasta el fin de sus días. Se destacó como Director de música, pianista, flautista y director de la banda Municipal de Moca. Su descripción física era: espejuelos sin marcos, pelo revolcado, andar ligero, gabán al aire, sonrisa franca y lleno de grandes esperanzas. Fue el director de la Banda Municipal, entre sus composiciones se destacaron las danzas *Lidia* y *Herminia*.

11. Arcadio Colón Serrano

Presentar algunos datos biográficos de Arcadio (Cayito) Colón Serrano es una manera de reconocer a una figura olvidada en la vida del pueblo de Moca. Ciertamente algunos podrían tener algún reparo en la figura de Colón

---

[662]. Ibid. Actas Asamblea Municipal. Caja 3, Expd. 7, Acta 1. Entrevista realizada a Augusta Vargas, nieta de José María, en su residencia en Capá de Moca, el 7 de noviembre de 2005.

Serrano, pero lo que no se puede ignorar es que fue una persona que participó ampliamente del cambio que se operó en este pueblo.

Arcadio nació en el barrio Voladoras. Se destacó como comerciante y dueño del negocio El Picolino, que estaba ubicado frente a la plaza, donde luego estuvo el estacionamiento de carros públicos de Moca a Aguadilla. Se inició en el servicio público en el año 1936 como Secretario del municipio de Moca. Fue alcalde de Moca desde el 1945 hasta el 1952. Durante su administración se enfocó en la adquisición de facilidades y en dotar al pueblo de una infraestructura moderna. También se adquirió la primera ambulancia para transportar a los enfermos y la primera máquina "caterpilar" para abrir caminos por todos los barrios y sectores del municipio. Trabajó para dotar al pueblo de un moderno acueducto. Hizo la Plaza Pública, la casa alcaldía y el parque atlético. Para el 1946 la Asamblea Municipal redactó la resolución Núm. 10 para testimoniar su agradecimiento a Arcadio Colón por su labor a favor del pueblo de Moca en las áreas de servicios públicos, extensión de medios de comunicación y mejoras a los servicios de beneficencia y ornato.[663]

12.   Américo Miranda González

(Foto tomada del libro *Historia de Moca*.)

Nació en Moca el 4 de agosto del 1898. Fueron sus padres Juan Miranda y Aurora González. Su madre se destacó como propietaria de una casa de huéspedes, muy reconocida en el pueblo por su excelente cocina. Américo se casó con Rosa Pimentel, de cuyo matrimonio nacieron dos hijos. Estudió sus grados primarios en Moca y luego continuó estudios en Santurce; aunque sólo llegó hasta décimo grado, se destacó como uno de los comerciantes más prósperos de la Capital. Llegó a ser miembro de la Junta de Comisionados de San Juan desde 1953 al 1957. Fue Director Estatal de la Cruz Roja y colaboró ampliamente con las campañas contra el cáncer. Donó la cantidad de $5.000 para la construcción de la Biblioteca Pública de Moca,

---

[663]. Ibid. Doc. Mun. Caja 3, Expd. 10. Año 1945-46. Acta Municipal. Número 6 del 29 de mayo de 1946. f.255.

que lleva su nombre. Además, en Río Piedras hay una avenida que lleva su nombre. Murió en Boston el 20 de noviembre del 1957. Sus restos descansan en el cementerio Municipal de Moca.

13. Efraín Sánchez Hidalgo

(Foto tomada del libro *Historia de Moca*.)

Nació en Voladoras el 29 de abril del 1918. Sus padres eran Zenón Sánchez Avilés y Pelegrina Hidalgo Pérez. Se casó con Lydia Ayéndez Sánchez con quien procreó dos hijos. Cursó sus grados primarios en Moca y la escuela superior en Aguadilla. Se graduó magna cum laude de Bachiller en Artes en Educación de la Universidad de Puerto Rico en el 1939. Hizo su maestría en la Universidad de Columbia en el 1940 y se doctoró de la misma Universidad en el 1951. Logró ocupar los cargos de Secretario de Instrucción Pública y Presidente del Consejo Superior de Enseñanza. También fue catedrático de la Facultad de Pedagogía de la Universidad de Puerto Rico y fundó la revista *Pedagogía*. En el 1971 fue seleccionado por Outstanding Educators of America como uno de los grandes educadores. Escribió un gran número de artículos en revistas locales e internacionales. Publicó su conocida obra *Psicología Educativa*, que se convirtió en texto obligado en varios países latinoamericanos, España, Filipinas y varios estados de los EE.UU. Dejó inéditos cuatro libros de poesía, una novela y un libro de pensamientos y ensayos filosóficos. Como militar alcanzó el grado de Capitán de Infantería y fue condecorado con el Emblema de la Infantería. [664]

---

[664]. *Historia de Moca*. Edición del Bicentenario. p. 74-76.

14. José María López Román (Chemary)

Nació en Lares, Puerto Rico el día 9 de julio del 1902, pero siempre declaró "soy mocano y moriré mocano". En julio del 1968 fue declarado Hijo Adoptivo de Moca. Fueron sus padres Pedro Celestino López y Juana Román Barreto. Estudió la escuela elemental y superior en su pueblo natal. Continuó estudios hasta alcanzar el título de cirujano menor con altos honores en el Hospital Municipal de Santurce. Vino a trabajar a Moca como Cirujano Menor bajo el programa de la PRERA con un sueldo de $150 mensuales más $35 por ofrecer servicios en la Sala de Socorros. Eventualmente trajo a su esposa Benita Cuevas Figueroa y a sus tres hijos y se quedó a vivir en Moca hasta que falleció.

Trabajó en el Fondo del Seguro del Estado varios años, fue Presidente de la Asociación de Padres y Maestros en las escuelas elemental y urbana, Vice-presidente de la Asamblea Municipal y miembro fundador del Club Rotario. Estableció dos farmacias en el pueblo, las cuales pasaron a sus hijos. Fue reconocido por el Club Chapinero de Bogotá, Colombia, representó a Puerto Rico en Santo Domingo, Perú, Ecuador, Colombia y Venezuela. También fue un amante del deporte y un incansable colaborador y organizador de actividades benéficas y culturales en el pueblo de Moca. [665]

15. Juan José Jiménez Méndez

(Foto tomada del libro *Historia de Moca*.)

Nació el 27 de marzo del 1940. Sus padres eran Gumersindo Méndez (doña Chinda) y su padre Alejandro Jiménez (Don Jango) quienes procrearon 4 hijos (tres varones y una fémina). Se casó con Milagros de los Ángeles Acevedo, de cuyo matrimonio nacieron cuatro hijos. Se graduó como ingeniero civil y estudio su maestría en la Universidad de Texas A&M. Fue Presidente del Consejo de Educación Superior, Director del Negociado de

---

[665]. Programa de Las fiestas Patronales. Datos escritos por Pito Hernández. Año 1968.

Desarrollo y uso de Terrenos, Director de la Sección Revisión del Negociado de Permisos, Director del Programa Ciudad Modelo de San Juan y se desempeñó como ingeniero Jefe de la firma Levitt and Sons of Puerto Rico.[666]

16. Manuel J. Vera Mercado

(Foto tomada del libro *Historia de Moca*.)

Nació en el barrio Plata de Moca el día 12 de mayo del 1923, hijo de Manuel Vera Ayala y Carmen Mercado. Se casó con Nellie Doris Vera, con quien procreó tres hijos. Estudió sus grados primarios en Moca y la escuela superior en Aguadilla. Se graduó de bachillerato en Artes y Bachillerato en Derecho en la Universidad de Puerto Rico, Recinto de Río Piedras.

Se desempeñó como Juez Municipal en Lares, Arecibo y Río Piedras, también como Fiscal y Juez Superior del Tribunal Superior de Mayagüez. Además, fue miembro de varias instituciones cívicas y culturales.[667]

17. Luis Alfredo Colón Serrano

(Foto tomada del Programa de la Fiestas Patronales del año 1955.)

Nació en el barrio Voladoras el 24 de enero del 1916, hijo de Francisco Colón Serrano y de Artura Velázquez. Estudió sus grados primarios en la escuela de Voladoras, su bachillerato en Artes y la carrera de Leyes en la

---

[666]. *Historia de Moca.* p.77.
[667]. Ibid. p. 80.

Universidad de Puerto Rico, de donde se graduó en el 1940. Se casó con Delia González Casta con quien tuvo tres hijos.

Fue el primer legislador que tuvo Moca al ser electo en el 1944, cargo que ocupó hasta el 1968. Formó parte de los miembros de la Asamblea Constituyente de Puerto Rico. Fundador y Presidente del Club Cívico "La Ceiba", primer Presidente de la Fraternidad Un-Sigma-Beta. Además ocupó el cargo de Juez Municipal de Lares y Asesor del Presidente del Senado de Puerto Rico desde el 1949.

18. Marcelino Rodríguez Román

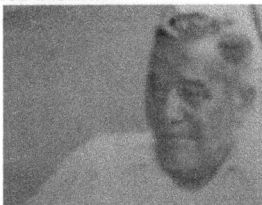

Nació el 30 de abril del 1903 en el Sector el Hoyo del barrio Voladoras, hijo de Nicomedes Rodríguez y Cástula Román. De su primer matrimonio con Catalina Hernández Matías, nació su hijo Marcelino Arturo, quien estudió ingeniería Industrial. De su segundo matrimonio con la aguadeña Talí Hernández tuvo seis hijos, Marlina, Marnalina, Marilya, Arturo, Gilberto y Luis.

Estudio sus grados primarios en Voladoras y luego pasó a Moca en donde se graduó de octavo grado en el año 1917. Marchó al pueblo de Aguadilla para estudiar su escuela secundaria. Una vez terminó su educación secundaria, se inició en la carrera magisterial. Trabajó en los pueblos de Lares, Camuy, Bayamón. Eventualmente ascendió a maestro principal en Cidra. Trabajó como colaborador de la *Revista Escuela*, publicada por el Departamento de Instrucción. Regresó a su querido barrio Voladoras como maestro, donde organizó la Segunda Unidad de Voladoras, allí trabajó como maestro Principal hasta el año 1956. Entonces su ex discípulo el Dr. Efraín Sánchez Hidalgo lo reclutó para dirigir la *Revista Educación* y eventualmente fue nombrado relacionista público del Departamento de Instrucción, hasta el 1968 cuando se acogió al retiró. Fue colaborador del periódico *El Mundo*. En 1971 publicó su libro *Algohacer*, con un prólogo escrito por Enrique Laguerre. Regresó a vivir al barrio Voladoras y murió en Moca en el 1983.

19.   Juan de Dios Quiñones Velázquez

(Foto tomada del libro *Historia de Moca*.)

Nació en Voladoras el 8 de marzo del 1923. Se casó con Ana Celia Hernández, con quien tuvo dos hijos. Estudió en la Segunda Unidad del mismo barrio y la escuela superior en Aguadilla. Luego se graduó en el Instituto Politécnico de San Germán (Universidad Interamericana) en el 1943, de la Universidad de Columbia en el 1948 y de la Universidad de Illinois en el 1956. Dedicó su vida a la educación, primero como Profesor en la Universidad Interamericana y luego en el Colegio de Agricultura (RUM) durante 20 años. En dicho Recinto ocupó el cargo de Director del Departamento de Matemáticas.

Sirvió en la Segunda Guerra Mundial y en la Guerra de Corea. De ahí pasó a la Guardia Nacional de Puerto Rico de donde se licenció como Comandante. También fue un líder cívico y político. Se desempeñó como Jefe de Transporte en el Gobierno y Ayudante Especial del Gobernador Luis A. Ferré.

20.   Dr. Enrique A. Laguerre Vélez

(Foto tomada del libro *Historia de Moca*.)

Enrique Arturo Laguerre Vélez nació en el barrio Aceitunas de Moca el 15 de julio de 1905. Fueron sus padres Juan Laguerre y la isabelina Antonia Vélez. Estuvo casado en primeras nupcias con la maestra Beatriz Saavedra, madre de su única hija, Beatriz María. En 1947 queda viudo y se casa con la también maestra Áurea Sánchez. La profesora universitaria Luz Virginia Romero fue su tercera esposa. Estudió sus primeros grados en una escuela rural del pueblo de Isabela y la escuela secundaria en Aguadilla. En el 1924, su último año de estudios de escuela superior tomó un curso de pedagogía con Carmen Gómez Tejera. Ese mismo año comenzó a trabajar como maestro en una escuela rural de las llamadas segunda unidad. Mientras trabajaba estudiaba los veranos en la Universidad de Puerto Rico, Recinto de Río Piedras, donde completó su grado de bachillerato en el 1935. De 1936-1938 fue Director de la Segunda Unidad de Voladoras. Luego terminó su maestría en el año 1941. Una vez finalizó sus estudios graduados empezó a trabajar como profesor en la Universidad de Puerto Rico hasta el 1983. Realizó estudios doctorales en la Universidad de Columbia, Nueva York.

Entre el 1961 al 1962 trabajó como Codirector de un proyecto educativo de la UNESCO, donde tuvo la oportunidad de viajar por México, Centroamérica, Panamá, Brasil, Argentina, Uruguay, Islas Canarias, España e Italia. Laboró para la Escuela del Aire, de 1952 hasta 1960 y para el Consejo de Educación Superior. Fue columnista en el periódico *El Mundo* por tres décadas, más tarde en *El Vocero*, y colaborador en un sinnúmero de revistas profesionales tanto en Puerto Rico como en el exterior. Además, se distinguió como cuentista y, sobre todo como novelista. Escribió las novelas: *La Llamarada* (1935), *Solar Montoya* (1940), *El 30 de febrero* (1943), *Los dedos de la mano* (1951), *La ceiba en el tiesto* (1956), *El Laberinto* (1959), *La Resaca* (1949), *Cauce sin río* (1962), *Los amos benévolos* (1980), *Infiernos Privados* (1987), *Por boca de caracoles* (1990), *Los gemelos* (1992), *Proa libre sobre mar gruesa* (1997) y *Contrapunto de soledades* (1999). Publicó la obra teatral *La Resentida* en 1944 y dos obras inéditas tituladas, *La renuncia de Mary Sullivan* y *El secuestro de San Valentín*. Como cuentista escribió, entre otros muchos, los siguientes cuentos, *Renunciación, El hombre caído, Muchachito, Raíces, El enemigo, Pacholí, Las vacaciones de Luisa y Miedo*. En su fase de ensayista dejó escrito los siguientes libros: *Polos de la Cultura Iberoamericana* (1977), *La poesía modernista* (1969) y *Pulso de Puerto Rico* (1956) Además, tiene múltiples ensayos dispersos en revistas, periódicos, libros...y escribió el poemario *Residuo de los tiempos* (2000).

Como tributo a su trabajo de investigación y creativo fue nominado en el 1999 para el premio Nobel de Literatura. Sin duda, ha sido el mocano más conocido de todos los tiempos, a tal extremo que se le despidió como la Conciencia Nacional de Puerto Rico. Laguerre Vélez pasó a su descanso el 16 de junio del 2005, casualmente a un mes antes de recibir un homenaje por parte de sus compueblanos en el Castillo Labadie, edificación que inmortalizó en *La Llamarada* con motivo de su centenario. Sus cenizas, por decisión propia, descansan en este lugar.

Castillo Labadie ubicado en la hacienda Yrurena, Aceitunas, Moca.

Capítulo XVI: TODOS SOMOS FAMILIA.

CUADROS GENEALÓGICOS DE ALGUNAS DE LAS FAMILIAS DE MOCA

Estudiar las genealogías puede parecerle inútil a muchos, sin embargo, es una forma de darle rostro a la historia, tanto de los parientes ricos como de los parientes pobres. Cuando identificamos a nuestros antepasados y parientes es cuando la historia tiene significado, porque es el momento en que cobra vida. En ellos se conjugó el trabajo con las ambiciones, el hambre, la tristeza y también las alegrías.

También nos muestran la composición y los enlaces entre las familias, lo que explica esas fuertes relaciones que unen a muchas familias puertorriqueñas y latinas. Cuando se estudian dichas relaciones encontramos que casi todos tenemos un pariente en común. Se descubre que las personas más acomodadas concertaban sus matrimonios para ampliar su poder y su riqueza. Según las propias palabras del Gobierno Superior de la Isla en una circular del año 1824 hablando sobre las dispensas matrimoniales planteaba que "siendo pocas las familias principales están ligadas entre si y por eso son más frecuentes los matrimonios entre ellos."[668]

Otros puntos relevantes son: la recurrencia de los apellidos que se repiten hasta dos y tres veces, y el intento de los padres por mantener a sus hijos y nietos lo más cerca posible, dando como resultado, el nombre de varios de los sectores del pueblo de Moca. ¿Quién no ha buscado una dirección preguntando por el sector Hernández, Veras, Hidalgo, Seguí, Nieves, Muñiz, Sotos, Vargas, Bosques, Acevedos, Ferrer, Morales, Barretos, etc.?

Los siguientes cuadros sólo recogen algunas de las genealogías de las familias mocanas. Aunque se pueden identificar una infinidad de apellidos, aquí se presentan las que pude documentar con testamentos a documentos de los archivos consultados o por medio de entrevistas. Como sugerencia se le deja una invitación para que usted querido lector busque su propia genealogía y así pueda continuar aumentando esta Historia de Moca.

Leyenda para entender los cuadros genealógicos.

● =	Troncos principales	n=nació	
▶ =	Descendientes	†=murió	
▶ =	Hermanos	=soltero	
▣ =	casados	♠= hijos fuera del matrimonio	

---

[668]. AGPR. FGE. Serie Asuntos Eclesiásticos. Sub-serie Vice-patronato, negocio de dispensas. "Carta del Gobierno Superior de la Isla de Puerto Rico. Caja, 283.

303

1. Familia del Fundador de Moca

Don José de Quiñones era natural de San Germán y fue el fundador del pueblo en el año 1772. Estuvo casado en primeras nupcias con Rosa López de Segura y en segundas con Brígida García y Montalvo. Se desempeño como Teniente a Guerra (Alcalde) desde la fundación hasta el 1883. Se estableció en la hacienda Las Palmas en el barrio Palmar en donde nació su hijo en 1768. La esposa de Francisco era María hija de Francisco Vives y de Rosa Hernández del Río, naturales de Aguada.

Ramón Méndez Arcaya el esposo de Andrea Avelina y luego de Aurelia era Comandante y Alcalde de Aguadilla, hijo de Ramón Méndez del Villar, Comandante del ejército español en Venezuela. Su hijo Ramón Méndez Quiñones nació en Aguadilla 16 de marzo 1847 y fue **alcalde** de Moca para 1882-83. La esposa de Ramón Samalot Quiñones era hija Francisco Arreizaga y María Antonia López de Segura. Antonio de Rib(v)era Quiñones esposo de Brígida Quiñones era natural de Utuado; hijo de Rafael Ribera y María de Quiñones de Arecibo. Esto demuestra que los Quiñones San Germán, Arecibo, Utuado, Aguada, Aguadilla y Moca estaban emparentados.

●**José de Quiñones** ◙ **Rosa López de Segura**
▼
Francisco Quiñones López de Segura ◙ María de Vives Hernández
▼
►Pedro José de Quiñones ◙ *_____
▼
►María Dolores ◙ Dionisio Antonio Avilés
►Candelaria ◙
►José Antonio ◙
►Antonio Esteban◙
►María ◙
►Félix ◙
►Francisco Quiñones ◙ María Nieves
▼
►Francisco Quiñones Nieves
►María del Carmen
►Vicente Bruno Quiñones ◙ Dolores Talavera y Ponce
▼
►Rosalía ◙
►Amelia ◙

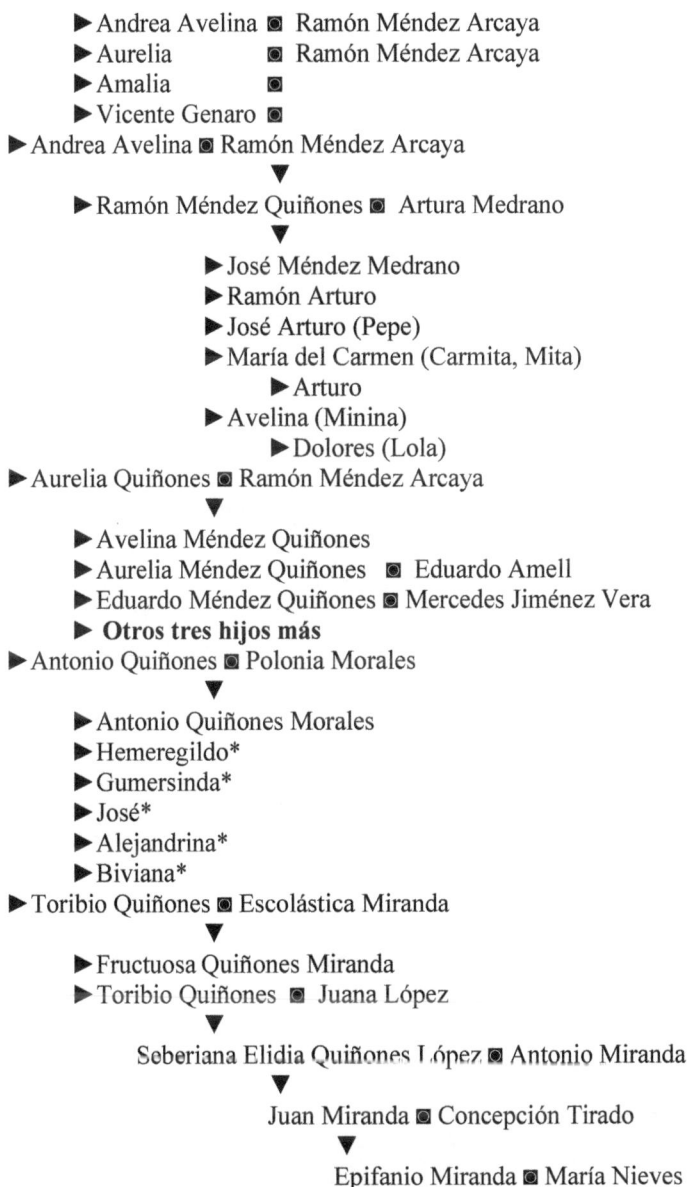

►Andrea Avelina ◙ Ramón Méndez Arcaya
►Aurelia   ◙ Ramón Méndez Arcaya
►Amalia   ◙
►Vicente Genaro ◙
►Andrea Avelina ◙ Ramón Méndez Arcaya
▼
►Ramón Méndez Quiñones ◙ Artura Medrano
▼
►José Méndez Medrano
►Ramón Arturo
►José Arturo (Pepe)
►María del Carmen (Carmita, Mita)
►Arturo
►Avelina (Minina)
►Dolores (Lola)
►Aurelia Quiñones ◙ Ramón Méndez Arcaya
▼
►Avelina Méndez Quiñones
►Aurelia Méndez Quiñones ◙ Eduardo Amell
►Eduardo Méndez Quiñones ◙ Mercedes Jiménez Vera
► **Otros tres hijos más**
►Antonio Quiñones ◙ Polonia Morales
▼
►Antonio Quiñones Morales
►Hemeregildo*
►Gumersinda*
►José*
►Alejandrina*
►Biviana*
►Toribio Quiñones ◙ Escolástica Miranda
▼
►Fructuosa Quiñones Miranda
►Toribio Quiñones ◙ Juana López
▼
Seberiana Elidia Quiñones López ◙ Antonio Miranda
▼
Juan Miranda ◙ Concepción Tirado
▼
Epifanio Miranda ◙ María Nieves

►Beatriz Quiñones ◙ José Arreizaga
▼
►Ventura Arreizaga Quiñones
►Encarnación
►Justa Avelina
►Juan Pablo
►Amalia
►Sotero
►Monserrate Quiñones ◙ Juan Hernández del Río
▼
►Marcelino Quiñones Hernández del Río
►Nazario
►Martín
►Ramona
►Pedro
►Victoriana
►María Manuela Quiñones ◙ Ramón Samaló(t)
▼
►Luis Samalot Quiñones
►Victoriano
►Rosalía
►Estebanía
►María del Rosario
►Ramón ◙ _____ Arreizaga López de Segura
▼
►María Soledad Samalot Arreizaga
►José Estanislao
►Rosa María ◙ Juan González de Ribera
(sin identificar sus descendiente)
►Bibiana (Viviana) ◙ Francisco Babilonia Acevedo
▼
►Virgilio*Babilonia Quiñones
►Filomena*
►Pascacia*
►Petronila
►Adolfo
►Manuel de Jesús ◙ Clemencia Méndez de Acevedo
▼
►Amelia Quiñones Méndez
►Adelaida

● **José de Quiñones ◙ Brígida García Montalvo:**
   ▼

►Brígida Quiñones García y Antonio de Rivera Quiñones
     ► _____ Rivera Quiñones (hija de su primer matrimonio con Ángela Rodríguez)
     ►José María
     ►Celestina
     ►María del Carmen
     ►Fidelia Dolores
     ►María Candelaria
     ►José Rafael
       ▼
       Celestino Rivera
     ►María del Pilar
     ►Antonio ◙ Rosa González de Rib(v)era.
     ► María Rosario ◙ José Hilario de Acevedo
       ▼
       ►Rosa de Acevedo Rivera
       ►Francisco Acevedo Rivera
       ►Pedro de Acevedo Rivera. **Alcalde** de Moca en 1898. Periodista y Maestro Superior.

Notas: *Estos nietos nacieron después del año 1832, por lo cual no constan en el documento original hecho por María de Vives para ese año. ** No consta en el documento de 1832.

Fuentes: AGPR. Protocolos Notariales. Notaria de Jesualdo Gaya, Aguadilla. Caja 1296. f. 130.; Moca. Cajas, 1439, año 1873 f.70; 1444. f.21.; f. 77. Año 1851.; Serie Censo y Riqueza. Caja, 508. *Historia de Moca*. p.14. Ver las notas 69-76 del capítulo IV. *Revista del Ateneo*. Año, II, Núm.4. Artículo de Roberto Ramos Perea. Protocolos Notariales, Aguadilla, Caja, 1277. Caja, 1298.

2. Familias descendientes de los Lorenzo de Acevedo:

Don Martín Lorenzo de Acevedo fue en primer lugar Alférez Real en la Villa de la Aguada. Luego, Teniente a Guerra en el pueblo de Moca desde 1792 hasta 1810. En muchas ocasiones sus descendientes firmaban como Lorenzo de Acevedo o como de Acevedo. Su esposa fue María González Vives. La esposa de Juan Martín Lorenzo de Acevedo era Rosa María López de Segura Vives, hija del Regidor de la Villa de Aguada Don Juan Antonio López y de Andrea Vives, parienta de su madre y de Doña María de Vives la esposa de Francisco Quiñones.

● **Martín Lorenzo de Acevedo y María Juana del Rosario González Vives**
▼
► Francisco Cirilo Lorenzo de Acevedo ◙ María Norberta de Polanco
▼

► Francisco	► Felicita
► Petrona	► Emilio
► Carolina	► Liduvina
► Angelita	
► Augusto	

► Juan Ramón ◙ Dominga del Rosario Hernández
▼
Antonio Lorenzo Hernández
► José ◙ Leonor Morales
▼
Juan de Dios Lorenzo de Acevedo ◙ Ursula Méndez
► Manuel ◙ María Micaela Cruz
▼
► Juana Lorenzo de Acevedo ◙ Juan Miguel Deines
► Antonio Lorenzo
► Antolina ◙ Francisco García de Aguadilla
► Pilar Zaragoza (hija menor)
► José Antonio (Presbitero)
► María Francisca
► María Eugenia Lorenzo de Acevedo ◙ Francisco Méndez
▼
► Juan Nepomuceno Méndez de Acevedo
► Francisco José
► Juan Martín Lorenzo de Acevedo ◙ Rosa María López de Segura
▼
► Juan Pedro ◙ Manuela Hernández
▼
► **Martina** Lorenzo de Acevedo ◙ Ramón Méndez del Rosario
1ra nupcias 30/3/1818
2 nupcias- Manuel Monserrat Vélez del Rosario 13/2/1836
► Juana Baut. Lorenzo de Acevedo ◙ Manuel Nieves
► Juan Pedro Lorenzo de Acevedo`
► MartaLorenzo de Acevedo ◙ Francisco Crespo
► **José Hilario**
► Martín Lino
► _____ ◙ María de la Encarnación López de Segura

▼
►José Ramón
►Placido
►Juan Martín
►Adelina
►Natividad María
►María Eduvigis
►Andrés Eloi ◙ María Rosa Hernández
▼
José Lorenzo de Acevedo
Hipólita de Acevedo ◙ Gabriel Soto
Monserrate-José Crespo Lorenzo 2 nupcias 11/5/1782
Rafaela- Juan de las Nieves
►Paula Lorenzo de Acevedo ◙ José María Miranda
▼
María Lorenza Miranda Lorenzo de Acevedo

►Benita Lorenzo de Acevedo   ◙ Miguel Babilonia
►Juana Merced Lorenzo de Acevedo ◙ Manuel Tirado
►María Manuela Lorenzo de Acevedo   ◙ José García
►Tomás Lorenzo de Acevedo
►Margarita Lorenzo de Acevedo
►Presbitero Pedro Pablo Lorenzo de Acevedo

3. Familia de las Nieves: ascendientes y descendientes del autor

Los primeros individuos de apellido Nieves que llegaron durante el siglo XVIII a Moca cuando aún era un barrio de Aguada, fueron los hermanos Juan y Simón de las Nieves, hijos de **José de las Nieves y Juana de Santiago**, naturales Gerona, España. Algunos años más tarde llegó otro de los parientes de dicha familia, Andrés y su esposa Francisca Rodríguez, éstos llegaron desde Aguadilla pero procedentes de Portugal. Andrés se estableció en Moca luego de enviudar y casarse con Juana del Río, quien pertenecía a una de las familias más conocidas del área.

Juan se casó con Valentina Lorenzo de Acevedo, parienta de Martín Lorenzo de Acevedo, quien se había desempeñado como Alférez de la Villa de Aguada y luego pasó a Moca como Teniente a Guerra.

Su hijo Juan y Manuela Avilés hija de Gerónimo Avilés y Thomasa Méndez, se casaron el día 25 de diciembre de 1780 en la iglesia de Moca. Los mismos ubicaron su residencia en el barrio o sitio de La Guarda-Raya.

Exactamente un año después, el día 19 de diciembre del 1781 nació su primer hijo nombrado Juan, como su padre y su abuelo.

- **José de las Nieves y Juana de Santiago**, naturales Gerona, España.
▼

▶ Simón de las Nieves ◙ Bernarda Jiménez
▶ Andrés de las Nieves ◙ Francisca Rodríguez
◙ Juana del Río
▶ Juan de las Nieves ◙ Valentina Lorenzo de Acevedo
▼

▶ Antonia ◙ Manuel Hernández
▶ Agustina ◙ Bienvenido Crespo
▶ Lucas ◙ Antonia Pérez
▶ Cecilia ◙ Pedro Soto
▶ Tomasa. ◙ Francisco Pérez
▶ Juan (hijo mayor) de las Nieves ◙ Manuela Avilés

▼

▶ José María ◙ María Antonia Mendoza Hernández
▶ Marta ◙ Eugenio Arocho (nat. de Añasco)
▶ Carmen ◙ Basilio Valentín
▶ Lucas ◙ Valeriana Lorenzo de Acevedo
▶ Felipa ◙ Juan Manuel Romero (nat. de Aguadilla)
▶ Juan de las Nieves ◙ Rafaela Lorenzo de Acevedo
▼
▶ Juan de Nieves ◙ María Pérez de la Cruz
▶ Juan Bautista ◙ María Nieves
▶ María Evangelista ◙ *
▶ María de la Cruz ◙ *
▶ María del Carmen ◙ *
▶ Manuel de Jesús ◙ Juana Blasina Hernández
▶ María Monserrate ◙ * murió en 1899 a los 70 años.
▶ Juan Francisco ◙ Cipriana Salas
▶ Juan Ramón ◙ *
▶ Juan José ◙ Victoriana Hernández
▶ Antonio ◙ Carmen Cordero
▶ Rosalía ☐ (nació en 1828 y murió en 1855)
▶ Julio Juan ☐ (nació en 1829 y murió en 1899)
▶ José Antonio (murió en 1896) ◙ Rosalía Santana de
Soto

▼

►Manuel de Jesús † (nació en 1848 y murió en 1853 a los 5 años)
►Juan Antonio † (nació dic. de 1855 y murió dos días después)
►José Antonio ◙ María López

▼

José Antonio Nieves López
►Manuel de los Reyes ◙ María de los Santos Valentín Rodríguez

▼

    ►María ◙ Cecilio (Cilito)
    ►María de Jesús ◙ Emiliano Méndez
    ►Juana ◙ Juan Salas
    ►María Cristina ◙
    ►Eusebio ◙ Valentina Adelaida Méndez
    ►Nicomedes †
    ►Catalina ◙ Nicanor Nieves
    ►Juan Serapio †
    ►José Estanislao †
    ►Cecilio †
    ►Cecilia ◙ Santiago
    ►Isidra ◙ Julián Hernández
    ►José Nieves Valentín ◙ Estebanía González

▼

        ►Juan †
        ►Julián †
    2^{das} Nup. ◙ Juana Victoria González (Vita)
    ►Andrés ◙ Petra González
    ►Ramón ◙ Silveria Rodríguez Pérez
    ►Julián ◙ Elisa Nieves Hernández
    ►Ángel †
    ►Benita ◙ Obdulio Hernández
    ►Leoncio ◙ Anastacia López Cabán y 2^{das} Nup. María Barreto
    ►Aurora †
    ►Antonio Nieves González ◙ Eduarda (Carla) Méndez Núñez

▼

      ►Antonio ◙ Aurelia (Carmen) Vera Hernández

▼

        ►Barnaby
        ►Jonathan ◙ Ivelise Velázquez Díaz

▼

▶ Yohiriel Nieves Velázquez
▶ Vilmarie ◙ Daniel Pérez Moró
▼
▶ Daniel Isaac Pérez Nieves
▶ Diego Pablo Pérez Nieves
▶ Tomás ◙ Alicia Badillo Castro y 2^{das} Nup. Brunilda Vega
▶ Benjamín ◙ Elba Rivera Ruiz
▶ Wilson ◙ Iris Nilda Cortés Acevedo
▶ José E. ◙ Silvia Hernández Acevedo
▶ Nelson ◙ Zenaida Méndez Cortés
▶ Jesús ◙ Maritza Muñiz Muñiz
▶ Luz N. ◙ Isaac Rodríguez (de Rincón)
▶ Nisael ◙ Leticia López
▶ Bernabé ◙ Leticia Arroyo
▶ Abnel ◙ Arelis Soto

A esta fecha (2008) Antonio y Eduarda tienen 27 nietos y 8 biznietos. Murió a la edad de 7 años Dalyanjelys Barreto Nieves, en el 2007 y nació Diego Pablo Pérez Nieves. Fuente: AGPR. Protocolos Notariales. Moca, Caja, 1434, ff. 38-40; Protocolos Notariales de Aguada. Notario Manuel García, caja 1346. ff. 146-149. Protocolos Notariales. Moca. Caja, 1434. Año 1863. f.27. Libros de 1-17 de Bautismos y Matrimonios de la Parroquia de Moca. Entrevistas realizadas a mi padre y a mi madre. Archivo Histórico Diocesano, cajas J-82-J85.

4. Descendientes de la familia Babilonia

El primer Babilonia que llegó a Moca fue el Capitán Miguel Babilonia hijo de **Amador Babilonia y Catalina Polanco, naturales de Isla de Mallorca**. En primeras nupcias se casó con María Méndez de Moca. Luego de enviudar formó un nuevo matrimonio con Benita Lorenzo de Acevedo, hija de Martín Lorenzo de Acevedo y María Juana del Rosario González Vives el 13 de agosto de 1797. Para el 1883 Francisco Babilonia tenía la edad de 85 años, lo que significa que nació al año de producirse el matrimonio de Miguel y Benita de Acevedo. La esposa de Manuel Babilonia era Rosalía Talavera, hermana de Dolores Talavera la esposa de Vicente Quiñones. Éste se desempeño como maestro desde la temprana edad de 23 años, también fue alcalde interino de Moca en el 1846.

● Capitán Miguel Babilonia ◙ María Méndez
▼
▶ Sebastiana ◙ Pedro Ramos
▶ Ignacio ◙ Francisca Méndez
▼

Ignacio Méndez Babilonia

►José   ◉ Juana Ramos 1^{ras} Nup.
            ◉ Leoncia Pallán 2^{das} Nup.
►Antonia   ◉ Santiago Ferrer
►Santiago   ◉ María de los Reyes
►Catalina   ◉ Antonio Lorenzo
►María Mag. ◉ Pablo Acevedo
►Juan María   ◉ Andrea Retamar
2 das Nup.   ◉ Benita Lorenzo de Acevedo
              ▼

►María Babilonia
►Pedro Babilonia Acevedo ◉ Rosa Carive
            ▼

Donato Babilonia Carive ◉ María Alberto Acevedo
Manuel ◉ Teresa Muñiz
Juana   ◉ _____ Nieves
►Francisco Babilonia Acevedo ◉ Viviana Quiñones Vives
      ▼

     ►Virgilio Babilonia Quiñones
     ►Filomena
     ►Pascacia
     ► Benita
     ►Adolfo Babilonia Quiñones ◉ Lucidania Iturrino Rivera
                     (n.1854)
         ▼

        Aurelia+
        Alfonso+
        Jorge+
        Osvaldo
        Enriqueta
        Arturo Carmelo
        Urania
        Olivia
        Violanta
        Fidel
        Bárbara Teresa ◉ José Más Pérez
        Adolfo Melquíades Babilonia Iturrino ◉ Ismenia
                         Van Derdys Urrutia
       ▼

► Lucia Bailonia Itirrino
► Emma
► Carlos
► Adolfo? (Fifí)
► Alcides
► Obdulia
◙ Mercedes Suárez
▼
►Juan Damaso ◙ Elia Margarita Vale
►Manuel Adolfo Babilonia Acevedo ◙ Rosalía Talavera (1^{ras} nup.)
► Alcides Babilonia Talavera
► Damaso Babilonia Talavera
► Jose Nestor Babilonia Talavera
► Manuel Astolfo Babilonia Talavera ◙ Jacinta Estrella
Ostache (de Camuy)
▼
►Rosa Marcelina Babilonia Estrella
►María Rosario
►Astolfo R.
►Tomás Babilonia ◙ Enriqueta Kleibring Sotomayor
▼
►Dolores Anacleta Babilonia Kleinbring
►Herminia Agripina Babilonia
2^{das} nup. ◙ Juana Teresa de Acevedo
▼
►Virgilia ◙ Pablo Antonio Méndez Nieves
► Adolfo Babilonia Acevedo

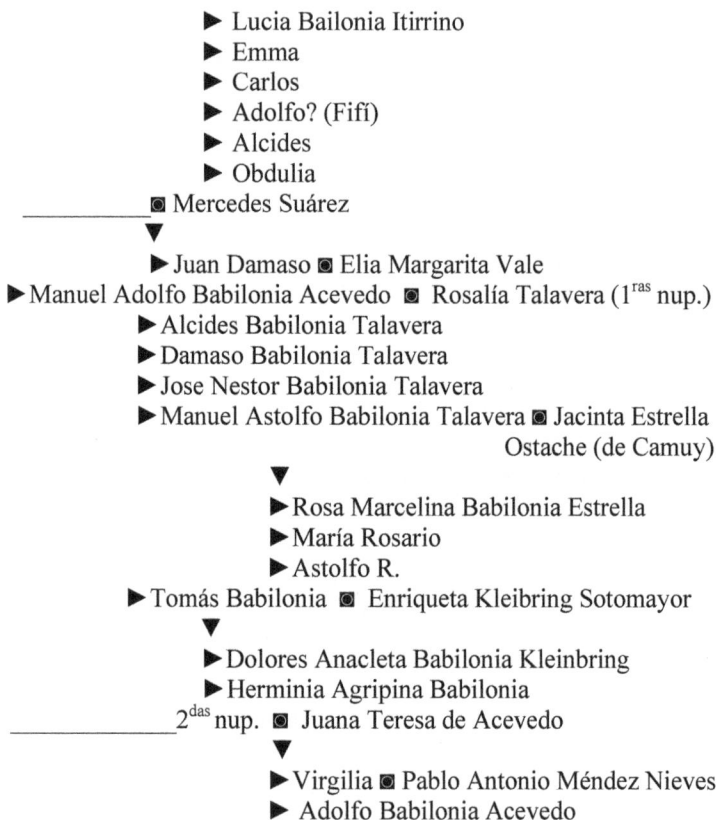

Fuente: Protocolos Notariales, Moca, Notaría de Eusebio de Arce. Caja 1440.
Año 1873. f. 90-91. Protocolos Notariales, Aguadilla, Caja, 1298y 2730 f. 530.
Libros Matrimonios y Bautismos de la Parroquia de Moca.

5.   Descendientes de la familia de los González Cardosa y Pérez de la Cruz
El primero que llegó fue Dionisio hijo de **José González Cardosa y Francisca de Rivera** procedentes de la región de Quebradillas. Con el tiempo se dispersaron por el pueblo y los barrios de Cuchillas y Capá. Dionisio González Cardoza y Bárbara Pérez de la Cruz se casaron el 20 de abril del 1797. Bárbara era hija del Capitán José Pérez de la Cruz y Petrona López, quienes fueron parte de los fundadores del pueblo. Tan temprano

como el año 1763, Manuel de Jesús tenía propiedades en el Pueblo y en el Barrio Cuchillas. Luego Manuel de Jesús hijo, quien nació en el 1865 y se desempeño al igual que su padre como maestro, fue a vivir al barrio Capá cuando se casó con Nepomucena Ramírez Avilés. Rosa Inés González la madre de Juana Gregoria era esclava de Manuel de Jesús González.

A. ● Dionisio González Cardosa y Bárbara Pérez de la Cruz López
▼
  ►Juan González Cardosa ◉ Rosa González
     ▼
     ►Antonio González Cardosa ◉ Felipa Valentín
       ▼
       Manuel de Jesús ◉ Con Juana F^{ca} Pérez
         ▼
         Jesús González ◉ Loepolda Hernández
      ►José Antonio ◉ Narcisa Hernández
        ▼
       ►María Felipa ◉
       ►Evaristo◉
       ►Juan
       ►Ignacio ◉ María Isabel Cordero
      _____ ♠ Rosa Inés González
        ▼
        ►Justo González (gemelo)
        ►Pedro González (gemelo)
        ►Juana Gregoria ◉ Juan Liberato Méndez
          ▼
          ►Domingo (Mingo)-Emilia Núñez
           ▼
           Eduarda Méndez (mi mamá)
          ►Alonso ◉ Ángela (Gela) González
          ►Josefa (Pepa) ☐
          ►Brígida ◉ Gildo González (her. de Gela)
          ►Rita ◉ Regalo Valentín
            ►Anastacia (Tacha) ◉ Agustín
            ►Mariano ◉ (Lala)
      ►Remigia
      ►Santiago
      ►Domingo ◉ Rosalía Valentín Nieves
        ▼

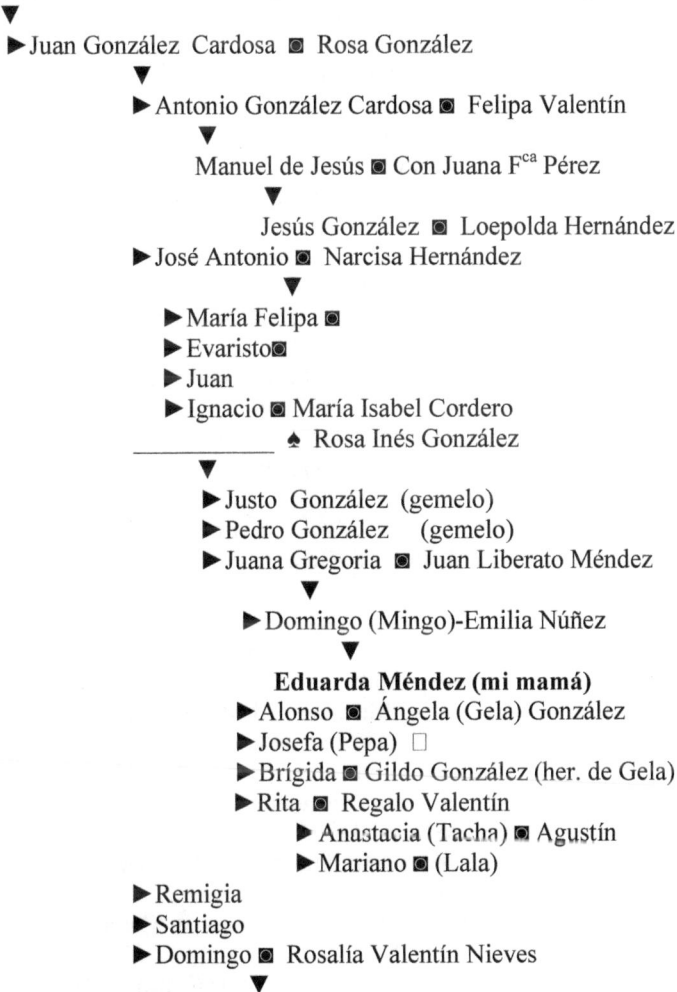

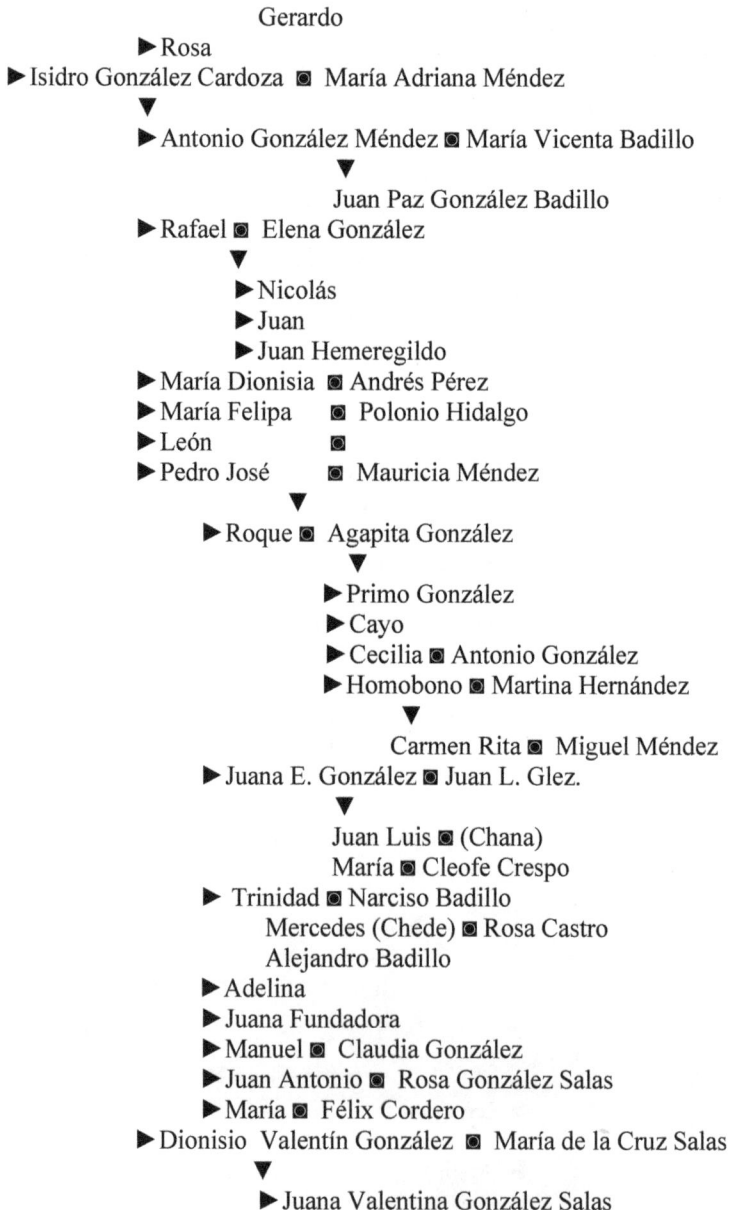

Gerardo

►Rosa

►Isidro González Cardoza ◙ María Adriana Méndez
▼

►Antonio González Méndez ◙ María Vicenta Badillo
▼

Juan Paz González Badillo

►Rafael ◙ Elena González
▼

►Nicolás

►Juan

►Juan Hemeregildo

►María Dionisia ◙ Andrés Pérez

►María Felipa ◙ Polonio Hidalgo

►León ◙

►Pedro José ◙ Mauricia Méndez
▼

►Roque ◙ Agapita González
▼

►Primo González

►Cayo

►Cecilia ◙ Antonio González

►Homobono ◙ Martina Hernández
▼

Carmen Rita ◙ Miguel Méndez

►Juana E. González ◙ Juan L. Glez.
▼

Juan Luis ◙ (Chana)

María ◙ Cleofe Crespo

►Trinidad ◙ Narciso Badillo

Mercedes (Chede) ◙ Rosa Castro

Alejandro Badillo

►Adelina

►Juana Fundadora

►Manuel ◙ Claudia González

►Juan Antonio ◙ Rosa González Salas

►María ◙ Félix Cordero

►Dionisio Valentín González ◙ María de la Cruz Salas
▼

►Juana Valentina González Salas

316

►Cosme González Salas
►Juan L. González Salas
►Manuel de Jesús ◙ María Magdalena Hernández (1^{ras} nup.)
▼
►Juan Antonio González Hernández
►José Hilario
►María Felipa
_____2^{das} nup. ◙ María del Carmen Cordero
▼
►José Santiago ◙ María Méndez
►Juana Inocencia
►Juana Francisca ◙Juan José Vera
►Brígida del Carmen
►Juan
►Manuel de Jesús ◙ Nepomucena Ramírez Avilés
►María Vicenta ◙ Félix Cordero (ver fam. Félix Cordero)
►María de la Cruz   ◙ Juan de Dios Pérez y en 2^{das} Nup. Hilario
Méndez
►Tomasa   ◙ Casimiro Álvarez (ver fam. Álvarez)
►María Manuela ◙ Manuel de Jesús Pérez (ver fam. Pérez)
►Carmen   ◙ Cristóbal Vera (ver los Vera)
►José María
►Damián
►Petrona (Gemela)
►Petronila (Gemela)
►María Monserrate
►Bárbara

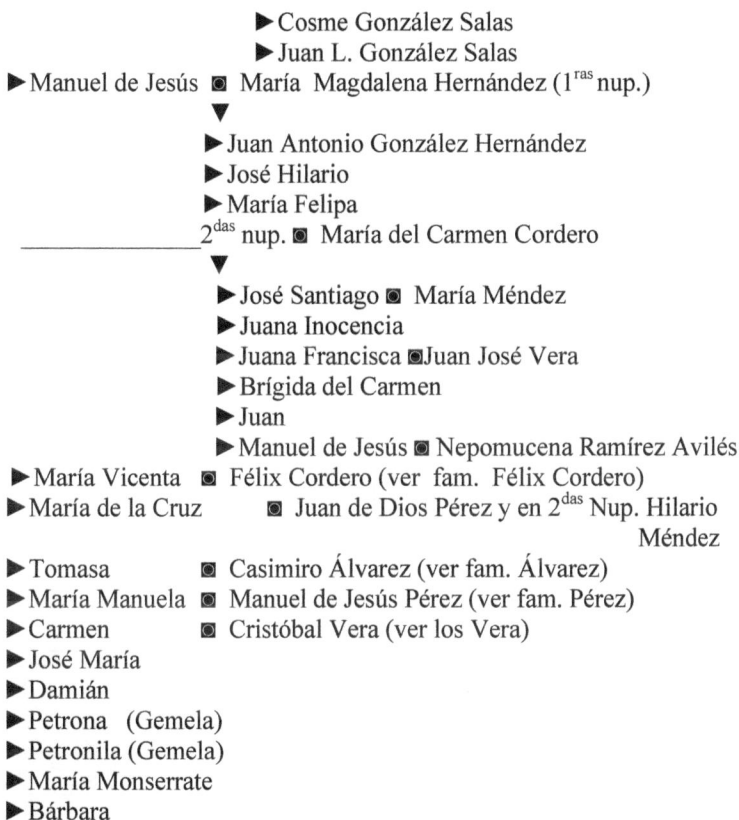

6. Descendientes de los González López (de Cuchillas)
• Luis González ◙ Rita López
▼
►Claudia González ◙ Manuel González
►José María González ◙ Rosario Álvarez González
▼
►Donato González ◙ Eduarda González
▼
►Víctor González
►Alejo González
►Juana Dionisia
►Petrona

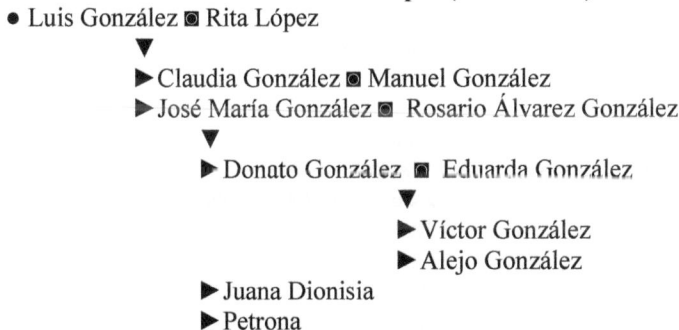

►José Bernardino ◙ María Valentina González Cardoza
▼
    ►Juan ◙ Berta Hernández
    ►Damaso (Macio) ◙ _____ *?
    ►María ◙ Reimundo (Mundo)
    ►Victoriana (Llana) ◙ Pedro Hidalgo
    ►Emiliano ◙ _____ *?
    ►Catalino (Tano) ◙ Vita
    ►Juana Victoria (Vita) ◙ José Nieves
►Gregorio González ◙ María Castro
►León González
►Manuel de Jesús ◙ Ángela Pérez

Fuentes: AGPR. Protocolos Notariales, Moca. Cajas, 1440, f.9; 1444.: FGE, Serie Asuntos Eclesiásticos. Caja, 283. Leg. 2234. Los nombres de los González Cardosa ver la **Gaceta de P.R.** núm. 22 de 1892; núm.34 de 1887; núm.12 de 1889; núm.16 de 1890; núm. 214 de 1897; núm.148 de 1895; núm.37 de 1860; núm.14 de 1883 y núm.28 de 1888. Datos suministrados por el autor. Numerosas entrevistas realizadas a mis padres Antonio Nieves y Eduarda Méndez y a mis abuelos durante muchos años. Entrevista realizada a María González González, dic. de 2002.

7. Descendientes de los González Morales Hernández (de Aceitunas)

Para el 30 de mayo de 1831 vivían en el Sector Ojo de Agua (Aceitunas), del pueblo de Moca, de la Villa de Aguada. Manuel González era hijo de Manuel González y María Morales. La segunda esposa de él era hija de Ignacio Bázquez y María Vega.

●Manuel González ◙ María Morales
▼
    ►Manuel González ◙ Rosa Hernández
    ▼
        ►Juan González Hernández
        ►María de los Ángeles
        ►Pedro González Hernández
        ►Antonio
2 das Nup. ◙ _____ Bázquez Vega
        ►José González Bázquez
        ►Rosa
        ►Cristóbal
        ►Antonio
        ►Teresa

▶ _____ ◉ Teresa de Nieves
      ▼
      ▶ Pedro González Nieves
      ▶ María Monserrate
      ▶ María de los Reyes
      ▶ Antonia
      ▶ Estevan
      ▶ Francisco
      ▶ Manuel

Fuentes: AGPR. Protocolos Notariales. Moca, Caja 1434. ff. 25-27. Protocolos Notariales Serie Aguadilla. Caja 1346. Archivo Eclesiástico Diocesano, Moca. Caja J-83.

8. Descendientes de la familia González- compuesta por esclavos libertos de Manuel de Jesús González. Resulta interesante porque esta es una familia mocana compuesta casi en su totalidad por esclavos y/o libertos. Juan Ramón, Pedro y Juana aparecen como esclavos de Manuel González en el padrón de esclavos de Moca de 1826. Para el año 1887 cuando los primos terceros Juan Ramón y Claudina se casaron estaban clasificados como libertos. El apellido González lo tomaban de su amo Manuel de Jesús González. Los hermanos mellizos Juan Ramón y Juan Bautista eran hijos ilegítimos de Pedro. En realidad parece ser que eran hijos ilegítimos de algún miembro de la familia del amo, porque en la familia de Dionisio Gonzáles era que se procreaban gemelos, como fue el caso del nacimiento de Petrona y Petronila en 1811. Hecho que se confirma si consideramos que los gemelos Pedro y Justo eran hijos ilegítimos de José Antonio González Cardosa y la esclava Inés.

▶ Benito González   Miguel ◉ Benita (esclavos)
   ▼   ▼
     Pedro González ♠ Juana González (libertos)
              ▼
        ▶ Juan Ramón ◉ Claudina González Jiménez
        ▶ Juan Bautista*
▶ María González   Francisco Jiménez ◉ María Socorro Vega
    ▼   ▼
     Andrés González ◉ Eduarda Jiménez
      ▼
        Claudina González Jiménez ◉ Juan Ramón

9. Descendientes de los Pérez González- Cardosa

Lorenza Hernández Nieves la esposa de Manuel de Jesús Pérez Hernández era hija de Eugenio Hernández Crespo y Francisca Nieves.

● Manuel de Jesús Pérez ◙ Manuela González Cardosa
▼

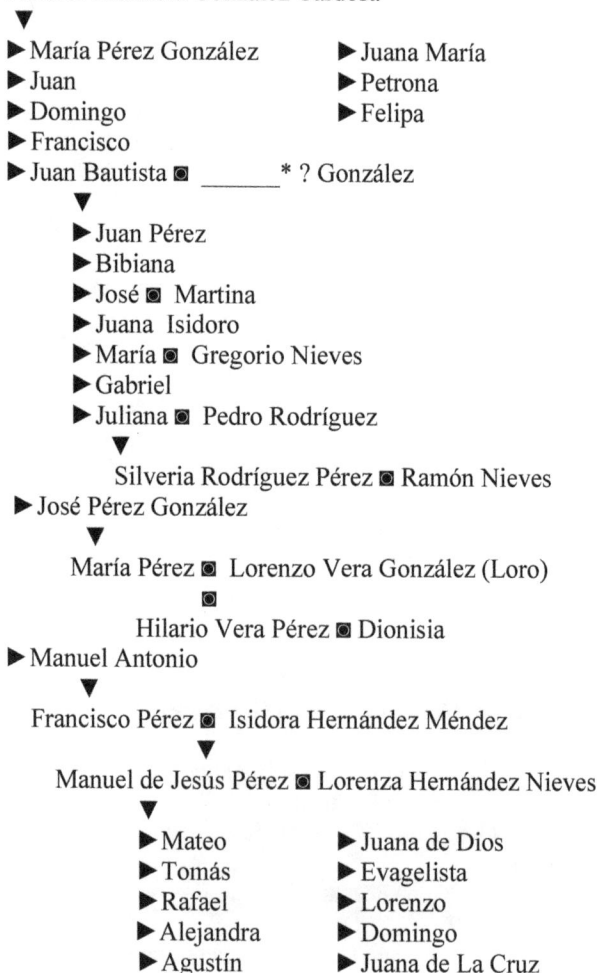

▶ María Pérez González   ▶ Juana María
▶ Juan   ▶ Petrona
▶ Domingo   ▶ Felipa
▶ Francisco
▶ Juan Bautista ◙ _____ * ? González
▼

▶ Juan Pérez
▶ Bibiana
▶ José ◙ Martina
▶ Juana Isidoro
▶ María ◙ Gregorio Nieves
▶ Gabriel
▶ Juliana ◙ Pedro Rodríguez
▼

Silveria Rodríguez Pérez ◙ Ramón Nieves
▶ José Pérez González
▼

María Pérez ◙ Lorenzo Vera González (Loro)
◙
Hilario Vera Pérez ◙ Dionisia
▶ Manuel Antonio
▼

Francisco Pérez ◙ Isidora Hernández Méndez
▼

Manuel de Jesús Pérez ◙ Lorenza Hernández Nieves
▼

▶ Mateo   ▶ Juana de Dios
▶ Tomás   ▶ Evagelista
▶ Rafael   ▶ Lorenzo
▶ Alejandra   ▶ Domingo
▶ Agustín   ▶ Juana de La Cruz

Fuentes: Entrevista hecha a Mateo Pérez (QEPD. 2004) (a esta fecha contaba con más de 94 años) por Daniel Pérez Moró enero de 2003. Entrevista realizada a María González

González, (QEPD) en diciembre de 2002 por el autor. Ambos residentes en el Barrio Cuchillas. AGPR. Protocolos Notariales, Moca, Caja. 1434. f.29. AGPR. Protocolos Notariales, Moca. Cajas, 1440, f.9; 1444.: FGE, Serie Asuntos Eclesiásticos. Caja, 283. Leg. 2234. Los nombres de los González Cardosa ver la **Gaceta de P.R.** núm. 22 de 1892; núm.34 de 1887; núm.12 de 1889; núm.16 de 1890; núm. 214 de 1897; núm.148 de 1895; núm.37 de 1860; núm.14 de 1883 y núm.28 de 1888. Datos suministrados por el autor. Numerosas entrevistas realizadas a mis padres Antonio Nieves y Eduarda Méndez y a mis abuelos durante muchos años.

10. Descendientes de la familia Cordero López

Félix Cordero y María Manuela González Pérez se casaron el 22 de enero de 1821, en el pueblo de Moca.

● **Manuel Cordero** ◙ **Rosalía López**
▼

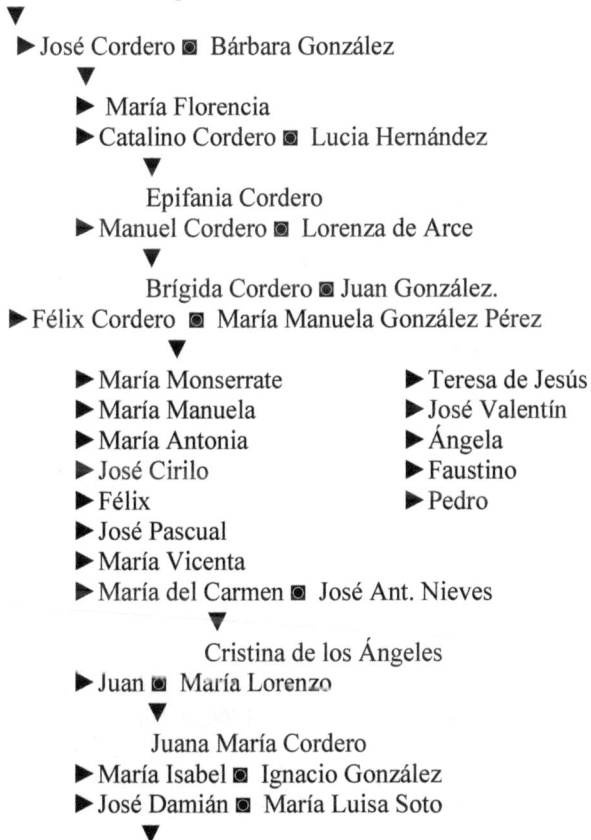

▶ José Cordero ◙ Bárbara González
▼

▶ María Florencia
▶ Catalino Cordero ◙ Lucia Hernández
▼

Epifania Cordero
▶ Manuel Cordero ◙ Lorenza de Arce
▼

Brígida Cordero ◙ Juan González.
▶ Félix Cordero ◙ María Manuela González Pérez
▼

▶ María Monserrate	▶ Teresa de Jesús
▶ María Manuela	▶ José Valentín
▶ María Antonia	▶ Ángela
▶ José Cirilo	▶ Faustino
▶ Félix	▶ Pedro
▶ José Pascual	
▶ María Vicenta	

▶ María del Carmen ◙ José Ant. Nieves
▼

Cristina de los Ángeles
▶ Juan ◙ María Lorenzo
▼

Juana María Cordero
▶ María Isabel ◙ Ignacio González
▶ José Damián ◙ María Luisa Soto
▼

Tomás Cordero ▣ Juana González

11. Descendientes de la familia Benejam

En la actualidad quedan algunos descendientes en Moca y Aguadilla. Fue una familia muy importante en la vida del pueblo de Moca. Los Benejam eran oriundos de la Ciudadela de la isla de Menorca. Juana Josefa Domínguez la esposa de Cristóbal Benejam era hija de José Domínguez y Juana de Ferro Leañez naturales de Venezuela. Catalina Feliú Benejam era sobrina de Lorenzo. Bibiana Pagán Ruiz era hija de Restituto Pagán.

● ▶ **Antonio Benejam**
● ▶ **Lorenzo Benejam** ▣ **Catalina Suria**
▼

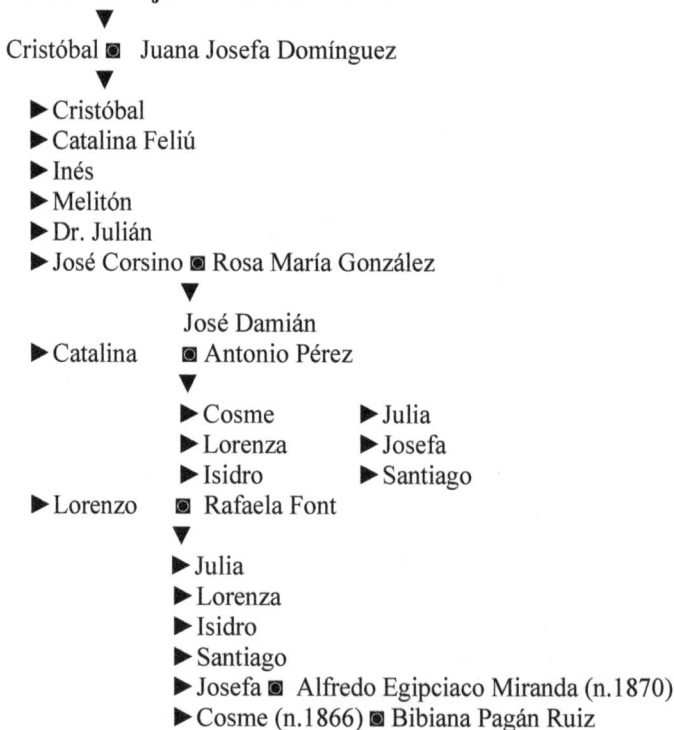

Cristóbal ▣ Juana Josefa Domínguez
▼

▶ Cristóbal
▶ Catalina Feliú
▶ Inés
▶ Melitón
▶ Dr. Julián
▶ José Corsino ▣ Rosa María González
▼

José Damián
▶ Catalina ▣ Antonio Pérez
▼

▶ Cosme   ▶ Julia
▶ Lorenza   ▶ Josefa
▶ Isidro   ▶ Santiago
▶ Lorenzo ▣ Rafaela Font
▼

▶ Julia
▶ Lorenza
▶ Isidro
▶ Santiago
▶ Josefa ▣ Alfredo Egipciaco Miranda (n.1870)
▶ Cosme (n.1866) ▣ Bibiana Pagán Ruiz

Fuente: AGPR. Protocolos Notariales. Moca, Caja.1444. f.35. Protocolos Notariales, Aguadilla, Caja, 1268; 1298; 2721 y 2730, f. 1.

12. Descendientes de la familia Hidalgo

Ruperto Hidalgo nació en 1778.

●Juan de la Cruz Hidalgo ◙ Adelaida Méndez
▼

Ruperto Hidalgo ◙ María Arocho
▼

- ►Jesús
- ►Manuel
- ►Antonio
- ►María Olaya
- ►Juan de la Cruz ◙ Antonia Méndez
  ▼
  - ►Osvalda Hidalgo
  - ►Juan de la Cruz ◙ Monserrate
  - ►Antonio
  - ►Marcelino
- ►Francisco ◙ Juana Jiménez
  ▼
  - ►Polonio Hidalgo ◙ Aquilina Acevedo González
  - ►_____ ◙ María Felipa González Cardosa
  - ►Isidro Hidalgo
    ▼
    - ►Pedro Hidalgo ◙ Victoriana González
- ►Rufino Hidalgo ◙ Paula Pérez González
  ▼
  - ►Pelegrina
  - ►Juan
  - ►Fundador
  - ►Osvaldo
  - ►Luisa
  - ►Jacinto

Fuente: AGPR. Protocolos Notariales. Moca, Caja, 1444. f.124.

13. Descendientes de la familia Maisonave

Juan Pedro Maisonave y Catalina Founcade eran naturales de la ciudad de Porto en Haití. Sebastián Banuchi el esposo de Josefa era natural de Murcia y se desempeñaba como Teniente de Infantería del ejército español. Arístides Maisonave fue alcalde de Moca. María Belén Zavala hija natural de Marcelina Zavala. Arístides Maisonave nació en el 1868 y su esposa Juana Reyes González en el 1865.

●**Juan Pedro Maisonave** ◙ **Catalina Founcade**
▼
Luis Maisonave ◙ Manuela de la Peña
▼
►Pedro Luis †
►Luis Cosme
►Andres Natalio Maisonave Peña
►Cándida Maisonave
►Luis Natalio ◙ Rosa Rodríguez
  ►Felicita ◙ Félix Echevarría
  ▼
  ►Herminia
►Josefa Francisca ◙ Sebastián Banuchi*
  ▼
  ►Dimas Banuchi Maisonave
►Josefa Antonia ◙ Sebastián Banuchi *
  ▼
  ►Sebastián Justo Banuchi Maisonave
►Juan Pedro ◙ Manuela de la Rosa
►Jualián ◙ María Eugenia Sagardía Juarbe
►Luis Antonio ♠ María Belén Zavala
▼
►Belén
►Maximiliano
►Hipólita
►Arturo ◙ Eloisa Banuchi
►Arístides Maisonave ◙ Juana Reyes González
  ▼
  ►Marcial (Chalo) Maisonave
  ▼
  ►Héctor Maisonave Arístides

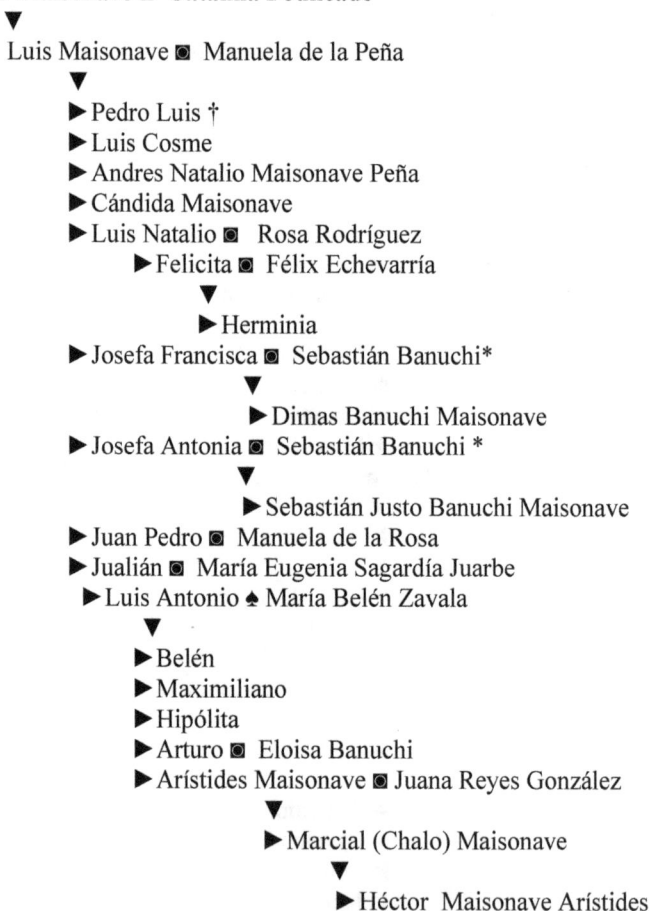

Fuente: Protocolos Notariales, Aguadilla, Caja 1277; 2720; 2728, f. 691. Josefa Francisca era prima de Josefa Antonia, ambas casaron con Sebastián Banuchi. Archivo Eclesiástico Diosesano, Moca, Caja J-83.

14. Descendientes de las familias López Pitrat, Lassalle y Bourdón

Pedro Lassalle era hijo de Juan Lassalle y Juana María Lafanzueta oriundos de Beanne, Francia. Su esposa Isabel Victoria DelPech era hija de Hemnique DelPech y María Josefa Dorotea naturales de Haití.

Julián López Pitrat era hijo de Pedro López Pitrat y Micaela Pitrat.

●Pedro Lassalle ◙ Isabel Victoria DelPeche
▼
   ►Marcos Dolores Lassalle DelPech
   ►Esteban
   ►Juan Bautista
   ►Tomás
   ►Clotilde Saturnina Lassalle ◙ Julián López Pitrat
    ▼
    Conrado
    Peregrina
   ►Marcelino María Engracia Lassalle ◙ Segunda Bonilla
    ▼
     ►Celedonio Lassalle
     ►Donato Lassalle ◙ Cleofa Gutiérrez
     ▼
      Ramón Lassalle ◙ Irene Lasalle
      ▼
       ►Cleofe Lassalle
       ►Confesor
       ►Inocencia Lassalle
       ►Damiana Lassalle
     ►Donato Lassalle Lassalle ♠ Esclava
     ▼
      ►Manuel Gutiérrez ◙ Blasina Lassalle Méndez
      ►Ramón Gutiérrez ◙ Yrene Lassalle
     ►Gregorio Lassalle ♠ Juana Méndez
     ▼
      ►Juan Liberato Méndez ◙ Juana González
      ▼
       ►Domingo Méndez González ◙ Emilia Núñez
       ▼
        ►Eduarda Méndez ◙ Antonio Nieves
●José Francisco Bourdón
▼
   ►Pablo Bourdón Inés Quiñones

▼
► Nicasio Bourdón
► José Bourdón ▣ Candelaria Pellot
    ▼
   ► Encarnación Bourdón ▣ Celestina Lassalle
     ▼
     ► María Aniceta Lassalle Bourdón
     ► Celestina Bourdón ▣ Juan Antonio Lassalle
      ▼
      ► Irene Lassalle Bourdón ▣ Ramón Lassalle Gutiérrez
      ► Juana Bernardina Lassalle Bourdón
      ► José Calazán Lassalle Bourdón ▣ Andrea Román
      ► Victoriana Lassalle Bourdón ▣ Sixto Román Arocho
      ► Toribio Lassalle Bourdón

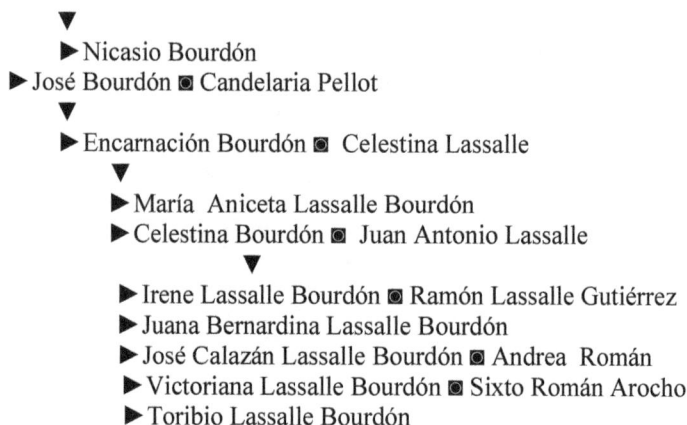

Fuente: AGPR. Protocolos Notariales. Moca, Caja 1444., f125-126. Protocolos Notariales, Aguadilla, Cajas 2721; 2729, f. 1. Archivo Diocesano, Caja 83, Expd. 3.

15. Descendientes de la familia Rosa.

Guillermo Rosa ▣ Magdalena Quiñones Lauzar (m. nov. 1914)
  ▼

► José Rosa (n. 1869)	► Juan Gregorio
► Manuel	► Florentino
► Leogivildo	► Dolores
► Carmen	► Cristina
► Rosa	► Vicenta

Sobrinos de Guillermo Rosa
  ► Santiago Rosa Torres.
  ► Laureano
  ► América
  ► Paula
  ► Rosa

Fuente: Protocolos Notariales, Aguadilla. Caja, 2721. f. 537.

16. Descendientes de la familia Méndez Avilés.

● Manuel Méndez ▣ Casimira Avilés
  ▼
 ► Juan Méndez ▣ María González
   ▼
   ► Andrea Méndez ▣ Isidro González (ver familia González
                       Cardosa)

▼
       ▶ Pedro José González Méndez ◙ Agapita González
       ▶ Adelina
       ▶ Juana Fundadora
       ▶ Manuel ◙ Claudia González
       ▶ Juan Antonio ◙ Rosa González Salas
       ▶ María ◙ Félix Cordero
▶ Manuel Méndez ◙ María Román
  ▼

    Manuel Méndez ◙ Juana Soto
    ▼

       Esteban Méndez ◙ María Acevedo
       ▼

       Manuel Méndez Acevedo

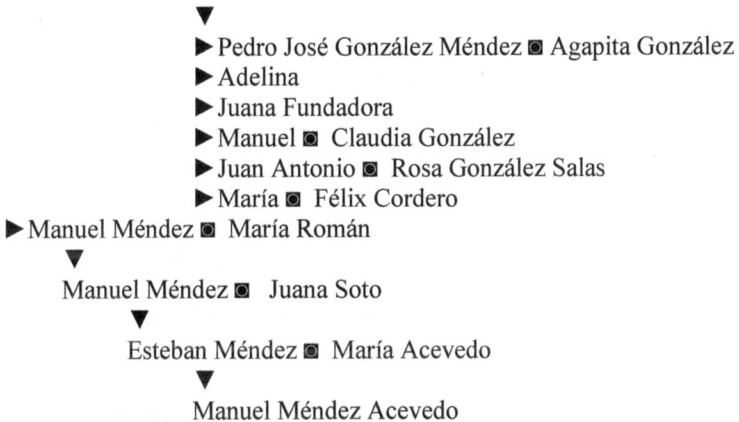

Fuente: Archivo Histórico Diocesano, Moca, Caja, J-82, Años 1844-74.

17. Descendientes de la familia Charneco del Barrio Las Marías.

Antonio fue Sargento-Mayor y escribano, para 1824 ya estaba en Moca. Basilio fue maestro en Bo. Las Marías y encargado de los fondos municipales. Basilio Charneco Cabán murió el 31 de diciembre de 1895.

    ● Antonio Charneco y Sanz
    ▼

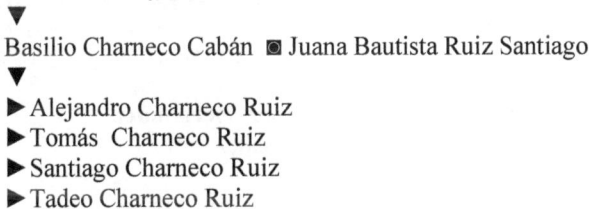

       Basilio Charneco Cabán ◙ Juana Bautista Ruiz Santiago
       ▼

       ▶ Alejandro Charneco Ruiz
       ▶ Tomás Charneco Ruiz
       ▶ Santiago Charneco Ruiz
       ▶ Tadeo Charneco Ruiz

Fuentes: AGPR. Documentos Municipales, Moca, Caja 2, Expd. 5, Año 1923-26. Fondo Obras Públicas, Obras Municipales, Caja 281. Leg. 47-A. Añ0 1860.

18. Descendientes de la familia San Antonio

Miguel San Antonio y María Figueroa no vivieron en Puerto Rico. Pedro Miguel San Antonio nació en el 1823, Baldomero San Antonio trabajaba como empleado del gobierno en Juana Díaz y de Juana Díaz lo trasladaron a Moca en el 1845. Luego en el 1884 vinieron sus padres Pedro Miguel San Antonio y Magdalena Simón que residían en Añasco. Su madre Magdalena Simón era hija de José Simón y Rosa Hernández naturales de

Aguadilla. *** Juan fue principal de escuela en Moca. Los tres hermanos San Antonio se desempeñaron como maestros en Moca.

● Miguel San Antonio y María Figueroa
▼
    Pedro Miguel San Antonio ◙ Magdalena Simón
    ▼
        ► Pedro Miguel Bernabé
        ► Baldomero San Antonio ◙ Salvadora David
        ► Blanca San Antonio ◙ Alejandro Otero
        ▼
            Dr. Alejandro Otero San Antonio
        ► Juan San Antonio
        ▼
            Juan San Antonio ◙ Clotilde Figueroa
            ▼
                ► Haydeé   Enrique Figueroa
                ► Minerva ◙ Cosme Pérez
                ► Blanca
                _____ ◙ Ana América Bravo
                ► Ángel M. ◙ Minerva Ramos

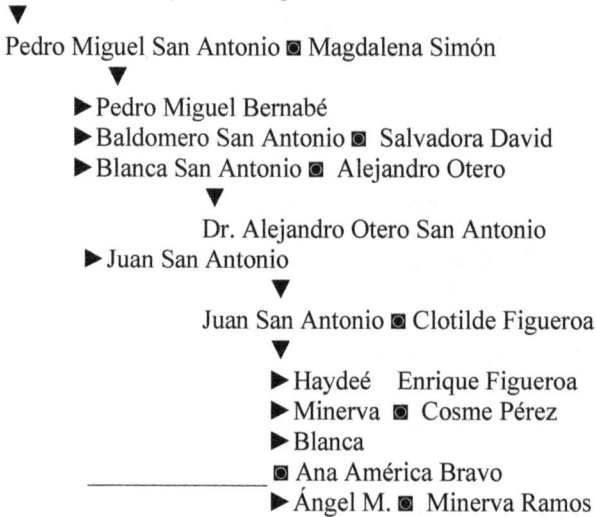

Fuentes: Archivo Histórico Diocesano, Moca, Caja, J-82, Año 1844-74. AGPR. Gobernadores Españoles, Caja, 510. Protocolos Notariales, Aguadilla, Caja, 1444. Año, 1851. Ángel M. San Antonio. *Hojas Históricas de Moca*. Año 2004. p.168.

19. Descendientes de la familia López Hernández
  ● Miguel López ◙ María Hernández
  ▼
      ► Dionisio López ◙ Martina López
      ▼
      Pablo Ramón
    ► Miguel López ◙ María del Carmen Hernández
    ▼
    María Justa López

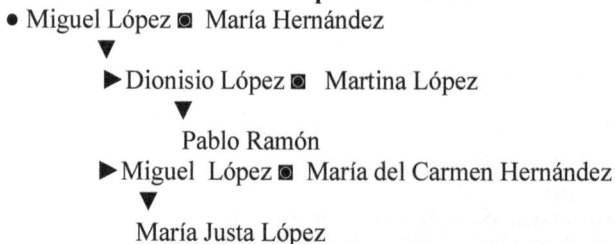

Fuente: Archivo Histórico Diocesano, Moca, Caja J-82, Añ0s 1844-74. No se identifica el barrio.

20. Descendientes de la familia Dei(y)nes
    Juana Lorenzo de Acevedo la esposa de Juan Miguel Deynes era hija de Manuel Lorenzo de Acevedo y María Micaela de la Cruz.

●Juan Bautista Deynes ◙ María Antonia Arcelay
▼
  Juan Miguel Deynes ◙ Juana Lorenzo de Acevedo
  ▼
    ►Miguel Antonio
    ►Segundo
    ►Biterbo
    ►Sofia
    ►María Antonia
    Hijas de crianza
    ►María Vélez
    ►Ignacia
    ►Vicenta
    ►María Damiana

Fuente: AGPR. Protocolos Notariales, Aguadilla, Caja, 1339.

21. Descendientes de la familia Cabán

●Francisco Cabán ◙ Monserrate Hernández
        ▼
        ► José Vicente ◙ Martina Pérez
          ▼
          ►Juan Ramón
      ► Manuel Cabán ◙ Matías Hernández
            ▼
            ►Juana Cabán ◙ Miguel Vale
              ▼
              ►María Isabel Vale ◙ Juan Ramón Cabán

Fuente: Archivo Histórico Diocesano, Moca, Caja J-82, Expd. 23. Año 1844-74.

22. Descendientes de la familia Hernández (Cuchillas, Voladoras)

A. Gregorio Hernández ◙ Isabel Méndez
      ▼
      ►Catalina Hernández ◙ Pablo Márquez
        ▼
        ►María de los Reyes
B. Ramón Hernández ◙ Ana Pérez
    ▼
    ►Pablo ◙ Rosa Cardona
        ▼
        ►Guillermo

C. Agustín Hernández Crespo ◙ Plácida Hernández Pérez

▶Juana ◙ Mateo Pérez   ▶León
▶Pedro   ▶Loecadia
▶María   ▶Cecilia
▶Plácido   ▶Francisco
▶Hipólita

Fuente: Archivo Histórico Diocesano, Moca, Caja, J-82, Año 1844-74.

23. Descendientes de la familia Vera naturales del San Germán y San Sebastián del Pepino

●**Agustín Vera de la Rosa** (natural de San Germán)
▼
Juan José Vera de la Rosa Cancel ◙ Ángela Soto(mayor)
▼
▶Facundo Vera Soto
▶María del Rosario
▶Antonio Vera ◙ María Monserrate Méndez
▶Agustín Vera ◙ Polonia de la Rosa
▼
▶Máximo Vera ◙ Rosa González
▼
▶Manuel de Jesús
▶Cristóbal Vera Soto ◙ Carmen González Cardoza Pérez
▼
▶Ángel de Jesús
▶José Vera ◙ Inocencia Cardona
▶Cecilia Vera
▶Primitiva Dolores
▶Celedonia ◙ Adolfo Avilés
▼
▶Adolfo Antonio Avilés Vera
▶Juan José ◙ Juana Francisca González Cardosa Cordero
▼
▶Fructuosa Vera González
▼
▶Dominga González Vera
▶Enrique González Vera
▶Lorenzo Vera González ◙ María Pérez
▶Hilario ◙ Dionisia Hernández González

330

▶Esteban ◙
▶María ◙ Atilano Cordero
▶Pitín ☐
▶Orocia ◙ (Nado) Lorenzo
▶_____ ☐ murió ahogado
▶♠Juan Vera
▶♠ Benjamín
_____ ◙ Juana
▶Juan Vera
▶Esteban ◙ (Nily) Hernández
▶Gloria ◙ Luis González
▶ Luzmina ◙ Bonifacio
▶Jorge Vera ◙ _____Quiñones

En segundas nupcias de Juan José Vera de la Rosa ◙ Juana Maria de Medina Hernandez del Rio (11 de marzo de 1823 en San Sebastián)

▼

▶Maria-Monserrate Vera Hernández del Río
▶Juan-José
▶Juana-Josefa
▶Polonia
▶José

24. Descendientes de la familia Castro Álvarez

El primero que llegó de esta familia fue Andrés Castro natural de Isabela. Regina Nieves la esposa de Fernando Castro era hija de Salustiano Nieves y Cruz Nieves. Se casaron el 15 de abril del 1922.

●▶Andrés Castro ◙ Ángela Álvarez

▼

Vicente Castro ◙ Victoria de la Vega

▶José Castro ◙ Eulalia Hernández

▼

▶ José Castro Hernández ▼ Rosa Muñiz

▼

Fernando Castro ◙ Regina Nieves

▼

Martín Castro ◙ Herminia Méndez Lassalle

▶Felipe Castro Hernández ◙ María Hernández

▼

Estanislao Castro

▶Pedro Castro ◙ Evangelista Cordero
▼

María Castro ◙ Gregorio González

_____ ◙ Carmen Rodríguez
▼

Donato Castro ◙ Mercedes Hernández
▼

▶Ceferino Castro
▶Ceferina Castro ◙ Feliciano Arocho
▼

Juana Arocho ◙ Fernando Soto
Ana ◙ Felipe Méndez; 2^{das} Laureano Muñiz
▶Mecio Castro ◙ María
▼

Rosa Castro ◙ Mercedes Badillo
Valentín ◙
Rita ◙ Alejandro Galarza

25. Descendientes de la familia Valentín Rodríguez

Manuel Valentín y Joaquina Mangual
▼

▶Félix Valentín Mangual ◙ Juana María Rodríguez Salas
▼

▶José Félix Mangual
▶Juan Pablo Mangual
▶Florencio Valentín Mangual ◙ Juliana Salas
▼

Benito Valentín Salas
▶María Leonarda Valentín Rodríguez
▶Juan Luis Valentín Rodríguez
▶María de los Santos Valentín ◙ Manuel de los R. Nieves
(Ver el cuadro de los Nieves)
▶Manuel Valentín Mangual ◙ Monserrate González
▼

María Leocadia
▶Alberto Valentín Mangual ◙ María Arocho
▼

José Marcelino Valentín Arocho
▶María Isidora Valentín Mangual ◙

▶María Catalina Valentín Mangual ◙

26. Descendientes de la familia Salas Hernández
● Antonio Salas ◙ Juana Hernández
▼
   ▶José Salas ◙ Juana Espinosa
   ▼
      ▶José Salas ◙ María Sabastiana Santana
      ▼
         ▶María Dolores Salas Santana
         ▶Inés Salas Santana
      ▶Nieves Salas ◙ Felipe Rodríguez
      ▼
         Juana María Rodríguez Salas
         ▼
            María de los Santos ◙ Manuel de los R. Nieves

   ▶Pedro Salas Hernández ◙ Feliciana García
   ▼
      Juan de Dios Salas ◙ María Dolores Santana García
      ▼
         ▶Juan Salas Santana
         ▶Isidro Salas Santana
         ▶Valentina Salas
         ▶Juan Pedro Salas
         ▶María de la Cruz Salas ◙ Dionisio González
         ▼
            Juana Valentina González ◙ José B. González
            (ver los cuadros de los Nieves y los González)
            ▶María Cecilia
            ▶Feliciana Salas
            ▶Rosa Salas

27. Descendientes de la familia Santana Morales
    Esta familia se origina con el matrimonio de Francisco Santa María y María Concepción naturales de Portugal. El primero que llegó a Moca fue José Enrique Santa María. Desconozco la razón, pero al llegar a Puerto Rico se comenzó a conocer con el apellido de Santana. En Moca José Enrique se casó con Eulalia Morales en el año 1780.
    ●Enrique Santa María (Santana) ◙ Eulalia Morales

▼
►José Enrique Santana ◙ Rosalía Muñiz
▼
►Manuel Santana ◙ Josefa de Soto
►Pablo Santana ◙ Evangelista Santana
►Rosalía Santana ◙ José Ant. Nieves
▼
Manuel de los R. Nieves ◙ María de los S. Rodríguez
►Marcos Santana ◙ María Isabel Lorenzo de Acevedo
►Manuela Santana
►María Sebastiana ◙ José Salas
▼
►María Dolores Salas Santana
►Inés Salas Santana

28. Descendientes de la familia Álvarez González
●Casimiro Álvarez ◙ Tomasa González Pérez
▼
►José Ant. Álvarez ◙ Felipa González
▼
►María Salustiana Álvarez
►Toribio
►Estanislao de Jesús
►Juana Margarita
►María de la O Álvarez ◙ Francisco González
►Rosario Álvarez ► José María González López
▼
►Juana Dionisia
►Petrona
►Donato ◙ Eduarda González
►José Bernardino ◙ Juana Valentina González Salas

CARTA A MIS NIETOS:

Escribir una carta para los nietos de mis nietos tiene un propósito muy especial: dejarle a mis descendientes al menos los nombres de mis antepasados, para que ellos tengan una idea de la trayectoria de su familia, desde los siglos XVIII al XXI. Que conozcan de dónde proceden, para que sus raíces sean más profundas que las mías y se sientan en la obligación de luchar por esta hermosa tierra mocana.

Yo, su tatarabuelo, soy el autor de esta tratado de Historia sobre Moca. Mi padre y yo llevamos el mismo nombre, que también le puse a mi hijo mayor, como segundo nombre. Mi abuelo fue José Nieves Valentín y se dedicó a la agricultura y a hacer carbón vegetal. Éste, a su vez, era hijo de Manuel de los Reyes Nieves Santana y nieto de José Antonio Nieves Lorenzo de Acevedo y de Rosalía Santana. José Antonio era hijo de Juan de las Nieves y Rafaela Lorenzo de Acevedo. Éste, a la vez, era descendiente de Juan de las Nieves y Valentina de Acevedo, quienes llegaron a Moca a finales del siglo XVIII. Todos descendían de José de las Nieves y Juana Santiago naturales de Gerona, España.

Mi abuela se llamaba Juana Victoria González, hija de José Bernardino González Álvarez y María Valentina González. Los abuelos de mi abuela era hijo de Isidro González y Andrea Méndez y éste hino a su vez de Dionisio González y Bárbara Pérez de la Cruz, quienes llegaron a Moca procedentes de Quebradillas, allá para el siglo XVIII.

Por parte de mi madre, conocí a mi bisabuela, que se llamaba Juana González, hija de Inés González y José Antonio González. Inés y Juana fueron esclavas de Manuel de Jesús González. De ahí, el apellido González que llevaba mi abuelo materno, Domingo Méndez González. Juana fue liberta cuando aún era una niña y su madre Inés para el año 1873. Mi bisabuela murió en el año 1965, a la edad de 110 años aproximadamente. Cuando ella murió, yo cursaba mi noveno grado en la escuela Ramón Méndez Quiñones. El esposo de Juana fue Juan Liberato Méndez, conocido como Liberato "el Español", miembro de otra de las familias más grandes y conocidas en el barrio Cuchillas, de Moca. Liberato fue hijo ilegítimo del hacendado Gregorio Lassalle, nieto de Pedro Lassalle e Isabel Victoria DelPech.

Mi abuela materna era Emilia Núñez López, hija de Inocencio Núñez y Juana López. Inocencio era natural del Pepino y se destacó en su tiempo, según refería mi abuela, como músico del cuatro criollo. Mamá Milla (Emilia) murió el 24 de agosto del 2002 a la edad de 96 años. Su abuelo fue don Pío Núñez, mi abuela perdió contacto con sus parientes al morir su padre a causa del tifus. Muchos años después, abuela Juana López murió como consecuencia de los golpes que recibió cuando una roca que se desprendió de una montaña la impactó mientras buscaba agua, en un manantial cerca de su casa.

Mi padre es Antonio Nieves González y mi madre Eduarda (Carla) Méndez, quienes a esta fecha han formado una numerosa familia de 11 hijos, 26 nietos y ocho biznietos. Formé mi familia al contraer matrimonio con Aurelia (Carmen) Vera Hernández el 21 de julio del año 1974. (Los antepasados de mi esposa fueron los siguientes: por la parte paterna su bisabuelo fue Juan José Vera, su abuelo Lorenzo (Loro) Vera y su papá Hilario Vera. Por la vía materna su mamá fue Dionisia, sus abuelos fueron Faustino y Dominga, su bisabuelo Pedro Hernández (Papá Pedro). En abril del año 1976 nació mi hijo mayor llamado Barnaby Antonio, el 19 de mayo del año 1977, nació Yonathan y al año siguiente Vilamarie Nieves Vera, mi hija menor. Vilmarie se casó con Daniel Pérez Moró en el año 1998 y han procreado a Daniel Isaac y a Diego Pablo. Yonathan e Ivelisse Velázquez Díaz se casaron en el 1999 procrearon a Yohiriel Nieves Velázquez, quien nació en el 2000, al comenzar el nuevo milenio. Ivelisse es biznieta de un primo hermano de mi abuelo, por lo que mi nieto Yohiriel cerró el círculo después de siete generaciones. Por esa razón, y porque es el primer hijo, el primer nieto de ambas familias y el primer biznieto de mis padres, es un niño tan especial para nosotros. También para Daniel Isaac Pérez Nieves por ser mi segundo nieto, quien nació el 22 de septiembre de 2005 y Diego Pablo que nació en 2007. Los demás que vengan luego, también serán muy especiales. Para todos ellos escribo estas páginas con la esperanza de que al leerlas sientan más amor por su familia, por su pueblo de Moca y por Puerto Rico.

27 de agosto de 2002.

DESCRIPCION TOPOGRÁFICA DEL PUEBLO DE MOCA

La Moca es pueblo, pertenece al 3er. Departamento, es sufragáneo de la Victoria de San Germán, se halla situado en una loma en tierra vegetal, su temperatura es salubre por circular un aire muy puro, y tener a su inmediación algunos pozos manantiales cuya agua es riquísima y sumamente digestiva.

Se encuentra al oeste de la población dos pantanos que se forman por las vertientes de las aguas, el uno a distancia de 25 varas y el otro de 100.

Se cruzan dos caminos reales, el uno de E. a O. y el otro uno de N. a S. por medio de la población. Al E. de camino real, uno transversal que sigue su camino de las Cuchillas a media milla de la población y una milla de distancia se desprende otro de este camino que sigue al barrio de la Rocha. A dos leguas de la población se desprende de dicho camino real del Pepino uno transversal que sigue al pueblo de Añasco, situado de N. a S. y como a media milla de éste, sale otro con el mismo rumbo al mismo pueblo. Al S. se encuentra el camino real que va para Añasco, del cual y como a media legua de su arranque sale uno transversal que atraviesa los antes indicados, con dirección al barrio de, La Plata y Cerro Gordo. Del nacimiento de éste y como a un cuarto de legua mas adelante sale otro camino que va buscando al O. y va a la Aguada. Al N. está el camino real que se dirige a la Isabela, y del cual se depreden tres transversales con dirección a la Aguadilla, distantes de la población como a legua y media, mediando pequeños espacios de unos a otros, y como a dos leguas se halla otro camino real que sale al nombrado Guerrero. Al O. sale otro con dirección a la que sale al nombrado Guerrero. Al O. sale otro con dirección ala Aguada, como a media milla de este pueblo.

Riega la jurisdicción al Río de Culebrinas de considerable caudal, el cual trae su nacimiento de los extremos de la tierra del Espino, al E. de la jurisdicción de Lares. Se encuentran diez quebradas que tienen su nacimiento en la montaña que está al N. de la población y son conocidas con los nombres de Quebrada Salada, Grande, Las Damas, Hato Arriba, de Pedro Salas, de José Lorenzo, de Francisco Quiñónez, de D. Antonio Quiñónez, de D. Antonio Rivera, y del Palmar todas éstas corren de N. a S. desaguan en el Río de Culebrinas 7 y las otras 3 llevan la misma dirección y desembocan en Quebrada Grande y Salada. También se encuentran 3 caños que nacen del intermedio de Quebrada Grande y de las Damas conocidos con el nombre de Caño de Acevedo, y Caraima que desaguan en Culebrinas y el de los Rábanos que derrama en Quebrada Grande. Todas las aguas de estas quebradas son salobres, por lo que no se hace uso de ellas más que para los animales.

De la cordillera que está al S. se desprenden 13 quebradas nombradas, Quebradas de la Emajagua, Higuillos, de la Cañas, de Caracolas, de los

Morones, Victoria, Naranjo, Cortés, Candelaria, Hernández, José Hernández, Marías, de Arroz y de Juana Lorenzo, las cuales corren de sur a norte y desembocan en el río las de la Plata, Morones, Candelaria, Hernández y las Marías, haciéndolo las demás en la de Morones, distan de la población y por el lugar que desembocan al río, como tres cuartos de legua alejándose unas de las otras y de la población a medida que se alejándose unas de las otras y de la población a medida que se acercan a su nacimiento. Son bastante caudalosas las de Morones, Plata y Marías, por recibir las aguas de las demás y todas son potables.

En el barrio del pueblo se halla la loma de su nombre, y en su principio hacia el N. se encuentra el ribazo de la iglesia, cuyo nombre lleva por estar edificada sobre él, extendiéndose ambos de N. a S. En el de la Aceituna está la nombrada Sierra de la Ranchara, la que empieza al E. y concluye en el centro del barrio al O. En el de la Rocha se encuentra la nombrada Sierra Camarona, situada sobre la quebrada del Capá, y la de Hato Arriba, que se extiende de N. a S., se comunica con el Cerro Pancho Viejo y Loma del Indio, situado aquél al N. y éste al S. En el del Centro se encuentra la nombrada Sierra de la Cuchillas que principia al E., y haciendo una ondulación hacia el N. sigue su curso y finaliza al O. En el barrio de la Cuchilla se encuentra una que se denomina Cuchilla Potrera, situada entre Quebrada Salada y la de Pedro Salas extendiéndose N.S. En Voladoras se halla la cuchilla de Marco Rosado y los Ramos inmediata a las Quebradas del Naranjo y la de Candelaria Hernández cuya extención (sic) es de N. a S. También existe la loma de Feliciana Ramos, situada al margen del Río Culebrinas y su extención (sic) es también de N. a S. En el barrio de la Cruz se encuentra Cuchilla-Grama, colocada a la inmediación de la Quebrada de las Marías y de la Candelaria Hernández, extendiéndose de N. a S. En el barrio de las Marías se hallan la cuchilla de los Barros al final de la jurisdicción, e inmediata a las Quebradas de las Marías y de la Candelaria Hernández, extendiéndose de N. a S. En el barrio de las Marías se hallan la cuchilla de los Barros al final de la jurisdicción, e inmediata a las Quebradas de las Marías y la de José Hernández, cuya extención (sic) y la de José Hernández, cuya extención (sic) es de E. a O. Como a una milla está situada la loma de la Mesa, en el centro de las Quebradas de las Marías y de la Rosa, y su extención (sic) de N. a S. El Cerro de Maguelles se halla colocado entre los barrios Marías y la Cruz, perteneciendo tanto a uno como a otro extendiéndose de N. a S. En el Naranjo está situada la cuchilla de Marco Rosado, siendo una parte de la Cordillera que se halla al E. de la jurisdicción y cuyo nacimiento tiene al N. También se encuentran La Loma de los Morales, que se comunica con la anterior, haciendo parte de la Cordillera que divide al Partido y se extiende de E. a O.

En el barrio de Cerro Gordo está la cuchilla de las Palmas, situada en medio de las Quebradas de Lorenza y la de Victoriana, la cual se extiende de N. a S.O. En el mismo barrio y a mil varas de la anterior existe la denominada cuchilla de Naranjo, colocada entre las quebradas del Naranjo y la de Victoriana extendiéndose de N.E y S.O. distante de la anterior como a mil y cien varas, la cual se hace parte de la llamada Marcos Rosado, cuyo origen sale del barrio de Voladoras, pasando a unirse con los Cerros Pelados en la punta que forma el final de la jurisdicción y en una misma línea los llamados Cerro Pelados, que se comunican con la loma de Altozano y los cuales se extienden de N. a S. También se encuentran dos lomas la una llamada de Ortiz unida a la misma línea de los cerros Pelados, y la otra a quinientas varas distante de ésta que se nombra Loma de Zanahoria y de las cuales se desprenden varias quebradas que corren por el barrio y cuya extención (sic) es de N. a S.

Cinco son los pueblos que colindan con la Moca a saber: Isabela que está al N. y dista 3 leguas, Pepino que está al E. y a cuatro leguas, Añasco que está al S. y dista tras leguas y media, Aguada al S.O. y a legua y media, Aguadilla al O. y a una legua. Dista de la capital veinte y dos leguas y de la costa una.

No se sabe existen en esta jurisdicción Minas, Salinas, ni baños minerales de ninguna especia, y sólo sí una cantera de piedras que sirven para amolar.

Existen cuatro puentecillos en el camino que va para la Aguadilla, estrechos, de mala construcción y casi destruidos, siendo los únicos que hay en esta jurisdicción.

Las maderas de construcción, como capá sabanero, ausubo, moralón, algarrobo, cedro-macho, capá-prieto, y tortugo, aún se encuentran en abundancia pero en algunos montes difíciles de extraer por ser quebrados el terreno.

No existe ningún documento que acredite el año de la fundación de este pueblo mas por las noticias adquiridas de los más antiguos se cree fue el año de 1774, siendo su capitán Poblador Don José Quiñónez. En 1775 se erigió su parroquia, siendo su primer cura D. Manuel Martínez Zepeda; en 1812 según informes vino un subalterno de la Compañía de Aguadilla a mandar un piquete que correspondía a aquella y fue el 1er. Comandante de cuartel.

En el año de 1795 se creó la Archicofradía del Santísimo Señor Sacramentado. Existe una Casa de Rey que es Cuartel del Milicias y en sus bajos una pieza destinada para cárcel y guardia de urbanos.

Tiene esta población dos calles: 24 casas, 11 bohíos, 1 escuela pública, 5 tiendas mixtas, 17 pulperías, 7 ventorrillos y 1 zapatería.

Reside en él el Comandante Militar que lo es el Cuartel, el Alcalde y el Cura Párroco.

Se encuentra situado este partido al sur del 3er. Departamento entre los pueblos de Isabela, Aguadilla, Aguada, Añasco y Pepino y la población a los 18° 23` 28", latitud norte y 60° 45´ 26" longitud al O. de Cádiz. Su periferia es de 10-3/4 leguas marítimas, se extiende el territorio a 3-1/4 leguas de N. a S. y de E. a O. tiene en su mayor anchura al extremo de S. 3-1/4 leguas y en la parte del N. 1-1/4, conteniendo 124 caballerías 116 cuerdas.

Según el último censo formado tiene este vecindario 8213 almas, de las cuales son del pueblo 540 y de ellos 103 blancos, divididos en 48 varones y 55 hembras, 35 pardos, de los cuales hay 12 varones y 23 hembras y 52 negros, 27 varones y 15 hembras. En el comercio hay blancos 3315 varones y 3382 hembras y 310 negros varones y 666 hembras.

Esta jurisdicción está dividida en 12 barrios y son: Rocha, Cruz, Voladoras, Capá, Plata, Cerro-Gordo, Naranjo, Marías, Centro, Aceituna, Cuchilla, Pueblo y su circuito.

Existen 1 hacienda de caña, café y siembras menores, 9 de café y siembras menores y 406 estancias de café y siembra menores. Los terrenos de la altura son estimados con preferencia, cuando tienen monte para plátanos y café y los llanos de ciénegas y vegas para arroz, maíz y otros frutos menores. La cultura y ganadería solo consiste en el café.

No hay duda que en los temporales que ha sufrido la Isla le ha resultado perjuicios enormes, como también en la gran seca que hubo en 1811.

Es su contribución ordinaria que paga anualmente 4503 pesos o reales de los cuales 2,625 pesos corresponden al subsidio, 1418 pesos 2 reales de gastos públicos, 185 pesos 1 real por derechos de tierras y 275 pesos 1 real de primicias, sin contar con los gastos extraordinarios que ocurren.

Moca 9 de septiembre de 1848.

**DISCREPANCIA QUE SE ADVIERTE ENTRE LAS NOTICIAS TOPOGRÁFICAS QUE SE REMITEN Y LAS QUE VIO EN EL 2°
TOMO DE SUS MEMORIAS DON PEDRO TOMÁS DE CÓRDOVA.**

No se sabe por las indicadas memorias que Don. José Quiñónez fue el Capitán Poblador y el Presbítero Don Manuel Martínez Zepeda su primer cura párroco.

También se advierte que la cantera de piedra que dice de moler, losas de amolar. Se observa que las quebradas de que hablan las memorias son ocho y tres de ellas no existen, o son equivocados sus nombres, como la del Capá,

Aguas Frías y Emajagual, en lugar de veinte y tres y algunos caños de que se hace mención en el pliego que remite.

La jurisdicción estuvo siempre dividida en doce barrios que son pueblo y su circuitos, Rocha, Cruz, Voladoras, (sic) Capá, Plata, Cerro-gordo, Naranjo, Marías, Centro, Aceituna y Cuchilla; en lugar de dar las memorias siete, y de ellos no existen los nombres de Quebrada Grande, Poza y Arroyo.

Cuando el señor Córdova publicó sus memorias solo existía un piquete que hacía parte de la compañía de milicias de Aguadilla, siendo el Comandante de Cuartel un subalterno, pero desde el año 1845 en que se arregló este Departamento es compañía y su Capitán es Comandante Militar y de Cuartel.

Dicen las memorias que en 1824 pagaba el derecho de 117 caballerías, 132 cuerdas, según las noticias de la Alcaldía están empadronadas 122 caballerías, 149 cuerdas, y por los daTos con que se ha procedido en esta fecha aparece que deberá tener la jurisdicción en su planicie 150 caballerías, 165 cuerdas cuya discrepancia se hace muy notable.

Moca 9 de septiembre de 1846

Tabla I. Fundadores del pueblo de Moca.

PERSONA/ FAMILIA	HIJOS/AS		
Don José de Quiñones y Rosa López de Segura 2da. Nup. Brígida García Montalvo	Francisco de Quiñones López de Segura Brígida de Quiñones García		
Domingo Hernández			
Capitán José Pérez de la Cruz			
Bartolomé de Acevedo			
Félix Medina			
Manuel Gutiérrez			
Eugenio de la Cruz			
Manuel López			
Antonio de Salas y Francisca Obennz	Juana de Salas Obennz Juan de Salas		
Juan Salas y Manuela Hernández	Victoria de Salas Hernández		
Juan de las Nieves y Valentina Lorenzo de Acevedo	Cecilia Juan Lucas Tomasa		
Martín Lorenzo de Acevedo y Juana González	**Francisco Cirilo Lorenzo de Acevedo*** María Eugenia Paula Juan Martín Benita Juana Merced María Manuela		
Francisco Cirilo Lorenzo de Acevedo y Norberta	Francisco Carolina Liduvina	Juan Ramón Pedro Pablo (presb.)	Petrona Felicita Emilio

Polanco	José Antolina	José Antonio (presb.) Pilar Zaragoza María Fca.	Manuel Angelita
Juan González y María López	Antonio González López		
Antonio de las Nieves y Margarita Tirado			
Ambrosio Pérez y Manuela de los Reyes	Juana Pérez Reyes Antonia Pérez Reyes Juan F^{co} Pérez Reyes		
Francisco de Soto y Antonia Gómez	José de Soto Gómez		
Gerónimo Pérez y María de Arze	Juana María Pérez de Arze		
Juan de Acevedo y Cristina Díaz	Manuela de Acevedo Díaz María de Acevedo Díaz Luisa de Acevedo Díaz		
Manuel de la Rosa y Dominga Sanrio	Felipa de la Rosa Sanrio		
José González y Ana González	Luciana González González		
Cristóbal Morales y Aniseta de Sosa	Juan Morales de Sosa		
Juan Rodríguez y Juana Méndez	Juana María Rodríguez Méndez		
Esteban Hernández y María de Arze	Josefa Hernández Arze		
Antonio Pérez y Petrona López	María Antonia Pérez López José Pérez López		
José Lorenzo de Acevedo y Leonor Morales	Juana Lorenzo de Acevedo Morales María Lorenzo de Acevedo Morales		
Santiago Bosques y Serafina de Santiago	Rosalía Bosques de Santiago		
José Hernández y Paula de Ximénez	María Hernández de Ximénez Paula Hernández de Ximénez		
Francisco López y Mariana Hernández	Feliciana López Hernández		
Germán Rodríguez y Felipa Rodríguez	Nicolasa Rodríguez Rodríguez		
Juan José Morales y Juana Lorenzo de Acevedo	Juana Morales Lorenzo de Acevedo		
Gregorio Méndez y María Lorenzo	Victoria Méndez Lorenzo		
Capitán Don Pedro Ximénez y Doña María Antonia de Acevedo	Eusebio Ximénez de Acevedo		
Francisco Morales y Dominga Bosques	Francisca Morales Bosques		
Cristóbal Morales y Margarita Hernández	Eulalia Morales Hernández		
Lorenzo Barreto y Juana de Soto			
Juan Ramos y Gregoria González	Francisca Ramos González		
Luis Ximénez y María del Rosario	Luisa Ximénez del Rosario		
José González y Antonia González	José González González		
Justino Medina y Antonia González	Antonia Medina		
Gerónimo Avilés y Tomasa Méndez	Manuela Avilés Méndez Petronila Avilés Méndez		
José de las Nieves y Juana de Santiago	Feliciana de las Nieves de Santiago		
José Hernández y María Bosques	Anones Hernández Bosques		
José López y Francisca de la Vega	Francisca López de la Vega		

Luis de Sanrio y Tomasa Nadal	Andrea de Sanrio Nadal Luis de Sanrio Nadal José de Santiago Sanrio Nadal
José Acevedo y Francisca Crespo	Francisco Antonio Acevedo Crespo
José Pérez y María Méndez	Rosa Pérez Méndez
Felipe Hernández y Marta de Santiago	Marta Hernández de Santiago
Francisco Román y Felipa de Nieves	José Román de Nieves
Juan de Acevedo y Dominga del Rosario	Rosa de Acevedo del Rosario María de Acevedo del Rosario
Francisco Méndez y Petrona (Petronila) del Rosario	Juana Méndez del Rosario Rosa Méndez del Rosario
Felipe Bosques y María Feliciano	Justa Bosques Feliciano
José de la Torre y Dorotea Pérez	José de la Torre Pérez María de la Torre
Antonio Pérez y Juana López	María Pérez López
José González y María Méndez	Juana González Méndez
José Pérez y Andrea González	Martina Pérez González
Francisco Ramos y María Gonzáles	Polonia Ramos González y Feliciano Ramos
Patricio Ximénez y Juana Rodríguez	Francisco Ximénez
Francisco Ximénez y Felipa de Nieves	Francisca Ximénez
Felipe Hernández y Antonia del Río	Margarita Hernández del Río
Juan Rodríguez y Bernarda Crespo - 2da Nup. Antonia Román	
Domingo González y María Hernández	Manuel González Hernández
Francisco Hernández del Río y Felipa de Gerena	Brígida Hernández del Río Gerena
Gregorio Vázquez y María de Santiago	María Vázquez de Santiago

Fuente: Expediente sobre instancia de los vecinos del barrio de Aceitunas, jurisdicción de Moca y otros de Aguadilla e Isabela... AGPR. Dip. Provincial. Caja 13, Año 1879. Libro Núm. 2. De Matrimonios de la Parroquia de Moca. Años 1775-1788. Libro primero donde se asientan las partidas de bautismos de la Parroquia Nuestra Señora de la Monserrate. Años 1775-1782. Libro Núm, 2, Año, 1786-1813, Libro Núm. 3, Año, 1813-1824 de Matrimonios de la Parroquia de Moca. Libro, Núm. 5, Año 1800-1810; Libro Núm. 6, Año 1811-1813. Bautismos de la Parroquia de Moca. Las familias originales llegaron de San Germán y Aguada.

Tabla II. Familias distribuidas por los barrios de Moca entre 1775-1824.

Año	Barrio	Familias
1775	Coco	Juan Cordero y María Lorenzo de Acevedo
1781		Joseph Lorenzo y Raphaela Rodríguez
1781		Antonio Pérez y Antonia González
1782		Juan Román y Francisca Méndez
1782		Antonio Pérez y Thomasa González

1782		Juan Pérez y María Boya
1775		Juan Méndez y Margarita de Nieves
1775		Matheo González y Ana de Soto
1775		Alonso Pérez y Antonia Hernández
1817		Felipe Hernández y Juana Rafaela
1781	Mamey	Joseph Lorenzo de Acevedo y Manuela López
1782		Feliciano Román y María (esclava)
1782	Ojo de Agua	Manuel González y Juana Morales
1817		Manuel Nieves y Juana Hernández
1817		Bartolomé Pérez del Río y María Lucía Velázquez Juana y Antonia hijas
1817		José Pérez del Río y Rosa Nieves
1817	Aceituna	Cristóbal de Sotomayor y Rosa Méndez
1816		Juan Calderón y Felipa Liserda
1816		Máximo Hernández y María Marta Santiago
1816		Apolunio Santiago y María González
1817		Pablo de la Cruz y María Calderón
		Cristóbal de Sotomayor Méndez y María Del Rosario de la Cruz Calderón
1817		Apolinario Santiago y María González
1775	Quebrada Grande	Andrés de Sotto y Rosa Hernández
1781		Joseph Méndez y Antonia Avilés
1777		José González y Antonia Avilés
1781		Joseph Méndez y Juana Méndez (hermanos)
1782		Martín Lorenzo y María del Rosario González
1782		Antonio María González y Dominga Méndez
1782		Estevan Vargas y Juana Pérez
1775		Joseph de Nieves y Agustina Méndez
1775		Juan Martínez y Francisca de Arze
1775		Gabriel Román y Feliciana Hernández
1775		Alejandro Hernández y Francisca Hernández
1775		Antonio Pérez y María Rodríguez de Estrada
1776		Germán Pérez y Catharina del Río
1776		Domingo Méndez y María Gonzáles
1776		Estevan Vargas y Juana Pérez
1781	Naranjo	Juan de Ribera y María Méndez
1782		Andrés González y María Pérez 2 ^{das} Nupcias Francisca Rosa López
1782		Julián Ribera y Gertrudis Básquez
1782		Pedro Ramos y Thomasa Cordero
		Juan Antonio de Rivera y Tomasa de la Cruz
1781	Guarda-raya	Joseph y María Méndez
1781		Bienvenido Crespo y Agustina de Nieves
1781		Antonio Acevedo y Rosa Pérez

1781		Juan Nieves y Manuela Avilés
		Joseph González y Ana González
1775		Juan Barreto y Martina Pérez
1781	Voladoras	Andrés Crespo y María de Nieves
1817		Manuel Avilés y Rosa Vera
1781	Soledad	Carlos Hernández y Clara Méndez
1781		Joseph López de Victoria y Victoria Méndez
1781		Justo Hernández y María Cabal
1781		Joseph Antonio Soto y Justa Bosques
1782		Juan Cordero y Martha Hernández
1782		Domingo Hernández y Juana Morales
1775		Antonio González y Mariana Acevedo
1775		Gabriel Méndez y Francisca Cabán
1817		Félix López y Petrona
1781	Grayumo (Yagrumo)	Joseph y Rosa María Acevedo
	Moquilla	Juan Hernández y Dionisia Pérez
1781		Manuel Valentín y María Hernández
1781		Antonio Hernández y María Pérez
1782		Matheo González y Ana de Soto
1775		Juan González y María Cordero
1775		Antonio Pérez y Petrona López
1776		Francisco Pérez y Micaela Lorenzo
1781	Las Marías	Manuel Román y Francisca del Rosario
1781		Julián de Morfa y Andrea de S(o)ato
1782		Andrés Lorenzo de Acevedo y Narcisa Hernández
1782		Andrés González y Rosa López (4 y 8 g)
1782		Juan Mercado y Norberto Molf
1782		Joseph de Soto y Raphaela Pérez
1775		Joseph Pérez y Rosa Ximénez
1776		Francisco Quintana y Rosa Méndez
1776		Juan de Soto y Rosa Méndez
1817		Antonio Morales y Manuela Morales
1817	Morones	Félix Barreto y Margarita Pérez 2das Nupcias Feliciano Pérez
1817		Andrés Barreto y María de la Cruz
1817		Blas de Acevedo y Lucia Rivera
1817		Francisco Jiménez y Maria del Pilar Acevedo
1817		Pedro Vélez y Dominga de la Cruz
1817		José Manuel Vélez y María de la Cruz
1817		Felipe Méndez y Juana Bautista Feliciano Gregorio Feliciano y Dominga Feliciano hermanos de Juana

1817		Felipe Medina y María Ramírez
1781	Calabazas	Francisco Rodríguez y Leonarda Bosques
1781		Manuel Méndez y Dionisia González
1781		Miguel Zambrana y Beatriz de Sotto
		Juan Ant. Lorenzo de Acevedo y Luisa Ximénez
1780		Luis Ximénez y Juana Morales
1782		Manuel Ximénez y María Ramos
1775		Juan Román y Francisca Méndez
1781		Manuel Crespo y Feliciana Nieves
1775		Hermán Román y María Avilés
		Francisco Ribera y Manuela Bosques
1775		Gerónimo Avilés y Thomasa Méndez
1775		Seferino Avilés y Margarita Lorenzo
1776		Joseph de Santiago y Juana de Nieves
	Piedra Gorda *	Diego de Ribera y Phelipa Barreto
1782		Juan Zambrana y Micaela Cordero
1775		Gaspar Gómez y Feliciana Barreto
1775		Juan Rosa Ramos y Josefa Cordero
1775		Joseph Rosa Ramos y Josefa Cordero
1775		Diego Rivera y Felipa Lorenzo
1776		Juan Ximénez y Francisca Medina
1808	*(Cerro Gordo)	Juan Guzmán y Juana María González
1817		Isidro Lamboy y Francisca Rivera
1817		Antonio Rivera e Ignacia Rodríguez
1781	Maizal	Eusebio Ximénez y María Monserrate González
1782		Pablo Ximénez y Gerónima Pérez
1782		Dionisio Ximénez y Rosalía Pérez
1782	Poza	Manuel de la Vega y María Ignacia Pérez
1782		Teodoro Pérez y María Ramírez
1782		Joseph de la Torre y Dionisia Pérez
1782		Joseph Pérez de Gerena y Barbina de la Torre
1775		Juan Pérez y _____ Vázquez
1817		Pedro Vélez y Francisca Montalvo
1817		Nicolás de Torre e Isabel Tellá
1817		Juan Vélez y Marcelina Pérez
1817		Raymundo Vélez y Cecilia González
1817		Juan Francisco y Rosa María Lorenzo
1817		Joseph Muñiz e Isabel Pérez
1817		Pedro Crespo y Francisca Meléndez

1781	Pueblo	Eusebio Luis Manz y María Román
1775		Joseph de la Vega e Isabel García
1781		Manuel López y Ana Margarita de Acevedo
1781		Juan Luis de la Plaza y Juana Hernández
1781		Joseph Badillo y Juana Morales
		Juan Hernández y Rosa Hernández (hermanos)
1775		Antonio Morales y Juana (Luciana) Hernández
1782		Juan de Prada y Escolástica Pérez
1782		Juan Francisco López y Juana González
1782		Andrés Santiago y Rosa Hernández
1782		Juan Bautista Bisbal y Juana Torres
1782		Ysidro Hernández y Juana de Soto
1775		Manuel Méndez y Dionisia González
1817		José Hernández y Feliciana Estrella
1781	Palmar	Dionisio Hernández y Bárbara de Soto
1781		Cristóbal Soto y Rosa Méndez
1781		Juan Barreto y Clara de Ribera
1781		Pedro de Gerena y Juana Morales
1782		Isidro Ramírez y María López
1782		Domingo Hernández y Juana de Soto
		Dionisio Hernández y Bárbara de Soto
1776		Pedro Lorenzo y Ana María González de la Cruz
1817		Manuela Quiñones, su Ana María Quiñones y su nieto José Manuel Quiñones (libertos de Don Francisco Quiñones y María de Vives)
1781	Parra	Antonio Belásques y Francisca Rodríguez
		Roberto Belásques y María Belásques (hermanos)
		Francisco Hernández y Francisca de Arze
1782		Raphael Ribera y María González
		Juan Pérez Gerena y _____ de la Torre
1781		Don. Juan Francisco Carbonel y Doña María Concepción Rodríguez
1781	Aguacate	Manuel Enrique de Santa María (Santana) y Eulalia Morales Hernández
1781	Cuchilla	Bartolomé de Acevedo y María Pérez de Acevedo
1781		Brígida Méndez y María (Madre e hija)
1782		Juan Rodríguez y María Méndez
1782		Raimundo del Rosario y María Hernández
1782		Juan Pérez y Feliciana Salas
1782		Francisco de la Cruz y Antonia Román
1782		Antonio Pérez y Juana Méndez
1782		Manuel de Sotto y Juana Antonia Acevedo
1782		Martín Hernández y Rosa de Soto
1775		Bernardo Crespo y Agustina de Nieves

1775		Juan Salas y Manuela Hernández
1775		Antonio Acevedo y Manuela Pérez
1775		Diego Hernández y Blasina Hernández
1775		Pedro Retamar y Hernández
1776		Manuel Hernández y Monserrate
1817		Diego Martínez y Antonia Hernández
1817		Juan Francisco Pérez de la Cruz y Micaela Rodríguez
1817		Manuel Rodríguez y Francisca de Esteban
1817		Francisco Pérez de la Cruz y Rosa Salas
1817		Manuel del Rosario y Agustina Méndez
1777	Cuchilla Postrera	Joseph Crespo y María Pérez
1781		Lucas Nieves y Antonia Pérez
		Joseph Hernández y Serafina Hernández
1776	Cuchilla Brama	Simón González y Michaela Pérez
1782	Rocha	Francisco Pérez y Juana de Salas
		Antonio Méndez y Antonia Lorenzo
1781		Lucas Romero y María Hernández
1817		Agapito Pérez y María Eugenia Rivera
1817		Germán Pérez y Catalina del Río
1817		Manuel Rivera y Paula del Río
1816		José Velázquez y Lucia Santiago
1816		María Soto Lozada y su hijo Juan Bautista Soto
1816		León Pérez y Micaela Pagán
1816		Juan Pérez y Rosa López
1816		Manuel Pérez y Olaya Pérez (hermanos)
1816		Francisco Méndez y María Antonio hijo
1781	Río Arriba (Plata)	Manuel Ramos y Luisa Acevedo
1781		Juan de los Santos y Juana Méndez
1781		Raimundo de Torres y Francisca Ramos
1778		Juan Morales y Juana María Sánchez
1782		Manuel del Río y Francisca Crespo
1782		Joseph Román y Rosa de Arze
1775		Simón de las Nieves y Bernarda Ximénez
1782		Juan Pérez y Martha González
1775		Francisco González y Petrona Rodríguez
1776		Juan Lorenzo de Acevedo y Juana Soto
1775		Juan de Soto y Rosalía Méndez
1775		Juan Román y Antonia de Soto
1776		Phelipe Hernández y Antonia del Río
1781		Manuel Pérez y Candelaria Bosques
1781		Antonio Lorenzo de Acevedo y Francisca Hernández
1782		Joseph Román y Paula de Santiago
1817		Dionisio Acevedo y Ángela Olary

1775	Capá	Juan de Soto y Rosalía Méndez
1775		Juan Román y Antonia de Soto
1776		Phelipe Hernández y Antonia del Río
1781		Manuel Pérez y Candelaria Bosques
1781		Don Bartolo Bosques
1782		Joseph Román y Paula de Santiago
1817		Gregorio Velázquez y Teresa de Jesús
1817		Eugenio Soto y Cayetana González
1817		José María Morales y María Monserrate Mexileón
1817		Juan Morales y María Hernández
1817	Higüero	Pablo Ximénez y Rosa de Soto
1817		Pablo Ximénez Soto y Antonia Salas Méndez
1817		Manuel Salas y Rosa Méndez
1817		Bernardo de Soto y María Pedraza
1817	La Cuesta	María de la Soledad y su hija Tomasa
1817		Rosa María González
1817	La Mesa	Pedro Hernández y María Gertrudis Ximénez

Fuente: Libro Núm. 2, Año, 1786-1813, Libro Núm. 3, Año, 1813-1824 de Matrimonios de la Parroquia de Moca. Libro, Núm. 5, Año 1800-1810; Libro Núm. 6, Año 1811-1813. Bautismos de la Parroquia de Moca.

Tabla III. Matrimonios de Moca entre 1775 al 1782 sin identificar por barrios o lugar de residencia.

	AÑO	MATRIMONIOS
1	1781	Antonio Pérez y María Rodríguez
2	1781	Manuel María García y Dionisia Jiménez
3	1781	Juan Antonio Ruiz y Rosalía Cordero
4	1781	Francisco Bosques y Juana Ximénez
5	1781	Joseph Soto y Manuela Lorenzo
6		Andrés Lorenzo Barreto y Manuela de la Cruz
7	1781	Juan Barreto y Martina Pérez
8	1781	Gabriel del Río y María Pérez
9		Antonio de Soto y Feliciana Hernández
10	1782	Pablo Rodríguez y Bernardina Hernández
11	1782	Joseph Rodríguez y Juana del Río
12	1782	Ruperto Hidalgo y María Arocho
13	1782	Joseph de Soto y Luciana Gonzáles
14	1777	Francisco Hernández y Lucia de Soto
15	1782	Diego de Ribera y Manuela Cordero
16	1782	Juan Barreto y Juana de Soto
17	1782	Juan Tapia y María de Soto
18	1782	Joseph Bosques y María Ximénez
19	1782	Joseph González e Isabel Ribera

20	1782	Roberto Vázquez y Antonia González
21	1782	Juan de Acevedo y Rosa Valentín
22	1782	Manuel Ximénez y María Ramos
23	1782	Andrés Arocho y Julia _____
24	1775	Joseph Lorenzo y Juana Rodríguez
25	1775	Antonio de Arza y Rosalía del Rosario
26	1775	Capitán Francisco Ramos y Manuela González
27	1775	Antonio Santiago y Rosa Hernández
28	1775	Manuel Román y Francisca Rosado
29	1775	Simón Hernández y Marcela Pérez
30	1775	Bartolomé Bázquez y María _____
31	1776	Joseph de la Torre y Juana Pérez de Gerena
32	1776	Francisco Núñez y Melchora González
33	1776	Martín Medina y Inés Morales
34	1775	Diego Ruiz y Bernarda López (viuda de Pablo Rivera)
35	1775	Francisco González y María de la Cruz
36	1775	Juan Pérez y Rosa Lorenzo
37	1775	Juan Bosques y Juana Ximénez
38	1775	Antonio González y Juana Pérez
39	1775	Felipe Hernández y María Ximénez 2das Nupcias Apolonia Pérez
40		Juan Rivera y Antonia Pérez
41	1776	José de Soto y Rafaela Pérez
42	1776	José de Ximénez y Beatriz Díaz
43	1776	Cristóbal de Santiago y Juana Gómez
44	1776	Cristóbal de Soto y Rufina Hernández
45	1776	Cristóbal de Santiago y Victoria Salas
46	1776	Felipe de Oxfalez y Francisca Micaela de Acevedo
47	1776	Francisco de Rivera y Manuela Bosques
48	1776	Andrés de Santiago (esclavo) y Francisca Rivera
49	1776	Juan Francisco Pérez y María Crespo
50	1776	Mariano García y Dionisia Ramos
51	1777	Juan Antonio Pérez y Francisca Avilés
52	1777	Felipe de la Rosa y Juana Rivera
53	1777	Pedro de Soto y Cecilia de Nieves
54	1777	Juan Lorenzo de Acevedo y Juana María Rodríguez
55	1778	Juan Andrés Hernández y Theresa Pérez
56	1778	José de Nieves y Luciana González
57	1778	Gerónimo Medina y Josefa Hernández
58	1778	Felipe de Añasco y Antonia Avilés
59	1778	Diego Hernández y María Antonia Pérez
60	1778	Antonio de Rivera y Juana Lorenzo
61	1778	Juan Francisco Carbonel y María de la Concepción Rodríguez
62	1778	Antonio Navarro y María Lorenzana
63	1778	Reyes Pannogoel Arsenio y Juana Francisca de las Nieves

64	1778	Alejandrino Román y María Avilés 2^{das} Nupcias María de las Nieves
65	1778	Julián Rodríguez y Rosalía Bosques
66	1778	Josef Torres y Liboria Méndez
67	1779	Francisco Ximénez y Josefa Rodríguez
68	1779	Manuel Méndez y María González (viuda de Marcos Avilés)
69	1779	Mateo de Salas y Petrona de Santiago
70	1780	Gregorio López y Mauricia Pérez
71	1780	Josef Yanes y Nicolaza Rodríguez
72	1780	Carlos Hernández y Victoria Méndez
73	1780	Juan Cordero y María de Acevedo
74	1780	Luis Martínez y María Román
75	1780	Francisco Xavier González y Rosa Hernández
76	1780	Josef Badillo y Theresa de Arze
77	1780	Joseph Janer y Nicolasa Rodríguez
78	1780	Joseph Lorenzo de Acevedo y Doña Marina Díaz Hijo del Capt. Juan Lorenzo
79	1780	Juan de la Vega con María Ignacia Pérez
80	1780	Manuel Galarza de la Villa y Martina Pérez
81	1781	Mathías Orjales y Raphaela Antonia de Acevedo
82	1781	Ignacio Muñoz y Margarita Hernández
83	1781	Simón Ramón Arocho y María de Acevedo
84	1781	Manuel González y Brígida Hernández del Río
85	1781	Juan Vélez y María Lorenzo de Acevedo
86	1781	Luis de Sanrio y Manuela de Medina

Fuente: Libro Núm. 2, Año, 1786-1813, Libro Núm. 3, Año, 1813-1824 de Matrimonios de la Parroquia de Moca. Libro, Núm. 5, Año 1800-1810; Libro Núm. 6, Año 1811-1813. Bautismos de la Parroquia de Moca.

Tabla IV. Personas que llegaron a Moca desde otros pueblos de la Isla.

AÑO	NOMBRE	LUGAR	AÑO	NOMBRE	LUGAR
1775	Juan Pérez	Pepino	1775	María Boya	Aguada
1776	Cristóbal Soto	”	1775	María Cruz	”
1776	Manuela Bosques	”	1776	Beatriz Díaz	”
1776	Ana Cuevas Montalvo	”	1776	Francisca Rivera	”
1776	Tomás Cuevas Lugo	”	1777	Pablo Vélez Rivera	”
1777	José Soto	”	1777	Cristóbal Hernández González	”
1778	Gerónimo Medina	”	1778	Juan Lorenzo de Acevedo	”
1782	Pedro de la Cruz	”	1781	Manuel Cabal Ruiz	”
1787	Juan Arbelo	''	1781	Francisco Ruiz de Costrada	”
1787	Ignacio Barreto Rivera	”	1782	Matías Orjales	”
1789	Juan Jiménez Ramos	”	1782	Juan Manuel Vélez	”
1789	Sebastiana Pérez Nieves	”	1782	Juana de Quiñones	”
1790	Juan Hernández del Valle	”	1787	Juan Medina	”

1790	Rosa García Pérez	"	1787	Narcisa Barreto Pérez	"
1790	Juan Pérez Vargas	"	1787	José Rodríguez Díaz	"
1795	Juan Cardona Pérez de la Cruz	"	1788	Francisco Cabal Ruiz	"
1796	Narciso Malabé Torres	"	1788	Francisco Hernández González	"
1796	Bernardo de Soto	"	1788	Agustín González Méndez	"
1796	Dionisio Lorenzo de Acevedo González	"	1789	Manuel Cordero González	"
1796	Juan Guzmán del Valle	"	1790	Antonio Rodríguez González	"
1798	Alberto Soto de Lugo	"	1791	Jacinto Cabal	"
1799	Simón Arocho Santiago	"	1791	José García Rivera	"
1799	Francisco Núñez González	"	1792	María Feliciano Soto	"
1799	Paula Hernández Arbelo	"	1792	Rosa de la Vega	"
1799	Juan de Santiago Herballo	"	1792	Juan Rodríguez Camacho	"
1797	Manuel de Torres Robles	"	1794	Francisco de la Vega López	"
1801	Juan Evangelista Jiménez Ramos	"	1794	María Rodríguez	"
1801	Francisco González Méndez	"	1794	Juan López Quiñones	"
1802	Francisco Soto de Lugo	"	1797	Andrés Lorenzo de Acevedo	"
1802	Manuel García Pérez de la Cruz	"	1798	Manuel Román del Rosario	"
1802	Manuel González Méndez	"	1798	Alonso Pérez González	"
1802	Juan Antonio Medina	"	1798	Simón Feliciano Rivera	"
1806	Francisco Viera de la Rosa	"	1798	Alexo Cabal de la Cruz	"
1807	Francisca de la Cruz	"	1801	Diego de la Vega Luciano	"
1807	Juan de Santiago	"	1801	Luis Medina Ayala	"
1807	Narciso Jiménez Santiago	"	1802	Antonio Acevedo	"
1807	María Encarnación Plaza Martínez	"	1802	Eusebio Jiménez	"
1807	Antonio González Rodríguez	"	1802	Manuel de Jesús González Soto	"
1807	Juan Manuel Arocho Santiago	"	1802	José de Santiago Molina	"
1807	Miguel Ramos González	"	1802	José Hernández de la Cruz López	"
1808	Máximo Vera y Rosa González	"	1802	González López	"
1808	Luis Cuevas González	"	1802	Manuel Ant. Concepción Pérez	"
1809	Ignacio Cuevas del Río	"	1806	Juan Ramón Pérez de la Cruz	"
1810	Francisco Ramos Cordero	"	1807	Pedro García Rodríguez	"
1810	Feliciano Núñez González	"	1807	José López Muñiz	"

1810	Cristóbal Ramos Acevedo	"	1807	Tomás Misla González	"
1810	José Pablo de Soto Acevedo	"	1807	Juan González Cordero	"
1813	Pedro Hernández Cabal	"	1808	Manuel Tirado y María Merced Acevedo	"
1813	Esteban Irrizarry	"	1808	Francisco Pérez y Feliciana de la Vega	"
1813	Manuel Rodríguez	"	1808	José Ant. De Soto y María Lorenzo de Acevedo	"
1813	José Santiago Jiménez	"	1808	José Lorenzo de Acevedo	"
1813	Juana Hernández Rodríguez	"	1808	Lucía Rodríguez	"
1815	Isidro Núñez González	"	1808	Juan Rodríguez González	"
1815	Juan Hernández Cabal	"	1808	Juana Orama Román	"
1816	Félix Vargas	"	1808	Manuel García Rodríguez	"
1816	María Encarnación Núñez	"	1808	Juana Tomasa Durán Rivera	"
1816	Bartolo Pérez Vargas	"	1808	Juan Julián Orama Román	"
1816	José Irrizarry	"	1808	Gregorio Guzmán Vázquez	"
1817	Benito Pérez Velázquez	"	1809	María Ana Santiago Acevedo	"
1817	Enrique Jiménez	"	1809	Juan Cabal González	"
1817	Pablo Jiménez de Soto	"	1809	Tomás Hernández Pérez	"
1817	Juan Fco. Jiménez Soto	"	1810	Pablo Velázquez Román	"
1816	José Pérez del Río Bosques	"	1810	José Lorenzo de Acevedo Hernández	"
1819	Pedro José Hernández del Río	"	1810	José Francisco de Acevedo	"
1819	Domingo Morales Mercado	"	1810	Ana Lorenzo de Acevedo González	"
1819	Jorge González Colón	"	1810	Alejandro Cabal González	"
1819	Diego de Rivera Méndez	"	1810	María Monserrate Barreto Rivera	"
1819	José Cuevas Pérez de Gerena	"	1811	Juan Martín Lorenzo de Acevedo González	"
1818	Juan Bta. Ramos Cordero	"	1812	María de la Paz González Soto	"
1818	Gervasio Hernández Pérez	"	1812	Francisco Badillo López	"
1820	Luciano Rivera Ramos	"	1812	Antonio Muñiz Tirado	"
1820	Antonio Cardona Pérez	"	1813	Martín Pérez Rodríguez	"
1820	Pablo de la Cruz Santiago	"	1813	Juan Acevedo Fuentes	"
1821	Facundo Lebrón	"	1813	Juana Soto Badillo	"
1821	Martín Cuevas	"	1813	María marta Santiago Álvarez	"
1821	Antonio Vera de Soto	"	1815	Mateo Vélez Vélez	"

1775	Esteban Vargas	Tuna *	1815	María Rodríguez	"
1776	Joaquina Vargas Mercado	"	1815	Felipe Manuel del Rosario	"
1780	Manuel de la Vega	"	1815	María Manuela Lorenzo de Acevedo	"
1781	Roberto Velázquez	"	1816	Leonicia Hernández	"
1788	Manuel Camacho Román	"	1817	Rosalía Muñiz	"
1790	Manuel Ocasio Santiago	"	1816	Justo Feliciano	"
1790	Aselmo Colón Ocasio	"	1816	Juan Pedro Guzmán	"
1792	Luciano Méndez Rodríguez	"	1816	María Monserrate González	"
1792	Lázaro de Vargas Román	"	1816	Francisco Lorenzo de Acevedo Rivera	"
1794	Francisca Medina Vélez	"	1816	Juan de Santiago Pérez	"
1795	Anastasio Román Mártir	"	1819	Juan Vázquez del Valle	"
1795	Marcelino Colón Ocasio	"	1820	Juan de Soto Rodríguez	"
1796	Mariana Román González	"	1821	Juan González López	"
1809	Antonia Pérez Vargas	"	1821	Manuel Vázquez Mendoza	"
1810	José Rivera Méndez	"			"
1810	José Durán de la Cruz	"	1799	Juan Crisóstomo Cordero Ramos	Maya-güez
1813	Gregorio González Ramos	"	1808	José Miguel Rodríguez Rivera	"
1813	Antonio Serrano de la Cruz	"	1808	María Monserrate Martínez Rivera	"
1813	Vicente Castro Álvarez	"	1808	María Dolores Ortiz Irizarry	"
1815	León Rodríguez	"	1809	Francisca Martínez Rivera	"
1815	Juan Andrés Sotomayor	"	1810	José Ant. De Rivera Pagán	"
1817	Rosalía Muñiz	"	1811	María Merced Rivera	"
1818	Juan Pérez Gerena	"	1813	Diego Martínez Rivera	"
1821	Valentín de la Cruz Santiago	"	1820	Vicente Zambrano de Soto	"
1821	Manuel Lucas Romero Crespo	"	1782	Agustín de Soto	Aguadi-lla
1782	Simón Ramón Arocho	Añasco	1787	María Vargas Ferrer	"
1789	José Ant. Rivera	"		Francisco de Nieves Rodríguez	"
1789	Toribio Ramos	"	1788	Margarita de Nieves Rodríguez	"
1790	Alfonso de la Vega de Santiago	"	1788	Juan Méndez de Nieves	"
1790	Manuel Morales	"	1788	Silvestre López	"
1791	Antonio Avilés González	"	1788	Manuel Nieves Rodríguez	"
1792	Andrés Rodríguez Cuevas	"	1791	Petrona García Aponte	"
1792	Casimiro Valentín	"	1792	Luciano de la Cruz Vargas	"

	Acevedo					
1792	Dionisio de Rivera Álvarez	"	1792	Matías de la Cruz Roldán	"
1792	Andrés Feliciano Muñiz	"	1792	Adriano de la Cruz Roldán	"
1793	José Méndez Soto	"	1795	Vicente López Sosa	"
1793	Reinaldo Vélez	"	1795	María Hernández Soto	"
1798	Antonio Ramos González	"	1798	Victoriano Ocasio López	"
1798	Francisco Román Méndez	"	1798	Rosalía Bosques Jiménez	"
1798	Francisco de Salas Hernández	"	1798	Juan Colón Hernández	"
1798	Juan Retamar Hernández	"	1798	Isidro Badillo Lugo	"
1798	Lázaro de Figueroa Rodríguez	"	1799	María Monserrate González Avilés	"
1799	Dionisia Méndez Cabal	"	1799	Felipe de la Cruz Rondana	"
1802	Eugenio Aquino	"	1813	Marcos Pérez Rodríguez	"
1802	Bernabel Ramos Mercado	"	1813	José Victorio de Arce Rosario	"
1802	Roberto Valentín García	"	1813	Agustín Ramírez López	"
1807	Manuel Cuevas de la Torre	"	1802	José Romero Hernández	"
1807	Santiago Vélez del Río	"	1802	Antonio de Soto	"
1809	José Aquino Alemañy	"	1802	Manuel Romero Hernández	"
1811	José Aquino Alameda	"	1802	Vicente López Medina	"
1811	María Valentín Ramos	"	1802	Juan Nepomuceno Acevedo Cordero	"
1812	Juan Aquino Arroyo	"	1802	Andrés Velázquez Hernández	"
1813	Juan Rodríguez	"	1802	Felipe del Río Muñiz	"
1813	Juan Ant. Colón	"	1802	Damacio Medina López	"
1806	Ángel Quiles	"	1892	Manuel Pérez López	"
1807	Lorenzo Pérez del Río Santiago	"	1805	Juan Manuel Romero Hernández	"
1807	Juan Antonio Vélez Barreto	"	1806	Juan Vázquez Feliciano	"
1815	Carlos del Río Morales	"	1807	Antonio Rodríguez Díaz	"
1815	José Ant. Vélez	"	1807	Antonio Núñez Tirado	"
1816	Eugenio Arocho	"	1808	Lorenzo de Hoya Santiago	"
1816	Miguel Vélez Ortiz	"	1808	Miguel Hernández de la Cruz	"
1817	José Vélez	Añasco	1809	Carmen Morales Santiago	Aguadilla
1816	Juan Manuel Ruiz	"	1809	Rafael Santiago Vélez	"
1819	Manuel de Jesús Rivera Muñiz	"	1809	Juan Crespo Nieves	"
1819	Antonio Cuevas Cancel	"	1811	Rosa María López Vives	"
1819	Julián Lamboy	"	1812	Marcos Retamar Rivera	"
1821	Domingo González	"	1812	Antonio Jiménez Pérez	"

1794	Marías González Villafañe Del Castillo	Toa Baja	1813	Manuel Sosa	”
1813	José Padilla	Hormigueros	1813	Tomás de Soto	”
1792	Marcos Maldonado Santiago	Arecibo	1813	Rafael Guerra Mercado	”
1792	Clara Berrios González	”	1813	José Rosa Delgado	”
1790	Francisco del Rosario Nieves	Rincón	1815	Juan de la Cruz Luciano	”
1795	Juan Méndez Telles	”	1817	Blas de la Torre	”
1795	Marcelina Morales Mártir	”	1817	Félix Jiménez	”
1798	Juan Soto Lozada Acevedo	”	1819	Blas Ant. Avilés	”
1798	Feliciana Soto Lozada	”	1819	José Arreizaga	”
1808	Eugenia Candelaria	”	1819	Ramón Samalot Cabán	”
1810	María Miranda del Castillo	”	1819	Ramón de Rivera	”
1813	Ángel Sánchez Rosado	”	1817	Valentín Sosa Matos	”
1816	Pedro Pérez Quiñones	”	1817	Francisco de Nieves de Soto	”
1790	Pablo Ortiz **	Yauco	1794	Inés Martínez Cepeda de la Vega	San Germán
1815	Manuel Garrido	Bayamón	1794	Andrés Rodríguez Vélez	”
1792	Pedro Magallanes	San Juan	1798	José Méndez González	”
1810	Antonio de Rivera Quiñones	Utuado	1816	Juan Morales Ayala	”
1810	Gregorio Díaz Sánchez	”	1799	Luis Jiménez Pérez	Caguas
1812	Juan Antonio Villafañe Matos	”	1813	Antonio González López	Camuy
1815	Felipe de Arce	”	1820	Francisco Avilés	”
1790	Roberto Jiménez Pérez	Cabo Rojo	1802	José Miranda Negrón	Manatí
1795	Manuel Natal Concepción	”			”
1819	Manuel Ant. La Llave	”			”
1792	Matías Mártir de la Vega	”			”

*San Antonio de la Tuna=Isabela. ** Indio nacional de Yauco.

Tabla V. Personas procedentes de España u otros países.

AÑO	PERSONA/FAMILIA	LUGAR
	Juan de las Nieves Santiago	Gerona, Cataluña, España
1775	Simón de la Nieves	Gerona, Cataluña, España
1775	Juan González	Gerona, Cataluña, España
1775	Diego Ruiz	Cosifa, Golfo de Guinea
1775	Mariano García	Navarra, Extremadura
1776	Agustin Rivera	Mallorca, España
1778	Juan Francisco Carbonel	Maracaibo, Venezuela

1779	Francisco Ximénez	Badajos, España
1780	Luis Martinez	Cádiz, España
1780	Enrique Manuel de Santa María (Santana)	Portugal
1781	José Antonio	Villa de León, España
1781	José Antonio Soto	Caracas, Venezuela
1782	Ignacio Muñoz	Sevilla, España
1815	José García	Villa de Ferrol, Galicia
1818	José Flores	Caracas, Venezuela
1818	Antonio Charneco y Sanz	Villa de Ferrol, Galicia
1818	Juan Estrella	Santo Domingo
1818	Vicente Salinas	Zaragoza, España
1819	Antonio Moreno	Isla de León
1820	Salvador Severo	Santo Domingo
1820	Juan Francisco Carlos Graulau	Burdeos, Francia
1821	Francisco Ruiz	Villa Tapia, Extremadura
1821	Domingo Domínguez	Lanzarote, Islas Canarias
	José Domínguez y Juana Ferro Leañez	Caracas, Venezuela
1810	Pedro Engracia María Lassalle	Beanne, Francia
1809	Isabel Victoria DelPech	Haití
1813	María Estrella Concepción	Santo Domingo
1814	Antonio Daly (protestante)	Provincia de Lenexa, Kansas, E.U.
1788	José Antonio Espinosa	Santa Cruz de Tenerife
1792	José Antonio Fuentes	Zaragoza, España
1794	Juan Nogueira	Gendibe, Galicia
1794	Diego Martel y María J. de Santiago	Villa de Calexes, Granada
1797	Miguel Babilonia	Mallorca
1807	Juan Ruiz y Joaquina Font	Valencia
1809	Enrique Mancebo y Francisca Román	Azua, Santo Domingo
1809	Pedro Mancebo y Juana Román	Azua, Santo Domingo
1809	Juan de Dios Mancebo (cura)	Azua, Santo Domingo
1812	Francisco Bourdón	Haití
1810	Narciso Estrella y Leonicia Pallán	Santiago de los Caballeros, Santo Domingo
1803	Juan Cordero y Ángela Otero	Pedrusa, Galicia, España
1805	Manuel del Río y Rosa Rivera	*
1794	Joseph Martínez Cepeda	Granada, España
1790	Manuel González y María Rodríguez	Santa de Tenerife, Islas Canarias
1787	Pedro Retamar y Juana Rodríguez	España
1803	Pedro Abadía	Santo Domingo
1804	Pedro Pellot	Francia
1804	Juan Pellot	Francia
1818	Luis Maisonave y Catalina Founcade	Francés de Porto, Haití
	Antonio Benejam	Ciudadela, Menoría
	Cosme Benejam y Catalina Suria	Ciudadela, Menoría

1778	María de la Concepción Duarte	Manoz, Venezuela
1798	Juan Francisco Ruiz Falexo	Islas Canarias
1822	Felipe Otaño	Venezuela
*	Andrés García Díaz	Laguna, islas Canarias
	Alejandro Otero San Antonio	Asturias
	León López Pitrat	Asturias
	Juana Rodríguez	Tortóla

Fuente: Libro Núm. 2 de Matrimonio. Parroquia de Moca, Año, 1775-1788. Libro primero donde se asientan las partidas de bautismos de la Parroquia Nuestra Señora de la Monserrate. Años 1775-1782. * Se desconoce.

Tabla VI. Esclavos y esclavistas de Moca entre 1775 al 1785.

DUEÑO	VARONES	HEMBRAS	NIÑOS/AS
Don Joseph de Quiñones	Domingo	María	Benito
		Dominga	Feliciano y Manuel
Doña Marta de Santiago	Juan	María	
	Andrés	María	
Don José López		María	
Don bartola Bosques		Dorotea	María Monserrate
Don Eusebio Ximénez	Andrés	Antonia	Juan Francisco
		Dionisia	
De la Parroquia	Nicolás	María	María Antonia
Doña María del Rosario		Antonia	
Don Pedro Ximénez	Andrés	Dionisia	Martha
Don Joseph de la Rosa	Antonio	Dominga	Juana Monserrate
Capitán Joseph Pérez de Gerena	Thomas	Juliana	Ignacia (1 mes)
	Joseph	Juana	Mathias (pardo libre)
Andrés González		Juana	Nicolás
		María	Florencio
Antonio Vicente		Aquinina	

Fuente: Libro Núm. 2 de Matrimonio. Parroquia de Moca, Año, 1775-1788. Libro primero donde se asientan las partidas de bautismos de la Parroquia Nuestra Señora de la Monserrate. Años 1775-1782.

Tabla VII. Esclavos y esclavistas de Moca entre 1800 al 1810.

DUEÑO	VARONES	HEMBRAS	NIÑ@S CRIOLLOS
Don Joseph de Quiñones y Brígida García	Antonio	Antonia	Juan Isidoro
	Pedro	Eusebia	Inés (niño)
	Antonio Mateo	Rosa	Juana Paula
		Petrona	Juan Hilario
			Juan Gil
			F^{co}. Javier

Francisco de Quiñones y María de Vives	Luis (de Guinea)	Juana	María
			Petronila
			Fernando
Don Lázaro de la Cruz		María	Simona
			Encarnación
			María Clemencia
			Manuel
María Morales	Marcelo	María Vicenta	Juana Simona
	Felipe	María	María
		Juana	María Antonia
Alonso Pérez y Antonia González		Lorenza	Andrés
Manuel González	Rosario	Bárbara	
	Manuel		Petronila
		Francisca	Juana
	Felipe	Blasona	
Pedro Abadía *	Baltasar	Leocadia	Ramón
	Bacio	Feliciana	Clemente
	Roque	Escolática	Fernanda
	Dionisio	Raymunda	Juan Crisóstomo
	Valentín	Francisca	Vicente
	Salvador	Micaela	Ramón
	Antonio	Manuela	Gerónimo
	Narciso (de Guinea) Nación Congo	Gabriela	Calixto
	León	Faustina	Luis
	Francisco (del Pueblo de Juana Méndez, Haití)	Ignacia	Lucas
	Justo**	Nina	Emeterio
	Juan**	Luisa	Juana
	Lorenzo**	María del Rosario	Bernarda
	Juan (de Tortóla)	Josefa Ayansabar (de Nigua, St. Dom.)	
	Juan de Dios**	Francisca**	Manuela
	Fernando**	Luisa**	Dominga
		Clara Duxand**	Valentín
		Mónica**	Clemente
		Matilde**	Jacinta

		Jacinta**	
Pedro Pellot	León	Lucia	Martín
José Cabal y Juana de Soto		Rosa	María Loreto
		Rosalía	Alexo
José de Soto		María	Dionisia
Alonso González	Marcos	Baltazara	Juan
			Tomás
			Felipe
José de Jesús Méndez	Luis	Inés	Micaela
		María del Rosario	
Pedro Anglada	Tomás (de Guinea)	Jacinta	Faustina
	Ciprian	Prudencia	Clara
Martín Lorenzo de Acevedo y María González	Diego (del Congo)	María (Carabalí)	
	Francisco	Juana	
	Francisco (del Congo)		
José López de Segura y Faustina Hernández		María del Rosario	Andrés
		Rosario	María
		Paula	Juan Tomás
Pedro Pellot	Ramón (de África)	Jacinta	Marta
	Amador		
Musier Pedro Lassalle y María Victoria DelPech **	Martín (de Yuma, St. Dom.)	Francisca (Carabalí)	
	Alexandro (criollo de St. Dom.)	Catalina (Carabalí)	Félix
	Francisco Culebro**	Isabel**	Esteban
	Núñez**	Celestina**	Isabel
Bernarda Jiménez		María de los Santos	Antonio
Teresa González		Paula	Marcelina
Roque Cabal	Juan Cabal	Jacinta Cabal	
José de Nieves		Carmen	María Encarnación
Pedro de la Cruz		Brígida Avilés	María de los Dolores
María González	Felipe	Juana	Manuel de Jesús
Presbítero Juan de Dios Mancebo	José Francisco	María (de St. Dom.)	

	Pedro (de St. Domingo)		
María de Torres		Beatriz (de St. Dom.)	
José María de Miranda Y Paula de Acevedo		Margarita	José de la Cruz
Juan Nogueira y Juana de Nieves		Leonisa	Vicente
Juan Francisco Cordero y María Lorenzo		María Manuela	Eusebio
Manuel Camacho y Francisca Vázquez		Francisca	Francisca
Marcos Velázquez		Gregoria	Feliciano
Marcos Maldonado	Juan Bautista		
Félix López y Petrona de la Vega		Tomacia	Paula

Fuente: Libro, Núm. 5, Año 1800-1810 de Bautismos de la Parroquia de Moca.
* Los trajo Pedro Abadía de su Hacienda Santa María del Rosario cuando tuvo que salir de Santo Domingo. Abadía junto a su socio de Pedro Pellot fundaron una hacienda que luego se llamó La hacienda Labadie en Bo. Aceituna. ** Adquiridos en Puerto Rico.

Tabla VIII. Esclavos y esclavistas de Moca entre 1810-1824.

DUEÑO	VARONES	HEMBRAS	NIÑ@S/CRIOLL@S
Francisco de Quiñones y María de Vives	Luis*	Juana*	Leoncio
	Leonardo	Marcelina	Antonio Tito
		Rosario	José Miguel
Don Joseph de Quiñones y Brígida García	José Antonio	Eusebia	Juliana
	Jacinto (criollo de San Germán)	María (criolla de San Germán)	
	Simón		
Brígida García de Quiñones	Jacinto	Eusebia	Gregoria
			María Rafaela
		Engracia	Juan Evangelista
Pedro Lassalle Del Pech	Alejandro	Catalina	Juana
	Antonio (de Guinea)	Teresa (de Guinea)	Isabel
	Luis (de Guinea)		
	Gaspar (de Guinea)		
	Miguel (de Guinea)		
Manuel González	José Antonio	Teodosia	Ángela
	Hilario		Maria del Carmen
José María de Miranda		Margarita	Felipe
Juan Francisco Cordero y María Lorenzo	Marcos	Manuela	Santiago
		Josefa	Francisco

	Marcos de África	María (de África)	María
		Josefa de África	
Alonso Pérez y Antonia González		Francisca	Francisco
Pedro Abadía	Severino	Prudencia	Felipa
	León	Mónica	Bartola
	Juan	Luisa	Ramón
	Bernardo	Cecilia	María de la Merced
	Lorenzo	María	María Candelaria
	Fernando	Jacinta	José
	Enrique (negro bozal)** (1819)	Matilde(negra bozal)	
	Nicolás (bozal)	Marcelina(bozal)	
	Tomás (bozal)	Martina(bozal)	
	Alexandro (bozal)	Victoria(bozal)	
	José (bozal)	Clemencia(bozal)	
	Juan (bozal)	Catalina(bozal)	
	Joaquín (bozal)	Clara(bozal)	
	Guillermo (bozal)		
	Antonio (bozal)		
Juan González e Isabel Tellado	Manuel	María Andrea	María Concepción, María Andrea
	Pedro	Dorotea	Manuel
		Lorenza	
Manuel Corchado	Martín	Agustina	Andrés
	Antonio	Margarita	Juliana
	Pedro Ant. (de Guinea, 14 años)	Agustina	Wenceslada
			Santiago
	Fernando (de Guinea, 14 años)	Romualda	Tomasa
			Santiago
Eugenio Corchado	Roberto		
Martín Lorenzo de Acevedo y María González	Juan Bernardo	Juana	Juana Josefa
	Ventura	Juana	María Asunción
	Francisco (de Guinea)		
	Faustino	Rufina	
Pedro Pellot	Fernando	Marcelina	Basilio Rosario
	Fermín (del Congo) 16 años	Rosa	Baltasar
	Gerónimo (de Guinea)	Marcelina	Cipriano
	José María (de Guinea)	Victoria	

	16 años		
	Juan (del Congo) 15 años	María del Carmen	
	Pedro (del Congo)	Manuela y su hija María(en el barrio Higüero)	
	Basilio	Marcelina	
	Casimiro (14 años)	Jacinta	
	Juan de Pellot		
	Carlos (de Guinea, 17 años) de religión mahometana.		
	Andrés Jorge (en la hacienda Las Cortaderas)		
	Juan de Brignoni		
Juan Bautista Deynes		Leonor	Bernabé
María Morales	Felipe	Juana	Juana Rosa
	Marcelo de los Reyes	María Vicenta	
		María Victoria	
José Cabal y Juana de Soto		Rosalía	Nicolasa
Agustina Santiago		Gregoria	María Concepción
Andrés de Soto		Estebanía	Benita
Lorenzo de la Cruz		Monserrate	Juan Victoriano
Pedro de la Cruz		Victoria	María Antonia
			Lorenzo
Alonso González		Juliana	Juan Eugenio
José de Soto y Rafaela Ruiz		María	Juan de la Cruz
María Victoria DelPech	Martín (de Guinea)	Francisca (de Guinea)	Eugenio
	Isidro criollo (de St. Dom.)	Rosalía	María
	Juan (de África)		
José Antonio Fuentes y María Guerrero		María Simona	María de la Cruz
Lorenza López		María del Rosario	Juana Dominga
Juan González	Manuel	Andrea	Francisca
Antonio de Rivera y Brígida Quiñones**	Antonio	Antonia	Manuel de Jesús
José María de Miranda y Paula de Acevedo	Simón (de Guinea) 14 años.		
Juan Bosques	Luis	Estebanía	Antonio

Manuel Nieves	Manuel	Valentina	
Juana de Soto	Juan Francisco		
Antonio de Matos y Dominga de la Rosa	Ángela María		
Suc. de María de Nieves	Diego (de St. Dom.)	Juana (de Guinea)	
		María Romualda (de St. Dom.)	
Francisca Morales		Rosa Pérez	
Francisco Pérez		Lorenza	
Antonio González		Francisca	María Andrea
Máximo González		María	María de los Ángeles
Juan de Dios Mancebo (cura emigrado de St. D.)		Indalecia (St. D,)	
Nicolás Cardona y Ángela Quiñones	Valentín (de Guinea, 14 años)		
Manuel Cabal		Francisca	Manuel
Agustín Cabal	Hilario	Dionisia	

Fuente: Libro Núm. 6, Año 1811-1813. Bautismos de la Parroquia de Moca. Libro Núm. III, Años 1813-1824 de Matrimonios de la Parroquia de Moca. Libro, Núm. 5, Año 1800-1810 de Bautismos de la Parroquia de Moca.
* Luis Y Juana era propiedad de sus hijos Francisco y María Beatriz Quiñones. ** herencia de su madre Brígida García viuda de Quiñones.
**bozal=negros llegados de África.

Tabla IX. Matrimonios de esclavos en los primeros ocho meses de los años 1787 al 1824.

AÑO	ENERO	FEB.	MARZO	ABRIL	MAYO	JUNIO	JULIO	AGOS.	TOTAL
1787	4	3	1						8
1788	2	1	3					2	8
1789	3		1		2	3		1	10
1790	5	1		1	4		1	1	13
1791	4	3	2			1	1	5	16
1792	1	1	1	1	2		1	4	11
1793	2	3		2	3	2	1	2	15
1794	1	1		2	1				5
1795	4	2	1	1	2	1		3	14
1796	5	5	1	1			1	1	14
1797	1	4	1	1		1		1	9
1798	6	7	5	1	1	1	1	3	25
1799	4					2	2	1	9
1800	5	2		2	3	2	2		16
1801	1	2	1		1	3	1	1	10
1802		1		4	3	1		1	10
1803	8	2	2	6	2	3			23
1804	4	4				1	3	2	14

1805	4	4	2	5			1	1	17
1806	2	4			4	1	1	3	15
1807	2	5	2	2	5	2	2	2	22
1808	6	6		1	2	1	3	2	21
1809	2	2		2	2	3	6	3	20
1810	6	5	5		5	6	7	7	41
1811	7	8		1	2	4			22
1812	2	4		4		1	1	1	9
1813	5	6	1	1	1	3	2	1	19
1814	3	11	1	8		3	2	4	32
1815	5	2		6	4	1	5	1	24
1816	8	8	1	10	5		3	1	36
1817	11	11				10		2	34
1818	5	2	4	8	3		1	5	28
1819	8	9		7	4	5	2	1	36
1820	6	1		4	8	5		2	26
1821	10	8		2	2	3	2	1	28
1822	7	7		2	13	4	2	3	38
1823	8	5		8	5	2	2		33
1824	6	12	5	4	10	3	2		37
Total	**173**	**162**	**40**	**96**	**100**	**78**	**58**	**71**	

Fuente: Documento suelto dentro del Libro Núm. 3, Año 1813-24. De Matrimonio de la Parroquia de Moca.

Tabla X. Identificación de matrimonios de esclavos registrados por la iglesia de Moca entre 1792-1821.

AÑO	MATRIMONIO	HIJ@S
1792	Marcos y Baltazara de Alonso González	María; Tomás; Felipe
1801	Antonio y Antonia de José de Quiñones	Inés; Juan Isidro; Juana Paula
1803	Marcelo y María Victoria de María Morales	María
1807	Luis y Juana de Francisco Quiñones	Antonio Tito; María Dominga; Petronila; Fernando; Leoncio
1809	Martín y Francisca de Isabel V. DelPech	
1809	Alejandro y Catalina de Isabel V. DelPech	Juana
1809	Lorenzo y Lucía de Isabel V. DelPech	
1810	Manuel y María Andrea de Juan González de la Cruz	
1811	Antonio y Margarita de Manuel Corchado	Juliana; Tomasa
1811	Manuel y María del Rosario de Manuel Corchado	
1811	Santiago y Ana María Rafael de Manuel González	
1812	Francisco y María de Martín Lorenzo de Acevedo (nat. del Congo y Carabalí)	
1813	José Francisco y Beatriz él, del cura Juan Mancebo y ella de María de Torres	

1815	Juan Francisco y Francisca de Isabel V. DelPech	
1818	Marcos y Josefa de Juan F. Cordero Nat. De África)	
1818	Juan Francisco y Ángela María de Manuel González	
1820	Faustino y Dionisia de Martín Lorenzo de Acevedo	
1821	Manuel y Valentina de Manuel Nieves	

Fuente: Libro Núm. 2, Año, 1786-1813, Libro Núm. 3, Año, 1813-1824 de Matrimonios de la Parroquia de Moca. Libro, Núm. 5, Año 1800-1810; Libro Núm. 6, Año 1811-1813. Bautismos de la Parroquia de Moca.

Tabla XI. Parejas de esclavos en Moca para el siglo XIX.

PAREJA	HIJ@S
Núñez y Nicolasa de Isabel V. DelPech	Francisco Culebro
Ciprian y Prudencia	Faustina; Clara;
Dionisio y Micaela	Ramón
Antonio y Faustina	Lucas
Salvador y Gabriela	Luis
Pedro y Rosa	Juan Gil
Baltasar y Feliciana de Pedro Abadía	Clemente
Bacio y Raymunda de Pedro Abadía	Juan Crisóstomo
Roque y Francisca de Pedro Abadía	Vicente
Manuel y Bárbara de Juan González De Manuel	Petronila Francisca
Amador y Jacinta de Pedro Pellot	Marta
Andrés y Marta de Marta de Santiago	Juana
Justo y Francisca de Pedro Abadía	
Pedro y Petrona de José de Quiñones	Francisco Javier
Lorenzo y Matilde de Pedro Abadía	Clemente; María de la Merced;
Juan de Dios y Mónica	Jacinta
Felipe y Juana de María Morales	María Antonia; Juan de la Rosa;
León y Lucia de Pedro Pellot	Martín
Marcos y Manuela de Juan F. Cordero	Santiago
Jacinto y Eusebia (Engracia)de Brígida García	Gregoria; María Luisa; Juan Evangelista;
Juan Bernardo y Juana de Martín Lorenzo	Juana Josefa; María Asunción;
Luis y Estebanía de Juan Bosques	Antonio
León y Luisa de Pedro Abadía	Bartola

Fuente: Libro Núm. 2, Año, 1786-1813, Libro Núm. 3, Año, 1813-1824 de Matrimonios de la Parroquia de Moca. Libro, Núm. 5, Año 1800-1810; Libro Núm. 6, Año 1811-1813. Bautismos de la Parroquia de Moca.

Tabla XII. Hijos naturales de esclavas en Moca para el Siglo XIX

MADRE	HIJ@S
Carmen	María Zaragoza
Brígida	María de los Dolores
Francisca	Calixto
María de los Santos	Antonio
Ignacia	Emeterio
María del Rosario de José López de Segura	Bernarda; Andrés; Juana Dominga;
Jacinta	Faustina
Lorenza de Alonso Pérez	Andrés
Loecadia de Pedro Abadía	Ramón
Rosa de José Cabal	María Loreto
Escolástica de Pedro Abadía	Fernanda
María de José de Soto	Dionisia; Juan de la Cruz;
Inés de José de J. Méndez	Micaela
Prudencia de Pedro Abadía	Felipa
Isabel de Pedro Lassalle	Esteban
Celestina de Isabel V. DelPech	Isabel
Luisa de Pedro Abadía	Dominga
Eusebia	Juliana
Margarita	Felipe; José de la Cruz;
Rosario	María
Leonisia	Vicente
María Manuela	Eusebio
Paula	Juan Tomás
María, de Lázaro de la Cruz	Simona; Encarnación; María Clemencia; Manuel; Manuel María; Luisa;
Paula de Teresa Pérez	Marcelina;
María Vicente de María Morales	Juana Simona
Mónica de Pedro Abadía	Valentín; José;
Rosalía de José Cabal	Alexo; Nicolasa;
Gregoria de Marcos Velázquez	Feliciano
Catalina de Isabel V. DelPech	Félix
Paula de Félix López	Tomacia
Francisca de Alonso Pérez	Juana María; Francisco
Agustina de Manuel Corchado	Andrés; Wenceslada; Santiago
Francisca Leonor de Juan Deynes	Bernabé
Marcelina de Pedro Abadía	María Candelaria
María de José de Nieves	María Fernanda
Francisca de Isabel V. DelPech	María; Eusebio;
María de Juan F. Cordero	María
Gregoria de Agustín Santiago	María Concepción
Estebanía de Andrés de Soto	Benita
Monserrate de Lázaro de la Cruz	Juan Victoriano

Victoria de Pedro de la Cruz	María Antonia
María de Pedro Abadía	Ramón
Juliana de Alonso González	Juan Eugenio
María Simona de José A. Fuentes	María de la Cruz
Lorenza de Juan F. Pérez	Marcos

Fuente: Libro Núm. 2, Año, 1786-1813, Libro Núm. 3, Año, 1813-1824 de Matrimonios de la Parroquia de Moca. Libro, Núm. 5, Año 1800-1810; Libro Núm. 6, Año 1811-1813. Bautismos de la Parroquia de Moca.

Tabla XIII: Relación de Esclavos constantes en el Partido de la Moca, con especificaciones de sexos, edades y propietarios. Año de 1852.

Hacendado	Varones	Edad	Mujeres	Edad
Pedro Lassalle	Antonio	75	Rosa	45
	Luis	60	Francisca	40
	Esteban	55	Petronila	35
	Diego	50	Catalina	30
	Pedro	45	Prudencia	30
	Juan	42	Ana	25
	Miguel	40	Juana	22
	Ezequiel	40	*	
	Alejandro	38	*	
	Simeón	36	Isabel	10
	Francisco	35	María Isabel	8
	Casimiro	33	Bernardita	3
	José María	31	Faustina	1
	Marcos	30	Inés	9 m.
	Mateo	26	Filomena	5 m.
	Zenón	26		
	José Luis	25		
	Antonio Chiquito	23		
	Andrés	16		
	José del Carmen	15		
	Juan Colisa	10		
	Calendario	9		
	Pantaleón	9		
	Celestino	5		
	Marcelino	4		
	Genaro	3		
Manuel González	Lorenzo	30	Marta	30
	Juan Ramón	32	Petrona	3
	Juan de Matos	32	María Ramona	30
	Manuel	33	Ramona	7
	Andrés	32	Dolores	5
	Hilario	40	Ana	36
	Marcelino	14	Francisca	30

	Ramón	10	Juana María	2
	Manuel	16	María Isidora	36
	Francisco	36	Gertrudis	8
	Pedro Andrés	32	Antonia	6
	Juan Elías	10	Rosa	4
Manuel González				
		12	Carmen	3
	Francisco	55	Filomena	40
	Bartolo	55	María Manuela	20
	Felipe	35	Josefa	3
	Sebastián	44		
	Juan Francisco	25		
	Francisco	24		
Francisco Méndez				
	Martín	15	Benita	45
			Antonia	18
			Justa	4
José Antonio Méndez				
	Mateo	7	Gregoria	9
Miguel Pulidor				
			Rosa María	40
Juan Hernández				
			Estefanía	12
José Hernández				
	Silvestre	55		
María Vives				
	Luis		María	8
Agustín Hernández				
			María	20
Rosa González Rivera				
	Manuel	1	Inés	18
Manuel Méndez				
	Juan Ángel	30	María Antonia	25
	Nicolás	31		
Antonio de Rivera Quiñones				
	Jacinto	45	Francisca	32
	Maximino	36	Teresa	25
	José Cajigas	35	Juana	40
	Pedro	24	Fermina	50
	Pedro José	22	María Encarnación	30
	Juan Gil	20	Antonia	30
	Remigio	20	Escolástica	30
	Isidro	19	María	26
	Francisco	15	Beatriz	20

	Juan Evangelista	14	Guadalupe	25
	Fermín	12	Manuela	25
Antonio de Rivera Quiñones	Tomás	6	Anastasia	45
	José de las Nieves	4	Marina	25
			Cecilia	30
			Dominga	14
			Ramona	9
			Dorotea	2
Martín Lorenzo de Acevedo				
	Santiago	56	María Teresa	80
	Lorenzo	60	Antonia	40
	Pedro	64	Eusebia	36
	Benito	65	Bruna	20
	Manuel	50	Lucia	20
	Juan	45	Aquilina	18
	Francisco	43	Luisa	12
	Mateo	35	Rafaela	8
	Estevan	33	María Monserrate	6
	José	32	Ignacia	4
	Faustino	43	Catalina	3
	Domingo	31	Feliciana	2
	Pedro	11		
	José María	12		
	Eduardo	21		
	Miguel	33		
José Vásquez				
	Calixto	14	Gumersinda	20
	Juan Gregorio	2		
Manuel Vásquez				
	Fernando	25	Eusebia	22
			Teresa	20
Manuel Nieves				
	Manuel	30	Marcelina	2
	José	20	María	2
	Vicente	8		
Dionisio González				
	Martín	12		
Francisco Pérez				
			Antonia	34
Rosalía López				
	Antonio	34		
Pedro Salas				
	José	20		

Antonio González				
	Alberto	14		
Francisco Nieves				
			Teresa	16
			María	22
Máximo González				
	José María	35	María	35
	Eustaquio	10	Benita	25
	Casimiro	6	Manuela	10
			Ángela	9
			María de los Reyes	6
			*	4
			Antonia	1
Antonio Quiñones				
	Pantaleón	6	Rosa del Rosario	26
	José	*	María	30
	Leonardo	*5	Dominga	16
	Valerio	25	Petrona	16
	Antonio	15	Isidora	12
	José Pedro *	10	Juliana	9
	Miguel	7	Fermina	4
Pedro José Quiñones				
	Dionicio	14	Monserrate	50
José Vélez				
			María Juana	35
Juan de Santiago				
	Andrés	12		
Juan Cordero				
	Pedro	40	Manuela	25
	Juan	50	Tomasa	2
	Mario	50		
	Andrés	20		
	Santiago	13		
	Pedro	10		
	Agustín	40		
	Juan Evangelista	12		
Manuel Pérez				
	Juan	12		
Rosa González				
	José María	6	Soledad	30
			Rosalía	9
			Francisca	4
María Monserrate González				
	Mario	50		

Luis de Santiago				
	Antonio	25	Juanita	30
	Concepción			
	Agustín	20	Francisca	14
			*	6
Francisco Pérez				
	Agustín	25		
José Pérez del Río				
			Luisa	30
			María	1
Félix de Vargas				
	Pedro	30	Juana María	20
	Juan Bautista	2	Antonia	3
Gregorio Hernández				
			Feliciana	12
			María Concepción	10
Marcos Nieves				
	Juan Bautista	45	María del Carmen	10
			María Monserrate	8
Andrea González				
	Juan	10	María Antonia	6
			Isabel	4
Narciso Velázquez				
	José María	60		
Severo (Lavoy) ?				
	Antonio	30	Ursula	25
	José Antonio	4		
Manuel Salas				
	Félix	40		
Hilario Camacho				
			María	20
Alberto de Soto				
			*	30
Antonio Avilés				
			Teresa	35
Juan Francisco Bourdon				
	Felipe	35	Ana	40
	Ramón	40		
María Nieves				
	Francisco	11	Segunda	8
	Antonio	30	Antonia	8
Bárbara de la Torre				
			Paula	60
Eugenio de la Cruz				

	Vicente	50	Gregoria	25
Francisca de la Cruz				
			Francisca	45
			Dolores	25
Juana López				
	Lorenzo	*		
Cristina Cabán				
			Monserrate	1
Marta Hernández				
			Vicenta	35
Félix López				
			Tomasa	16
			María del Carmen	20
Manuel Cabán				
	Martín	1	Lorenza	20
Raimundo Cabán				
	Prudencio	12	Loreta	20
	Juan de la Cruz	10		
Rafaela Pérez				
	Francisco	5		
Luisa Acevedo				
	José Francisco	50	Beatriz	40
	Agustín	25	Indalecia	30
	Juan	23	Pilar	20
	Escolapio ?	3		
	Juan Eugenio	2		
Basilia Acevedo				
			Luisa	20
José Arreizaga				
	José	35	María Antonia	50
	Juan	12		
Juan Maisonave				
	José	32	Salomé	30
	Francisco	32	Andrea	35
	Antonio	35	María	30
	José Manuel	30	María	32
	Santiago	35	Antonia	30
	José Félix	30	Francisca	20
	Juan Félix	30	Juanita	24
	Fernando	31	Paulina	26
	Víctor	30		
	Bernabé	30		
	Juan	30		
	Matías	30		
	Cristóbal	55		

	Lorenzo	45		
	Bonifacio	45		
	Nicolás	40		
	José María	55		
	Alejandro	60		
	Vicente	20		
	Tomás	25		
	Andrés	30		
	Felipe	55		
	Melitón ?	30		
	José Gregorio	14		
	Luis	12		
	Juan Domingo	9		
	Juan Ramón	8		
Francisco Cirilo de Acevedo				
	Ángel	33	Paula María	30
	Ylario	10	Juana	31
	Bautista	50		
	Diego	50		
	Agustín	30		
	Santiago	35		
	Felipe	33		
	Juan	32		
	Manuel	20		
	Miguel	12		
	Pedro	10		
	Martín	35		
	Lorenzo	32		
Vicente Quiñónez				
	Genero	36	María Inés	26
	Casimiro	23	Ramona	20
	Blas	24	María Andrea	18
	Luis	25	Rafaela	16
	Tomás	23	Carmen	10
	Cristóbal	26	Teresa	10
	Juan	21	Rosa	10
	Pedro María	14	Evelia	10
	José	13	Martina	9
	Joaquín	13		
	Francisco	12		
	*	12		
	Manuel	15		
	Felipe	11		
	Fer(an)do	6		

	Gregorio	3		
	Juan	3		
	Basilio	Días		
	Luciano	4 meses		
German Legrant				
	Luis	45	María	18
	Prudencio	20	Teresa	21
	José	19	Brígida	22
	Mateo	8	Monserrate	22
	Alejandro	25		
	Matías	18		
	Juan Ramón	3		
Francisco Peña				
	Ignacio	35	Ana María	26
	Juan Antonio	30	María	18
	Fernando	26	Josefa	18
	Juan*	*5	Benita	12
	Silverio	20	Ana	6
	Gregorio	4		
	José	1		
Francisco de la Vega				
	Ramón	20	María Monserrate	16
Juan Portalatín				
	Benito	50	Cornelia	20
Manuel González			Basilia	18
			Juana	12
Manuel Tirado				
	Romualdo	20		
Severino Álvarez				
	José	6	Micaela	40
			Manuela	6
José Lassall				
	*	18	María	30
	*	16	María Josefa	40
	Juan Gabino	14	Rosalía	40
	Ylario	12		
	Agapito	10		
	Juan Fruto	8		
Pedro Celestino Lequerica				
	Bonifacio	22	Manuela	45
	Felipe	22	Florentina	24
	Victoriano	22	Clara	24
	Cristóbal	12	Manuela	24

	Antonio	12	Tomasa	50
	Francisco	9	Marta	14
	Ramón	7	Beatriz	13
	Simón	22	Rosa	11
			Evarista	10
			Anastasia	3
			María	2
Francisco (Carrillo?)				
	Pedro	18	Rosa	51
	Juan Andrés	50	Luisa	46
	Silvestre Yangóv*	50	Matilde	66
	Luis	50	Mónica	44
	Severino	49	Elena	42
	Bernardo	49	Carmen	38
	Francisco	48	Remigia	29
	Basilio	46	Nicolasa	29
	Andrés Congo	43	Bernarda	29
	Simón	40	Rosalía	28
	Pedro Sambo	39	Mariana	28
	Francisco	36	Ángela?	*
	Joaquín	36	Clemencia	2*
	Tadeo	35	Teresa	29
	Bartolomé	34	Magdalena	27
	Andrés Criollo	33	Catalina	27
	Ramón	33	Eugenia	26
	Luis Congo	33	Margarita	26
	Manuel	32	Juana	24
	Enrique	32	Isabel	24
	Ángel	32	Yrene	24
	Felipe	32	Teresa	24
	Pablo	32	María	24
	Silvestre	31	Faustina	23
	Juan Congo	31	Victoria	23
	Guillermo	31	Dominga	21
	Sebastián	30	Coralia	21
	Alejandro	30	Fernandina	21
	José María	30	Lucia	21
	Pepe	29	María de Jesús	20
	Fermín	28	Merced	20
	Gabriel	28	Filomena	20
	Carlos	27	Gregoria	20
	Julián	27	Lorenza	20
	José Sardo	27	Paulina	20
	Vicente	26	Crispina	19
	José Mayoral	24	Mariela	19

	Antonio	24	Manuela	19
	Tomas	23	Rufina	19
	Ysidro	23	Antonia	19
	Romualdo	19	Martina	19
	*	19	Justa	19
	Ludino ?	18	Altagracia	19
	Timoteo	18	Filomena	18
	Roberto	18	Clara	18
	Manuel	14	Ana	18
	Francisco	14	Martina	12
	Alejo	14	Gertrudis	12
	Víctor	14	Bartolina	12
	Victoriano	14	Teodora	9
	Valentín	13	Josefa	8
	Ramón	11	Juliana	6
	Baltasar	8	Josefa	5
	José Luis	7	*	4
	Cayetano	6	Benita	4
	Alejandro	6	Bernardina	3
	Emeterio	6	Faustina	3
	Eugenio	4	María Magdalena	2
	Bernardino	3	Manuela	2
	Feliciano	3	Anita ?	2
	Pascual	2	Francisca	2
	Javier	2	Prudencia	1
	Gregorio	2	Juanita ?	1
	Cosme	2	Tomasa	1
	Narciso	1	Felipa	1
	Ciriaco	1	Ursula	4 Meses
	Nicolás	1	Manuela	4 Meses
	Bruno	1	Serafina	2 Meses
	Félix	8 Meses	Juanita	2 Meses
	Rufino	8 Meses		
Manuel Marcial				
	Francisco	25	María Gregoria	25
Manuel López				
	Tomás Grande	50	María	30
	Matías	30	Cándida	10
	Tomás Chico	25		
	Juan	12		
Felipe Ferrer				
	Manuel	25		
Total				

Varones	318			
Hembras	266			
Gran Total	684			

*(ilegible) ? = es difícil de leer, no está claro si ese es el nombre.

Notas: Para que en efecto mandando don Martín (Lorenzo) de Acevedo vecino de Aguadilla y (ilegible) en ese pueblo aunque (ilegible) su esclavitud se le ha manifestado en razón que el señor alcalde de aquel territorio lo hizo en aquella Villa porque (ilegible) según la vecindad del individuo y sus posesiones. De consiguiente el señor Cura tiene en la parroquia, a fines de que para el servicio eclesiástico tiene en su casa algunos esclavos, por lo que los ha dejado de anotar por haberlo hecho donde tiene su hacienda, conforme se ha informado al Comisionado Don José María Arreizaga. Esto debido a las exigencias que S.E. tenga a bien declarar lo más conveniente sobre sus (ilegible).

> Moca, Diciembre 29 de 1826
> Firmado por
> Antonio de Rivera y Quiñónez

Se ha corregido la ortografía en algunos casos para que el documento sea más fácil de leer. La parte superior del documento está ilegible. A fines de ganar espacio se acomodaron los nombres de las esclavas al lado del nombre de los varones, en el documento original los nombres están seguidos.

Fuente: Archivo General de Puerto Rico, Fondo de Gobernadores Españoles. Serie Moca. "Censo de esclavos de Moca". Caja, 509.

Tabla XIV. Distribución de las estructuras y familias de los barrios de Moca, 1876.

Lugar	ventorrillos	Casas	Bohíos	Familias
Cuchillas	1	6	252	258
Rocha	1	9	226	235
Voladoras	3	21	163	184
Centro	2	6	169	175
Las Marías	1	10	119	172
Aceituna	2	9	159	168
Naranjo		5	148	153
Cerro Gordo	2	6	144	150
La Cruz		13	119	131
Capá	2	11	110	121
Plata		8	75	83
Total	14	104	1,684	1,830

Fuente: Manuel Ubeda y Delgado. *Puerto Rico: Estudio Histórico y Estadístico.* Puerto Rico: Tipografía del Boletín. 1878. pp. 180-181.

Tabla XV. Nacimientos en Moca desde 1888 hasta 1898.

Año	varones	Hembras	Total
1888	160	161	321
1889	100	176	276
1890	143	151	294
1891	104	95	199

1892	120	118	238
1893	112	78	190
1894	142	146	288
1895	149	138	287
1896	104	139	243
1897	129	144	273
1898	89	81	170
Total	1352	1427	2779

Fuente: *La Gaceta*. Núm. 116. 25 de septiembre de 1884. p. 3.

Tabla XVI. Relación de los terrenos repartidos a los vecinos agraciados del Partido de La Moca, en los baldíos y realengos del mismo.

NOMBRE	VALOR / PESOS	NOMBRE	SIN IDEN.
Pedro Pablo de Acevedo	700	Diego Falcón	*
José Ramos	75	León Méndez	*
Gaspar González	28	Pedro de Salas	*
Luis Jiménez	20	Faustino del Rio	*
Juan González	20	José Hernández Soto	*
Juan Manuel Vélez	20	Bartolo de Acevedo	*
Pablo Vélez	76	Manuel Matos	*
Diego Vélez	36	Macsimo Aviles (sic)	*
Felipe del Rosario	24	José González	*
Francisco Román	77	Alonso Morales	*
María López	32	Domingo de Soto	*
Luciano Méndez	72	Fernando Méndez	*
José Méndez	74	Francisca López	*
Justo de Medina	32	Enrique Manuel Santana	*
Juan Morales	25	Felipe Hernández	*
Manuel Reyes	45	José Antonio Hernández	*
Juana Barreto	24	Ignacio Núñez	*
Juan de Dios Acevedo	36	Miguel Santiago	*
Juan Mendoza	20	Leonardo de Acevedo	*
Francisco de Soto	*	Margarita Hernández	*
Ciprian Soto	76	Gabriel Morales	*
Cristóbal Méndez	75	Frco. de Hernández Soto	*
Ignacio Vázquez	24	Margarita de Acevedo	*
José López de Segura	792	José Lucas López	*
Tiburcio Vázquez	78	Manuel López Monsú	*
Isidro de la Cruz	20	Cristóbal Jacob Méndez	*
Francisco Núñez	126	Juan Hernández	*
Manuel Feliciano	30	Cristóbal Méndez	*
Tomás Lorenzo	700	Tiburcio García	*
José Reyes	*	Pedro Lorenzo	*

Cayetano Román	*	Agustín Hernández del Rio	*
Cristóbal de Soto	20	Miguel Babilonia	*
José de la Torre	*	Manuel Tirado	*
José de Rivera	85	Manuel Jacob Méndez	*
Juan Martín	700	Gabriel Morales	*
Gregorio Morales	25	Ciprián Pérez	*
Gabriel Méndez	725	Manuel Morales	*
Gregorio Barreto	24	Manuel Hernández	*
Francisco Rodríguez	24	Manuel Pérez (hijo)	*
Manuel Morales	*	José del Rosario	*
Manuel Cordero	*	Alfredo Román	*
José Pérez Perú	20	Isidro Hernández	*
María Pérez	30	Felipe Pérez	*
Antonio de Salas	*	Juana Morales	*
Francisco de Salas	*	José del Río	*
Juan de Salas	*	José Santa María	*
José González	*	Juan Rodríguez Hernández	*
Juan López de Segura	*		
Antonio de Sanrio	*		
Domingo Hernández	50		
Francisco Hernández	*		
José Pérez de la Cruz	700		
Justo Hernández	*		
Pedro Crespo	*		
Gabriel del Río	700		
José Crespo	*		

Fuente: AGPR. FG. Serie; Propiedad Pública. Sub-serie Moca-Morovis. Años 1832-1888; 1824-1839. Caja. 155. *= No se da en el documento.

Tabla XVII. Relación de haciendas y estancias del pueblo de Moca.

Propietario	Nombre de la hacienda	Monte **	Cultivos **	Pastos **	Escla-vos	peones
Barrio Pueblo						
1 hacienda de Caña, 5 de café y 48 estancias						
Félix Cordero	Pereza	3	2	39		1
Francisco Cabán	Ojo de Agua		4	28		1
Carlos Villafañe	Barrancón		2	6		1
Francisco Hernández	Capullo		2	6		1
María Jiménez	Esperanza		4	34		1
Carlos Fabian	Pedernal		1	3		1
José Ramón González	Sabina		1	3		1
Ramón González	Cubera					1
Felix Cordero	Pelada		4	65		1
Juan Francisco	Narciso		2	10		1

Bourdón						
Francisco Cordero	Pandura		4	10		1
Rosa Cordero	Manuela		3	23		1
José M. Hernández	Naranjo	26	1	8		1
Dionisio González	Tamarindo	4	3	8		1
Juan Nep. Cardoza	Coco	12	2	16		1
Isidro González	Esconsonera		2	64	1	
Damian González	Monserrate		2	12	1	
Bríjida Lorenzo	Águila	2	1	24		1
Aniceto Sosa	Trabuque	2	2	16		1
José Hernández	Escampavia		1	12		1
Juan Hernández	Tristeza		2	38	1	
Juan González	Mariposa		1	4		1
Bonifacio Galarza	Maleza		1	1		1
Manuel Cordero	Siete Cueros	1	2	12		1
Francisco Babilonia	Buena Vista		16	40	5	1
Vicente Acevedo	Moquilla		*	28		1
José Cabán	Maguey		2	4		1
Ramón Valentín	Cubera		2	3		1
Juan Hernández	Juncal		3	3		1
Fermín Rivera	Barrero		1	12		1
Daniel González	Teresa		6	14		1
Antonio Quiñones	Fendal		5	27	3	
Sebastian Trilla	Algarrobo		3	17		1
Teresa Acevedo	Refugio		1	18		1
Eufracia Acevedo	Palmar			6	6	
José Rivera	Cuadra		7	37	3	1
Toribio Quiñones	Llorona		4	76	2	1
Vicente Quiñones	Buena Vista	10	32	169	15	5
Manuel Babilonia	Maravilla	4	6	36	1	2
Ramón Nieves	Pastillo	4	6	36	1	2
Cristóbal Quiñones	Ratones		1	37	1	1
Simón Quiñones	Ciénega		2	10		1
Francisco Muñiz	Apuro		1	13		1
Juan Quiñones	Humo	25	6	169		3
Florencio Guzmán	Guaraguao		2	46		1
Antonio González Cardoza	Achiote	2	3	6		1
Rafael Vera	Jacinto		2	6		1
Juan González Cordero	China		2	2		1
José Hilario Acevedo	Husonera			150		1

La Cruz						
Alejandro Cabán	Pantano		5.5	10.5		2
Narciso Cordero	Damajagua		2.5	75		1
Antonio López	Piedras		1	.5		
Eusebio Tirado	Miradero	4		5	16	2
José Ant. Lorenzo	Piedras Blancas	100	4.5	26.5		1
Ramón Quintana	Quebrada Grande		2.5	11.5	1	1
Francisco Nieves	Gracia	6	2	12		1
Carlos Méndez	Hicaco	4	4.5	20.5		1
Jesús Hernández	Naranja	1	1	12.5		1
José M. Feliciano	Burgues		1.5	6.5		2
José Pérez	Templanza	2	2	12.5		1
Antonio Rosado	Atalaya		8	42		2
Raimundo Cordero	Aguacate		2			1
María Román	Guineo		2	6		1
Gabriel Román	Rincón		2	6		1
Francisco Lorenzo	Caimito		22	1.5		
Gregorio Cordero	Coco	1	3.5	11		2
Felipe Nieves	Corcobada		2	5		1
		*	*	1.5		1
Antonio López	Guayabo	1	3.5	6		1
Manuel Hernández	Caraima		2.75	9.25		1
Luis González	Palma	4	4	9		1
Juan González	Guanábano		1.5			1
Ramón Cruz	Mangó		1			1
Juan Babilonia	Palmar		2.5	26.5		1
Juan Cruz	Helecho		2	3		1
José Manuel Vázquez	Dormidera		2.5	7.5		1
Guillermo Cordero	Piñal		2.5	7.5		1
Félix Vale	Rincón		2.5	3		1
Juan Pablo Espinosa	Piedra Grande		1	3		1
Esteban Hernández	Aibonito		1.25	2.75		1
Félix Méndez	Caraima		2	7		1
Manuel Cabán	Quebrada Grande		1	12		1
Maria Cordero	Sofía		1.5	19.5		1
Manuel Hernández	Mangó		7	1.75		1
Juan A. Cardona	Salvia		2	1		1
Manuel Cordero	Camafeo	1	2.5	.25		1
Manuel Pérez	Higuillo		.5	1.5		1
Máximo González	Mamey	*	4	29	10	3
Juan Miguel	Barranco		2.75	8.25	3	2
Benito Soto	Cuchilla		29	11.25		1

Ramón López	Barranquita		.75	1.25		1
María L. Hernández	Alto Fragua		1	6		
José Pérez	Higüey		2	.25		1
Juan Victoriano Cordero	Sabana Cruz		2.25	19.25		1
Juan José Vale	Lechecillo	7	3			1
María Nieves	El Coco		1	12		1
Manuel López	Cidra		2	2		1
Eusebio de Arce	Buenaventura	2	3	2		2
Antonio Nieves	Dorado	1	3	2		2
Juan Nogueras	Granada		1.5	3.25		1
Eusebia Torres	Maricao		1.5	3		1
Juan Medina	Domada		1.5	3		1
Andrés (liberto)	Helia		1			1
Juan Ant. Pérez	Cacao		1.25	7		1
Francisco Lorenzo	Trillo		.5			1
Francisco Maldonado	Anón		3	7		1
Manuel Vale	Yagrumo		2.5	2		1
Juan Santos Ramos	Primada		13.25	5.25		1
Antonio Torres	Algarrobo		2.25	9.75		1
Andrés Ramos	Moral		.5	1.5		1
María E. Acevedo	Tuna	1	4	29	9	2
David González	El Cerro	1	3.5	12		1
Cuchillas	51 estancias					
José Lorenzo	Camacey		9	24	2	2
Juan de Dios Pérez	Cardosal	2	6	36	1	2
Manuel Acevedo	Barrancón	12	4	24	1	2
Francisco Hernández	Ballenera	3	5	25		1
Juan Salas	Belardo		4	38		2
Manuel Nieves	Emajagua		2	28		2
Victoriano Nieves	Dorado		2	14		1
Manuela González	Facunda		2	44	1	3
José Nieves	Feliz		2	40		1
Pedro González	Feraz		4	28		
José de Castro	Guamá	25	5	30		2
Bonifacio Hernández	Guaraguao		2	30		1
Daniel Méndez	Guayama		3	17		1
Tomás Méndez	Hachiotera	2	2	25		1
Manuel Alonso	Moca		2	58		1
Antonio González	Isabel		2	48		1
Domingo Hernández	Capaes		3	50		1
José Pérez	Carbonera		3	27		1
Juana Fᶜᵃ Méndez	Corazón		4	16		1
Juan González	Tachuelo		4	16		1

Felipe Cordero	Capaes			22		1
Hilario Méndez	Lisan		2	18		1
Juan Salas	Dorado	10	2	13		1
Juan Hernández	Mameyal		2	14		1
Pedro Vera	Viveros		1	15		1
Manuela Hernández	Hicacos		4	46		1
Manuel González	Matorral		5	9		1
José Cardoza	Luces		2	8		1
Manuel Pérez	Cidra		3	3		1
Manuel Salas Cordero	Limón		3	6		11
Antonio Rodríguez	Piñales			16		11
Pablo Salas	Espino		2	13		1
José Valentín	Morones		2	8		1
Eugenio Arocho	Ceiba		2	6		1
Juan Salas	Quilate		2	6		1
José Nieves Lucas	Buena Vista		2	10		1
Antonio Acevedo	Palomar		2	9		1
Basilio Valentín	Olvido		2	5		1
Tomás Hernández	Tristeza		2	6		1
Santiago Méndez	Paciencia		2	5		1
Juana Hernández	Dejados		2	5		1
Casimiro Acevedo	Cañas		2	4		1
Francisco González	Bonaguar		2	6		1
Juan Cortés	Caña Dulce		2	1		1
José Hernández	Bambúes		2	2		1
Juana Salas	Espinosa		2	2		1
José Salas Caro	Guineos		2	2		1
Esteban Hernández	Malanga		2	2		1
Andrés Acevedo	Yautial		2	2		1
Evaristo Méndez	Montones		2	2		
Barrio Capá	1 hacienda y 38 estancias					
Tomás Román	La Suerte	3	22	113	4	20
Manuel Hernández	Anegadizo		4	33		1
José María Pérez	Cuchilla		5	22		3
María Aviles	Capaes		2	22		1
Luis Morales	Camarona		6	54		3
Esteban Soto	Hato de Cerdos	4	8	18	2	1
Máximo Soto	La Mora		6	44		1
Francisco Pérez Gerena	Caracoles	4	6	67		1
Encarnación Núñez	La Jagua		4	2		1
Lucia Vargas	Las Lomas		1	1		1
Manuel Velázquez	Lomita		1	1		1
Roberto Velázquez	Los Pavos		5	15		2

Iginia González	Las Damas		5	45		1
Roberto Soto	Rinconera		5	27	1	2
Juan Jiménez	Farallón		2	8		1
Manuel Méndez	Carro		2	3		1
José Jiménez	Escambrón		5	23		1
Catalino Arocho	La Jagua		3	3		1
Jose Santos	La Jagua		1			1
Ramón Hernández	El Indio		3	45		2
*	Cañas	*	*	30		
					2	
Casimiro Marquez	Barrancas		4	9		1
Isidro Gutierrez	Barrancas		1			1
Andrés Jiménez	Emajagual		3	13		1
Catalina González	Ciénega		8	52		2
Fermín Soto	Ciénega		2			
Máximo Soto	Ciénega		2	1		
Fermín Soto (hijo)	Ciénega		2	1		
Juan Laureano Soto	Ciénega		2			
Francisco Rosario	Maguelles		5	15	1	2
Andrea González	Guamaes		3	5.5	1	1
Juan Velázquez	La Novicia	25	7	118	1	2
Juan Morales	El Caño		3	8		2
Gregorio Velázquez	La Reguera		6	124		2
Antonio Beneró	El Placer		7	12		4
Remigio Bosques	Dulcena		9	38		4
Idelfonso Barreto	Fermín		5	9		2
José A. Marquez	Barranco		5	1		2
Isabel Pérez	*		5	5		2
Barrio Aceitunas	21 estancias y 7 haciendas					
Francisco Acevedo	El Rosario	375	49	126	29	25
Carlos de la Rosa	Esperanza	305	55	120	24	4
Juan Pellot	Yrurena	280	95	460	105	
Luis Maisonave	La Caridad	300	58	542	45	30
Domingo González	La Soledad	250	24	36	12	2
Juana Capdeville	La Josefa	200	20	20		6
Juan Juarbe	La Gertrudis	200	15	85		4
Pedro Laguer	La Palma		7	94		3
Luis Méndez	Pueblo	8	6	21		2
Francisco Velázquez	Muro		3.5	5.7		1
Juan P. López	Campos		8	12		4
Antonio Vera	Margarita		4	56		2
*	Campanet	8.25	.75	1		
*	*		2			*
José Pérez	Soyer		4	2		

Rosa Portalatín	Alta		2	10	5	
María Vega	Santa María		1	3		1
Juan Ant. Pérez	Barreras		1.25	7.7		2
Juan Ant. López	Vina Zalen		2	12.5		2
Gumersindo Román	Línea			14		2
Fco Velázquez Vega	Petra		2	3		1
Juana Marquez	Marcial	6	2	42		1
Ramón Medina	Estefen	20	4.5	50.5		2
Manuel Palma	Caobas		1	1		
Margarita Hernández	Cedro		2.25	47.7	2	
Lucas de Soto	Masas	8.5	1.5			
Francisca Echegarray	Navarra		.5	1.5		1
Barrio Centro	6 haciendas y 21 estancias					
Vicente Quiñones	Quietud	60	60	190	35	6
Domingo Dominguez	Piedras Blancas	4	32	164	27	4
Pedro Lequerica	Buena Vista	50	24	206	17	3
María López	Mercedes		18	119	16	4
Francisco Babilonia	Dolores	30	13	157	7	5
Eugenia Ponce				100		
Rosalía	Sofía			16		
Francisco Dominguez			2.5	38	2	2
José Arreizaga		6	8	26		
Mateo González		2	4.5	15		2
Vicente Rodríguez			4	35		4
Luis Nieves			2	7		1
Lucas (liberto)			4	32		1
Josefa González			1	9		2
Monserrate Rodríguez		22.5	2.5	25		2
Ramón Morales			1.5	1.5		
José Hernández			2	4		1
Manuel Lucas			3	22		2
Manuel Marcial				3.5		
Agustín Rodríguez			8	8		2
Luisa Marcial			1.5	7.5		
Gerónimo Diaz			.5	1.5		
Lorenzo Pérez				15		
Francisco Ramírez				2.2		
Juan Crespo			1.5	14.5		
Barrio Rocha	61 estancias					
Justino Pérez	Primavera	6	8	37	6	
Rosalía Nieves	Elio	200	25	175	10	4
Nicolás Herrera	Otoño		4	16		1
Juan Francisco	Cordonal		11	164		3

Bourdón						
Bautista Colón	Caimital		6	64		3
Pedro José Hernández	Invierno		1.5	44.5		
Jualián López Pitrat	La Rocha	20	9	125		
Marcelino Lassalle	Palmar Llano	20	18	182	7	
Eduardo Soto	Higüero	50	6	174		
Basilio Torres	La India		4	2		
Juan Francisco Vera	Helecho		4	16		
Juan Pérez Gerena	Algarrobo		3	21		
José Elena Ortega	Pedragoza	6		76		
Jesús Cabán	La Jagua	50	9	48.5		
Calixto Soto	La Regadera	25	6	24		
Antonio Cabán	Higuillar	1	2.5			
María Prudencia Ortega	Tercera		3	17		
Luis Cubero	El Elbro	11.5	3.25			
Pedro Lassalle (liberto)	Hato	25	7	78		
Alberto Soto	Vejez		4	22	2	
Juan Rivera	Lucila		3	47		
María Pérez	*	*	*	*	*	*
Dolores Vélez	*	*	*	*	*	*
Enrique Lamboy	Damitas		4	5		
Carmen Morales	Aguacate		5	6		
Esteban Pérez	Feracidad		4.5	20		
Esteban González	Arroz		4.5	26		
José Velázquez	Mameyal		2	4		
Agustín Hernández	Lagunas	50	9.5	176	3	
Agapito López	Alegría			5		
Juan Nep^{cemo} Miranda	Aires	1	3	12		
Juan González	Verdor		5	55		
Inés González	Valenciana		2.5	28	2	
José Felipe			5	1	1	
Francisco Nieves			4	7	1	
Manuel Velázquez	Placer		5	10		
María Velázquez	Buena		3	5		
Francisco José Méndez	Hermosa			3		
Francisco Pérez	Arenal	10	44	198	10	
Barrio Voladoras						
Dionisio Aviles	Capá			2		
Antonio Rivera	Ceiba			7.5		
Pedro Vargas	Caño Dulce		12	130	5	
Manuela Medina	Damas		5	110	2	

Andrés Méndez	*		5	60		
María Paz Méndez	Emajagua		2	12		
Juan E. Santiago	Algarrobo		3	36		
Miguel Rivera	Granadillo		1	13		
José González	Esperanza		6	25		
Rosalía González	Soledad		8	95		
José Santiago	El Guineo		2	9		
Juan Pérez Gerena	Algarrobo		3	21		
José Hernández	Piedras Gordas	2	4	45		
Feliciano Ramos	Las Rosas		1	49		
Manuel Hernández	Plumas		1	4		
Manuel Hidalgo	Mangoes		3	32		
Manuel Cordero	Aguas	3	3	54		
Juan González	Cuchilla		2.5	5.5		
Julián Soto	Damasco		7	78		
Juan Bosques	Yagrumo		2.5	1.5		
Dionisio Torres	Placer		2	5		
Antonio de Padua	Verde		1.5	1.5		
Manuel Morales	Sumideros		2.5	36		
María Nieves	Estinguida		3	94		
Barrio Plata	45estancias					
Francisco Muñiz	El Chino	9	12	10	1	2
Vda. De Antonio Cardona	Naranjo	75	8	60	3	
Cristóbal Vera	Maleza		9	34		
Barrio Cerro Gordo	Tenía 73 estancias					
Felipe Barrero	Guayabal		4	126		
Francisco González	El Hijo		5	159		
Juan Manuel Morales	El Higüero		2.5	77.5	2	
Hilario González	El Coco		8	184	3	
Raimundo Morales	El Algarrobo	25	22	9	2	
Ramón Rivera	El Roble		1.5	6	6	
María Cruz	Yaguasa			1		
Antonio Morales	Morones		7	13.5	2	
Barrio Naranjo	80 estancias					
Bienvenido Acevedo	El Tute		7	43	2	
Benancio Babilonia	Las Brujas		4	3	1	
Lino Acevedo	La Parca	8	7	2	3	
Domingo Valentín	El Clavel	20	7	165		
Barrio Las Marías						
Antonio Sanz		60	10	26	2	
Antonio López			4	10	3	
Bonifacio Soto			6	10	1	
Félix López			10	90	2	

María R, Méndez			8	75	1
Pedro Seguí		80	10	50	
Pedro Batistini		50			
Pedro Babiera		26	8	16	

* ilegible en el documento. ** las medidas están representadas en cuerdas.
Fuente: AGPR. GE. Serie Censo y Riqueza. Caja, 15. Año, 1847.

Tabla XVIII: Presupuestos de educación del pueblo de Moca

AÑO	PARTIDA	CANTIDAD	
1911-12	Fondos escolares	$2,251.69	Doc. Mun. Moca
	School tax	$1,000.75	Caja, 1 exp.2 año
	Muebles	$ 302.00	1911-14.
	Conducir el material	$ 75.00	
	Servicio de teléfono	$ 15.00	
	Materiales escolares y gastos de viajes	$ 405.00	
	Rentas de casas escuelas	$ 810.00	
	Biblioteca	$ 31.29	
	Comedor escolar zona urbana	$ 50.00	
	Depósito escolar	$ 60.84	
	Reparación de edificios escolares	$ 149.83	
	Imprevistos escolares	$ 1,430.00	
	Prestamos escolar al American Colonial Bank	$ 1,720.00	
	Construcción de un edificio escolar de 4 ó 5 salones del sobrante de $4,500 de los destinados a las reparaciones de la escuela Francisco Mariano Quiñones.		
	Alquiler de casa para la escuela de música	$ 40.00	
	Muebles para la academia de música	$ 25.86	
	Instrumentos	$ 106.00	
	School Fund y School Tax	$1,069.92	
	Presupuesto adicional	$1,584.92	
	Sección		
	Sub-cabeza-A		
	Renta de casas escuelas		
	Zona urbana un edificio de 2 salones por 8 meses a 14 el mes igual a para un edificio de dos salones.	$ 112.00	
		$ 15.00	
	Zona rural- nueve casas por 8		

	meses a 6 pesos	$ 432.00	
	Para la compra de muebles y enseres para las escuelas	$ 100.00	
	Inspección de escuelas por el inspector	$ 160.00	
	Seguro contra incendio sobre edificios	$ 15.00	
	Alumbrado y petróleo, gas, corriente eléctrica y agua	$ 5.00	
	Limpieza de facilidades	$ 28.00	
	Para establecer comedores	$ 50.00	
	Para fiestas escolares, anuncios e impresos	$ 15.00	
	Reparación de edificios escolares	$ 25.00	
	Suscripción de periódicos y revistas para escuelas cuyos títulos hayan sido aprobados por el comisionado	$ 11.00	
	Compra de materiales para la banda municipal	$ 25.00	
	Para cubrir otros gastos	$ 500.44	
1921-22	Fondos escolares	$2,251.09	Doc. Mun. Moca
	Contribución especial School tax	$1,000.75	Caja, 1 exp.3. Año 1919-22.
1924-25	Fondos escolares	$2,166.16	Doc. Mun. Moca
	School tax	$ 962.73	Caja, 2 exp.5. Año
	Materiales	$ 10.00	1923 al 26.
	Materiales escolares y gastos de viajes	$ 485.00	ff.320—325.
	Materiales escolares	$ 70.00	
	Rentas de casas escuelas	$ 1,776.00	
	Comedor escolar y biblioteca	$ 80.00	
	Limpieza	$ 20.00	
	Pensión de maestros	$ 31.29	
	Segur contra incendios	$ 30.00	
	Teléfono y telégrafo	$ 5.00	
	Depósito escolar	$ 60.00	
	Imprevistos	$ 4.31	
1926-27	Fondos escolares	$ 2,166.16	Doc. Mun. Moca,
	Fondos resultas	$ 157.64	Caja, 2 Exped. 6.
	School tax	$ 962.54	Año 1926-27. ff. 77-
	Materiales escolares y gastos de viajes	$ 125.00	81.76
	Rentas de casas escuelas	$ 810.00	
	Biblioteca	$ 31.29	

	Comedor escolar zona urbana	$ 50.00	
	Depósito escolar	$ 60.84	
	Reparación de edificios escolares	$ 149.83	
	Imprevistos escolares	$ 430.00	
	reparación a edificios escolares	$ 149.83	
	Materiales escolares a Sucesores de A. Mayoral de San Juan y a F. Gavilán de Ponce		
1929-30	Gastos de viaje	$ 120.00	Doc. Mun. Moca.
	Adquisición de pupitres	$ 219.26	Caja. 3. año 1929.
	Rentas de casas	$ 384.00	28 de mayo de 1929.
1933-34	Materiales de granja	$ 605.00	Doc. Mun. Moca,
	Conservación y funcionamiento de edificios	$ 880.00	Caja, 3 expd. 9. año 1934.
	Comedores	$ 44.00	Acta 12, del 28 de
	Gastos generales	$ 46.06	mayo de 1934.
	El presupuesto general fue de	$ 14,284.77.	
1951-52	Alquiler escuela Las Marías	$ 150.00	Doc. Mun. Moca,
	Beca para estudiantes	$ 300.00	caja 3 exp. 10. año
	Equipo, propiedad	$ 410.00	1945-53.

Fuente: AGPR. Fondo Documentos Municipales, Serie Moca. Caja 4, Expd.15. ff. 18-271.

Tabla XIX: Registro del Juzgado de Paz. Año 1923-1924.

Juez: Miguel Babilonia A partir del 24 de octubre de 1924 el cargo lo ocupó Anacleto Lope Cofresi.				
Delitos	Inspector/Policía	campo	pueblo	Sin ident.
Sanidad/ basuras/ mosquitos, animales, etc.		2	7	2
Sanidad/ sin letrinas	Ramón Vazquez-Telles	20	31	
Hurtos menores		8	6	
Escalamientos		2	3	
Agresión agravada y/o mutilación		8		
Acometimiento y Agresión agravada o simple		25	9	5
Alteración a la paz		27	10	
Ley de tránsito		1	12	
Violación/intento de,		2		
Muertes		6		
Ley de Cierre		2		

Venta de bebidas alcoholicas	5		
Traficar bebidas alcoholicas	4	5	
Portación de armas	15	4	5
Juegos Prohibidos	1	2	
No enviar a los hijos a la escuela	47		8
Maltrato de animales	1		
Abandono de menores	4	1	1
Adulterio/prostitución	3	1	
Falsa representación/ abuso de confianza	1	1	1
Daños maliciosos	7		
Venta de leche/ pan adulterada		3	
Tienda en la vía Pública y/o Falta de higiene en ventas		6	
Venta de cigarrillos sin sellos de rentas Internas			1
Construcción clandestina			1
Seducción	1		
Peleas de gallos clandestinas	1		
Locura peligrosa	2		
Vocabulario obsceno/ injurias	1		1

Tabla XX. Curas del pueblo de Moca durante desde el siglo XVIII al XIX.

1774- 1788-1794	Manuel Marcelino Martínez Zepeda Declarado por el Real Patronato del Año 1876 como Presbítero cura párroco, erector de la Parroquia. En un documento de Don Salvador Padilla a Herman Reichard lo identifica como Manuel Ruiz Zepeda. Colección Herman Reichard José Dolores del Toro (Interino, 1788-1790) Manuel Marcelino Martínez Cepeda Luego aparece firmando como Martínez Cepeda. 1790-1794	Fray Iñigo. *Hist. de P. R.* pp. 133-134. Cura Fundador de la iglesia. Archivo Parroquial de Moca. Libro Núm. II de Matrimonios. f.8. (En adelante APM.) El nombre verdadero era Manuel Marcelino Martínez Zepeda, según consta en los libros de la Parroquia Nuestra Señora de la Monserrate de Moca, P.R. Fue sustituido interinamente por José Dolores del Toro entre 1788-90. *El Visitante*. 25 de enero de 1976. Existe una diferencia entre esta información y la que presenta Fray Iñigo.; A.P.M. Libro Núm. II de Matrimonios. f.17.
1/10/1794-9/2/1795	Joachin de Figueroa y Matos	A.P.M. Libro Núm. II de Matrimonios.

		El Visitante, 25 de enero de 1976. Fotocopia de una de las págs. del primer libro de bautismos de Moca. Colección de Herman Reichard. Biblioteca Universidad Interamericana, Aguadilla,P.R.
1795-1798 (curas interinos)	José María Ruiz (1795) Fray José Manuel Becerra (interino desde el 10/1795-4/8/1796) Nicolás Ruiz Peña (cura Rector del 20/12/1796-20/8/1798) José Polanco (Presbítero interino desde 17/9/1798-25/10/1798)	A.P.M. Libro Núm. II de Matrimonios.
26/12-1798- 12/8/1799	Pascual González (cura económo)	A.P.M. Libro Núm. II de Matrimonios.
2/9/1799- 15/6/1801	Pedro Díaz (Presbítero) Llegó a Moca en junio, Pascual González aún estaba.	A.P.M. Libro Núm. II y V de Matrimonios.
7/1801- 28/12/1801	José Polanco (cura Rector)	A.P.M. Libro Núm. II de Matrimonios.
3/2/1802- 13/9/1817	Pedro Pablo (Lorenzo) de Acevedo (Presbítero cura Rector de origen mocano) Gregorio Oxín Colón llegó en marzo de 1802 prestado por la Iglesia de Aguada porque el de Moca, Pedro Pablo estaba enfermo. Gregorio permaneció hasta el 26 de mayo de 1804. En mayo regresó, pero se le dejo como ayudante a Juan de Dios Mancebo, emigrado de Azua, Santo Domingo. Que estuvo desde 1805-1816. De nuevo Aguada le envió un nuevo ayudante a Francisco de Paula Garate quien era Capellán agregado del Primer Regimiento de Infantería de Granada.)	AGPR, FGE. Moca. Caja, 510. A.P.M. Libro Núm. II de Matrimonios. A.P.M. Libro Núm. V y L. VII de Matrimonios.
13/9/1817- 28/2/1824	Idelfonso Sepúlveda llegó también como ayudante de Pedro Pablo, pero luego lo sustituyó.	AGPR, FGE. Caja, 190. A.P.M. Libro Núm. II de Matrimonios.
1829-1837 1831-1838	Juan Pumarejo Gabriel Alberty	Colección Herman Reichard. Papeles sueltos. Protocolos Notariales. Aguadilla, Caja, 1296. Archivo Histórico Diocesano, San Juan, P.R. Caja J-82. Año 1844-74.
1838-1839	Antonio Torres (Interino) Clérigo secular del Obispado de Mallorca	

1840-1848	José Balbino David	AGPR, FGE. Caja, 508. Colección Herman Reichard. Papeles sueltos. (cuñado de Baldomero San Antonio) Luego pasó a la Catedral de Ponce (1854); FGE. Serie Asuntos Eclesiásticos. Caja, 290.
1848-1852	Teodocio Ramírez de Arellano (cura Teniente) Gabriel Alberty (interino, 1851)	Libro Núm. 16 de Bautismos.
30/11/-1852-1856	José Ant. (Lorenzo) de Acevedo Tuvo los siguientes curas interinos: Andrés Girona (interino, 1854) Benigno Espinosa (cura Teniente, interino 1855) Ramón Durán (interino, 1856) Alejandro Fernández (interino,1856) Maximino Rodríguez (interino, 1856) Rafael Arteaga (cura Teniente, 1856)	AGPR, FG. Moca. Caja, 510. Estudio Derecho Civil y Canónigo en la Universidad Santo Tomás de Aquino, en Santo Domingo desde 1816 – 1819. Archivo Histórico Diocesano, San Juan, P.R. Caja J-82. Año 1844-74. Archivo Histórico Diocesano, San Juan, P.R. Caja J-82. Año 1844-74. Libro Núm. 16 de Bautismos.
1857	Antonio Catalan	APM. Libro Núm. 16 de Bautismos.
1858	Antonio Vilella (cura ecónomo)	APM. Libro Núm. 16 de Bautismos.
1//1858-6/1861	Eleuterio Muñoz (Presbítero, cura Rector) Manuel Alers (interino 1860)	AHMM. Vol. I. 1882. APM. Libro Núm. 22; Núm. 16 y Núm. 17 de Bautismos.
6/1861/-10/1861	Serapio Roca (cura ecónomo) Juan Y. Llauger (cura ecónomo interino)	AHMM. Vol. I. 1882. APM. Libro Núm. 22 de Bautismos.
1861-70	Rafael Darío Audinot (cura Rector)	AHMM. Vol. I. 1882. APM. Libro Núm. 22 de Bautismos.
1870-73	Pablo Marcial Ruiz Manuel Allen (interino en junio) Francisco Ruiz (interino en 1872)	AGPR, FGE. Caja, 510. Archivo Histórico Diocesano, San Juan, P.R. Caja J-82. Año
7/1874-3/1876	Esteban Bousons León (cura ecónomo)	Archivo Histórico Diocesano, San Juan, P.R. Caja J-82. Año 1844-74.
3/1876-1877	Francisco Perez (cura ecónomo)	Archivo Histórico Diocesano, San Juan, P.R. Caja J-84. Exped. 8.
17/9/1877-1879	José Unción Vélez Murió en 1879 Tomás Gascaya (interino)	Gaceta. N. 153. Año, 1880. Murió ese mismo Año. APM. Libro Núm. 31 de Bautismos.

1880-1881	Tomás López Paules	APM. Libro Núm. 22 y 24 de Bautismos.
1881-1882	Rafael Dario Audinot	*Gaceta.* N. 112. Año 1882.
6/1882-1883	Pedro Casado Canales	*Gaceta.* N. 110. Año. 1882. APM. Libro Núm. 24 de Bautismos.
7/1883-9/1883	Carlos Jofre (cura ecónomo)	APM. Libro Núm. 24 de Bautismos.
10/1883	Froilán García (interino)	APM. Libro Núm. 24 de Bautismos.
1883-1886	Tomás López Paules (segundo término)	APM. Libro Núm. 24 de Bautismos.
1887	Gabriel González Pedro Emilio Pérez (cura ecónomo)	APM. Libro Núm. 26 de Bautismos.
1887-95	Manuel Osorio Quintana (cura ecónomo)	*Gaceta.* N. 8. ; 17 de abril de 1893. pp. 23-24. APM. Libro Núm. 26 de Bautismos.
10/1894-11/8/1895	Gregorio Cañas Mandi	APM. Libro Núm. 26 de Bautismos.
11/1895-7/5/1896	Manuel Monteagudo (encargado accidental coadjutor)	APM. Libro Núm. 26 de Bautismos.
1896	Ángel Villamil Ortiz (coadjutor)	APM. Libro Núm. 26 de Bautismos.
1896	Juan Barceló (cura ecónomo)	Archivo Histórico Diocesano, San Juan, P.R. Caja J-84 Exped. 8. APM. Libro Núm. 29 de Bautismos.
1897-1900	Gregorio Cañas Mandi	APM. Libro Núm. 26 de Bautismos.

Tabla XVIII. Curas Párrocos de Moca y sus coadjutores durante el siglo XX y XXI

Año	Nombre	Fuente
1900	Juan Barceló	Archivo Parroquia de Moca. Libro Núm. 29 de Bautismos. En adelante APM.
1900-1902	Manuel Costa	APM. Libro Núm. 29 de Bautismos.
1902-1902	Manuel Zavala	APM. Libro Núm. 29 de Bautismos.
1902-1904	Longino Tovar	APM. Libro núms... 30 y 31 de Bautismos.
1905 1908	Gabriel González	Archivo Histórico Diocesano, San Juan, P.R. Caja J-84 Expd. 8.

1909-1910	Matías Usero Torrente	
1912-1924	Fernando Saltaraín	
1924-1945	Antonio Arsenio (Párroco) Luis González Rubio (coadjutor) Tomás López (coadjutor y luego Párroco)	 Tomás López
1945-1953	Domingo Cembranos	*
1954	César García	
1955-1958	Guido Boggero	
1959-1962	José Torres	
1963-1969	Héctor Ortiz (Párroco) Miguel Fernández (coadjutor) Amelio Degly (coadjutor) Emilio Domingo (coadjutor) Ángel González (coadjutor) Gabriel Lugo (coadjutor) Baltasar Rivera (coadjutor) Enrique Hernández (coadjutor) Roberto Soler (coadjutor) Francisco Concepción (coadjutor)	

1970	Juan B. Acevedo (Párroco) Enrique Martín Fernández (coadjutor) Juan Enrique Rodríguez (coadjutor)	
1972-1977	Enrique Hernández * Sergio Cabrera (coadjutor) Roberto Soler (coadjutor)	* Ordenado Obispo en el año 1980 y designado a la Diócesis de Caguas.
1978-1979	Leoncio Beraza Juan Rovira (coadjutor) Alberto Casanova (coadjutor) Lorenzo Palomares (coadjutor)	
1980-1984	Miguel Jericó (Párroco) Manuel Sáenz (coadjutor)	
1984-2005	Santiago Rivera Allende Ángel Ortiz (coadjutor) Rafael Caro (coadjutor) Orlando Rosas (coadjutor) David Pérez (coadjutor) Ángel Leonidas Soto (coadjutor) Nomar Calero (coadjutor) Juan Bautista Morales (coadjutor) José Juan Cardona (coadjutor) José Rodríguez (coadjutor)	

* Ver Programas de las fiestas Patronales de todos esos años. Nota. El Párroco es el encargado de la Parroquia, el coadjutor son los ayudantes. En relación con los coadjutores no los pude consignar a todos con exactitud debido a que en los libros casi siempre el Párroco era quien firmaba las actas.

Tabla XXI. Lista de alcaldes de Moca desde 1772 al 1900.

Fecha	Nombre	Comentarios
1772-1783	José de Quiñones	Teniente a Guerra Fundador *Historia de Moca*
1784-1789	Francisco Hernández	Teniente a Guerra *Historia de Moca*
17901792	Francisco de las Nieves Méndez	Teniente a Guerra A.P.M. Libro Núm. VI de Bautismos, Año 1810. f.73
1792-1810	Martín Lorenzo de Acevedo	Alcalde Ordinario *Historia de Moca*; AGPR. Serie Moca. Caja, 508 y 510. APM. Libro Núm.II. de Matrimonios, 1786-1813. f. 36v y 125. Su Segundo término comenzó el

		24 de agosto de 1807. Un grupo de vecinos pidió un poder para relevar del mando a Martín, en sept. de 1809. Protocolos Notariales, Aguadilla, Caja, 1327.
1810-1813	Juan González	Teniente a Guerra. APM. Libro Núm.VI de Bautismos. Año 1810. f 73.
1814	Pedro Pellot	Aunque fue electo para un segundo término no pudo continuar por enfermedad.
1814-1819	Juan González de la Cruz	Alcalde Ordinario. Entró en julio de 1814 y llegó hasta junio de 1818. AGPR, FGE. Caja, 510.
1819-1820	Francisco de Nieves	Alcalde Constitucional. AGPR, FGE. Caja, 508; 509.
1820-21	Antonio de Rivera y Quiñones	AGPR, FGE. Caja, 510. ; 283.
1821-22	José de Jesús Méndez	AGPR, FGE. Caja, 54.
1822-1823	Pedro Pellot	Segundo término, Pellot era el dueño de la Hacienda Yrurena. (15 de mayo 1821). AGPR, FGE. Caja, 318.
1823-1826	Francisco de Nieves	Segundo término. (junio de 1823). AGPR, FGE. Cajas. 190; 508.
1826-27	Antonio de Rivera y Quiñones	Descendiente del Fundador y dueño de la Hacienda Las Palmas. AGPR, FGE. Caja, 509.
1827-1829	Miguel Polidoro	Teniente a Guerra AGPR, FGE. Caja, 502.
1830-1831	Antonio de Rivera y Quiñones	Segundo término. Córdoba. Memorias. T.VI.
1832-1833	Jaime Cedó	Teniente a Guerra. AGPR, FGE. Caja, 508.
1833	Miguel Polidoro	Segundo término. Teniente a Guerra. *Historia de Moca.*
1834-1836 *		No encontré información.
1837-1840	Luis Maisonave	Alcalde. AGPR, FGE. Caja, 155. En el libro *Historia de Moca* da a José Pérez del Río, como alcalde para el año 1839, pero este era alcalde del pueblo de Isabela.
1840-1842	Francisco Babilonia Acevedo	AGPR, FGE. Caja, 155.
1842-1846	Francisco Méndez (Francisco Ruiz)	En el libro *Historia de Moca* aparece como Fco. Méndez hasta el 1844 y como Ruiz desde el 1844-46 y en algunos documentos consultados figura como Ruiz y en otros como Méndez.

		Parece ser la misma persona. AGPR, FGE. Caja, 281.
22 de abril 1846	Manuel Babilonia	Alcalde Interino. AGPR, Prot. Not. Aguadilla. Leg.47. Exp. 9.
1846-1848	Luis Antonio Maisonave	Teniente a Guerra. AGPR, FG. Caja. 508.
1848-1849	Gabriel Seguí	Teniente a Guerra. *Gaceta* N. 107; 56, año 1849.
1849-51	José Simón Romero	Teniente a Guerra. *Gaceta*. N. 56. Año 1849. AGPR. FG. Caja 392.
1851	Antonio B. Sanz	Alcalde Accidental. Después de agosto de 1851.
1851-1853	Casimiro Gutiérrez y Cañedo	Alcalde Ordinario. *Gaceta* N. 117. Año 1850. AGPR, FGE. Caja. 510 y 281.
1853-54	Restituto Pagán.	Alcalde Accidental. Era secretario del Municipio. *Gaceta* N. 35 Año, 1854.
1854-1861	Pedro M. de García	Alcalde. Firmaba como Pedro María García o como Pedro de García. AGPR, FGE. Cajas, 510; 1275. *Gaceta* N. 51. Año 1854.
1861-1862	Julián López Pitrat	
	Carlos González (interino)	Lo que pude comprobar en los documentos fue que González era secretario del Municipio.
1862-1865	Sebastian Prorate	AGPR, FGE. Camas, 510 y 509.
1866	Eduardo Delgado	AGPR, FG. Caja, 280. *Gacetas* N. 146. Año 1866.
1866-1867	Salvador Ball y Brugueras	AHMM. Vol. I. Año 1887.
1867	Francisco Delgado	Alcalde Interino
1867	Miguel Martínez Campos	Alcalde Interino
1868	Pedro M. San Antonio	Alcalde Interino
1868	Salustiano Sierra	Moca fue anexado al municipio de Aguadilla.
1869	Melquiades Ginorio	Acusado de vicioso. *Gaceta* N. 7. Año 1870.
1869	José Simón Romero	Segundo término. Teniente a Guerra AGPR. Protocolos Notariales, Moca. Año, 1869. f. 12.
1869-1870	Manuel González	Corregidor en Comisión.
1870-1874	José R. Sifre	*Historia de Moca*
1874-75	Restituto Pagán	AHD. Caja J-82. Año 1844-1874. Exp. 23.
1875	León López Pitrat (interino)	*Gaceta* N. 42. Año, 1975.
1875-1879	Restituto Pagán	AGPR, FGE. Caja, 510. En el 1876, Moca fue anexado nuevamente al municipio de Aguadilla

1880-1881	Ramón Méndez Quiñones	*Gaceta*. N. 48. Año, 1880.
1881	Francisco Babilonia (interino)	AGPR, FGE. Caja, 281.
1881	Melquiades Ginorio (interino)	AGPR, FGE. Caja, 510.
1881	Juan Suárez (interino)	AGPR, FGE. 510.
1882-83	Ramón Méndez Quiñones	*Gaceta* N. 120. Año 1882.
1883	Juan A. Miranda	Alcalde Accidental. *Gaceta* N. 48. Año 1883.
1883	Ramón E. Martínez	*Gaceta* N. 62. Año 1883.
1884-1886	Federico Glascar	*Gaceta* N. 62. Año 1884.
1886-1887	Restituto Pagán	Alcalde Accidental. *Gaceta* N. 31. Año. 1887.
1887-1888	Agustín Hernández Mora	De enero a marzo. *Gaceta* N. 12. Año. 1888.
1888	Benito García	Alcalde Accidental. *Gaceta* N. 87. Año 1888.
1888-1890	Francisco Molina y Nabot	*Gaceta* N. 100; N.70. Año 1888.
1890-1891	Sandalio Valencia	*Gaceta* N. 68. Año 1891.
1891	Benito García	Alcalde. *Gaceta* N. 50. Año 1891.
1891-1893	Fulgencio Muñiz o Muñoz	*Gaceta* N. 108. Año 1892.
1894-1896	Benito García	*Gaceta* N. 112. 1893.
1897-1898	Pedro Acevedo Rivera	*Gaceta* N. 169. 1897.
1899	Juan Clímaco Sánchez	
1999	Cosme Benejam	

Tabla XXII. Lista de alcalde de Moca Siglo XX

AÑO	ALCALDE	COMENTARIOS
1899	Cosme Benejam	
1900-1901	José Lao Polanco	Destituido en septiembre de 1901. *Historia de Moca*. Edición del Bicentenario.1972.
1902	Fausto Morales	Alcalde Accidental

1902-1910	Miguel A. Babilonia	Alcalde Pedáneo. Moca estaba anexado al Municipio de Aguadilla.
1911-1920	Nemesio González	
1921-1928	Francisco Acevedo Nieves	
1929-1932	José Calazán Lassalle	
1933-1940	Arístides Maisonave	
1941-1944	Alejandro Galarza	
1945-1952	Arcadio Colón Serrano	

1953-1962	Áureo Sánchez Pérez		
1963-1965	Nicasio Loperena (Cachito) Falleció en enero de 2008. (Q.E.P.D)		
1965-1968	Santiago Cordero Soto		
1969-1972	Fermín Medina		
1973-1976	Nicasio Loperena (Cachito)		
1976-1984	Dr. Juan Sánchez Acevedo		

1984-1988	Juan de Jesús Méndez		
1988-2000	Eustaquio Vélez		
2000-2004 2004-	José Enrique Avilés		

Lulu

Este libro se terminó de imprimir
en impresoras Lulu.
Morrisville, NC
2008

www.ingramcontent.com/pod-product-compliance
Lightning Source LLC
Chambersburg PA
CBHW030412100426
42812CB00028B/2929/J